亲情教育

潘志平 著

浙江教育出版社·杭州

相亲相爱公益人

益家· 益心园心理辅导中心

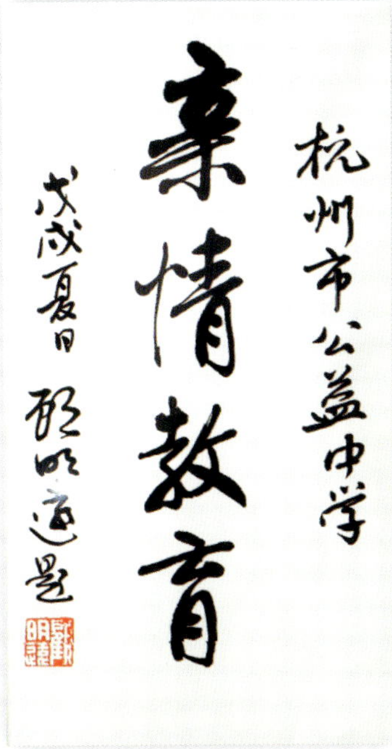

原中国教育学会会长　顾明远先生题词

融园与融屋

和园、融园、融屋——相亲相爱的大家园

我读的书我来编——经典校本课程伴我行

我的课堂我喜欢
——有情有趣又有效

我的地盘我做主——学生校长共商学校大小事

我家的饭菜我来烧——
亲情在每月的生活实践
中升华

我的社团我来选——读书还要有诗和远方

每周四阿潘下厨为师生烹制美味的“阿潘羹”

阿潘为九年级学生带来充满笑声和掌声的英语课

阿潘与孩子们用亲笔信说心里话

每逢过年，阿潘为师生书写一个大大的祝福字

下雪天，最开心的就是师生一起打雪仗

公益大舞台上的『百变阿潘』

亲情公益人，幸福一家亲

序

近年来，潘志平校长（阿潘校长）突破了自我发展瓶颈，实现了二次专业发展，获评了正高级教师和特级教师，令人敬佩。与此同时，校长发展与学校发展相得益彰，公益中学的影响力与社会声誉也与日俱增。潘校长不驰于空想，脚踏实地，潜心办学，认真总结治校经验，积极探寻办学之道。凭借近30年办学治校的丰富经验，潘校长逐渐形成了“亲情教育”这一办学理念，初步构建了“亲情教育”的框架体系，并开展了卓有成效的实践探索。他的“亲情教育”部分研究成果已在《人民教育》《中小学管理》《中国德育》等重要刊物发表，产生了一定的影响。作为潘校长个人成长的“重要他人”，在他的专著《亲情教育》即将付梓出版之际，谈一点感想：

习近平总书记指出：“文化自信是更基本、更深层、更持久的力量。”我们要不忘本来，吸收外来，面向未来，不断铸就中华文化的新辉煌。中国传统文化是一种伦理型文化，其最重要的社会根基，是以血缘关系为纽带的家国同构的宗法制度，即“天下之本在国，国之本在家”。亲情是中国传统文化的精髓，亲情文化深深地影响着我们的历史、现在乃至未来。

我国教育历史悠久，源远流长，几千年来形成了博大精深和具有顽强生命力的教育传统。近代以来，在办学治校的实践中，“亲情文化（家文化）”的理念，即“学校如家庭、师生如父子、同学如手足”，得到彰显。著名的南开学校办学成功的重要秘诀之一在于整个学校上下左右，都充盈着爱心，给人一种温馨和谐、富有人情味的家的感觉。因此，南开素有“家庭学校”之称。著名教育家夏丏尊先生（浙江一师的“四大金刚”之一、春晖中学的核心成员）强调：“教育上的水是什么？就是情，就是爱。教育没有了情爱，就成了无水的池，任你四方形也罢，圆形也罢，总逃不了一个空虚。”夏丏尊不仅是《爱的教育》一书的翻译者，也是“爱的教育”的积极倡导者，更是“爱的教育”的忠实践行者。学生们称他的教育是“妈妈的教育”。在他的身上，我们依稀看到了“亲情教育”的影子。“亲爱”（相亲相爱）一词也频频出现在历史名校的校训、校歌中。“亲情文化”是中国文化的特有产物，“亲情教育”是中国味道的教育理念，我们一定要传承好和发扬好“亲情教育”。

众所周知，初中教育是基础教育的洼地，也越来越受到各级教育行政部门的关注。如何破解初中教育的难题，不少校长提出了不同的对策。而“亲情教育”则为提升初中教育提供了新的路径。在经典管理理论中，有X理论，假设人性是恶的；有Y理论，假设人性是善的。后来又提出了Z理论，该理论则强调人际关系。在校园里，存在着多元丰富的人际关系，如师生关系、生生关系、师师关系、干群关系等。营造和谐的人际关系可以调动师生工作学习的积极性、主动性和创造性，激发办学活力和内生动力。古人云：“亲其师，信其道。”研究表明，影响学生学业成就的重要因素是师生关系、同伴关系和亲子关系。因此，在学校里，人际关系是重要的教育因素和潜在的教育力量。换言之，人际关系是学校系统变革的“高杠杆解”。

“行百里者半九十”。“亲情教育”的意涵十分丰富，还有许多价值空间有待发掘，需要持续不断地深入研究。例如，如何从“亲情教育”

上升到“亲情文化”的塑造，如何通过亲情教育提升学校效能，如何构建“类亲情”的学校人本管理模式等。

希望潘校长再接再厉，进一步凝练“亲情教育”，使之成为具有标识度和影响力的办学理念。校长真正拥有自己的办学理念并得到社会的认可，不仅是校长办学的最高境界，也是对名校长的最好注脚!

是为序。

杭州师范大学继续教育学院院长、教授 项红专

2020年7月

自　序

孩子的教育是一件大事，也的确是一件难事。大道至简，我觉得“喜欢”两字是破解诸多教育难题的关键。

从当老师的第一天起，我就一心想当一位好老师。慢慢地，我悟到了好老师的至高标准是“学生喜欢”。学生往往因为喜欢老师，而喜欢老师所教的学科，喜欢老师所带的班级。“亲其师，信其道；尊其师，奉其教；敬其师，效其行”，只要让孩子真正感受到老师“可亲、可尊、可敬”，发自内心地喜欢老师，老师就不再难当，家长亦然。

知易行难。怎样让孩子发自内心地喜欢？途径多元，方法多样。39年教育生涯给我最深的体会是：让孩子喜欢的核心是“以真情走进孩子的内心”。成功的教育需要有规有矩，更需要有情有义。亲情是最有效的教育资源，关系是最大的教育生产力。

本书比较系统地梳理了我任校长26年，特别是任杭州市公益中学校长13年来，逐步形成的“亲情教育”理念和行动框架。前四章阐述了亲情教育的理论基础、形成过程、思想体系等，后四章介绍了亲情教育“四路径、八载体”的实践策略、具体方法等。

本书主要有两大特点：“可读性强，可学习借鉴”。

1. 可读性强。通过大量来自学生、家长、老师的真实故事和案例，厘清了“培养什么样的孩子”的理念和原理，突破了“怎样把孩子培养好”的许多难点问题。以真人、真事、真感受，把孩子教育的道理说明白，把孩子教育的方法讲到位，让教育孩子的道理和策略不再空洞、枯燥、难理解，而是变得具体、形象、可操作，如怎样“乐于协商对话”，问计于孩子并积极回应孩子的需求，让孩子真正感受到被尊重；怎样“成于实践体悟”，以参与式的“三有课堂和作业”、益人益己的“公益积分制”，让孩子接受关怀，感受关怀，进而学会关怀等。

2. 可学习借鉴。本书中提出的问题大多是教育过程中容易碰到的问题，提供的方法力求具体、实在，有较强的可操作性。如怎样“以情育情”，以孩子听得进的话、乐于接受的方法与孩子沟通；怎样“以情促智”，让孩子愿意主动学习，提高学业成绩；怎样“以情立德”，让孩子养成良好习惯，修炼优秀品性；怎样做到“玩得尽兴、学得静心”，以走心的方式与孩子建立“可亲可敬”的师生关系、亲子关系……

本书是浙江省“亲情‘公益人’：初中亲情式教育的路径设计与载体创新”的研究成果之一。全书以“亲情、关怀、快乐”为主线，处处呈现亲情教育带来的可喜变化和教育新样态，适合老师、家长、学生阅读。

我发自内心地喜欢教育、喜爱孩子，平生最大的愿望就是当一位孩子们喜欢的好老师，办一所孩子们喜欢的好学校。真心期待以本书求教于各位专家，与同仁、家长共同探索孩子教育的正确理念和有效途径。

潘志平

2020年7月18日

目录
CONTENTS

引　言　**从三个案例看教育的缺失** / 001

第一章　**亲情带来教育新样态** / 007

第一节　分数一阵子，亲情一辈子 / 010

第二节　回归教育本源，走进孩子内心 / 013

第三节　源于“喜欢”，归于“亲情” / 016

第四节　亲情教育带来学校新样态 / 021

第二章　**亲情教育的思想基础** / 049

第一节　中国古代亲情教育相关思想 / 052

第二节　我国近现代亲情教育相关思想 / 059

第三节　国外亲情教育相关思想 / 068

第三章　**亲情教育的思想形成** / 085

第一节　在亲情滋养中坚强成长 / 088

第二节　用亲情做暖心老师、贴心校长 / 097

第三节　以亲情传承优秀校本文化 / 110

第四章　**亲情教育的思想体系** / 121
第一节　亲情的内涵 / 124
第二节　亲情教育解读 / 128
第三节　亲情教育体系 / 136

第五章　**始于原生家庭** / 151
第一节　“阿潘羹”延伸父母爱 / 155
第二节　“亲笔信”架起连心桥 / 163
第三节　“入细微”营造亲情好生态 / 192

第六章　**基于关心关系** / 207
第一节　“五情并举”暖人心 / 211
第二节　“一个不缺”显用心 / 251
第三节　“玩好关系”释天性 / 282

第七章　**乐于协商对话** / 301
第一节　“自主管理”成体系 / 306
第二节　“协商制度”保权责 / 319
第三节　“亲情课程”搭平台 / 343

第八章　**成于实践体悟** / 363
第一节　参与式的“三有”亲情教学 / 367
第二节　体验式的“三全”亲情德育 / 383
第三节　浸润式的“三一”亲情涵养 / 409

后　记 / 490

引言　从三个案例看教育的缺失

又是一年开学季，我又一次收到了瞿予非妈妈的来信，信的开头写道：

亲爱的阿潘校长：

予非终于如愿升入心仪的高中，开始她新的学习生活了。今天给您写信，是想与您谈谈她在公益中学这三年的一些经历和感受，并表达我们真心的感谢！

清晰地记得，三年前，我们全家三人与您初次见面的情景。那天，进入您的办公室，您让我们坐沙发，自己搬个板凳，手里拿着记录本……脸上的微笑让面谈开始得没有一丝慌慌和尴尬，自然纯朴得没有丝毫的压力。面谈结束时，您与我们合影，又跟予非说“从今天起，你也就是我的女儿了”。一股浓浓的亲情让我们一下子融入公益这个大家庭。

说心里话，那个时候的我们内心是忐忑不安的，因为不断听到身边的朋友、同事说“我们孩子读了初中以后，压力一下子大起来了！整天围着他转，一家人都焦虑不安”，这让我们不知所措，甚至产生了一点上初中的恐惧症！

……

瞿予非妈妈的这份“忐忑”和“恐惧”来自现实生活：有不少学校和家庭为了让孩子考出一个好分数，不惜磨时间，拼体力，加班加点，甚至在节假日都把孩子送去课外培训班，孩子被挤压得几乎喘不过气来。确实有一些老师和家长为了孩子考上一所好学校，不尊重孩子的自主选择，"见分不见人"的行为导致师生、同学关系紧张，家庭亲情淡薄，甚至发生令人扼腕叹息的悲剧。

【案例1】2017年11月12日，湖南沅江三中，47岁的鲍方老师在办公室被16岁的学生小罗刺26刀身亡。鲍老师是一位重点班的优秀班主任，小罗是他班上的尖子生。按照惯例，实行封闭式管理的沅江三中高三每个月会放两天月假，每周日下午3点50分到6点50分放3小时周假。12日（周日）下午考试结束后，鲍老师让班里学生观看了一段十多分钟的励志视频后，要求每人写一篇500字的观后感才能离开。小罗对此表示不满，被鲍老师叫到办公室批评。在鲍老师拨打小罗家长的电话时，站在侧后方的小罗突然掏出水果刀刺向了鲍老师……逝者已矣，生者深思。

【案例2】2018年2月，一条《北大毕业留学生发万字长文数落父母，12年不回家拉黑父母6年》的新闻刷爆了朋友圈。这位化名王猛的留学生，从小到大成绩一直非常优秀，先以某地级市高考理科状元的成绩被北大生物专业录取，后又成为美国排名前50大学的研究生。但是从12年前开始，他不再回家过年；6年前，他写了封"决裂信"给家人，并在所有联系方式中把父母拉黑。

究竟是什么让这位分数上的"优秀生"如此"绝情"？且看他在万字长文中所举的几个例子："一年级或二年级初秋的一天，全班文艺表演，前一天班主任让大家穿及膝短裤来，而我母亲不由分说地让我穿长裤。"去美国后，父母又给他找了一位"老朋友"照顾他。王猛不能接受"老朋友"的照顾方式，但父亲仍不予理会。他在信中写道："我面临一道二选一的题：认为我过去经历的那些事情叫爱，或者承认自己缺少爱。我选了后者，因为前者无法与我的认知调和。从那时开始，我用‘情感的孤儿’来描述自己。”

王猛的父母对王猛的关心无微不至。但王猛认为，家人所有的“爱”和“保护”不过是保证“控制对象”的基本安全以便持续控制，自己成长过程中的数次“求助”都没有得到父母的尊重和支持，由此他对父母产生了诸多不满直至怨恨，进而与父母决裂。试想，如果自己作为父母如此无微不至地关心孩子，赢得的是这样的状元孩子，会开心地接受吗？

【案例3】2018年6月，山东淄博市临淄区雪宫中学发生了一宗骇人听闻的中学生杀人案。马同学和秦同学是初三班里成绩排名前两名的学生，秦同学成绩非常优秀，可是每次考试总是略逊于马同学，位于第二名。秦同学认为“杀了他，我就是班级第一名”。于是残忍地将马同学杀害。这不得不说是“分数至上”的观念导致的人伦惨剧。

这三个案例，分别发生在师生之间、亲子之间、同学之间，或许有点极端，但俯首观察，案例中的隐患其实在不少学校、家庭中，都不同程度地存在着。校园里，老师对学生“恨铁不成钢”，为了学生获得好成绩，几乎献出了自己的全部时间和心血，换来的却是学生的不领情；高考、中考结束后，学生把书撕成碎片，从楼上漫天飞雪般撒下，“疯狂的行为艺术”释放的是学生内心的压抑；家庭里，孩子动不动就关起门不让父母走进自己“领地”，家长有一两句话不妥，孩子便大发雷霆，甚至离家出走。亲子间对“关爱”的认知大相径庭，导致彼此充满敌意。

一幕幕师生、亲子、同学间的惨剧，或者极端行为都给老师、父母敲响了警钟：既要重视孩子的学习，更要关心孩子的情感发展和人格健全。如果孩子没有真正感受到或者接纳来自老师、父母对自己的爱，就不会发自内心地感恩老师、感恩父母的付出，更难以产生关爱他人的行为。无论是学校、家庭还是孩子，缺乏亲情，孩子身心健康受损，分数再高也没有任何意义！

中国自古以来是一个十分重视亲情的国度，中国优秀传统文化的核心就是家文化。然而，在物质水平不断提高和社会不断发展的当下，情感的“淡漠化倾向”越来越突出，家庭成员间的感情越来越淡漠。

曾有一项针对北京市3000多名中学生心理状况的抽样调查显示，有近7成中学生表示“反感父母”或“极度反感父母”，只有5%不到的中学生表示喜欢自己的父母。校园人际关系也不容乐观，校园欺凌时有发生；家校之间缺乏心灵沟通，家校冲突呈升级趋势。

亲情正面临前所未有的危机。主要表现在：

家庭内：孩子对家长的反感很大程度上源于家长对孩子的有效陪伴的缺失。其原因，有陪伴时间的不足，更多的是陪伴方法的不当，集中体现在不会和孩子进行有效的沟通，许多家长甚至害怕与孩子说话交流。长幼有序的伦理关系淡化现象越来越突出，有的家庭对孩子过度宠爱甚至溺爱，过度强调朋友式的亲子关系，缺乏孩子成长过程中必需的规范养成。

校园内：除了家庭之外，学校也应该是孩子收获幸福的主要场所。然而，学校生活充斥着竞争性知识学习，学生很少被提供机会去发展和他人的情感关系。师生之间互相不理解，情感维度被分数、考核挤压殆尽，呈现教育的功利性追求。教育事业的本质是服务性、奉献型的，教师倾心尽力，一心为学生是教育本意。即便如此，学生对老师的关心常常不领情。因为学业竞争过度，导致竞争多于合作，同学间缺少真诚相待、互助合作。

家校间：彼此没有在教育孩子上形成合作伙伴关系，缺乏互相信任，碰到教育孩子的困难时，难以有效沟通、形成合力。遇到问题或教育纠纷的时候，教师不敢大胆到位，家长常常越位，学生错位，以致家庭方面会站在对立的角度，挑剔、埋怨、指责，甚至锱铢必较、大动干戈。学校方面失去了“神圣殿堂”必要的师道尊严，家庭方面似乎维护了家长的体面和权利，其实错失了对孩子教育的良机。

从学校师生到家校关系再到亲子教育，面对不同场合和不同的人际关系，当今学生普遍缺乏亲情的融通和润滑，逐渐失去珍惜亲情的意识和能力。问题的背后，恰恰体现出他们缺乏一种合理、合适的亲情教育及其关怀。在很多学校，理性知识的传授、标准化的测验依然占据主导地位，学校生活充满了竞争性和功利性，人际情感元素被稀释，情商培养与智商发展之间失去平衡，加剧了这一瓶颈问题的发生。

第一章

亲情带来教育新样态

我这个当了20多年校长的人，曾在学校中心广场上受到过一次挑战。那是进入中考倒计时的一个大课间。临战前夕，校长照例要给毕业班的同学们鼓鼓士气，打打“鸡血”。初三的班主任们可真“给力”，下课铃声响后不到4分钟，300多位初三娃便已齐刷刷地站在广场上。我在台上，有点热血沸腾，脑中回旋着各种慷慨激昂的著名演讲：丘吉尔的《永不放弃》、罗斯福的《珍珠港演讲》，以及《魔戒》里人类英雄阿拉贡的言辞……

体育老师整队结束，我便上台开始发表校长“战前演说”了。当我指出现场有的同学精神面貌还不够好时，台下便传来了一小片喧哗声，有人嘀咕说：“阿潘你在阴凉处，有树荫挡着，有风，当然抖擞着。”有人轻声说：“是啊，是啊，我们在太阳下暴晒，公平吗?”

这时，我才注意到头上的树荫。初夏的杭州已经非常炎热，要在这样的阳光下让这帮十四五岁的“精灵娃”听得进我的“战前演说”，我自己当然必须令人信服！于是，我这个五十多岁的“老少年”一跃而起，从2米高的领操台上跳了下去。

孩子们“哗”地欢呼起来。我们一起暴晒在阳光下。接下来的演讲，自然进行得很顺利，达到了预期的效果。

孩子的教育是一件大事，一件不容易的事。如果老师只是高高地站在讲台上，妥妥地躲在树荫下；家长只是让孩子乖乖地去做作业，自己却美美地玩手机，孩子就会“口服心不服”。要让难做的事做得顺心，需要老师和家长主动“跳”到孩子中间，以平等的地位走近孩子，在关心孩子学习的同时，发挥情感的力量，满足孩子的心理需求，走进孩子内心，让教育真正起作用。

第一节　分数一阵子，亲情一辈子

什么是教育？德国教育家雅斯贝尔斯说："教育是人的灵魂的教育，而非理智知识和认识的堆集。在学习中，只有被灵魂所接受的东西，才会成为精神瑰宝。教育者不能无视学生的现实处境和精神状况。"对照雅斯贝尔斯提出的教育要求，我们来看看现代学生的"现实处境"和"精神状况"。

"不谈学习时，母慈子孝，连搂带抱；一谈学习时，鸡飞狗跳"是许多家庭的真实困境；"只要你肯去读书写作业，其他一切事情都由我来做"是不少家长的内心写照。

"提高一分，干掉千人"是校园中耳熟能详的顺口溜，"只要学不死，就往死里学"成了一些班级的励志语。在谁都无法回避的考试评价、选拔面前，老师确实有诸多无奈。

"分分分，学生的命根。"分数成了孩子们最在乎的东西，成了孩子们脸上的晴雨表。随着年段的升高，桌上的书也越堆越高，书包越来越重。孩子很少有满足精神需求的机会。

在这样的大背景下，家长、老师与孩子交流的主要话题都围绕着"学习"两字展开，学科知识的学习成了家庭、学校的聚焦点。大多数孩子只是在被动地接受知识，而没有时间参与学习以外的活动，没有机会体会人际交往中的关怀与被关怀。不少孩子把学习看作是一件痛苦不堪的事，家庭里缺乏应有的情趣，学校里缺乏应有的志趣，小学生缺乏宝贵的童真童趣，中学生缺乏应有的青春活力。

毋庸讳言，古往今来，学习始终是改变命运、实现自我的重要途径之一，孩子的培养离不开学习。在尚未找到更好的方法之前，考试仍不失为一种相对客观的学业评价和公平的人才选拔方式，家长和老师如果避开“学习”的话题而言他，再美好的愿望也难免会受到无情现实的挑战。

但是，家长和老师有必要和孩子辩证地解读“学习”的价值，弄清“分数”的意义，运用经典案例和身边的人和事，启发孩子回答“我为谁而读书”的问题，促使孩子懂得学习是他的分内事，是他这个年龄段需要承担的社会职责和重要任务，考试是他必须拥有的人生经历和成长体验。我们不能偏离正确的价值认知，更没有必要把学习简单化为功利性的代名词，把考试视为坍塌脸面的洪水猛兽。

然而，孩子培养目标的单一化，教育方法的简单化，家长重养轻育，老师重智轻情，在“我坐在你对面，你却在通过手机说‘我爱你’”成为交流常态的今天，符合人性、饱含真情实感的沟通互动离我们渐行渐远。家庭亲情淡漠、学校情感教育缺失、家校情感纽带断裂，已成为影响孩子人格健康发展的三个主要因素。

教育的出发点和终极目标是培养人格健全、品德高尚的孩子。这样的孩子绝非只会做习题，绝非考试分数至上。因为学校面对的每一位学生都是活生生的、有血有肉的生命体，对于身心发展处于关键期的学生来说，知识学习不应成为生活的全部，学校不应成为“非理智知识和认识的堆集”场所，而应关心孩子的现实处境和精神成长，帮助孩子在相亲相爱的校园氛围中得到关怀，学会关怀。

情感是一个人成长的心理灵魂，一个有情感的人才是真正有意义的人。亲情是人类最原始、最持久的情感，亲情关系是人际关系中最为重要的部分。家庭和学校理应为一个个生命体的情感发育提供各种机会和舞台。帮助孩子在和谐温馨的家庭里、相亲相爱的校园中，感悟亲情，享受亲情，付出亲情，培养孩子珍惜、欣赏和践行亲情的意识与能力，

亲情是能让孩子一辈子受益的宝贵财富。因为孩子的成长是一个不断社会化的过程。社会化过程的根本任务是让孩子学会交往和关怀。让孩子学会交往和关怀，就必须帮助他们打好亲情的优良品格底色，在懂得关爱自己的同时，珍惜得到的关怀，学会关怀他人，发展良好的社会关系，形成爱自己、爱他人、爱国家、爱人类，和世界万事万物和谐共处的良好循环圈。

关心孩子的“现实处境”和“精神成长”，学校、家庭需联手创设“老师开心教书、孩子快乐学习、家长阳光育儿”的良好生态环境，把亲情作为最有效的教育资源，把关系作为最大的教学生产力，顺应孩子的心理需求，发挥孩子的主体作用，走进孩子的内心世界，刚柔并济，张弛有道，以孩子易接受的教育方式，激发孩子的责任感和爱心，让孩子带着愉悦的心情完成学习任务，成为“品行正、情商高、身心棒、学业佳”的全面发展的人。

第二节　回归教育本源，走进孩子内心

从童心走来的孩子当然身心没有完全成熟，这是规律使然，不能责怪孩子，关键是作为成人的家长和老师如何对待还在成长中的孩子。

常听到家长向我诉苦说："小学五六年级开始，孩子就有了叛逆倾向，七年级下半学期开始，我真的是拿这孩子没有办法了！轻不得、重不得，简直都不敢开口与他说话了。"

还说，孩子最割舍不了的是电子产品，常常是手里捧着手机或者眼睛盯着电脑时，你跟他说什么，他都充耳不闻。怎么办？

也有许多老师常叹苦经：现在的孩子想法实在太多，对老师的辛勤付出不理解、不感恩。有的老师反映部分孩子在学校的表现还不错，回到家里就与爸爸妈妈叫板，自己不知道怎样指导家长。怎么办？

更多的是孩子在与我聊天或者写信给我时说，家长和老师总是居高临下，以教训的口吻与他们说话，一点都不懂他。怎么办？

要回答这些问题，需要回归本源，从人的本质和教育的本质上思考。

马克思说："人的本质不是单个人所固有的抽象物，在其现实性上，它是一切关系的总和。"（马克思《关于费尔巴哈的提纲》）家长和老师要真正把孩子从一个自然人培养成社会人，最重要的是引导他融入一个又一个社会群体中。在得到关怀的同时，内心能感受到来自他人的关爱，进而潜移默化地学会关爱他人、关爱社会、关爱自然、关爱自己的内心。只有从内心感受到来自他人的关怀，他才愿意自觉听从他人的教导。

“教育”一词，最早出自《孟子·尽心上》的“得天下英才而教育之”中。《说文解字》的解释是：“教，上所施，下所效也。”“育，养子使作善也。”现在，人们通常把教育解读为有意识、有目的地影响人的身心发展的社会实践活动。

雅斯贝尔斯在《什么是教育》中反复强调：“教育的过程首先是一个精神成长过程，然后才成为科学获知的一部分。”“教育必须立足于人与人之间人格平等之上的交流、合作、共同参与、共同创造、共同分享。”教育，是人对人主体间灵肉交流活动，包括知识内容的传授，生命内涵的领悟，意志行为的规范，并通过文化传递功能，将文化遗产教给年轻一代，使他们自由地生存，并启迪其自由天性。

《学记》有言：“夫然，故安其学而亲其师，乐其友而信其道，是以虽离师辅而不反也。”“亲其师，信其道；尊其师，奉其教；敬其师，效其行”已成为教育的经典。良好的亲子关系、师生关系是最有效、最持久的教育资源。这是因为情感是人际交往中最柔软、最能打动人的内心的元素，孩子成长的动力源泉更是来自良好的亲子、师生、同学关系。和谐的关系促成孩子拥有良好的情绪状态，情感的力量有助于充分挖掘孩子的潜能，亲情的资源能促进孩子精神饱满、信心百倍地投入学习和生活。

当下的教育问题，自然与孔子的时代，与雅斯贝尔斯的时代有了巨大变化；今天的孩子经历的教育环境，与他们的父辈也有了很大的不同。其一，时代价值观在发生明显变化，人们认识社会的观念也有很大变化；其二，教育信息科技日新月异，教学新形态不断涌现，知识传播的速度越来越快、渠道越来越广，孩子能够足不出户就完成知识学习、技能提高；其三，随着社会的发展，个性养成的倡导，孩子主体性、个性化越来越明显。

但是，不管教育环境、教育手段和方法发生何种变化，以“立德树人”为根本目的的教育本质不会变。一方面，我们对教育的功能应有足够的自信。因为科技革命、人工智能可以完成认知和操作，却难以替代情感的内化。人类特有的情感、态度、价值观等精神层面的东西，不可能代替孩子自身“社会化”的使命。另一方面，家庭教育、学校教育都需要顺应孩子的身心特点。父母和老师既需坚持长幼有序，有规有矩，保持一定的权威；更需放下身段，以民主、尊重的姿态与孩子平等沟通；还需拥有童心，保持童趣，经常做孩子喜欢的事，营造温馨的氛围，相亲相爱的人际关系。当浓浓的亲情走进孩子的内心，赢得孩子的喜欢，进而良性循环，才能在给孩子带去快乐和幸福的同时，享受当家长和老师的幸福。

改变孩子，需要从改变家长、老师自己做起。只要我们不把孩子当作实现自己目的的工具，只要我们顺应人的天性，回归教育本源，唤醒孩子内在的自主性，从情感入手，抓住孩子的心，让孩子得到关怀、学会关怀，形成情感体验，建立起“关系密切、感情深厚”的亲情，就能促进孩子在升入高一级学校、走向工作岗位，组建属于自己的家庭、融入一个又一个群体的过程中，做一个尊重他人的人和受人尊重的人。秉行“修身齐家治国平天下”的美好追求，一定会对一辈子的生活品质产生深远影响，进而为整个社会和人类共同的美好做出自己的贡献。

第三节　源于“喜欢”，归于“亲情”

孩子往往不会因为某一门学科重要而花时间认真去学，也不会因为某一件事情有意义而花精力用心去做。他们却常常因为喜欢某一位老师而喜欢上这位老师任教的学科，进而心情愉悦地把这门学科学好；因为对某一件事情感兴趣而孜孜不倦地为这件事积极努力，进而把这件事干得非常出色。这就是古人说的“亲其师，信其道”的本意。

一天晚饭后，我和学生一起散步，聊到“最喜欢什么学科”时，学生争先恐后说开了：

“我特别喜欢英语，因为我们的英语老师很帅，他的‘趣配音’跟电影里的一模一样。他上课特别有趣，最主要的是，他特别有耐心！”

“我被数学老师吸引住了，她说话幽默，特别容易懂。下课了，还经常和我们聊天，还给我们各种好吃的。真的超喜欢她！现在我不怕做数学题了，数学成绩已经从小学的中下到现在的中上水平了。”

……

北京师范大学邹泓等人的研究表明：“学校喜欢、学习兴趣、学习信心和学习效能感、亲社会方面，亲密型师生关系的学生得分显著高于师生关系一般型和冲突型的学生。”人的情感与认识过程紧密相连，任何认识过程都伴随着情感而发生。孩子的学习兴趣、做事的动力与情感密不可分，亲情能够促进学习成绩的提高。

由于学习是学生的主要任务，是家长、老师、学生共同关心的话题，孩子对学习有兴趣，能积极主动地完成学习任务，取得属于孩子最佳水平的学业成绩，有助于减少父母和老师的唠叨和他们与孩子之间的矛盾，减少无谓的焦虑和对抗情绪，有助于亲子间、师生之间的亲情培育。可见，学习和亲情相伴共生。

那么，怎样才能促进孩子获得学习和亲情的双赢？根本出路在于改变。家长改变育儿观，为孩子营造良好的家庭氛围；老师改变学生观，为孩子构建和谐的校园人际关系，架起师生情感沟通的桥梁。家长和老师一起改变教育策略，顺应孩子的天性，用孩子乐于接受的方法与孩子沟通，倾听并回应孩子真实合理的要求，从孩子身心成长规律出发，用走进孩子的内心的方法因材施教。改变，体现在家长对学校的认同和充分信任，真正把自己作为老师的合作伙伴；改变，体现在学校对家长的热情和有效指导，用心引领家长运用符合孩子心理的理念和方法开展家庭教育。只要家长和老师都愿意改变，孩子的成长环境就会呈现新的样态。

一、校园实录：一整天狂欢让“全家人”沉浸在喜乐中

学校教育是在特定的场合和时间，由专门的人开展的有目的、有计划、有组织地对受教育者的心智发展进行教化培育的过程。据此，学校教育不能理解为仅仅在课堂内上课、考试、写作业。既然这样理解，学校可以一整天不上小课堂的课吗？这个问题的答案是肯定的。

每年的12月31日左右，杭州公益中学会花一整天的时间让孩子、老师、家长共同参与丰富多彩的活动。从上午的人人有节目，班级狂欢、爱心义卖，到下午全校瞩目的公益大舞台、品菜会，再到校园吉尼斯等，一整天各种样式的活动从前期准备、筹划，到当天进行活动，孩子、老师、家长全都一同参与。活动在不知不觉的自然状态中进行，师

生、家长一起沉浸在其乐融融的亲情海洋，有效地融洽了师生关系、生生关系、孩子与父母的关系以及家校关系。

（一）狂欢游戏1：不上课的一整天，从班级狂欢开始

这一天的班级生活，不是从常规的“早到早学”开始，也没有早自修学习任务，而是从每个班级各具特色的班级狂欢开始！不同的是班班都有自己的奇思妙招，相同的是每个班级的展示舞台属于班里的每一个人。老师、学生、家长共同参与，人人都有施展自己才艺的舞台。各具特色的班级派对有走狂野路线的，有温馨小清新型的，还有用爱心温暖你的！

有老师为孩子们献上的《忘情水》《小酒窝》等，有孩子们带来的街舞、小品；有老师、家长共同制作的班级视频，和孩子们一起回顾温馨小家走过的一年时光；更有孩子们拉着老师、家长一起尽情玩耍的搞笑游戏。

（二）狂欢游戏2：爱心义卖，让孩子学习在付出中成长

操场上人来人往，书籍文具摊、甜点饺子摊、工艺品集萃摊、花卉绿植摊……一个个摊位前都挤满了人，叫卖声、赞叹声不绝于耳。在这里，有游戏，有美食，有文具，更有孩子们的创意、老师们的热情、家长与学校的默契！

游戏玩个够。套圈你一定玩过，这个动手游戏被学生所利用。孩子们在义卖中，以套圈游戏为营销手段，快乐推销产品，用爱心筹款。

吃货吃个够。有些孩子以美食为“诱饵”，现做现卖，带动爱心义卖。

班主任摊最火爆。班主任也积极参与爱心义卖。他们发挥各自特长，现场表演，吸引学生、家长来购买。

在这场快乐温馨的义卖中，付出最多的是学生的家长们，从购买物品食材，到布置场地，最后到义卖现场都少不了他们忙碌的身影。

爱心义卖，老师、家长和学生一起参与，不仅促进了融洽的亲情关系，而且学生在实践和付出中体会到了奉献带来的快乐。每年义卖所得善款全部注入杭州市公益中学爱心专项基金，为黔东南的孩子提供爱心帮扶。

（三）狂欢游戏3："落胃"的"公益大饭店"等你回家吃饭

"公益大饭店"，就是我们的食堂，是孩子们朝思暮想的地方。在这一整天里，孩子们热切期盼的还有一年一次的"品菜会"。这一年哪些菜最受大家的喜爱？下一年，哪些新的菜品又将进入食堂的菜单？我们邀请学生、家长、老师一同参加品菜会，不仅可以品尝各色美食，而且投票选出全校师生最喜欢的菜品，作为学校食堂来年的常备菜单。

整整一天孩子们在玩中放松、体验，感受浓浓的亲情。

二、真情闪烁，赢得学生真心喜欢

教育的唯一目的就是学生的健康成长和全面发展，引导他们成为对社会有用的人。不上课的一天，孩子们能收获什么？我们来听听学生的心声：

八年级的韩同学说："班级狂欢活动中，我们组负责卖饺子。每一位组员分工合作、齐心协力，桌上的饺子越来越多。我们的饺子也吸引了大家的眼球和班主任谭大的驻足拍照，这是对我们最大的鼓励……当妈妈把热气腾腾的饺子端出来后，我们把饺子分享给全班人，大家蘸着调料，围在桌边有说有笑地品尝着。一边吃还一边认哪个是自己包的，就像过年一样开心！看到有其他同学再次跑来询问‘有没有饺子’时，我毫不犹豫地把自己那份与他分享。我觉得今天老师和妈妈们好可爱。”

八年级的强耀萱说：“今天义卖一开始，各班摆好赚大钱的气势，有的卖玩具，有的卖书籍，有的卖零食，有的卖饺子，有的卖甜点……应有尽有。我们班主卖‘木糠杯’，简直供不应求。妈妈们忙得不亦乐乎，比我们还投入。我怎么以前没有发现我妈妈这么美丽呢？”

或许你会问，这一整天不上课的是在竞争压力巨大的民办初中吗？是的。全校师生家长玩得很忘情，而且绝不仅仅是这一天，全年都有序安排各种各样的活动。每隔一段时间，我们就安排一场类似的活动，让孩子、老师、家长就像过节一样，拿出半天、一天时间去春游、秋游、“益人毅行”“全员运动会”……哪怕是到了九年级，所有的活动大家照样参加。

当然，几年前我们刚刚推出这些活动时，也经受了各种质疑，从教师到家长都有各种担忧。现在，看到成效，大家观念改变了，“一家人”共同策划、参与学校的活动。在活动中，老师、家长、学生，感受到的是其乐融融的氛围。尽管没有语文、数学、英语、科学的知识传授，却有情感体验、精神享受。从翘首期盼到全身心投入，亲情流淌在每个人的心间。同学对学校更加热爱，对父母老师更加感恩，师生家长融为一体，同乐同感。

实践证明，一整天不上小课，看似少了一天的知识传授，收获的却是能力的培养和情感的体验。更大的收获还在于，不知不觉中增进了师生、生生、师师、亲子、家校之间的感情。浓浓的亲情促进了孩子情感的发育，促进了孩子人格的完善和社会化的过程。用亲情的红线连接起来的、潜移默化的教育，才是走入孩子灵魂的好教育。

第四节　亲情教育带来学校新样态

我们重视通过有效途径培育亲情，建立从家庭到学校，全员、全程、全方位发展的亲情教育新体系，让源自家庭的亲情延伸至学校，促使学生、家长、教师在学校亲情教育体系中，形成家校一体的“大家庭”。

我们坚持通过形式多样的方式，使每一位来到公益中学的师生、家长都把公益作为自己的家，共建共享和谐温馨的公益大家庭,将“亲情”作为支点撬动孩子的内驱力，促进孩子带着愉悦的心情投入紧张的学习，并在完成学业任务的同时，主动积极地参加各种活动，发挥自己的特长，张扬个性，朝着“品行正、情商高、身心棒、学业佳”的方向发展，赢得一辈子受益的优良品德、健康身心、知识功底以及与自己内心、与他人、与自然和谐共处的心性和能力。

我们努力使每一位来到学校的师生、家长都被一根亲情的红线牵引着。通过营造浓郁的亲情教育氛围，构建丰富的亲情教育载体，开展有效的亲情教育行动，有效解决家庭亲情淡漠、学校情感关系缺失、家校情感纽带断裂等问题，并由此形成“老师开心教书，孩子快乐学习，家长阳光育儿”的良好教育生态。亲情教育激发了学校的活力，激起一泓教育的活泉，促进了学生、教师、家长共同成长，促进了教育质量的全面提升，更打响了学校品牌。

亲情，带来了教育的新样态。“新样态”主要体现在三个方面：

一、明晰了“教育应该培养什么样的人”的价值取向

（一）三个“基于”，完成从“育分”到“育人”的转变

亲情教育把培养人格健全、综合发展的“人”作为一切教育教学活动的出发点和归宿，提出“三个基于”——基于人的天性，基于初中孩子的心理需求，基于孩子的全面发展。亲情教育改变了长期以来老师、学生、家长围着“分数”转，以升学作为办学追求，以“成绩论英雄”，靠磨时间、拼体力换取升学率的做法，把培养“品行正、情商高、身心棒、学业佳”的优秀公益人作为目标，以“情感”作为立德树人，促进学生德、智、体、美、劳全面发展的重要纽带，充分体现教育的目的是“育人”而非“育分”。

（二）两个“追求”，形成公益师生家长共同的价值观

一是把“让公益的孩子学并快乐着”作为全体师生家长的核心追求，并切切实实把这一“核心追求”付诸丰富多彩的行动。二是把“乐观大气，相亲相爱，踏实勤勉，活教乐学”作为全体师生家长的共同价值观，让“我们是相亲相爱的公益人”成为师生家长的内心认同，并真正把这一“内心认同”外化在日常的言谈举止中。

（三）两套方案，对师生的评价“不以分数论英雄”

一是以“学生喜欢”作为教师评价的核心指标。学校出台了《“做学生喜欢的好老师”评价方案》，每年投票选出年度“十佳学生最喜欢的老师”。“学生喜欢”已经成为公益中学“好老师”的价值标准。二是

以“公益心”作为学生评价的重要导向。学校制定了《杭州市“益动中学”公益积分制实施方案》，将关爱他人的公益活动细化为可操作的具体条目，促使学生真正具有“公益心、公益情”，自觉实践“公益行”，拥有家国情怀，益人成己，全面发展。

二、突破了“教育应该怎样培养人”的难点问题

如何培养孩子健全的人格和良好的品质？怎样培养“品行正、情商高、身心棒、学业佳”的优秀学子？儒家圣贤孔子说有教而无类、因材而施教，西方教育家苏格拉底说教育的智慧在于唤醒。因人而教、深入唤醒，需要找到孩子的“软肋”，用情而走心。

（一）“三情育人”作为教育的切入口

亲情教育以“亲情是最有效的教育资源，关系是最大的教育生产力”为宗旨，以“认知”为基础，提出“三情育人”——以情育情、以情立德、以情促智。既把“情感培育”作为教育的基本路径，又把培育“有情感的人”作为教育的核心目标，学校采取符合学生年龄特征、深受学生喜欢的方法，让学生喜欢老师，喜欢学科、班级、学校，喜欢家长，喜欢家庭，改变了以认知作为主要研究点的做法，而以情感投入为重点，融“情、理、规则”于一体，将情感渗透在课堂、课程、活动等教育的全过程。

（二）“四条路径”把握亲情教育的实践方向

我们提出了“始于家庭亲情，基于相互关系，乐于协商对话，成于实践体悟”四大路径，以此作为全校师生家长自觉实施亲情教育的基本

思维模式。“始于家庭亲情”，即用心把原生家庭饮食的“烟火味”和敞开心扉交流的“贴心味”延伸到学校，用情把原生家长的“归属感”、毫无保留的“依赖感”以及人生“第一扣”的必要规矩等延续到学校；“基于相互关系”，即校长率先放下身段把自己当作“儿童”，老师主动站在对方立场尊重学生和家长，构建“尊重关系同心圆”，实现在相互尊重中赢得师生家长“一家人”式的好关系；“乐于协商对话”，即充分尊重孩子的主体意识，关注他们的内心需求，以“学生校长”为核心构建“人人管我、我管人人”的自主管理体系，老师时常主动和孩子们面对面协商对话；“成于实践体悟”，即强调情感不是说出来、教出来的，而是让学生通过参与式的“有情、有趣、有效”的“三有”课堂和作业，体验式的“全员、全程、全方位”的“三全”体系和行动，浸润式的“三年第一次、三年如一日、三年到一生”的“三一”经历和体悟，在平时点点滴滴的学习、生活中，在亲身体验中潜移默化而形成。“四条路径”有效地确保了“三情育人”不浮于表面，不流于形式。

（三）“八大载体”形成亲情育人的特色活动

在“四条路径”的导引下，我们不断探索实施亲情教育的有效方法，并在实践中不断完善，逐渐形成了学生喜欢的亲情教育八大载体：“阿潘羹”延伸父母爱，“亲笔信”架起连心桥；“四位一体”的亲情网，“玩出好关系”的大舞台；“学生校长”来领衔，“亲情信箱”保选择；参与式的“三有课程”，共享式的“三有活动”。

通过以上载体，我们的学生能“吃得爽，聊得畅，玩得嗨，学得乐，评得妙”。

1. 吃得爽。我们主张“吃得爽”才能“学得乐”。作为“大家长”，我会在每周四中午出现在食堂，为孩子们烧制“阿潘羹”；每月一次，校膳管会征集学生、教师以及家长对菜品的建议，并顺应学生需求，推出新菜；每年元旦，学校发动全校师生、家长推荐自己喜欢且适合在大食堂烹制的菜品，开展一次全员参与的“推陈出新，挑战你的味蕾”品菜会……“管人要管心，管心先管胃”，全校上下合力把食堂办好，孩子开心，家长放心，为孩子们把学校当作自己的家奠定了良好的基础。

2. 聊得畅。沟通不畅是老师、家长与孩子之间隔三岔五出现的难题，如何才能持续地和青春期的孩子聊得畅快？要心贴心，需花心思。每隔一段时间，我给学生写“阿潘和你说说心里话”的亲笔信，学生纷纷写来“我和阿潘说说心里话”的回信；每个月，我给家长写一封亲笔信。在我积极倡导和带领下，公益中学的老师、家长、学生自觉加入到用亲笔信进行交流的行列。我们还通过“亲情信箱”“亲情日记”等方式鼓励孩子勇于表达，让孩子拥有更多的“话语权”。

3. 玩得嗨。我们舍得在活动上花时间——每周有固定的社团时间，人人参与自己喜欢的社团，如信奥、航模、机器人、足球、篮球、橄榄球、摄影、书法、乐队、烘焙、扎染等，每年开展“公益大舞台”“公益吉尼斯”“阿潘杯篮球赛”等一系列校园活动。每到冬天，只要下大雪，我就会领着学生、老师一起打雪仗，以自己的童心唤醒并释放孩子的天性。

4. 学得乐。我们依靠“问计于生”打造“三有课堂”，主张让课堂充满笑声和掌声，形成“活教乐学”的课堂风格，打造广受学生喜爱的“有情、有趣、有效”的课堂。我们十分重视对学生终身受益的优秀传统文化类课程，师生共编校本教材，从《公益人读〈论语〉》到《嗨，孔夫子——中学生读〈论语〉》，再到《大画〈颜氏家训〉》等，让学生体验到“我的书我来编，我编的书我爱读”的快乐学习模式。

5. 评得妙。“花式评语”是我校每年期末的一大亮点。当代青少年学生接触的信息量大、视野广，接受过各种各样的表扬和批评。“老套”的说教式评语势必让学生感到索然无味。我们的班主任老师按照“全面+鲜活”的原则给予每一位学生生动活泼的“写真式”评语，“漫画”“化学元素表”“班级扑克牌”等，都是老师不断摸索创新的成果。我们还采用“公益积分制”，发放独制的“公益情，公益行”毕业证书，对学生的亲情活动给予科学、全面的评价。

三、形成了以“关怀、快乐”为特质的“一家人”循环圈

（一）“关怀”和“快乐”成为公益师生家长共有的特质

“关怀”。通过“尊重同心圆”，构建起以重情重义为主基调的校园人际生态环境，彼此尊重、信任，学会站在他人角度说话做事，让孩子在接受关怀的过程中，体悟关怀，付诸关怀，悦纳自我，关爱他人，富有大爱，形成了师生家长共建共享和谐温馨大家庭的浓郁氛围。

“快乐”。快乐来自“学生喜欢”。全校上下共同致力于“办学生喜欢的好学校”，老师以积极心态“做学生喜欢的好老师”，促进学生喜欢来到学校，喜欢这里家园式的物质文化，喜欢“相亲相爱一家人”的人际氛围，喜欢“阿潘羹”等饮食，喜欢“我读的书我来编”式的课程，喜欢“公益大舞台、才艺我来秀”式的活动，喜欢“我的地盘我选择”的自主管理方式……

（二）老师说，公益是我的又一个家，我真心爱每一位“家人”

公益中学的老师归属感强、忠诚度高，从校长到一线老师、后勤员工，都把学校当作自己的家，把对方当作“家里人”，彼此真心关爱。老师们把学生当作自己的儿子、女儿或者弟弟、妹妹，不再把分数作为唯一追求，注重学生的身心健康、全面发展。他们像父母或哥哥姐姐一样，坚持长幼有序，有规有矩，更发挥“亲和力”的作用，做到“刚柔并济柔为上”。

课堂上，老师们形成了“有情、有趣、有效”的教学风格，特别注重创设和谐、民主、平等的环境，充满热情、激情，充溢着关怀、鼓舞，吸引学生能参与、乐参与，以情感作为教学目标达成的润滑剂、催化剂，把知识的传递、能力的培养融入和谐的关系中。这样，课堂不再只是为了知识、能力目标，更有情感上、精神上的相互沟通。课后，老师们不再居高临下，而是主动放下身段，保持童心和童趣，和学生玩在一块，真正做到和学生“走心”地相处。老师们不再以传统“我说、你听”“我给、你接”的方式，而是用“每月问计于生小问卷”等形式了解学生的愿望，回应学生的诉求，学生们真切地感受到了老师站在他们的立场说话做事。对待孩子的错误，老师们不再是简单、严厉地批评指责，而是采用“三步谈话法”，让孩子们感受到真心的关怀和尊重。

从教三十余年的王晓燕老师在《我的又一个家》中这样写道：

家不是物质堆砌起来的空间，家是让我们心灵安宁的精神乐园。我的又一个家——公益大家庭，就是这么个地方。

十几年前，我从十三中来到公益，结识了一批只琢磨事不琢磨人的优秀老教师，结交了一群志同道合的朋友，相识了一群脚踏实地的后辈。那几年我们困难重重，但是所有的公益人齐心协力，互相帮衬，老教师把学生当作了自己的孩子，年轻老师把孩子们当作了自己的弟弟妹妹。我们坚信：用爱去激发学生热情，把老师、学生、家长拧成一股绳，爱会创造奇迹。爱真的具有魔力，40个人都不到的班级，居然在集团运动会上战胜了50多人的集体，在全集团同年级28个班级中收获了第一、第三的好成绩。而这其中的原因，就像孩子们说的："我们不是一个人在战斗，我们是一个整体，我们为公益而战！"

就在公益人加足马力赶超杭城优质民办中学时，因为学校体制调整的需要，留在公益还是回十三中，这道选择题让老师们陷入了困境。那一段时间，是公益最难过的日子，也是我最揪心的日子。不忍看到阿潘校长那双充满血丝的双眸，不忍看到公益人纠结选择的面庞，也不忍看到年轻人将远离我们的失落。最终选择留在公益的老师，主要是因为我们爱这个相亲相爱的大家庭。我想通过自己的努力，让这个大家庭更优秀。

出于对这个家的热爱，那一年我承担起了重任，身兼数职：招生办主任、年级组长、两个班的语文课，工作量严重超标，尽管有时心力交瘁，但我咬紧牙关坚持了下来，把一个没有任何经验的团队带成了一个优秀集体；我因连续多年做招生工作，得罪了许多朋友和以前的同事，在被人肆意诋毁时顶住方方面面的压力，为学校的招生工作做了一份贡献；我关爱着身边的年轻人，在他们工作和生活艰难的时刻及时伸手帮助他们，听听他们的诉求，为他们的成长加油。

随着公益的口碑越来越好，家长和学生对公益老师的要求也越来越高。在一次教研组讨论会上，我发现有一位年轻教师有些异常。平日活跃爽朗的她，居然在一个多小时的讨论中一声不吭，眉头紧锁，面色凝重。我感觉到她一定遇到了什么困难。会后，我侧面打听到，她的不开心源于班上的一位同学因为对她的工作方法有点不满而投诉了她。好心却不被理解！对自己要求很高、工作兢兢业业的她突然之间彷徨了。为了帮助她走出这样的困境，我和她任教班的老师、同学进行了大量沟通，基本弄清了事件的前因后果。然后，在双休日，我把这位老师约到了家里，完全以自家人的姿态，正面肯定她的认真负责，通过我工作中曾遇到过的例子，告诉她如何妥善处理与学生之间的矛盾。事后，我又一步步跟踪、指导，她一点点改变了自己的做法，和学生的关系也慢慢融洽起来，笑容重现在她的脸庞。

我真心地把公益当作自己的另一个家。因为这儿有一群志同道合的“家人”，为着让公益大家庭越来越兴旺打拼着；因为这儿有一群可亲可敬的家长，我们成了互相帮助的朋友；因为这儿有一群可爱纯情的孩子，我们成了彼此人生中的牵挂。

（三）家长说，公益亲情教会我和孩子建立了很好的关系

我们把家长纳入教育的全过程。新生来到公益校园后，我们所接纳的不仅仅是孩子，而是每一个选择了公益中学的家庭。在“公益第一课”上，我们举行“我是相亲相爱公益人”的宣誓，最有价值的是爸爸、妈妈、孩子分别坐在报告厅和不同教室参加的同一场“亲情考试”，家长和孩子的考题类似。阅卷时，我们把一个家庭的三份答卷放在一起，答案相吻合的便得分。通过各类活动，家长认同了我们公益大家庭的价值观，成为公益大家庭重要的一员。有了“我是公益人”共识，家长在三年的日子里，真正把自己看成老师的合作伙伴，参与学校各种典礼、活动，参与学校工作规划的制定和落实……并且在孩子毕业

后，也和孩子一样，发自内心地认同“三年公益人，一生公益情”的情感。

我们创造条件让家长和孩子一起成长。三年的公益生活，孩子在这里学做人、学知识，家长也在这里学育儿，不断优化育儿理念、改进育儿方法。我每学期为不同年级分别开展“阿潘说家教”系列讲座，通过亲笔信等向全校家长征集问题，我以自己做父亲、老师、校长的经验，为家长们解惑支招。我们集全校老师的智慧，积极引导家长想明白“我要把孩子培养成什么样的人”的根本问题，确立“好关系才有好孩子”“该严决不松，能柔则不刚”等育儿理念；有效指导家长解决“怎样把孩子培养成理想的他（她）”等难点问题，指导家长科学分析自己的孩子，和孩子一起做“成长方案”；在家中设置“优势墙”，促使孩子不断发扬优点，弥补薄弱点；运用契约法，做好孩子的规矩，安排好孩子的学习；运用“小闹钟法”管理孩子的时间，改变孩子磨磨蹭蹭等习惯。最大的变化是，家长真正理解了“信任学校、支持老师”的意义，懂得了“刚柔并济柔为上”的策略，把发挥亲情力量，走心地和孩子沟通，建立良好亲子关系作为取得家庭教育成功的头等大事，走出了或简单粗暴，或宠爱放纵，或开口闭口唠叨学习引起孩子逆反，导致家长无计可施、无可奈何的家庭教育困境。

2016级的公益家人甘尹亮的爸爸，将孩子在公益三年的难忘成长记录在册，在此摘录一二（原文共三万多字）：

娃初一新生考试排在400名外，中考时以优异成绩考取了心仪的高中。有爱的“臭蛋”（孩子的小名）和他的“笨蛋”爸爸是如何在公益亲情氛围的熏陶下，一步步成长起来的？

一、初见：源于“爱”的遇见，成于“爱”的教育

2015年1月31日，一次面谈一本书。

我们第一次走进阿潘办公室参加面谈。阿潘中英文结合与我们聊了近2个小时，作为父亲，我当场就被打动了，庆幸遇到了一位如此用心的教育工作者！阿潘点燃了孩子心中的小宇宙，孩子像是一下子长大了——他要做自己心中的英雄（詹天佑），孩子有“要心”了。面谈介绍时，阿潘送了我一本他的《一位智慧校长给家长的50封亲笔信》，并在扉页留了他的字。一放寒假，我便开始读这本书，真的是越读越震撼！与其说这是一本书，不如说这是一份“爱”——一份父亲对孩子的“爱”，阿潘用心地把这份“爱”写了出来。

与阿潘一样，我们只是父母亲，而且只有一个孩子，之前没有当父母亲的经验，迫切需要这种把心中的“爱”落实到行动的指导。通过这本书，我真正认识到“培养孩子不是学校一方的事”。特别感动在这样一个电子化的时代，阿潘用实际行动倡导国学，倡导“中文钢笔字”，用“亲笔信”的方式，告诉大家国学的博大精深，让人在对电子书写视觉疲劳的时候，感受到一种汉字的“美”，我们享受着阿潘带来的这种“美”！

2015年12月31日，超有爱的阿潘培养出超有爱的“臭蛋”。

爱心义卖活动，一周的心血精心打造的文化衫，75元一件售罄。儿子居然敢和思垚同学一起去潘校长办公室讨要签名，而且成功了。阿潘感谢超有爱的“义举”。

2018年3月17日，收到稿费120元。

昨天中午接到孩子电话，说是有稿费给我，说是自己赚的第一笔稿

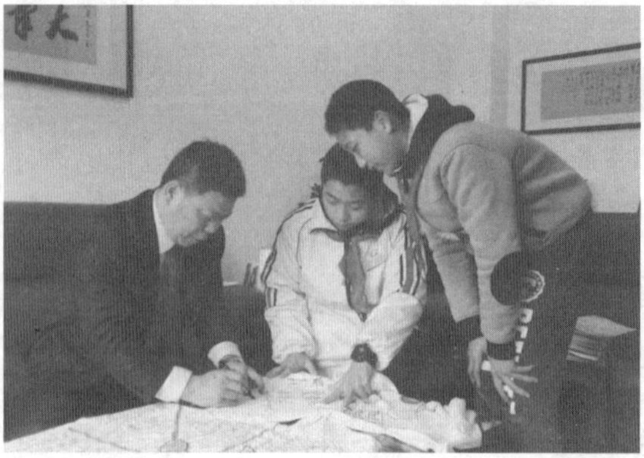
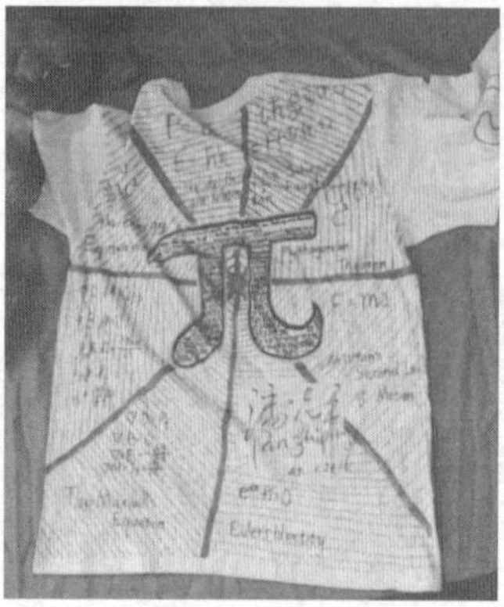

2015年12月31日 向阿潘“索要”签名

费。晚自习回来，我才明白了原来是他参与了阿潘新书，为里面贡献了两幅画，所以有了这120元的稿费，学校里获得这样稿费的学生每年不在少数。让我感动的不是这稿费，而在于公益中学在教育上的良苦用心！

一是用真实的出版物培养娃们的“版权”意识；二是在作品面前人人平等，把每一位参与者（都还是稚嫩的初中生）当成一个个鲜活的平等个体；三是协同意识，让娃们知道协同的力量。

我非常喜欢阿潘在3月4日开学第一课结尾时引用的名言：

日日行不怕千万里，
常常做不怕千万事。

也特别喜欢影片《极速蜗牛》里的：梦想再大也不嫌大，追梦的人再小也不嫌小。

为这样用心的学校点赞！

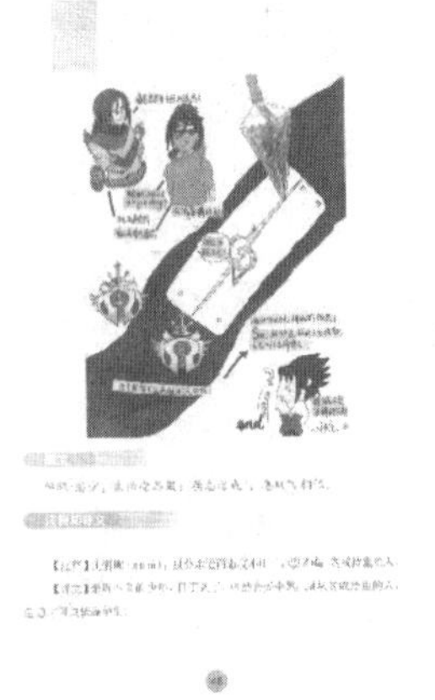

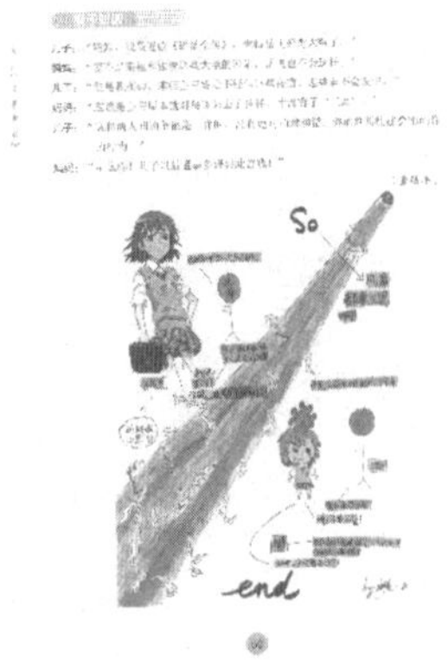

二、敢问路在何方——“笨”爸爸的取经之旅

2015年11月19日，一道数学题引起的争执。

昨晚，孩子期中数学测试的一道题被判错误，我与孩子发生了激烈的争执。看着他哭着扯着嘶哑的嗓子争辩的样子，我心里很难过，但也很欣慰。难过的是他那满眼都是委屈不被理解的泪水，欣慰的是他在我的“淫威”下，依然能坚持自己的观点。

静下心来仔细沿着儿子的思路思考，才发现他所坚持的竟然是对的！但他的思路是他目前所拥有的知识无法求解的。

当我把这事向老师们反馈的时候，很快就得到了正面的回应：尊重孩子的解题思路，称赞孩子的探究精神。这极大激发了孩子对数学学习的兴趣。感谢公益老师对孩子的包容和呵护！

2016年3月9日，1分钟=30分钟？

在“阿潘说家教”第一课上，阿潘讲了他坚持每天早晚接送女儿上学、放学的故事。因此，从去年开始，我每天早上都送儿子上学，晚上再接回来。一般早上6:50出发，我们能在7:08到学校，我然后7:25到办公室。但是，如果6:51出发，我们到学校就是7:13，我到办公室就得7:55。

今天回家的路上，我用这个例子告诉儿子，早上的“1分钟=30分钟”，这个关系等式在数学上不可能成立，但真实地发生在了生活之中。儿子点头表示明白了这一道理：时间虽然在量上是一样的，但在质上却大不一样。

在阿潘教育理念的影响下，我们放弃了原来非常坚持的住在学校附近的想法，并且很享受在每天接送孩子过程中，那种“汽车聊天吧”所带来的快乐（当然冲突也不少，但因为空间小，我们只好面对，而不是摔门出去）。我理解了阿潘说的话：青春期的孩子特别需要亲情的陪伴，每天早晚跟孩子说说话，很有必要而且很幸福。

2016年5月23日，生日发火后的深思。

今天是儿子的生日，本该是一个高兴的日子。可听到他在今天的数学测试中考砸了，我心情一下子低落了下去。当听到他把原因归结为自己的粗心（类似于78除以2，得34），因粗心被扣了至少8分时，我的火气就蹭地上去了。听到他那满不在乎的话语——“难的题目我没有扣分”“我至少还有100分以上”……我当时就气得不行了！我拿着毛巾冲着他抽了过去，把生日蛋糕一巴掌打到了阳台上，实在不能容忍这些话里面所包含的“心机”！

“难的题目我没有扣分”，我的第一反应是他有能力考满分。可他偏偏在容易的题目上错了，而且扣了8分。数学和科学是他的强项，但他的成绩起伏又是如此大，这让我情何以堪？看着他因我的责罚伤心成那个样子，我也很难受。班主任戴老师已多次告诉我，孩子的成长需要时间。其实，儿子真的是一位很好很懂事的孩子。记得在公益中学的第一次考试中，他排在班级的尾巴上，年级的后半段，但经过这一个多学期的努力，他的状态越来越好，学习的劲头越来越足。是我错了吗？我应该怎样改进？我提醒自己，要牢牢记住戴老师的话，这是最后一次！

2017年1月8日，深夜玩手机。

亮亮：

今天一早起床，不得不提起笔给你写这封信。

昨天晚上准备睡觉前，我到你房间看你，是担心你被子没有盖好，没有想到，你的手是凉的，身子也不热乎，是你的身体出卖了你的“假寐”，那是什么样的事情让你躺进被窝一个多小时了还在清醒状态呢？一番思索后，我果然在你的枕头下发现了手机，那一刻，我的心如掉进冰窟窿里，下一秒，一股怒火又腾地蹿了上来，去年摔手机事件如在眼前，昨天考试考砸了如在眼前。但，最终我抑制住了自己的冲动，把你的手机关机了，找地方放了起来。

亮，爸爸也是从小男生逐渐长大的，你的所有行为，爸爸那个年代也同样经历过，这里再次强调一下：第一，任何事情，请放在阳光下，诚实是家人之间最基本的信任要求，没有必要采取“偷偷”的方式。

第二，做事要有轻重，现在是考试周，你需要把所有与学习无关的事情放在脑后，努力用心复习迎考，周五到现在，你坐在桌子前看书复习的时间不到三个小时，而40个小时已经从你身边溜走了。

第三，让自己的性子沉稳下来，这应该是你2017年里最重要的事。你是聪明的，但你本该拿到的分数往往因为粗心而拿不到。你为什么不静下来思考一下自己的方法够不够严谨？为什么不去听听别的同学的方法？

第四，关于竞赛，我一直相信一点：任何比赛成绩后面都是汗水！如果你希望自己在竞赛中取得好成绩，那就要为此付出你的汗水，明白吗？

最后，在你努力的道路上，妈妈爸爸都会陪着你！

爱你的“笨”爸爸

2017年9月3日。

孩子，昨天是你进入初三的第一个周六的晚上，当看到23:00的你还在“苦”读的时候，我内心升腾起一份骄傲，第一次觉得你长大了。可当发现你的所谓“苦”读是在“喝毒药”（游戏王者荣耀的别名“农药”）的时候，你那个神经质般的高度紧张的手指动作，让我感觉到一个魔鬼正张着一张血盆大口把你吞噬，我内心的骄傲和欣慰如高楼大厦般瞬间坍塌，当扬起鞭子抽打在你瘦弱身板上的时候，我的内心在被深深地撕裂，泪水里涌出来的那份殷殷期盼，你可知道？

你的梦想在哪里？杭二—浙大—MIT，是否还要坚持往下走？邱伯伯永不言弃的精气神尚在否？耳畔时时萦绕着你在波士顿酒店里的朗朗“少年中国说”，这些，难道仅仅是梦？

人生一辈子，很短，古有悬梁刺股，近有为中华之崛起而读书，今有断其手机，封其QQ，戒其网游……古往今来，胜利永远归于那些自律者。

今天是你进入初三的第一个周日的早上，由于昨晚的事，我看你也是读不进去书的样子，就想带你出去走走，带你去探寻杭州的古城门（这对于我来说，也是第一次）。我希望让你知道仅仅一个杭州市，在这近2000多年中是如何演变到今天这个样子的，让你去感受拆除了篱笆墙的杭州是如何腾飞的。由小及大，去把握中国再次崛起的时代脉搏。孩子，这就是我们要努力去学习的原因。国家的建设需要你，不要把你的天资浪费在那些虚幻的世界里，扎扎实实地学好本领，努力提高自己的能力，在接下来的9个月里集中自己全部的精力，打好杭二中的攻坚战。

在得知我带着亮去探究杭州的十大古城门时，亮妈给予了高度的肯定：亮亮的学习还是要张弛有度，每天安排点时间带他出去走走，放松一下，聊点他感兴趣的话题，不聊学习，不批评教育，就平等讨论一些观点，特别是社会热点，一方面对他思想品德课的成绩有帮助，更重要的是能让他尽快成长，而且不会觉着父母就只关心他的学习。

事实证明，这样一次“抽打”并配合这样一次心理疏导，效果是明显的，毕竟我们恨的是他这样的行为，对他的爱始终没有变过。另外，全程17千米走下来，对孩子是一种很好的锻炼。我们先打车到钱塘门，然后开始步行。刚开始走的时候，氛围比较尴尬，到了涌金门的大金牛时，心情才逐渐好了起来，当他走到凤山门的时候，脚板开始生疼，就想放弃了。我就在一边鼓励他：“这就是去杭二中的路，走完，就能考进杭二中。”路上我不断寻找话题，分散他对脚板的注意。没有想到，孩子居然坚持下来了，我们居然完成了。最后，我还整理了一个PPT，算是对“农药事件”的一份记忆吧。

三、儿子的无声告白

2017年11月17日。

即将中考的孩子，依旧有爱，感谢公益的培养！

不管什么结果，拼尽全力了就好！

珍惜这当爹的缘分……

给我亲爱的父亲：

又一次给您写信了，可这次，有些难以下笔吧！学习上，该聊的也跟您聊过了，那我就写写对您的感情吧！

在语文考试中，我们做了一篇阅读——《我忘记对你说再见》（附在信中），读到那句“姥爷，巴黎下雪了”，我的眼中便涌出了泪滴，我本没有姥爷，所以我便想起了您。在文章中，作者童年时的守护者是姥爷，而我在童年时，您不仅是我梦想的守护者，更是我梦想的助力者。小时候，我说要成为科学家，您便带我走进科学的大门；长大一点后，我有了更明确的目标——去MIT，您便带我走进学习的海洋；现在，我知道了要上MIT必须去杭二中，您便领着我在学习的风雨中前进。是啊！您对我来说，是父亲，是老师，是朋友。

人的一生是多么短暂啊！人的一天在人的一生中的比例竟然比一秒钟在一天中的比例还大啊！一天又一天，1/36500又1/36500，人的生命就在这时间的滴答声中飞逝，如同蜡烛一般在时间中慢慢燃尽，本可以慢慢燃烧的您剧烈地燃烧着自己，只为了让我明白——您一直在我身旁！

回想起过去一片又一片旧时光，我看到的，是您的爱啊！还记得我总是写妈妈好，写您在周五下午严厉批评我的作文，我又明白了，那也是您的爱啊，以前的我总以为批评我的人都不是“好人”，可认真一想，您为什么要批评我呢？是啊，您等我太久了！等到都快要报警的煎熬不是一般人受得了的啊！那是您对我满满的爱啊！我明白了，您的爱。

我也知道，您其实不忍心批评我，每每您“怒发冲冠”时，却还是高高地抬手，轻轻地放下。这一切的一切，只要是您做出的事又哪一个不是为了把我从成长的歧途中拉回正轨呢？我明白了，我都明白了，您只是不善于表达罢了，您的爱，我都明白了！

想到在未来的某一天，我一定会和您说再见的，人总会离别的。爸爸，我现在明白如何学习了，我明白如何进步了，我明白如何理解您的爱了！所以，请您慢慢燃烧吧！我知道您在我身边，只是想让您陪我更久，甚至陪上千年，看遍这沧海桑田！

爸爸，窗外下雨了！

不会用华丽语言只想让您伴我更久的儿子

甘尹亮

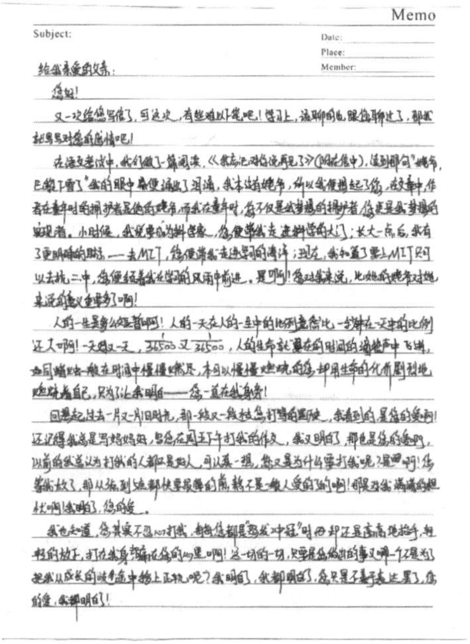
Memo
Subject:
Date:
Place:
Member:

给我亲爱的父亲：

您好！

又一次给您写信了，可这次，有些难以下笔吧！学习上，该聊的也跟您聊过了，那就说说我对您的感情吧！

在语文考试中，我们做了一篇阅读，《我忘记对您说再见了》（附在信中），读到那句"姥爷，已经下雪了"我的眼中便涌出了泪滴，我本没有姥爷，所以我便想起了您，在文章中，作者在童年时的拥护者是他的姥爷，而我在童年时，您不仅是我梦想的拥护者，您更是我梦想的实现者。小时候，我说要成为科学家，您便带我走进科学的大门；长大一点后，我有了更明确的目标——去MIT，您便带我走进学习的海洋；现在，我知道了要上MIT只可以去杭二中，您便领着我在学习的风雨中前进。是啊！您对我来说，比姥爷对他来说的意义重要多了啊！

人的一生是多么短暂啊！人的一天在人的一生中的比例竟然比一秒钟在一天中的比例还大啊！一天又一天，36500又36500，人的生命就在时间的滴答声中飞逝，如同蜡烛一般在时间中慢慢燃尽，本可以慢慢燃烧的您，却用生命的代价剧烈地燃烧着自己，只为了让我明白——您一直在我身旁！

回想起过去一片又一片旧时光，那一段又一段被您打骂的画面，我看到的是您的爱啊！还记得我总是写妈妈好，写您在周五下午打我的作文，我又明白了，那也是您的爱啊，以前的我总以为打我的人都只是坏人，可认真一想，您又是为什么要打我呢？是啊！您等我太久了，那从小到大都快要报废的严格不是一般人受的了的啊！那是对我满满的期待啊！我明白了，您的爱。

我也知道，您其实不忍心打我，每每您都是"怒发冲冠"时，却还是高高地抬手，轻轻地放下，打在我身却痛在您的心里啊！这一切的一切，只要是您做的事又哪一个不是为了把我从成长的岔道中拉上正轨呢？我明白了，我都明白了，您只是不善于表达罢了，您的爱，我都明白了！

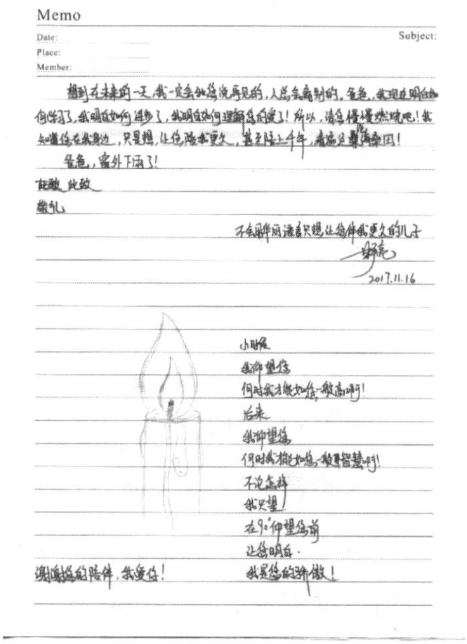
Memo
Date:
Place:
Member:
Subject:

想到在未来的一天，我一定会和您说再见的，人总会离别的。爸爸，我现在明白如何学习了，我明白如何进步了，我明白如何理解您的爱了！所以，请您慢慢燃烧吧！我知道您在我身边，只是想让您陪我更久，甚至陪上千年，看遍这沧海桑田！

爸爸，窗外下雨了！

此致

敬礼

不会用华丽语言只想让您伴我更久的儿子

甘尹亮

2017.11.16

小时候
我仰望您
何时我才能如您一般高啊！
后来
我仰望您
何时我才能如您一般有智慧啊！
不论怎样
我只望
在90°仰望您前
让您明白，
我是您的骄傲！

谢谢您的陪伴，我爱您！

后　语

孩子在公益度过了关键的三年，我也跟着他一起成长。感受最深的是：在阿潘的影响下，我广纳金言，与儿子建立了很好的父子关系！从简单粗暴到平心静气，尝到了好关系带给我和孩子的甜头。

阿潘的亲情教育理念和行动还引领着我的教育工作。与以往当班主任不同的是，我像阿潘一样主动与家长联系，拿起手中的笔给家长写信，与家长进行经常性的沟通和互动。因此我还获得了我十分看重的“优秀班主任”称号！

莫言说：“用嘴说出的话随风而散，用笔写出来的话永不磨灭。”感谢阿潘在第一次家长会上，布置给家长的一项“作业”——备一本精致的笔记本，记录孩子成长的点点滴滴和自己的育儿感悟。这项作业让我把这一段亲情记录了下来。这是一所最有亲情味道的学校，在浓浓的亲情中与孩子一起成长，不管孩子走向哪里，公益中学给予的性格养成是孩子最大的财富，孩子必将受益终生。这份情，永不相忘。

（四）学生说：公益亲情让我快乐地学习和成长

学生在学习上效率更高，变得更主动了。我们运用“以情促智”的策略，用“亲情”激发学生的学习动力，千方百计地以“活教”促“乐学”。在“有情、有趣、有效”的“三有公益课堂”中，学生敢于发言展示，乐于融入课堂各个环节的教学活动中。“抬头率、开口率、参与率”明显提高。设计作业时，老师们换位思考，改变了过度刷题的状况。在学生校长的牵头组织下，学生们更加具有主人翁意识，积极为校园活动出谋划策。“学得静心、玩得开心”的教育生态环境，促进学生在完成学业任务的同时，在自己喜欢的校园活动中变得更加活跃。张弛有度，学生思维更活跃，学习效率更高了。

学生在情感上更丰富，变得更会关心人了。师生如父子、同学如手足、学校如家庭，学生在相亲相爱、其乐融融的大家庭里，感受到了老师的关怀和同学的友谊，不仅是“被关怀”的人，而且成为关心他人的人。学校推出了“公益积分制”，全校每一位学生都充满热情、积极主动地参与到校内外的各项公益活动中，彻底改变了“初中生不愿参加或者没有时间参加公益活动”的局面。我自己亲身经历了两件印象特别深的事。一是许天宇同学得知我母亲辞世的消息，在我十分悲痛时，给我写来一封信：“阿潘，得知您的妈妈去世了，我很难过。我知道您是一个大孝子，您一定很悲痛，但人去世不能复生，您一定要注意休息，爱护好自己的身体。您要想着，我们永远都是您的亲人！”二是2018年10月18日，我和初二同学去富阳洞桥学农时，脚扭伤了，打了石膏。每当我拄着拐杖去教室、食堂时，经常有同学来搀扶。在期末写给我的1400多封信中，96%的学生表达了希望我的脚快点好起来的慰问。公益中学的学生从接受爱到学会付出爱，能够“站在他人角度说话做事”。我们的学生从公益毕业进入高中、大学后，始终保持着关心别人的情感和行动。亲情教育为学生赢得了一辈子受益的优良品性，学生的情更浓，德更高了，后续发展潜力也就更大了。

2016届毕业生王都在给我的信中写道：

我从公益中学毕业考上了杭二中的竞赛班后发现，一个同学的气质，往往和他就读的初中密不可分。

我担任了杭二中的学生分会主席，又成了复旦大学的优秀团干部。回过头去看，在公益中学的那段时光塑造了今天的我。它让我体会到了大家庭中朝同一个目标奋斗的温馨；它让我收获了此生难忘的友情和师生情；它让我不仅仅只会学习，更学会了怎么做人。

在进入初中之前，我只是一个很平常的孩子。我在小学里成绩平平，只有语文出色；从没上过课外补习班，奥数对于我来说十分陌生；在班里担任纪律委员，竞选班长屡屡失败……最幸运的是，我在公益的面试中发挥出色，进入了这所不一样的学校。短短三年，我改变了很多。

曾经的我，以为上初中就是为了中考，就是"上课—完成作业"两点一线的无趣循环。可是在公益的这三年，我却从来未曾体验到这种填鸭式的教学。如果让我形容公益的教学模式，我会说："公益懂得给成长以亲情，更懂得给时光以留白。"

"因为我们是一家人，相亲相爱的公益人。"每当回到公益，这句歌词便悄悄浮现了上来。让我印象最深刻的是那些真真正正把我们当孩子看待的老师们。有时他们很严厉，由于寒假科学作业敷衍了事，老师批评了我，让我再也不敢不认真对待作业；对于考试更是秉持精益求精的态度，一个"答"字也不能少。

更多时候，老师们就像是家人：初二时英语课学习有关食品的单元，英语老师凌晨四点起床给全班同学做了奶昔，让我们捧着它认认真真上课；历史与社会的老师下课之后跟我们更像是朋友，会在我们全民K歌的作品下点赞留言；我们亲切地称呼老师为"威哥""法哥""宫姐姐"，课下有什么烦恼会找老师倾诉，课上却也因此更加认真。

印象最深的是初三有一次数学考试。我的数学一向是弱势科目，那一次考试的卷子又格外难。宫姐姐是班主任，那次数学成绩班里情况很不理想，她亲自在讲台上发卷子，大家大气也不敢出。我预感到自己没考好，战战兢兢地上去领，但拿到卷子后发现还是险上了一百分，在班里也还是前十名，暗暗松了口气，小小地雀跃了一把。可是，宫姐姐有点严肃地看着我："王都，你要冲杭二的，考成这样算失常的哦，需要好好反省，才能提高！"虽说是批评，可我的内心却充满了震撼、惭愧与感动。在数学上我一向很自卑，更从来只敢在心里默默地想一想杭二梦，认为这是一个遥不可及的梦想。没想到宫姐姐却对我充满了信心，对我有着很高的期望。在她的心里，我就是应该更好、更优秀。

从那以后，我再也不仅仅满足于不被批评、成绩稳当，我开始追求更高的成就。我在日记里对自己说："如果我想拥有更高的成就，就必须以最平和的心态，付出最大的努力。"

他们就是这样一群人，在你失落的时候扶你一把，在你骄傲的时候喝止住你，在你努力的时候推你前进——这是终生难忘的亲情。公益不仅有亲情，更有传承。

初二的开学典礼上，当年刚刚参加完高考的学长回公益演讲。当时我是主持人，刚刚上任学生校长；巧的是这位学长曾经也担任过学生校长。他中考进了学军，高考进了上海交大，在我眼里，他熠熠闪光。我悄悄仰视他，心里默默地想着："真希望未来我也能成为这样厉害的人！"

在后台休息时，他注意到了我在看他，主动亲切地跟我聊起了天，问我想考哪所学校。我怯怯地回答："现在成绩还不太稳定，但是我很想考杭二或学军，不知道能不能考上。"他笑着鼓励我："刚刚看到你主持，你已经很棒了，继续努力，你一定可以的！"我的心里像是被注入了一股力量，想要奋力追赶，想要拼命往上。通过"公益学子"这个共同身份，他用榜样的力量鼓舞着我，也鼓舞着台下听他演讲的每一位渴望进入更高学府的同学。

如今看我走过的路，冥冥之中竟和他有着某种联系和重合。现在我也经常收到学弟学妹给我的留言，告诉我我的经验和分享在他们的心中如何种下了梦想。就像当年在后台用羡慕憧憬的眼光看着他的我，也逐渐通过努力走向了远方。

公益的日子从来不是一成不变的埋头学习，而是兼有奋斗的底色和青春的留白。我记得运动会上由学生全权负责排练、采购，充满创意的“琴键人浪”入场式；记得辛辛苦苦练习每一个细节和发音后搬上西湖区比赛的欧亨利课本剧《最后一片常春藤叶》，其中我扮演老画家，戴着贝雷帽，贴了假胡须；记得和最好的朋友登上“公益大舞台”一起唱最爱的英文歌；记得初三挑战自我，报名参加1500米长跑时班里同学和老师在跑道边上的加油鼓劲；记得我们用课余时间排练了好几个月在区比赛中斩获佳绩的朗诵节目“最后的光”；记得和音乐老师一起去专业录音棚录校歌的初体验。

令所有公益学子印象最深刻的是每年的公益大舞台；而每年最受期待的节目，都无一例外——阿潘的变装秀。熊猫、锦鲤、圣诞老人，甚至杨贵妃——只有你想不到的，没有阿潘做不到的。每到这时，会场内外充满了快活的气氛，达到了活动的高潮。大家鼓掌、笑闹，一千多名学子汇聚成了欢乐的海洋。

而每逢新年，每个同学都能定制一份阿潘的“福”字，带回家过年。我曾经去看过阿潘写“福”字的现场，地上密密麻麻几千份“福”字，阿潘一个人起早贪黑地赶制，就为了给每个同学一份新年的贺礼。直到现在，新年的这一公益传统仍然没有改变；我也再没有见过任何一个校长能像阿潘这样亲力亲为，给每一个学子送上切切实实的祝福。如果说很多校长都是权威的代名词，都是令学生不敢接近的存在，那阿潘绝对是最接地气的家人和朋友。他就像一个老小孩，活跃在学生中间，跟我们一起笑，一起闹，也跟我们一起努力，一起决策。遇见这样的校长，是我们的幸运：阿潘把公益真正凝聚成了一个家。

而我从来都觉得，这些活动成为我性格中最关键的一部分。我变得更加活泼、开朗，勇于尝试。我敢于站上舞台，自信而大方地展现自己；我敢于突破自己的舒适区，去尝试新鲜的事物，收获新的技能。

而其中最难忘的，就是我成为学生校长的这段经历。升入高中后，我拥有了很多很多头衔：班长、学生分会主席、学习部部长、文学社副社长等；进入大学后，我也依旧展现着自己的领导力：团支书、学术部副部长……然而这一切的开端，都始于初中那一次竞选。

我至今仍然清楚地记得，在偌大的礼堂里人头攒动，一个个同学上台展示自己的十八般武艺，落落大方。我是竞选学生中的最后一个，手里的演讲稿早就被我捏得皱皱巴巴，一颗心也在七上八下间跳动了几百回。到了最后，看到礼堂里已经有些焦躁不安的气氛，我决定做个大胆的尝试：抛弃演讲稿，即兴演讲。在一百多个学生评委面前，我第一次全然放开了自己，轻松而自在。正是因为这放手一搏，在激烈的竞争中，我脱颖而出。

我还记得第一次作为学生校长进阿潘的办公室，开会探讨学校事务：我们正襟危坐，紧张不已，可很快就在阿潘的认真和幽默中投入了进去——参与学校的重大决策与规划，让我们更加有家的归属感。

我不断地经历一次次锻炼，登上舞台主持，在黑压压的人群面前演讲，亲手策划一场大型活动，调度安排帮忙的志愿者……这些很多人直到大学，甚至走上社会后才会有的经历，我在初中就已经初步体验。团委倪老师细致入微地领我们入门，给我们一次次成长的机会。至今我仍然无比感谢这份知遇之恩，他发掘了我的潜能，让我看到了自己不一样的一面，让我明白了我原来可以做这么多的事情。

初中毕业之后，无论走上多么大的舞台，参加如何激烈的竞选，我都从容不迫。面对舞台和人群的经历已经牢牢地刻在了我的骨子里，让我在之后的领导力之路上一路披荆斩棘。一路上，我斩获了杭二的最高荣誉“学生标兵”，在复旦的面试中闪闪发光。

在杭二竞选学习部部长时，我的竞选口号是：“快乐、诗意地学习。”这是公益留给我的终身财富，它让我懂得如何在最紧张的时候控制压力，如何在学习中收获快乐。在初三面临中考最紧张的那一段时间，我的日记里仍然写着：“今天体育模考，回去还刷了一张卷子，非常累，但我仍然无比快乐。吃饱，睡饱，每一天都快乐无比，和压力并肩而行；挺直腰板，抬起头，带着自信冲锋陷阵。实力与运气兼备，压力与快乐共存！冲啊！”

公益教会我如何快乐地学习，如何和压力相处，如何不懈奋斗；公益让我展现出自己独特的才能，给我舞台，给我机遇，让我发光；公益给我以难忘亲情，给我以多彩青春。

为此，我永远感念我的母校。

亲情教育的关键是形成“学校—老师—学生—家长”的整体合力，让尊重、关怀等情感在“相亲相爱的公益大家庭”中自然、正向地传递。教师在学校里得到关心与善待，就有了归属感和忠诚度，与同事和谐相处，给予学生更多热爱，获得家长更多信任。而当家长与教师互相信任、友好相处时，家长便在教师专业与用心地指导下更懂得如何去正确地关心孩子，同时更加积极地支持学校工作。

老师、家长改变了理念，学生自然随之改变。学生在被老师、家长关心的过程中，懂得了感恩父母，关心同学和老师，热爱生活。学生愿意当班干部了，愿意做公益了，愿意参加活动了，舍得做规矩了，学生家长真正把学校当成了自己的家。每位师生家长都变得乐观大气、相亲相爱、有情有义了。他们相互理解、包容、尊重和关怀，许多问题也就迎刃而解了。

一个“关心与被关心”的亲情教育良性循环圈就这样形成了，公益中学也因此变得更加温暖，教育也因此拥有了持久的效率与魅力。

第二章

亲情教育的思想基础

在亲情教育理论研究上，至今没有相对系统的学说，但古今中外的思想家、哲学家、教育家对“情感教育”多有论述和实践。亲情是情感的重要组成部分，中华民族优秀情感教育传统和西方情感教育的精华，都为我们开展当代亲情教育研究奠定了丰富的思想基础。

中国传统教育中的“师生关系”是通过浓厚的亲情来体现的，它把宗法制度社会的家庭组织结构运用到教育中。师生关系视为家庭父子关系，“一日为师，终身为父”的说法即其典型表现，并由此派生出师母、师叔、师侄、师兄、师弟、师姐、师妹等诸多“亲属”。可以看到，秉承于血缘关系、形成类血缘关系的师生之间，非常注重教师的爱生亲徒、乐教不倦。这以孔子与学生的亲情关系为典范，而弘扬后世。

西方传统教育中，师生关系是通过相互尊重来实现的，个人本位的思想原则倡导人的自由与平等，在各种人际关系中得到全面体现。在学校教育中，教师将学生视为平等的个体，教师尊重学生的独立人格与自由意志，学生可以持有不同的观点，与老师平等对话，如希腊哲学“三杰”——苏格拉底、柏拉图、亚里士多德，他们是两代师生、师徒三人，各自拥有不同的教育主张。

虽然东西方因文化差异，处理师生关系的观念和方法有些不同，但符合人性的情感教育却具有高度的一致性。例如古代中国孔子提出的“立爱自亲始”“次第之爱”，与现代西方教育哲学家内尔·诺丁斯倡导的关怀逻辑体系是统一的。中国传统文化中的“天地君亲师”，把“师”与“亲”排在同一序列，“师生如父子”的关系，与西方教育家马克斯·范梅南所说的教师作为“替代家长”角色亦有异曲同工之妙。

在人类文明史上，与亲情教育相关联的理论和实践浩如烟海。在人类已经成为一个命运共同体的今天，我们采撷其中部分，从中探寻古今中外与亲情教育相关的核心元素，取长补短，多元融合，探索符合现代孩子身心发展规律的培养路径。

第一节 中国古代亲情教育相关思想

我国当代教育哲学的奠基人黄济先生说："中国的传统教育，可以认为是以儒家思想为主导的伦理本位的教育。"（《教育哲学通论》）在比较公认的我国古代十大思想家——老子、孔子、孟子、庄子、墨子、荀子、韩非子、董仲舒、朱熹、王守仁中，孔子、孟子、荀子、董仲舒、朱熹、王守仁等都是儒家思想的代表人物。因此，了解古人的亲情教育思想，首先需了解儒家代表人物孔子的亲情教育观点。

一、孔子的亲情教育思想

孔子，名丘，字仲尼，春秋末期鲁国陬邑（今山东曲阜）人，中国古代著名思想家、教育家，儒家学说的创始人。2500多年前，孔子和他的弟子们广泛探讨了人与人、人与自然、人与自己内心的关系，提出"仁者爱人"，把"仁"作为处理人际关系的核心思想。

孔子在《礼记·祭义》中说："立爱自亲始。"意思是说,爱这种感情的培育是从爱亲人开始的。家庭之爱是一切爱的基础，君臣之爱和朋友之爱是家庭之爱的衍生和拓展。家庭讲的仁爱是次弟之爱、由此及彼之爱。由此可见，儒家的仁爱，是从亲情里生发出来的。

子曰："弟子入则孝，出则悌，谨而信，泛爱众而亲仁。""仁爱"之爱折射出"泛爱众"的思想内核。由父子之爱，推广到师生之爱；由兄弟之爱，推广到同学、朋友之爱。儒家的仁爱教育是先引导人感受亲亲之爱，进而培养人爱朋友、爱陌生人，乃至爱社会、爱国家、爱全人类。"仁爱之爱"还包含了爱人惜物的含义。南宋大儒、理学家朱熹形象地将这个观念比喻为水流：仁是水的源头，它流经三个台阶——第一个是孝悌，也就是亲人之爱；第二个是仁民，也就是关爱他人；第三个是爱物，也就是珍惜万物。

孔子的亲情教育思想主要有：

1. 孝悌为本爱亲人，以人为本泛爱众

孔子说："孝悌也者，其为仁之本与！"（《论语·学而》）孝是爱父母，悌是爱兄长，亲爱父母兄长是人的根本。"仁者，人也，亲亲为大。"（《中庸·第二十二章》）孝亲思想是孔子伦理体系的核心要素之一，"孝"在《论语》中被提及数十次。孔子认为，"孝"不仅仅是指子女从物质上赡养父母，使父母吃饱穿暖，更重要的是要尊敬、善待父母，给他们以精神上的安慰和愉悦。

孔子说："泛爱众而亲仁。""爱人"不能只爱家人，也要不分贵贱地关爱他人。有一次他去朝廷办公，家里的马棚失火了，回来后，他问的第一句话就是"伤着人了吗"。他关心的是马夫、佣工这些身份卑微的人。孔子提出"爱万物"，主张"节用而爱人"（《学而》），节用就是尽量减少对资源的消耗，即惜物。孔子对动物抱有怜悯心。"子钓而不纲，弋不射宿"说的就是孔子只钓鱼，而不使用渔网大量捕鱼；射鸟时不射归巢之鸟，因为这种鸟可能正在抚育幼鸟。

2. 师生如父子，情深伴一生

孔子视学生为自己的儿女。弟子三千，精通六艺的有七十二人。子曰："有教无类。"他教育学生不分贵贱、贫富、智愚，所有的人只要有学习的愿望，都可以得到受教育的机会。他平等对待学生，做到以身作则，教学相长。他和学生打成一片，或一起讨论学问，或到河里沐浴，或谈笑歌舞，或在陈蔡之间共渡难关。颜回、子路、子贡在孔子周游列国时，一直伴随其左右。孔子说："教不倦，仁也。"他诲人不倦，把"仁者爱人"的思想和精神全部倾注在学生身上。

孔子和学生亲如父子。学生颜渊为了不漏掉老师孔子说的每一句话，随身带着刻刀与竹板，自觉维护老师的形象；颜渊去世时，孔子痛哭流涕："颜渊死，子曰'意，天丧予！天丧予！'"就像失去了自己的儿子一样悲伤。孔子可以把心中最隐秘的情感说给他的学生子路听，子路为了不辱老师的君子之教，临死前还要奋力系好帽带。孔子病了，子贡来看望他，他说："赐啊，你怎么这么迟才来看我啊！"貌似责备的口气中，可以听到的是孔子对学生子贡的依赖。孔子去世后，他的弟子像自己的父亲去世一样，云集在他的墓前守丧三年后才相继离去。令人赞叹不已的是，他的弟子子贡竟在他的墓旁结庐而居，独自守墓六年！

3. 先德后文，与人为善

孔子在推行教化的过程中，强调以德为先。他的整个学说有一个最主要的特点，就是认为人内心的道德水平会决定人的行为的高低，只有拯救人心，才能拯救世界。因此，孔子认为教化目的是培养人良好的道德品质，道德教育是教育之"本"，相较于知识教育，道德教育显得更为重要，应放在第一位。另外，孔子还将教育内容分为德行、言语、政事、文学四科，而置德于诸科之上，"志于道，据于德"，以此造就了一大批仁人志士。

在怎样处理人际关系的问题上，孔子主张“恕”字为先，与人为善，宽厚待人，“躬自厚而薄责于人”“君子成人之美，不成人之恶”。有一次，子路、子贡、颜回在讨论人与人之间的相处之道，子路说：“人善我，我亦善之，人不善我，我不善之。”子贡说：“人善我，我亦善之；人不善我，我则引之进退而已耳。”颜回说：“人善我，我亦善之；人不善我，我亦善之。”三人争执不下，求教于孔子。孔子做了这样的点评：子路说的是野蛮人的话，子贡说的是朋友之道，而颜回说的是亲戚之道。孔子的点评体现了人际交往中“与人为善”的不同境界。

4. 快乐教学，因材施教

子曰：“知之者不如好之者，好之者不如乐之者。”可见，孔子把“乐之者”作为学习的最高境界。他注重学、习、思、温故的有机结合：“学而时习之，不亦说乎?” 在和谐的师生关系中，学生也敢于跟孔子提意见。如“子见南子”一事，孔子见了美人——卫灵公的夫人南子，因南子妖媚，名声不好，孔子被学生们误会质疑，但他没有生气，而是着急辩解清白。在《孔子游春》则记载着这样的“乐教”情景：绿草如茵的河畔，弟子们围坐在老师身边，有的蹲着，有的坐着，老师拨动琴弦，弟子们跟着唱起歌来，歌声融进温暖的春天里，泗水河畔，洋溢着浓浓的师生情谊。

孔子认为，众多弟子天资不同，性格各异，所以主张教育要考虑每个学生的特点，因材施教，让学生个性化地成长和发展。子曰：“中人以上，可以语上也。中人以下，不可以语上也。”当子路、冉由问“闻斯行诸”（听到可以做的事，就应该立即行动吗）这同一个问题时，他用了不同的回答。子路问：“闻斯行诸?”子曰：“有父兄在，如之何其闻斯行之?”冉由问：“闻斯行诸?”子曰：“闻斯行之。”原因就在冉求为人犹豫胆小，所以孔子鼓励他勇敢前进；仲由好勇过人，所以孔子就约束他遇事慢行。

二、颜之推的亲情教育思想

颜之推，南北朝末隋代时期的思想家、文学家、教育家。他是士大夫出生，既有才华，又注重实际。他所著的《颜氏家训》是中国最完整的家教著作之一，被人们称为“古今家训之祖”，该书全面详尽地表达了他的家庭伦理、品德智能等教育思想，对中国传统教育思想影响颇大。

《颜氏家训》是颜之推晚年归隋后写成的。该书是对当时家庭教育经验和他一生关于士大夫立身、治家、教子、处事、为学等经历的理论总结，在家庭教育发展史上有着重要的影响，后世将此书称为“家教规范”。

颜之推的亲情教育思想主要有：

1. 教育要把人伦放在第一位

颜之推在家庭教育中把“人伦”放在了第一位。他将家庭人伦关系概括为：“夫有人民而后有夫妇，有夫妇而后有父子，有父子而后有兄弟。一家之亲，尽此三而已矣。”在这些关系当中，兄弟关系是最难处理的，所以“孔融让梨”才会一直被赞颂。为此，他在《颜氏家训》里进行了专门的论述。颜之推说，兄弟之间的亲密关系就像“形之与影，声之与响”（《兄弟》），即使是父母死了之后，兄弟之间也应该互相眷顾。同时，他还认为：“自兹以往，至于九族，皆本之于亲焉。故于人伦为重者，不可不重。”这很好地说明了家庭情感教育应以人伦教育为重。

2. 孩子及早施教效果好

颜之推主张推行早期教育：“人生小幼，精神专利。长成已后，思虑散逸，固须早教，勿失时机也。”因此“当其婴稚，识人颜色，知人喜怒，便加教诲”。其一，幼童时期学习效果好，得益较大。他根据幼童阶段与成年以后的不同心理特征，说明幼年时期受外界干扰少，精神专注，记忆力强，能保持长久的记忆；而成年人思想复杂，精神不易集中，记忆力也逐渐衰退。其二，人在幼年时期，心理纯净，各种思想观念和行为习惯尚未形成，可塑性强。

颜之推认为，婴幼儿时期受到的教育与环境影响的好坏，都会在儿童心灵上打上很深的烙印，如同天性自然，长大后也难以改变。“少成若天性，习惯如自然”，如果不及早施教，至于“骄慢已习，方复制之，捶挞致死而无威，忿怒日隆而增怨，逮于成长，终为败德”。所以，婴幼儿时期是施教的最佳时期，“幼儿学者，如日出之光”。

3. 教育方法宜慈严相济

颜之推提出，儿童教育应当做到威严与慈爱相结合。他指出，当时的家庭教育存在三种不当现象。第一种是“爱而不严”。“吾见世间，无教而有爱。”这是一种溺爱。实际上，让孩子任性放纵，必将铸成大错。第二种是“爱而不均”。“人之爱子，罕亦能均，自古及今，此弊多矣。贤俊者自可赏爱，顽鲁者自当矜怜，有偏宠者，虽欲以厚之，更所以祸之。”这实际上是一种偏爱，会造成子女之间的矛盾，留下许多弊端。第三种是“严而无教”。“凡人不能教子女者，亦非欲陷其罪恶。但重于诃怒，伤其颜色，不忍楚挞惨其肌肤耳。”

颜之推认为，严而无教，实际上也就是严而无爱，同样达不到教育的目的。“父母威严而有慈，则子女畏惧而生孝矣。”只有父母做到严爱结合，才能收获良好的家庭教育结果。

另外，我国古代与亲情教育相关的思想很多。如《孟子·梁惠王上》中有言：“老吾老，以及人之老；幼吾幼，以及人之幼。”告诉我们在赡养孝敬自己的长辈时，不应忘记其他与自己没有亲缘关系的老人；在抚养教育自己的小孩时，不应忘记其他与自己没有血缘关系的小孩。而“孟母三迁”的故事，则告诉我们教育环境在孩子成长中的重要作用。

又如，《庄子·外篇》中记载了这样一个故事：“昔者海鸟止于鲁郊，鲁侯御而觞之于庙，奏九韶以为乐，具太牢以为膳。鸟乃眩视忧悲，不敢食一脔，不敢饮一杯，三日而死。”而在《庄子·至乐》中：“此以己养养鸟也，非以鸟养养鸟也。”这只不愁吃、不愁喝的鸟儿，之所以整日无精打采，最后还一命呜呼，是因为爱它的鲁侯提供给它的，都不是它自己真正需要的。这给我们的启示是，养育孩子要采用符合孩子的天性和个性的方法，要基于孩子真实合理的需要。

再如，明代思想家李贽提出了“童心说”：“夫童心者真心也。若以童心为不可，是以真心为不可也。”“童子者，人之初也，童心者，心之初也。”作为家长、老师，需要保持童心，拥有童趣。做“孩子”，与孩子保持同理心，做孩子们喜欢的事，才容易走近孩子，走进孩子的内心，在给孩子带去快乐和幸福的同时，自己也享受到育儿和做教育的快乐。

第二节　我国近现代亲情教育相关思想

我国近现代许多教育家认为，没有爱就没有教育，真正从心灵深处去读懂孩子、尊重孩子、热爱孩子，发挥情感在教育中的力量，是父母、老师的必修功课。

一、夏丏尊的亲情教育思想

夏丏尊（1886—1946），名铸，字勉，浙江绍兴上虞人。曾任浙江省两级师范学堂（后改为浙江省立第一师范学校）助教，自告奋勇兼任被人瞧不起的舍监（管理学生事务的人）一职，与经亨颐、李叔同成为挚交。

他提倡人格教育和爱的教育，“志屏绅冕，教瘁其身。教惟以爱，众归如春”是他一生追求和实践爱的教育的真实写照。他不仅是“爱的教育”的积极倡导者，也是“爱的教育”的忠实践行者，身边的同事送他一个绰号叫“爱心澎湃者”，学生们称他的教育是“妈妈的教育”，他也因此获得“妈妈教师”的美称。

夏丏尊的亲情教育思想主要有：

1. 教育没有情爱就成了无水的池

1923年，夏丏尊在浙江上虞春晖中学任教时，在他的“小后轩”平屋里，把意大利作家亚米契斯的教育小说 *Coure* 翻译成《爱的教育》。

这部小说的“亲子之爱，师生之情，朋友之谊，乡国之感，社会之同情”在夏丏尊内心深处引起强烈共鸣。他说小说写出了理想的教育境界，就是把学校、家庭和社会都建立在感情的基础上，建立在爱的基础上。

在《爱的教育》的“译者序言”中，夏丏尊说过一段异常深刻的话：“学校教育到了现在，真空虚极了。单从外形的制度上、方法上，走马灯似的更变迎合，而于教育的生命的某物，从未闻有人培养顾及。好像掘池，有人说四方形好，有人又说圆形好，朝三暮四地改个不休，而于池所以为池的要素的水，反无人注意。教育上的水是什么？就是情，就是爱。教育没有了情爱，就成了无水的池，任你四方形也罢，圆形也罢，总逃不了一个空虚。”他用池塘要成为池塘必须有水举例，针对时弊，指出办好学校的关键是必须有感情。没有情，没有爱，就没有教育。

2. 教育的主要方法是人格感化

夏丏尊认为，实施“爱的教育”的主要方法是人格感化。“真正的教育需完成被教育者的人格，知识不过是人格的一部分，不是人格的全体。”“以言教者讼，以身教者从，教育者必须有相当的人格，被教育者方能心悦诚服。只靠规则是靠不住的。”他还认为：“人格恰如一种魔力，从人格发出来的行动，自然使人受着强大的感化。同是一句话，因说话者人格的不同，效力亦往往不同。这就是有人格的背景与否的分别。”

夏丏尊经常称赞李叔同的人格魅力：“他做教师有人格作背景，好比佛菩萨有灵光，所以不威胁学生，而学生见他自生畏敬。他是实行人格感化的一位大教育家。他甚至认为，自有学校以来，自有教师以来，未有盛于李先生者。所以，只要一提起李叔同的名字，全校师生以及工役没有人不起敬的。”

3. 教育须严格做规矩，但需“重教育轻教训”

夏丏尊对学生的学业品行要求十分严格，毫不马虎妥协。在饭厅中，听到有学生远远发出“嘘嘘”的鼓动风潮的暗号，他就会站到凳子上去注视发出“嘘嘘”之声的是谁。“如果学生无故请假外出，他是死不答应的，宁愿与学生争论一两个小时也不答应学生外出。” 但是，他的教育方式却是“妈妈式”的，苦口婆心，诲人不倦。他说：“理想的教师应当把真心装到口舌中去。”虽然对学生要求严格，但他是真心爱护他们。“我不记学生的过，有事不去告诉校长，只是自己用一张嘴和一副神情去直接应付。”他强调“重教育轻教训”，说“教育是积极的辅助，教训是消极的限制”。当学生上课不专心时，他“说话的速度逐渐变慢，终于完全停顿，眼睛却牢牢盯住某个方向。跟着他的眼光朝那个方向看去……这无言的片刻，就是夏先生对我们最严厉的训斥。同学们把这种训斥称之为‘此时无声胜有声’。”朱自清先生说：“他的态度永远是亲切的。”

夏丏尊对学生循循善诱，率直开导。他的学生丰子恺回忆道，那时的学生做惯了“太王留别父老书”“黄花主人致无肠公子书”之类的文题，而夏先生则叫他们做一篇“自述”，而且说：“不准讲空话，要老实写。”有一位同学，写他父亲客死他乡，他“星夜匍匐奔丧”。夏先生苦笑着问他：“你那天晚上真个是在地上爬去的?”引得大家发笑，那位同学脸孔绯红。丰子恺深情地说：“他（指夏丏尊）当舍监的时候，学生们私下给他起个诨名，叫夏木瓜。但这并非恶意，却是好心。因为他对学生如对子女，率直开导，不用敷衍、欺蒙、压迫等手段。学生们最初觉得忠言逆耳，看见他的头大而圆，就给他起个诨名。但后来大家都知道夏先生是真爱我们，这绰号就变成了爱称而沿用下去。”

4. 待生如子，关怀备至

在春晖中学，有学生自己选择指导师的规定，夏丏尊对选他做指导师的学生这样说：“你们选我做指导师，我很高兴。你们就把我作为义父吧，你们远离家庭，寄读学校，学习上、生活上必然碰到许多困难，我作为指导师，有责任为你们排忧解难，你们相信我吧，一切由我负责。”他和学生感情很好，对学生毫无架子，有话直说，学生便也同他亲近。

他爱学生，关心他们的一切。“偶然走过校庭，看见年纪小的学生弄狗，他也要管：‘为啥同狗为难！’放假日子，学生出门，夏先生看见了便喊：‘早些回来，勿可吃酒啊。’学生笑着连说：‘不吃，不吃！’赶快走路。走得远了，夏先生还要大喊：‘铜钿少用些！’学生一方面笑他，一方面实在感激他，敬爱他。”夏丏尊对学生的日常生活关怀备至，使学生感到家庭式的温馨和母亲般的温暖。遇到学生生病，他就坐在学生的床边，喂饭送药；遇到学生睡觉蹬了被子，他总是帮着盖好。他就像妈妈一样，把每一个学生当作自己的孩子，给予他们妈妈般的爱。

二、陶行知的亲情教育思想

陶行知，原名文濬，后改名知行、行知，安徽歙县人，我国现代著名教育家、爱国民主人士。先后任南京高等师范学校、国立东南大学教授，与蔡元培等发起成立中华教育改进社，与晏阳初等发起成立中华平民教育促进会，与厉麟似等发起成立中国教育学会。他在南京创办乡村师范学校晓庄学校，在上海创办山海工学团，在重庆创办育才学校及社会大学等。

他认为：“行是知之始，知是行之成。”提出了“生活即教育”“社会即学校”“教学做合一”三大核心思想，推行了生活教育、民主教育和创造教育。其代表作有《中国教育改造》《斋夫自由谈》等。他“捧着一颗心来，不带半根草去”的献身精神已成为教育工作者的楷模。毛泽东称赞他是“伟大的人民教育家”。

陶行知的亲情教育思想主要有：

1. 家国情怀，全面自主灵活

陶行知认为，教育的目的是为了大众的解放、民族的解放、人民的幸福。他说：“我终生唯一的目标是通过教育，而非由军事革命创造一个民主国家。”他致力于平民教育，强调教育不应该是“少数人的奢侈品”，而必须成为“每个人都能享受的阳光、呼吸的空气和饮用的甘泉”，人人都有接受教育的权利，人人都有“只要活着就要学习”的义务。因此，他立志“要把我们整个的心献给我们三万万四千万的农民……”“要征集一百万个同志，创设一百万所学校，改造一百万个乡村”，1927年，他辞去待遇优厚的教授职务，身体力行去南京郊区创办晓庄学校，旨在培养乡村教师，把好的教育惠及乡村民众 。他编写了四册平民识字的课本《平民千字文》，亲自教农民识字看书，并在工厂、学校、村庄做演讲、上课。

他“穷毕生之精力，探索适合中国国情的人民教育之路”，提出中国的教育应该自新、常新和全新，先后开展了“教育改造运动”“平民教育运动”“全面教育运动”“民主教育运动”等七大教育运动，主张把教育和生活熔于一炉。他从三个维度推行“全面教育”，即心、脑、手并用，学政治、学经济、学文化相结合，“健康、科学、劳动、艺术及民主将构成和谐的生活”。他强调，让人民做自己思想和行动的主人，

“鼓励学生自己管理自己的事”，实行“小先生制”。他以把晓庄师范办成自由之园为理想，把“活”作为晓庄师范的校训，创办“活学校”，追求“活教育”，把学生当成有思想、有个性的“活生生的人”，尊重学生的个性，发展学生的特长。

2. 教学做合一，创造真善美

陶行知反对“填鸭式教育”，主张“教与学都以做为中心”，手与脑结合、劳心与劳力结合，使学生成为“会用脑指挥手，手开动脑的手脑健全的人”。他创办山海工学团，本着教、学、做合一的原则，把工厂、学校、社会形成一体，教育与生产劳动相结合，让学生集体自治、集体探讨、集体创造，从真正的集体生活中接受集体教育，促进学生“知意行”全面发展。他把“教学做合一”作为晓庄师范的校训，告诫师生：“教学做是一件事，不是三件事……从先生对学生的关系说，做便是教；从学生对先生的关系说，做便是学。先生拿做来教，便是真教；学生拿做来学，便是实学。”

他认为，教育者“所要创造的是真善美的活人”“教师的成功是创造出值得自己崇拜的人”，因此要培养学生的创造力。为了培养学生的创造力，他提出了“六大解放”：要解放学生的眼睛、头脑、双手、嘴，要“解放空间，把人民和小孩从文化鸟笼里解放出来，飞进大自然、大社会去寻觅丰富的食粮”“解放时间，把人民和小孩从劳碌中解放出来，使大家有点空闲，想想问题，谈谈国事，看看书，干点于老百姓有益的事，还要有空玩玩，才算有点做人的味道”。他努力营造“处处是创造之地，天天是创造之时，人人是创造之人”的教育生态。

3. 教学相长，灵活施教

陶行知认为，学校是师生共同生活的处所，他说，“六十岁的老翁可以跟六岁的儿童学好些事情”“一校之中，人与人的隔阂完全打通，才算是真正的精神交流，才算是真正的人格教育”。他认为，先生和学生的人格要互相感化，习惯要互相锻炼。先生与青年相处，不知不觉中，精神要年轻几岁，这是先生受学生的感化；学生质疑问难，先生的学业片刻不能懈怠，这是先生受学生的锻炼。要学生做的事，教师躬亲共做；要学生学的知识，教师躬亲共学；要学生守的规矩，教师躬亲共守，从而发挥教师对学生及学生之间的熏染作用。他说：“我们深信这种共学、共事、共修养的方法，是真正的教育。”

他主张，先生的责任不在教，而在教学生学，“教的法子要根据学的法子，学的法子要根据做的法子”，教师不能对学生的才能兴味一概不顾，勉强拿学生来凑他的教法，配他的教材，只管照自己的意思去教学生，“做先生的，应该一面教一面学”。他提倡实行“启发式教学”，不拿现成的解决方法传授给学生，而是用解决这种问题的方法来指导学生，解决别的问题。他认为，每位学生都有个性特点和特殊才能，教师要从活生生的可变动的法则来理解学生的个性和才能，“分类设组进行教育”，给予“适宜的肥料、水分、太阳光”，避免其“枯萎”。

4. 教人求真，心心相印

陶行知认为，教育就是教人做人，教师只能说真话。教师要“让真理赤裸裸地出来和小孩子见面。不要给他穿上天使的衣服，也不要给他戴上魔鬼的假面具”“教师的职务是‘千教万教，教人求真’。学生的职务是‘千学万学，学做真人’”。他强调，“情育不是培养儿童脆弱的感情，而是调节并启发儿童应有的感情，主要是追求真理的感情”。因此，教师需要和学生共同追求真理，必须以情育情，而不是一种契约关系，“教的人尽义务就能和学的人发生一种很宝贵的友谊。如果教的人受报酬，久而久之，就成了做买卖的情形，把平民教育的精神完全消灭掉了”。教师需要“把你的生命放在学生的生命里，把你和你的学生的生命放在大众的生命里”。

他说：“真教育是心心相印的活动。”有一次，一位男生用泥块砸了班上另一位男生，陶行知发现并制止后，命令他放学时到校长室去。放学后，陶行知对早已等候着挨训的男孩子，笑着用四块糖肯定了该男生的四个优点，用包容解释了孩子不合理行为背后的合理一面，用奖励替代了批评、惩罚，“四块糖”解开了孩子的心结，让孩子感动得流着眼泪说：“陶校长，我砸的不是坏人，而是同学……”进而自觉改正了错误。陶行知用理解、尊重让孩子感受到了老师的真心和爱意，用实践揭示了“真教育是心心相印的活动”的道理。

我国近现代与亲情教育相关的思想不胜枚举。例如，著名翻译家、教育家傅雷，在所著的《傅雷家书》中，充满父亲对儿子、对祖国的挚爱，感情纯朴，他认为，每一个孤独者的背后，都有一个默默爱你的人，或许是朋友，或许是陌生人，但更多的是父母和老师。他不要求自己的孩子一定要成为名人，只要求孩子成为一个对社会有益的人。在他给傅聪的信中明确写道：“先做人，后做艺术家，最后是钢琴家。”他的父爱还表现在与儿子的相互学习，共同成长上。“孩子，我从你身上得到的教训，恐怕不比你从我得到的少。”他在写给傅聪的家信中真诚地坦白道。

又如，全国首批特级教师霍懋征，以“爱”为主旋律从教60年，做到了四个“从没有”：一是从没有和学生发过一次火。她说：“我不跟学生发火，是因为我教过的都是小孩子，小孩子是不懂事的，犯错是正常的。那么，我对一个不懂事的孩子发火，是我老师无能的表现。”二是从没有请过一个犯错学生的家长到学校来。三是从没有惩罚过或变相惩罚过一个学生。没有罚站、没有不让学生上课。四是从没有让一个学生掉过队，留过级，而且把很多别的老师不愿意教的孩子都要到自己班培养成才。她认为爱孩子首先要尊重孩子人格、个性、兴趣，尊重是教育的前提；了解学生的心声、想法、处境，了解是尊重的前提；平等对待每一个学生，平等是了解的前提。霍懋征每接手一个新班都要对学生进行家访，了解学生的生活环境，寻找影响学生身心发展的各种因素，从而进行针对性教育。

再如，被誉为“小学教育界的梅兰芳”的斯霞，把“童心母爱”作为自己的教育信念，无论是在工作顺遂时，还是在受挫时，她都从未动摇过。她不只是一个“教书匠”，在她的身上，始终蕴藏着慈母般的温情，流淌着爱的暖流。她的床学生们睡过，她的衣服学生们穿过，每一个学生的思想品德、温饱冷暖，无不牵挂在她的心上。斯霞老师曾质朴地解释说：“与孩子打成一片，这叫有童心，要把学生当作自己的孩子一样看待，这就叫对学生的母爱。”

第三节　国外亲情教育相关思想

学校教育要以“关心”作为主要目的，要关注学生的品行，要注重学生的全面发展，要遵循孩子的身心发展规律，为孩子提供良好的成长环境，要尊重孩子，走进孩子的内心……对此，国外许多教育家和知名人士不仅有着清晰的认识，有建设性的方法，而且身体力行，做了许多富有成效的实践。

一、苏霍姆林斯基亲情教育思想

苏霍姆林斯基，苏联著名教育实践家和教育理论家。受安娜.萨莫伊洛英娜等老师的影响，他在本村的一所七年制学校读完小学、中学后，报考了师范，后来担任了他家乡所在的帕夫雷什中学校长，在自然条件下开展教育实验，从一名普通教师成长为一名伟大的教育家。

苏霍姆林斯基认为，教育的目的是要把学生培养成个性全面和谐发展的人，课内外教学要有机结合，德、智、体、美、劳需融为一体。在30多年的教育生涯中，他结合自己对日常教育生活的观察和思考，留下了《把整个心灵献给孩子》《怎样培养真正的人》《给教师的一百条建议》《教育的艺术》《帕夫雷什中学》等教育著作。

苏霍姆林斯基亲情教育思想主要有：

1. 情感是培养和谐发展的人的纽带

苏霍姆林斯基认为，教育的任务是培养“个性全面和谐发展的人”。“要实现全面发展，就要使智育、体育、德育、劳动教育和审美教育深入地相互渗透和互相交织”，情感是让智、体、德、劳、美成为相互渗透的、统一完整过程的纽带。他说：“情感——这是道德信念、原则性和精神力量的核心和血肉；没有情感，道德就会变成枯燥无味的空话，只能培养伪君子。”让情感和思维结伴而行，利用迁移规律从情感上排除学习障碍，就能促进智育发展。

他十分重视情感的培养，把真诚的关切之情作为和谐发展的基础，说：“学校的中心任务之一就是培养道德的、理性的、审美的、高尚的情感……实际上，教育就是从培养真诚的关切之情开始的。”“真正的教育能手都具有高度的情感修养”，教师真挚诚恳的感情能唤起学生努力成为一个好人的志向，让他们每天在亲身感受老师言谈举止表达的真挚感情过程中，智、体、德、劳、美的需要得以形成和满足，爱好、特长被激发出来，学生会因在某一领域取得成绩充满了自豪感，而在其他领域积极努力争取理想成绩，进而推动其全面和谐发展。

2. 教育技巧的奥秘在于爱孩子

苏霍姆林斯基说：“我生活中什么是最重要的呢？我可以不假思索地回答说：爱孩子。”“教育技巧的全部奥秘也就在于如何爱护儿童。”可贵的是，他没有把爱孩子的思想停留在口头上，而是身体力行关怀和信任孩子。他把关注孩子的健康作为首要工作，关注他们是否乐观愉快、朝气蓬勃。他反对让学生做太多的家庭作业，带领师生在校园内外种植大量植物，注重孩子合理的营养，还定期检查教室内采光和桌椅与孩子身高的匹配度等。所以，他拥有了教育的底气："我有权力说，我把整个心灵献给了孩子们。"

他认为，爱孩子体现在相信每一个孩子都能被教好。他说"没有一个孩子是毫无才能的庸碌之辈"，应该"让每个学生都抬起头来走路"。所以，他带领帕夫雷什中学有了这样的共识：只有"困难学生"或者"难教育学生"，而没有"差生"的概念。他一生教育过178位"难教育的学生"，每周都要走访困难学生的家庭，和家长、家长的邻居以及曾教过他们的老师交谈，以热爱、关心、尊重，促进孩子不断向好的方面转变。他对困难学生倾注了爱和智慧，他从具体教育实践的失误中吸取教训，对因无知而做出不良行为的孩子采取宽容态度，以宽容触及学生自尊心最敏感的角落。

3. 教育的关键是了解并走进孩子的心灵

苏霍姆林斯基认为，只有当老师"感到跟孩子交往是一种乐趣，相信每个孩子都能成为一个好人，善于跟他们交朋友，关心孩子的快乐和悲伤，了解孩子的心灵，时刻不忘自己曾经是个孩子"，才能激发孩子内心的善良、同情、乐观、愉悦等情感。

只有了解儿童，才能与他们建立精神上的微妙关系，才能与他们进行心灵上的沟通，教师和学生才能在志向、兴趣、感受等方面达成一致。他在《和青年校长的谈话》中指出："了解孩子——这是教育学的理论和实践最主要的结合点，是对学校集体进行教育领导的各条线索的集结点。全体教师在领导教学和教育过程中行动上的一致，使教师形成一个统一的教育信念，而这一切只有当全体教师都努力去了解儿童时才可能实现。"为了发挥集体力量，形成教育合力，"全体教师都了解涉及每个学生的一切，即了解他的思维、情感、天资、能力、兴趣、倾向、爱好……"

4. 情感的培育贯穿在教育的全过程

苏霍姆林斯基认为，孩子的情感需要学校和家庭共同培育。他主张“让学校的每一面墙都开口说话”，校园里环境布置要美丽、整洁、睿智，学生进入校园就能感到心旷神怡，在情感上受到美的陶冶，成为他们精神生活的一部分；校园里的人际关系像家庭一样，达到心理相融。他特别强调，家长既要让孩子在温暖的亲情氛围中生活，又不能溺爱、骄纵孩子。他教育孩子要为家庭分担家务，当庭院里的水果成熟时，应把摘下来的第一盘水果先送给祖父母、父母吃。

他认为，孩子的情感培育需要课堂内外相结合。他在《教育的艺术》中写道:“上课是儿童和教师的共同劳动，这种劳动的成功，首先是由师生之间的关系来决定的。”教师上课时要有“听得见响声的寂静”，要善于捕捉孩子的疑惑、惊讶等细微的情感，公正地对待每个孩子。他把学生带到教学工场和试验田，在师生共同参加的课外活动中寻找兴趣，使学生的自尊心、自豪感得到增强。他还时常带学生欣赏家乡的一草一木、一花一树，在感受自然之美的过程中，关心世界的万事万物。

二、内尔·诺丁斯亲情教育思想

内尔·诺丁斯，关怀教育理论的代表人物，美国教育哲学协会和约翰·杜威研究协会前任主席，哈佛大学杰出妇女教育贡献奖、美国教育研究协会终身成就奖的获得者。

她提出要改革学校现有的结构，创造围绕“关心”这一主题的教育新模式，建立“立足于培养有能力去爱人，值得人爱的人”的教育目的观，帮助孩子们理解美好生活的真谛，促使孩子们学会关心生命、关心人、关心世界。

诺丁斯亲情教育思想主要有：

1. 把“学会关怀”作为教育的主要目的

诺丁斯明确表示：“学会关怀”是教育的主要目的，“每个教育机构、每种教育努力都必须以保持和增强关怀作为主要目的”。所有教育活动都要引导学生从学会关怀自己出发，关心身边的人，进而走向关心全人类和整个世界。因此，教师要具备关怀素养，能够敏锐体察学生情感的变化，知觉学生的需要，善于与学生对话沟通，以适当的方式积极主动地关怀学生，帮助学生在学习上和生活上取得理想结果，从而和学生之间维持一种良性的关怀关系。

诺丁斯强调，知识是中性的、无情感的，而教师讲述知识时伴有的热爱、着迷或是冷漠、厌烦的情绪，却都会传递给所有学生，并使知识带上感情色彩，进而影响到学生与知识及学科的关系。教师用心、用情去理解和讲授的知识是最容易在学生心中扎根的。学校需要改变过分强调以学科课程为中心，忽视人的情感历程、具体思维、实际活动和道德行为的教育现状，将关心主题引入学校的课程，将学科与学科之间联系起来，构建一个以真实的人类问题为中心的课程，开展一些以关心为主题的讨论，如“生命是什么”“关心自我”等话题，促使他们更深地认识自我。锻炼人与人之间的交际能力。

2. 突出对学生个体生命的尊重

诺丁斯认为,教育者不应该从教育大纲或整齐划一的教育目标出发约束或拔高学生，而应该走进各个不同学生的生命世界，不仅要用自己的而且要时刻用学生的眼睛去观察，用学生的心灵去感受。即使在知识教学中，教师最关心的也不应该只是冷冰冰的知识或真理,而应该允许学生基于多元智能、各异的兴趣和知识背景，对学习材料有不同的感受和不同层次的理解。

诺丁斯强调，关怀型教师的心中学生必定重于学科，他们不会打着“为你好”的幌子压迫学生，榨取其最大的能量释放。而是不断以自己的关心为学生补给能量，允许学生以自己独有的生命节律实现带有个性烙印的发展。教育本身应该关注学生整体性的发展，关心学生的幸福。

3. 关注学生的体验和感受

诺丁斯认为，关怀开始于教师的关怀行为，完成于学生的被关怀感受。教师要通过发掘学科与生活的关联来激发学生的兴趣，打消其对学科的隔膜感和无用感，促进学生的理解，增强知识的亲和力。

诺丁斯强调，不同学业成就的学生对教师的关怀需要明显不同。学业成绩较差的学生渴望得到教师积极的态度,从中获得平等感和信心，从而有益于间接地提高学业成绩。如果教师关注的是其学业成绩的迅速提高，只会加剧他们的焦虑；学业优秀的学生更看重教师进一步促进自己学业成长的能力和耐心，如果教师给予过多态度上的褒奖，而忽视了其学术潜力的充分实现，则会影响这些学生出于学术兴趣在课堂上自主安排学习活动。

4. 重视道德教育的方法和实践

诺丁斯从关心的伦理角度出发，提出了道德教育的四个主要方法。一是榜样。教师以身作则，与学生建立一种关心的关系，向学生演示如何关心。二是对话。教师与学生分享信息、向学生表达善意、鼓励学生发问，通过倾吐和倾听、分享和回应，与学生建立一种充满关心关系的人际环境。三是实践。学校为学生提供实践关怀的机会，比如，学生之间开展合作学习，参与日常的服务活动或户外活动。四是认可。对他人行为的优点进行确认和鼓励，教师找到学生行为背后的动机，对他们的行为进行最佳可能性动机的归因，以此呵护学生最初的、脆弱的道德理想。

诺丁斯认为，如果学校本身是“不道德”的，对学生漠不关心，充斥着偏见、权威和控制，学生就无法体会到关怀和爱，也就不可能培养出道德的人。因此，她希望学校以关怀学生为首要任务，成为“既有可能向善，也能吸引人们向善的地方”。只有在师生间建立起一种真正的关怀型的教育关系,才能使学生在被关怀的感受中学会关怀他人。任何学科的教师都负有关怀学生的责任,教师是通过“行”道德而不是“讲”道德来塑造学生的道德品质。她是11个孩子的母亲（其中有3个是领养的国际儿童），这些孩子兴趣各不相同，而且有些兴趣与他们的学业并不直接相关，但她都爱护、鼓励他们充分地发展自我。

三、马克斯·范梅南的亲情教育思想

马克斯·范梅南，北美“现象学教育学”的领袖人物之一，以其独到的现象学研究方法和敏锐的教育体验，对教育学的诸多方面进行了深刻的思考，旨在构建一门智慧的教育学，强调真正的教育者的素质——敏感而机智，关注孩子的独特之处，关注孩子的个体生活世界，懂得如何“看”孩子和“聆听”孩子。

范梅南认为，“教育学就是迷恋他人成长的学问”“教学就是‘即席创作’”“教育学就存在于我们每天与孩子说话的情境中，教育学就存在于我们与孩子在一起的方式之中”。他的代表作有《教学机智：教育智慧的意蕴》《生活体验研究——人文科学视野中的教育学》《儿童的秘密：秘密、隐私和自我的重新认识》《教育的情调》等。

范梅南的亲情教育思想主要有：

1. 教师与孩子有“替代父母”的关系，又超越为人父母的职责

范梅南认为，每一个孩子都有爱和尊重的需要，但不是所有的家庭都可以满足他们爱和尊重的需要，再加上外部环境的复杂性，“教师们正与一群来自多元化背景和有着不同的广泛经历的孩子生活在一起。这些教师对这些托付给他们照看的孩子履行着一种‘替代父母’的职责”。“教师的含义就是他们必须不断地提醒自己留意自己与孩子之间的‘替代父母’的关系。专业教育者必须尽可能协助儿童的父母完成其主要的育人责任。”

他认为，相对于父母，教育者与孩子之间的相处是阶段性的，教师既有和为人父母相同的职责，同时又要超越为人父母的职责。教师比父母更急迫地希望看到通过自己的教育，能够培养孩子的自主性和自立性，发展学生对家庭责任感以外，对更广泛的人群负责，为他们的未来做好准备，实现教育从扶到放的过程。“像父母一样，教师常常能建立起对他们学生的深厚感情和喜爱。他们觉得对他们所管辖的儿童负有责任。他们对他们所教的孩子寄予希望。最后，教师让他们的学生展翅高飞。”

2. 站在孩子的立场考虑，认识孩子的独特之处

范梅南认为，每个人都是自我中心的，但当一个人能体会到他人的脆弱性，听到他人的召唤时，会不自觉地打破自我中心。学生相对于教师来说，是未长成的人，因此，他们相对是弱小的，教师会感应到他们的召唤，站到他们的立场考虑。他说：“我看到了一个受到伤害或遭受痛苦的孩子……我不再按我个人时间表的计划行事。此刻，我就在那儿，就是为了这个孩子，为了这‘另外一个人’。有了对他人的这种认识，就有可能为了他人来行动。”

他认为，亲情能让教师看到每一个孩子的独特之处，就像父母能看到每一个孩子一样，能发展出师生间亲情关系的老师也能看到每一个独特的孩子。“每一个教师应当不断地问自己这样一些问题：这个孩子在哪些方面与我和其他人不一样？孩子怎么会有这样的差别？这个孩子是如何想与别人不一样？我能够做些什么来帮助这个孩子认识到自己的与众不同呢？”

3. 教师与学生之间的关系以学科为中介

范梅南认为，“教师与学生”和“父母与孩子”最大的不同在于以学科为中介。“教师与学生的关系总是三组合的，它是这样的关系：教师和学生都以某种学科为中心（比如说，数学、语文、科学），同时又指向与这门学科有关的世界。父母与孩子的关系则往往是二组合的：主要是人与人的关系。”

范梅南特别指出，教师和学生之间的关系不是一种纯技术的关系，即使以学科为中介，但因为学科是在教师与学生之间亲情关系的土壤下生长的，因此，学科也浸染了这种亲情关系。“一个真正的数学教师是一位体现了数学、生活在数学中、从一个很强的意义上说他本身就是数学的某个人。同样地，学生也不是简单地储存他学到的知识；每一个学生都是以一个特别的、个人的方式学习。每一个孩子都对他或她的知识和理解事物的方式加以个人的塑造。”

4. 亲情体现在教学机智上，也反映在教师的一言一行上

范梅南认为，大多数时候，教育学的行动都带有临场性，没有充分的时间来考虑，而那一刻的行动实际就折射了教育者与学生之间的亲情关系，反映了教育者对师生关系的理解。“没有现成的规则来支配理解自动转换成机智的行动，这种转换是由机智本身来完成的。”

他认为，师生关系会反映在言语中，和学生建立起亲情关系的老师会用一种柔和亲切的声音把学生带入教育情境中，影响他们的身心，而且这种影响甚至不仅限于课堂上，还延伸到学生走出学校后。他说："过了许多年之后，我们仍然记得母亲、父亲、一个老师、一个朋友、一个爱人富有深意的机智言语留给我们的特殊品质——即便我们不再能准确地记住他们对我们说的话。是那种特殊的语调触动了我们，是那种声音所创造的特别的气氛让我们永久不忘。"同样地，亲情还反映在教师的动作和眼神上。"当嘴巴和眼睛互相矛盾时，孩子往往相信眼睛。""一个用温暖和支持的目光机智地鼓励孩子的老师必须要有对孩子温暖的感情。这个老师必须成为他或她所传递的目光本身。"

四、阿莫纳什维利的亲情教育思想

阿莫纳什维利，是著名的格鲁吉亚教育家、儿童心理学家，合作教育学派的主要代表人物之一。他富有革新精神，主张教育从改变师生关系开始。

他提出了建立实事求是的师生关系的原则，教师扮演和学生一样的求知者的角色，让学生感到自己是与教师平等的伙伴。他写的学校无分数教育三部曲，即《孩子们，你们好!》《孩子们，你们生活得怎样?》《孩子们，祝你们一路平安!》被译为多种文字，在世界范围内广泛传播。

阿莫纳什维利亲情教育思想主要有:

1. 教育首先要打开学生心灵的"情感之门"

阿莫纳什维利认为，童年是难忘的，对人的一生影响很大。只有当教师走进学生的心灵时，孩子们才能真正感受到教育对他们的影响，而不是浮于表面的知识和技能传授，才能使学校教育真正影响他们未来的生活和工作，丰富他们的精神世界。"儿童只有通过自己的情感之门，通过共同感受、共同欢乐和自豪的情感，通过认识兴趣去吸取精神财富，他们的精神世界才能得到丰富。”“我需要这种教育学，用高尔基的话来说，就是为了探索儿童的心灵，发现藏匿在他心灵深处某个角落里的神奇的铃铛，然后小心谨慎地去触动这个铃铛，从而使儿童内心所具有的一切最美好的东西都能显示出来。”

他认为，教师要能打开学生的情感之门，就是要和学生走近，就要有一颗敏感而富有童趣的心。他用是否爱听学生们的“叽叽喳喳”声来判断教师是否有一颗敏感而富有童趣的心。“喜欢儿童的‘叽叽喳喳’声，就意味着我自己将能够成为一个接受教学和教育的人。我坚信：谁爱儿童的叽叽喳喳声，谁就愿意从事教育工作，而谁爱儿童的叽叽喳喳声已经爱得入迷，谁就能获得自己的职业的幸福。”

2. 教育是师生的共同生活，学生的爱是最丰厚的回馈

阿莫纳什维利认为，教育不只是在学校师生共同度过的一段时间，而是真正的生活，它和日常其他活动（比如交易、娱乐）的最大的不同，就在于学校里人与人之间的情感关系。“我们——我和我的孩子们，教育者和被教育者、教师和学生——休戚与共、息息相关。我们每一个人总会因某件事而感到高兴或感到伤心，这种高兴或伤心的共同感受就是我们共同生活以及我们所有矛盾冲突的本质所在。”

他认为，在自己的教育生涯中，得到的最大报酬来自孩子给的爱，自己对孩子做的看起来微不足道的事，却会被孩子牢记一辈子。他称学生的爱是给教师的丰厚回馈。

3. 教育是连续性的过程，需要儿童立场

阿莫纳什维利认为，教育的特性就是连续性，也就是说不因为时间和空间的转变而断裂。比如寒暑假，他会以通信的方式和孩子们保持联系。“‘孩子们，在暑假里我们都干得很出色！’我默默地想。‘首先，你们的每一封信，虽然只有短短的五六行字，但都使我有说不出的高兴；在信中你们说出了对自己的老师的肺腑之言。其次，现在我更好地了解了你们每一个人的情况：谁喜欢什么，谁有怎样的生活经验，谁擅长什么……你们给我寄来的一封封信，实际上就是在帮助我教育你们。我给你们的回信使你们得到了与我交往的快乐，激起了你们尽快回到学校里来的急不可待的愿望。’”

他认为，教育的亲情来自设身处地地站在儿童的角度思考，感受他们的感受，才能和他们心连心。他说，儿童不可能抛开玩弄放在自己口袋里的锡制士兵玩偶的念头，完全忘记昨天晚上祖父给他讲的引人入胜的故事，怀着纯而又纯的学习愿望来到学校。“我们不费什么力气就可以从儿童手中夺下这个玩偶，只需皱着眉头，严厉地说一声：‘把这个东西给我！’之类的话，他就会乖乖地把这个锡兵交给你。但是，我们的这种成功之举，能抹掉儿童头脑中因被夺去心爱的玩偶而感到的伤心和对这个玩偶命运的担心吗？设身处地地想一想！”

4. 把上好每一节课当礼物，和孩子情感、思维共振

阿莫纳什维利认为，一位好的教师要给孩子们快乐，就要上好每一节课，把每一节课都当作是给孩子们的礼物。让每一节课都能吸引孩子，让他们乐此不疲，而不是让他们煎熬地度过课堂的每一分钟，这种快乐的体验也是师生关系的基础。教师应该看到每一个不一样的孩子，这样他就不会将教育教学工作看成是一种重复性的活动，而会创造性地去上好每一节课。

阿莫纳什维利主张，教师应该和孩子们在一起学习，而不只是教导他们，这样孩子们能感受到和老师之间情感、思维的共振。“每当我作为一名学生坐到学生课桌的座位上时，总有这样的一种感觉攫住我的心，我甚至坚信这一点：在这时，我的思维进程，我的点点滴滴创造的闪现将蔓延到整个寂静无声的教室，传递给每一个学生，帮助他们完成难度较大的作业，激起他们的创造才能。”

放眼全球，国外与亲情教育相关的思想论述可谓数不胜数。例如，古罗马教育家昆体良认为，必须“让教师首先唤起个人对他学生的父母般的情感”，教师以良好的德行了解和爱护学生，做到宽严有度，避免体罚；教育的目的是培养善良而精于雄辩术的人，需把善良放在首位，实现“教是为了不教”；重视儿童的天性，按照儿童的年龄特点和接受能力，根据学生的天赋、才能开展教学，避免给学生过重的负担；学习和休息需交替进行，适度的游戏能够让学生学习疲劳时得到积极的休息，有助于促进智力的发展和道德品质的提高。

又如，《大教学论》的作者，17世纪捷克教育家杨·阿姆斯·夸美纽斯，认为“教师是太阳底下最光辉的职业”，主张教师要善意地对待儿童，让学生“在和蔼可亲和愉快的气氛中喝下科学的饮料”；教育的目的是为人的永生做准备，强调知识、德行、虔信协调发展，教师需严格执行纪律，因为“没有纪律的学校犹如没有水的水磨坊”；他提出的“班级授课制”，大大提高了教学效率和师生、生生之间相互学习、交流的机会。

再如，法国18世纪启蒙思想家、教育家卢梭认为学生“首先是人”，教师要以善良的态度培养学生的善良的感情。他在其著作《爱弥儿》中写道：“在万物的秩序中，人类有它的地位；在人生的秩序中，童年有它的地位；应当把成人看作成人，把孩子看作孩子。”他说：“大自然希望儿童在成人以前就要像儿童的样子。如果我们打乱了这个次序，我们就会造成一些早熟的果实，它们长得既不丰满也不甜美，而且很快就会腐烂；我们将造成一些年纪轻轻的博士和老态龙钟的儿童。”他认为，顺应自然的教育必然也是自由的教育。在孩子的发展问题上，孩子是设计的主体，让子女自由发展，希望孩子成名成家的观念要相对比较淡薄，要注重孩子的身心健康，让其成为能够自食其力、对社会有价值的人，并且希望孩子的成长处于父母、教师和整个社会的关怀与鼓励之中。

受卢梭的影响，瑞士教育家裴斯泰洛齐认为教师必须如“父亲般爱儿童”，以一颗慈爱之心，根据儿童的需要，照顾好儿童；以亲切的话语、情感、面部表情、眼神等打动学生，在儿童心中埋下爱和信赖的种子。他与学生关系密切、感情深厚，常常和学生同吃、同睡。

综上所述，我们不难发现，虽然各派名师大家与亲情教育的思想和实践各有侧重，表达方式不一，但“亲情”的思想相通，尤其在以下三个方面呈现出高度的一致性：

一是把品行放在第一位，强调培养学生的大爱。

无论是孔子的“志于道，据于德，依于仁，游于艺”，从孝悌为本、长幼有序，到“泛爱众而亲仁”，爱他人、惜他物，还是傅雷的“先做人，后做艺术家，最后是钢琴家”；无论是苏霍姆林斯基的“和谐发展的核心是高尚的道德”，还是诺丁斯的“从学会关心自己，关心身边的人，到关心人类、关心整个世界”，既把学生作为“被爱者”，以培养孩子的情感作为目的，又引导他们成为“施爱者”，以情感作为强有力的纽带，让他们得到关爱的同时，感受关爱，学会站在他人角度说话做事，关爱他人，体现的是先德后文，“老吾老以及人之老，幼吾幼以及人之幼”的大爱思想。

从教育的出发点和教育的目的看，卢梭认为“学生首先是人”，苏霍姆林斯基主张“教育——这首先是人学”，教育需要关注全体学生，把学生培养成为全面发展的人，夏丏尊说：“不准讲空话，要老实写”，道德教育是教育之本，教育要培养的是诚实守纪，对他人、对社会有贡献的人。从教育的原则和策略看，学校教育与家庭教育需紧密结合。颜之推说：“父母威严而有慈，则子女畏惧而生孝矣”“幼之学者，如日出之光”“固须早教，勿失时机也”；夸美纽斯说：“没有纪律的学校犹如没有水的水磨坊”，孩子需要刚柔并济，在爱与严结合的氛围中成长，做规矩时毫不妥协，但对孩子要“重教育轻教训”。陶行知认为“人格要互相感化，习惯要互相锻炼”，教师需要以身作则，以高尚的人格感化学生。

二是把情感作为教育的源泉，强调构建“师生如父子”的关系。

所有的教育思想都强调情感在教育中的力量。从孔子的“亲其师，信其道，尊其师，奉其教，敬其师，效其行”，夏丏尊的“教育没有了情爱，就成了无水的池”，到陶行知的“一校之中，人与人的隔阂完全打通，才算是真正的精神交流，才算是真正的人格教育”，再到阿莫纳什维利认为，教师不同于其他职业的是师生共同生活，共同成长，因为自己的付出而得到了学生的丰厚回馈，“得到的最大报酬来自孩子给的爱”，这一切都来自学校里人与人之间的情感关系。

师生情深如父子，有母爱。夏丏尊“你们选我做指导师，你们就把我作为义父吧”，斯霞“要把学生当作自己的孩子一样看待，这就叫对学生的母爱。”范梅南提出的教师履行的“替代父母”职责，裴斯泰洛齐“父亲般爱儿童”……已经完全把教师定位为父母的角色。孔子把学生颜回当作儿子，学生子贡把孔子当作父亲；夏丏尊为学生盖被子、端药送水；裴斯泰洛齐和学生同吃、同睡等实际行动，展现的教师与学生是一种没有血缘关系但感情深厚，不是亲人，胜似亲人的细心、耐心。而诺丁斯强调教师不会打着“为你好”的幌子压迫学生，苏霍姆林斯基“让每个学生都抬起头来走路”，霍懋征从教60年，从没有和学生发过一次火、从没有请过一个犯错学生的家长到学校来，从没有惩罚过或变相惩罚过一个学生，从没有让一个学生掉过队、留过级……彰显的是教师父母般“把整颗心都献给孩子”的宽厚、包容的大爱！

三是把天性作为教育的基点，强调儿童立场快乐教学。

教育是师生之间的双向活动。苏霍姆林斯基说“教育——这首先是关心备至地、深思熟虑地、小心翼翼地去触及年轻的心灵。”而要触及年轻的心灵，就需要“把孩子看作孩子”，以李挚的“夫童心者真心也”“童心者，心之初也”角度，用心了解孩子的需求，认识孩子的独特之处。按照庄子所说“此以己养养鸟也，非以鸟养养鸟也”，站在学生的立场，感受他们的感受。顺应孩子的天性，相信孩子，发挥学生的主体作用，培养学生的个性特长，和孩子有同理心，从而走进孩子的内心。正如阿莫纳什维利说的“儿童不可能抛开玩弄放在自己口袋里的锡制士兵玩偶的念头”，设身处地地想一想孩子的天性，就会赢得事半功倍的教育效果。

人有与生俱来的学习愿望和学习能力，教师的重要任务是激发孩子的学习兴趣。孔子说“知之者不如好之者，好之者不如乐之者”，把“乐之”作为学习的最高境界。孔子从自己做起，“乐而忘忧”快乐地当老师，带动学生在不断学习、不断探讨中获得人生的快乐；夸美纽斯积极倡导，要让学生“在和蔼可亲和愉快的气氛中喝下科学的饮料”；苏霍姆林斯基则更是大声疾呼“要思考，不要死背”“尽可能充分地满足孩子们多种多样的兴趣和企望”，让他们“对知识的兴趣和渴望”得到满足，在愉悦的状态中获得良好的学习效果。他在《把整个心灵献给孩子》一书中，提出办“快乐学校”的主张，呼吁要还给孩子一个快乐的童年，让孩子们进入学校后不断享受新的欢乐，使认识活动充实他们的智慧、情感和意志，促使孩子们心中有他人，充满乐观主义。

自从人类有了教育，有了学校，古今中外无数教育家、研究者、实践者，奠定了非常深刻的与亲情教育相关的思想，积累了十分丰富的实践经验。我们从中选取了以上几例，难免挂一漏万。亲情教育的相关思想和实践给了我们这样的启示：对于教育来说，基于人性的情感，不分民族，不分国度，不分性别，不分年龄，是促进孩子身心健康和谐发展的最持久的核心元素和最柔软的教育力量。亲情是最有效的教育资源，关系是最大的教育生产力。

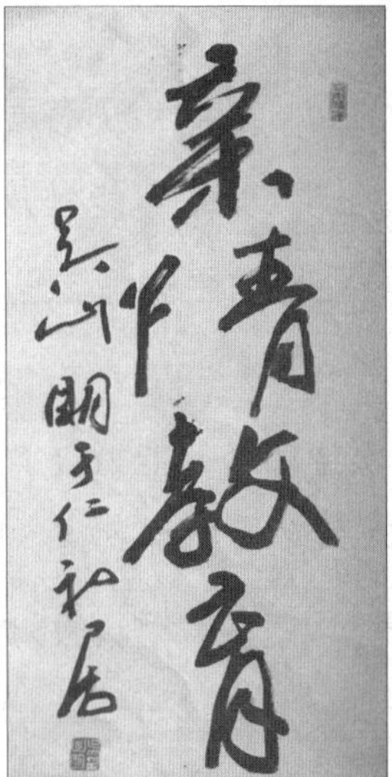

第二章

亲情教育的思想形成

一所学校的办学思想和风格，与办学过程中不断探索、实践中形成的核心价值观密不可分。亲情教育思想的形成、亲情文化的积淀，来自一任任校长、师生家长的传承和发展。

在《去做孩子，去做孩子喜欢的学校》一文中，我发自内心地写了这样一段话，作为文章的开头：

每个清晨，我总用喝一杯清茶的时间提醒自己：“去做‘孩子’，去做孩子们喜欢的事。”

我始终坚守着这样一份朴素的信念：只要孩子打心里面喜欢我，就会喜欢我任教的英语学科、喜欢我带的班级；只要孩子发自内心地喜欢来学校上学，就会喜欢听课、做作业、参加活动，进而心情愉悦地学习知识，学做好人。

我愿意用心做好每一个细节，每届初一新生到校的第一天，我都会早早地守候在校门口，微笑着问候每一位孩子，并与他们握手；每年寒假前夕，我都会亲手给每位孩子写一张大大的“福”或孩子们自己想要我写的一个字，让他们把公益人的祝福带回家；每届初三学生的毕业典礼，我都会亲手郑重地把毕业证书交到每一位孩子手中，送上我真诚的祝愿……

每天一走进校门，我就浑身上下有使不完的劲，精神饱满地走进课堂，笑容满面地走到孩子们中间，把自身的热情播撒到校园的每一个角落。从登上讲台的第一天至今的38年间，我一直把学生当作我的弟弟妹妹乃至亲生儿女，把同事、家长当作自己的亲人。我与他们之间有一根“亲情”的线牵引着，让我总是不自觉地想为他们做些什么。

“校长对学校的领导，首先是办学思想的领导”，校长的办学思想在较大的程度上，与其生活、工作经历有关。“我们是按照我是谁在施教”，在一定程度上，校长实际上是按照自己是谁在办学。回溯源头，我在校园里这股使不完的劲儿，我把学生、老师、家长当作亲人的真情，来自儿时家庭亲情的浸润。

第一节　在亲情滋养中坚强成长

世界是如此不同，亲情却如出一辙。不管生活在世界的哪个角落，人们对亲情的渴望和需求都是一样的。

20世纪著名作家弗兰茨·卡夫卡，出生于一个犹太中产阶级家庭，物质生活富足，但由于父亲的强硬、冷酷，他从未得到过亲情的滋润，梦魇般的童年经历让他完全活在自己的精神世界里，他作品中的一切冷漠、悲哀、战栗、筋疲力尽，都是他自传般的宣泄。他渴望爱情，渴望家庭，却终身未娶。一个缺少亲情的孩子，就如缺少阳光雨露的禾苗，即便土壤肥沃，也不可能生长出健壮的枝叶。

而我，出生于一个教师之家，父亲曾是校长，母亲也是老师，但在我出生时正赶上物质匮乏的年代，加上父亲被错划为“右”派，已经离开讲台，回家务农。一家六口，吃饭的人多而可以去生产队劳动挣工分的人少，按照“工分”分到的粮食自然就少之又少。在童年的记忆中，稀饭中能看到的米粒真的是屈指可数，能敞开胃吃上一顿米饭就是最大的满足；穿的衣服大多打满补丁，过年时能有一件姐姐穿过的衣服改制的“新衣”便会开心好多天。

然而，浓浓的亲情，让我们全家坚强地挺过了衣食严重不足的难关，父母和姐姐弟弟带给我的其乐融融的亲情，让我内心温暖。这份亲情陪伴我健康成长，给了我最宝贵的力量和最有价值的滋养。

一、父母给我“品”的基础

“品”指人品、品质。如同每一个孩子成长一样，我的人品基础来自父母。我的父母身上的那种勤劳、俭朴、乐观、宽厚的品质，深深地影响着我和我的兄弟姐妹。

在我小时候的记忆中，早上六点多钟起床的时候，父亲已经挑着重重的一担牛草（一早去山间、田坡收割来饲养耕牛的野草）回来了。晴天，他总戴着草帽，雨天，他则披着蓑衣戴着斗笠，不停地劳作在田地里。只有在辛苦劳作的间隙，他掏出烟斗，摸出一撮自己种、自家制的旱烟，吧嗒吧嗒抽上几口，那也许是他最为放松、享受的时候。所以，父亲的腰间总是挂着一管竹制的短烟筒。

父母为了我们能过上基本“不饿肚子”的生活，不惜干更多苦活累活。每年养两三头猪出售是维系全家老少日常开支的最主要经济来源。但是，当时一家人饭都吃不饱，哪来东西给猪吃？父亲、母亲就起早摸黑去田间山上采猪草，想尽办法让猪能达到出售的标准分量（每头猪的毛重不达到120斤，收购站就拒绝收购）。有一次，父亲骑着自行车去买了两袋秕谷当猪的“上等饲料”，因秕谷捆在自行车后座上，自行车头重脚轻，闹了个车翻人伤，回到家中，满脸是血，全家人都无比心疼。父亲看我一副惊吓的样子，走过来，慈爱地摸了摸我的头，跟我说“没事、没事”。但见他擦了把脸，止了血，掏出腰间的短烟筒抽了几口，就又去田间干活了。

我家在山区，伐木运木是一件极其辛苦的事。1966年5月的一天，父亲去一个叫长潭湾十亩丘的地方做排。做排就是把若干根原木用长木毛钉子和长藤固定在一起，拼成一张张排，等发洪水时再把这些“排”顺势放到桐庐县，这是当时交通不便的情况下一种原始的运送木头的方法。

不料，父亲在抬木头时脚下一滑，失去了平衡，一个酿跄跌倒在地，便动弹不得。村民们把父亲抬到附近村的一户村民家，放在一块门板上，就继续干活去了。父亲的腰部严重压伤，脊椎骨突出，疼痛难忍，但只好咬牙挺住，等到母亲闻讯赶到，才把父亲送进医院。

接下来的日子，父亲只好在家养伤，但是一个家需要他去撑起，父亲心里焦急万分，为了能治好伤病，竟活吞蚯蚓和地乌龟（据说有利于活血化瘀），这是常人难以忍受的，但是看着我们兄弟姐妹，父亲都忍了下来，还强忍着病痛在床上与年幼的我玩游戏。

父亲在那无比艰苦的岁月里，表现出非同一般的坚忍、达观。

当1979年落实政策，恢复工作时，被错划“右”派的父亲已在家务农17年，期间经受了难以想象的艰辛和痛苦，但父亲没有一句怨言，而是以感恩的心态、百倍的干劲一直干到退休。

平反之后，家境日渐好转，父亲的腰杆终于可以挺直了。但父亲失意时坦然，得意时淡然。看到那些曾经伤害过自己的人，也从不怨恨。他说过去的一切都是特定环境造成的，并不想去怨恨某一个人。

父亲能宽容地对待伤害过自己的人，更能宽容地对待家人和朋友，我们的大家庭也正是因为每一个人的宽容而更紧密地凝聚在一起。至今姐弟四家关系融洽，每年大年初二，大大小小从四面八方赶来，一个不少全家团聚。

父母的品质，就这样融于亲情，渗进血脉，注入了我的身体、融入了我的灵魂，并无时无刻地提醒着我：人品，是最高的学位。

二、父母给了我“行”的榜样

父亲对我们充满慈爱，但对我们的言行要求很严格。一旦我们犯了错，父亲也会大发雷霆，有时高高扬起右手，握成拳头，食指和中指愤怒地凸出来，要给我们吃“栗壳子”。“栗壳子”如果真猛敲下来，可是痛得不得了！但是，父亲真正敲到我们头上时，往往并不是很痛，就像一个武功高人，本已剑拔弩张，最后却点到为止。当然，有了父亲严肃的态度，我们绝不敢屡犯规矩。现在我明白了，父亲严厉的教导，以及那样的“栗壳子”，体现了父亲对我们的真爱，父亲要让我们做一个有规有矩的人。因为一个真正有规矩的人，才会受人欢迎，才能立足于社会。

父亲教育我们有规有矩，他本身也是一个信奉长幼有序、孝顺尊长之人。父亲是一个有名的孝子。记得有一次爷爷骂他，他恪守“骂不还口，打不还手”的原则恭恭敬敬地听着，那时他已六十多岁了。

父亲不仅对自己亲生父母孝顺，对岳父母也一样。当老人年迈体弱需要照顾时，父亲和母亲都亲自端汤送水，床前侍奉，直到老人们离世。我外公去世时，刚好是冬季，出殡那天天气寒冷，霜很厚，但父亲带着“半子”的孝，穿着“赤脚草鞋”，一路跪膝送行，脚趾头冻得失去知觉也毫无怨言，认为这是晚辈应尽的孝道。

父母对长辈的孝心，潜移默化影响着我们兄弟姐妹，在我父母年老之时，我们兄弟姐妹乃至我们的子女都一样孝顺他们，这是一种无声的传承，融在亲情之中。父亲用自己的言行，教会我们懂规矩、遵孝道，还告诉我们知感恩、乐助人。

父母经历了许多坎坷，一路坎坷的人生路中，却也遇到不少好人，他们在我们极其困难的时候出手相助。父母每每念及，心里都涌动着一股暖流。每当有人提供帮助时，父母一定会告诫我们，务必铭记他们的恩情，将来如果自己有能力也一定要去帮助别人，落难之人更要帮。

父亲有位小学同学，1952年因患病，领导让他回家休息，说等身体好了再去上班。可后来就没有复职的机会，一直在家务农。他身体单薄，做体力活有些吃不消。后来父亲落实政策，恢复了工作，却没有忘记跟他有同样遭遇的人。于是父亲帮他出主意，一起写材料，最后终于落实了相关政策，获得了每月的生活补贴。他逢人便说："年纪大了，这点钱可是帮了我的大忙啊！每月发来的钱有好几担谷好买了呢！"

农村里有红白喜事基本都请父亲帮忙，父亲也有叫必到，一般都会担任两个角色：总管兼账房，还负责写对联、挽联等。农村习俗多，如挂贺喜被面的先后顺序、就餐时主要宾客位置安排都很有讲究，万一错了，会破坏喜庆气氛，甚至影响亲戚之间的关系。所以父亲每每做这些事都仔细推敲，几经思考才统筹指挥。几十年来父亲参与几百场大事，从未出错。

因父亲写得一手好字，每到过年，邻近四五个村的村民都要来请父亲写一副大红对联，贴在自家大门上，祈求来年平安幸福。大年三十来家求写对联的人络绎不绝，父亲再忙都会放下手头的活儿，一一应允，挥毫泼墨之间与人谈笑风生，谈笑之间，对联已写好。父亲写的对联不仅字漂亮，还贴近各家各户的实际，来者开心，父亲也高兴。

"一枝一叶总关情"，父亲对子女、对长辈、对村邻的点点滴滴行动，就是我成长最好的"教材"！这无言的"行为教材"传授给我的是一生受用的为人处世的态度和方法。

三、家庭给予我爱的滋养和接力

在20世纪六七十年代，农村娃一年有两个盼头：一是生日，二是过年。有时虽然只是两个鸡蛋的念想，但对一个农村娃来说，也是非常难得的盛宴。

在当时的农村，鸡蛋的地位仅次于肉，家家户户都养几只母鸡下蛋，但蛋却舍不得吃，要拿去换点油盐，只有家里来客人了，才会拿出两个鸡蛋来做菜，还都要让客人吃，只有客人客气礼让之下，才得以尝到几口。

但在生日时，我便会得到两个鸡蛋。记得有一次生日的早上，我正盼着那两个鸡蛋，母亲却从鸡窝里掏了一个空。我看到母亲脸上的失望，更感受到了自己心里的失望。心想，这次生日吃不上鸡蛋了，便有些闷闷不乐。

看我怔怔地坐着发呆，母亲没说什么，擦了擦手出门了，身上还系着围裙。她回来后就在厨房生火做饭，一会儿听到母亲在厨房里唤我，我起身过去，母亲正端着一碗长寿面，笑着对我说："趁热吃。"我看着热气腾腾的面，心里也热乎起来。心想，没有鸡蛋有一碗看起来特别香的面也不错，我大口大口地吃着，一碗面很快要见底时，我惊讶地看到碗底卧着两个蛋，就像两个元宝躺在那里对我笑。那一刻我知道母亲出去是为了借两个蛋，母亲肯定对邻居说："今天我娃生日，明天一定还回去。"我一小口一小口慢慢地吃着这两个蛋，美味吃在嘴里，暖到心里。

父亲腰伤之后，母亲听说"吃啥补啥"，就想尽办法买了一只"猪腰子"，精心做了盘"炒腰花"给父亲吃。父亲接过那盘诱人的腰花时，我们都装着不去看，默默低头看自己的碗。可突然一双筷子伸到眼前，几片腰花落在了眼前的饭碗里。再抬头看，父亲正笑盈盈地把碗里的腰花分给饭桌上的每一个人，剩给自己的是碗底的汤，父亲把汤倒进自己的饭碗，说："呵呵，好货在底，最美味不过汤啊。"然后津津有味地吃起来。那一刻，我们同吃着一碗腰花，有一种血缘亲情的温暖，弥漫在我们的身体里。

我们兄弟姐妹在有爱的家里成长，也学会了爱。在那样一个特殊的年代，我们在父母的熏陶下，还学会了怎样面对难以忍受的挫折。

有一天，我的大姐姐一回到家里就跟我妈妈说："阿姆，大队里刚买了一台摇面（把面粉摇成面条）的机器，这几天免费给大家摇的。我们也去摇几斤，好不好?"母亲说："我们都要出工挣工分的，没有工夫去。"大姐说："我可以去排队摇面。"母亲看着懂事的大姐，就去称了几斤麦粉。大姐就背着我弟弟，我屁颠屁颠跟在后面，帮忙拎着麦粉去大队机房摇面。

那天，我们去得不算迟。可轮到我们的时候，那个管摇面的大队干部一把将我们的麦粉甩到最后面，说："靠边，靠边，让贫下中农的先摇好再说。"那时，作为"右"派的子女，我们的社会地位极其低下，常常是受人欺负而无处诉说。那一刻，我只见大姐眼泪在眼眶里打转，但为了不让我害怕，就紧紧地抱着我。因为被甩到最后，等所有人摇好已整整半日，但大姐一直抱着我。当时幼小的我感觉到大姐那小小的身体里散发出的能量，我从陌生成年人脸上的表情感受到的不安渐渐平息。

我们全家六口仅凭爸爸妈妈两人起早摸黑到生产队里挣工分，每年可分到的粮食远远满足不了全家人吃饱的需要，"寅吃卯粮"成了常态，最多的一年我们全家向生产队预支了1300斤稻谷，是全村最大的"倒欠户"之一。物质的不足需要一家人勒紧裤带艰难地过，被歧视更让我们全家人的心紧紧拥抱在一起。这是一种无声的亲情之爱，直到现在，我感受最深的始终是那种亲情之爱。我们兄弟姐妹虽早已各自成家，但来自我们的大家庭的爱一直都在，并且在扩展，在延伸。

源清流洁，本盛木荣。在充满亲情的家庭成长起来，优秀品质也随着血缘亲情一起传承。父母的言传身教，我养成了“爱劳动，能吃苦”的习惯，“珍惜拥有，与人为善”的态度，以及“站在他人角度说话做事，尽心尽力帮助他人”的行动。

当我自己有了女儿之后，看着那个对我天使般地笑的小人儿，我的心变得更加柔软了。我喜欢和家人一起吃饭、聊天。饭桌上，灶台边，一盏灯，几盘菜，在洒满灯光的房间里，享受弥漫着饭菜香的亲情。更享受的事是，饭后或睡觉前，把我爸爸当年讲给我听的那些讲给女儿听：白雪公主，红军爬雪山、过草地、飞夺泸定桥……满满的亲情和温暖。

2007年，我放弃教育局办公室主任的工作，跟随女儿的脚步，来到了杭州。调到公益中学时，女儿正读初二。在之后的五年中，我把业余时间大多用来陪伴女儿。为了每天开车接送女儿，把酒也戒了。晚上回到家里，为她切上一盘她喜欢的“水果拼盘”，和她一起练书法、比赛背诵《新概念英语》……对女儿的种种付出，有我父母肯为孩子倾情付出的影子，同时也是父母家庭教育理念的传承。

这几年，我工作越来越忙，但不管多忙，回临安清凉峰老家过年是我们雷打不动的“铁律”。

前年的农历十二月廿九，我们一家人在老家吃过晚饭，女儿拉着我出门散步。当我们推开门的一瞬间，迎面遇见了满天的星星！临安山区的天空，那一刻就像嵌着无数闪亮的宝石，真的太美了。女儿兴奋地叫：“哇，好多星星！”然后就转身回家搬来小凳子，开心地说：“老

爸，我们一起坐着看会儿星星吧。”我们并肩坐着，女儿靠在我的肩膀上数星星。她一会儿指着星星说：“老爸，你看那颗最亮。”一会儿说：“哇，老爸，流星！”一会儿又指着另外一处说：“老爸，那几颗组成一个美丽的图案。你看像什么？”我跟着她指的方向看去，尽量寻找她眼中最亮最美的星，真的好美，不仅星星，还有我的心情。

我夫人不知何时来到了我们身后，拍下我和女儿依偎看星星的背影。那是一幅唯美的画面：一帘暮色，一天星空，两个背影。背影中，有的是人世间最宝贵的亲情。

在陪伴女儿的过程中，我始终牢记父辈的家教门风和亲情温暖。以“对己严格要求而不苛求，对人尊重宽容而不迁就”作为座右铭，引导女儿知恩、明理、有关爱之心，和女儿共同成长，做一个有“根植于内心的修养、无需提醒的自觉、以约束为前提的自由、为别人着想的善良”的文化人。女儿读小学、初中、高中，特别是读大学修中文专业期间，受到中华优秀传统文化熏陶，无论是她积极的价值取向、乐观开朗的气质，还是待人接物的态度、言谈举止都让我学到了很多。从她的成长经历中，我深深感受到了一个学校、班级、家庭的文化对孩子的影响力，启发我把来自原生家庭的亲情延伸和拓展到学校，积极构建“师生如父子，同学如手足，学校如家庭”的亲情文化，坚定了我一辈子“做有亲情的好教育”的信念。

第二节　用亲情做暖心老师、贴心校长

我初登讲台的临安白牛乡，是典型的山区，满山都是翠竹。过去，几乎每家每户都用竹竿接来山泉，储在水缸里。戏水是孩子的天性，去家访时，常常听到父母在教育小孩："不可以用手去搅，哪怕只是一两下，水就不能喝了，要过很长时间才能澄清。"要使水浑浊很容易，只需搅一两下；而要使水澄清很难，得一两天。

教育何尝不是这样？孩子们那颗稚嫩的初心，需要用亲情去小心翼翼守护，方可保持清亮澄明，方可聆听到孩子生命成长拔节的美妙声音。若为师者如亲人、如朋友，带着一种亲情式的情感投身教育，那是我能想到的、愿一辈子为之孜孜不倦追求的最温暖教育。

一、"哥哥一样"任班主任

教学之余，我是学生的兄长

30多年前，初出茅庐的我，担任临安白牛中学初一（2）班的班主任。班里的45个孩子，和我年龄相仿，是我的学生，更是我的弟弟妹妹。这第一批弟弟妹妹，给我留下了许多美好的故事。

我从小喜欢吃有汤水的食物。上完课，便在自己房间门口，支起瓦炉，搁上铁锅，烹制我的"菜粥"：取少许鲜肉，将油炸出，喷香喷香的，然后放入青菜（有时用雪菜）、笋干、黑木耳等炒熟，加入开水，再将番薯、米饭、年糕或面条等依次放入……每当这个时候，“弟弟妹妹”们都喜欢围在我身边，聊天说笑，也顺便关心一下我锅里的饭菜。当我揭开锅盖，他们就叫唤着“好香、好香”。我就拿出所有能找到的碗筷，与他们一起分享独制的菜粥。后来，需求量大增，我就索性去买了一只大号的铁锅，分不过来时就往里面加水、加面条……

靠近我房间的空地上，有一张水泥浇制的乒乓台。吃完我的美味菜粥后，“弟弟妹妹”们便会邀我和他们打几局，我欣然应允。然而当我第一次拿起乒乓板开始发球时，他们个个笑弯了腰。我读书时参加的是校田径队，压根儿没有打过乒乓球，所以，我执乒乓板的方法是十二分的不正确！于是，小个子的何建国马上过来，手把手地教我怎样握球板，怎样发球，怎样接球或反击。一开始，他们会先让我三个球，但输的总还是我。一个月后，我也能赢他们几次了！

我们当时的物质生活普遍比较清苦，课余活动也不是很丰富，但回想起来都挺有意思的，特别是用心用情做的事，长在心里，永远不会枯萎，一如我们那时一起种过的黄豆、小麦等。

我们班在学校旁承包了一块农田。到了播种的季节，我就带着弟弟妹妹们，利用中午、晚饭后的时间，从家里搬来锄头、铁锹、畚箕，一边向农民请教，一边松土、开沟，种上黄豆、小麦，并且及时施肥、除草，结果年年都有大丰收。我们喜滋滋地把黄豆、小麦卖给粮站，用所得的经费开班会、搞活动，不亦乐乎。

现在，我的脑海中常常会浮现出第一批弟弟妹妹的名字：黄素红、童晖、方献忠、何丽君、邵有平、邵正中……想起那时，到了周末，这群弟弟妹妹们便争先恐后地邀请我到他们家做客，他们的爸爸妈妈特别热情，拿出最好的鸡蛋、面条招待我。

这群弟弟妹妹毕业后，一直和我保持着联系，每年正月初三，我们都会找个地方像家人一样相聚。他们找对象也会来征求我的意见，结婚时则来请我书写大红对联和“喜”字，因为他们已经真正把我当作自己的家里人！

想到第一批的弟弟妹妹，我心存感恩。正是他们，让我尝到了当老师的乐趣，给我埋下了发自内心喜欢孩子、善待孩子的种子。让我不管是当班主任，还是当校长，一走进校园，走到教室，走近学生，便充满激情，浑身上下有使不完的劲。也正是与他们兄弟姐妹般的相处，让我发现亲情在教育中的意义。

情到深处似亲人

亲情还体现在心与心之间的交流上，当学生真正感受到你亲人般的关心和爱护时，就会对你敞开心扉，也会听你的话。情感上亲近，心也更近了。在我当老师的过程中，有几件事让我印象特别深刻。

当年我在颊口中学教书时，班里有位姓姚的学生，她爸爸不幸遇车祸身亡。我闻讯后不到10分钟，就骑车赶到她家中，第一时间站在她身旁安慰她，让她在极度的悲伤和恐惧中找到依靠。之后，我交代班里的同学给予她更多的关心，鼓励她面对现实，振作精神。生活中，我也给予她无微不至的关怀，帮助她从失去父亲的痛苦中解脱出来。在我不断关心和耐心的交流下，她没有被这莫大的变故击垮，渐渐地变得阳光积极起来，学习也更认真。如今在浙江树人大学工作的她深情地说：“我曾是一个不幸的女孩，因为失去了疼爱我的好爸爸，但我又是幸运的，因为我遇上了一位知心的好老师。”

班上有一个同学，脑子聪明，但学习上不用心，还有一些不良习惯，令很多老师感到头疼。我当时作为班主任，把这个班级看成一个大家庭，我就是这个大家庭的大家长，不能放弃任何一个孩子。有这种信念在心里，我就从来没有厌弃过他。我相信精诚所至，金石为开。于是一次次找他谈话，一次次上门家访。一边给予他学习生活中关心和帮助，一边争取家长的支持配合。渐渐地，他开始跟我交心，渐渐地，他开始改变。在我家访九次之后，他终于有了较大的进步，改变了原来许多不好的习惯，学习上也肯努力了，还变得乐于助人，到初三还入了团。如今我们相聚的时候，他总是说："感谢潘老师的九次家访，让我感觉他就是一个特别关心我的家人，我要为他变得更好。"

我在心底里却同样感谢他给我带来的成就感。情感的交流不是单向的，亦师亦友的相处，用心、用情的交往，渐渐地便有了十分自然、融洽地"家人般"的心灵相通和相互关爱。在我看来，这种彼此倾注亲情的教育，正是符合人性的、最好的教育方式，它不仅是教育的目的，也是教育的过程。

二、"朋友一样"做英语老师

我开始当英语老师时，人们尚停留在"不学ABC,照样干革命。学好数理化，走遍天下都不怕"的意识中，农村的学校不重视英语，许多农村的孩子认为学英语没有用。初一第一学期刚接触到英语还有点新鲜感，随着词汇量的增多、内容的增加、难度的加大，到了初二，两极分化的现象显得十分突出。在这种情况下我就开始思索：如何培养学生学习英语的兴趣？如何提升"后进生"的英语成绩减小两极分化？在不断地实践和探索中，我总结出了"PZP16字英语教学法"：以情激趣，主体参与；活动贯穿，分层提升。

“以情激趣”便是真诚情感投入，激发学生学习英语的兴趣，做“最受学生欢迎的老师”。我每次去上课，都带着饱满的激情。我一进教室就会大声跟孩子们打招呼：“Hi-everybody!”一声“Hi-”很悠扬、很投入，还有一点滑稽，孩子们的精气神都被提起来，也激起了他们课堂参与的热情。每当下课铃响，孩子们便会跑上来跟我说：“英语课怎么过得这么快呀！”从他们说话的语音语调和眼神中，我读到了什么叫“意犹未尽”。

“知之者不如好之者，好之者不如乐之者”，“乐之”是教学的最高境界。为了让更多的孩子参与到课堂中来，我千方百计地创设有利于孩子们交流的话题情景，提振孩子们学英语的“胃口”，激发他们学英语的积极性。如上“At the Doctor's”（在诊所）对话课时，我就从家里搬来活动钢丝床，从乡卫生院借来白大褂、听筒；讲到“Shopping”（买东西）一课时，我又把女儿可爱的小衣服、小袜子、小玩具搬进课堂……让学生来演一个个的角色。

给孩子们印象特别深的一堂英语课是在小河边完成的。“明天我们就要学习‘Flying Kites’(放风筝)一课了，你们想在教室里、操场上还是去小河边上？”“想到小河边去上啊！那回家要把Dialogues读熟！”“如果你想演爬到树上去解风筝的孩子，那得把树上树下Dialogues都会背哦。”第二天，河滩上，孩子们边放风筝边大声用英语对话，有的则抱着大树爬上爬下，兴奋地玩了一节课，该记的英语对话都记下来了，具体形象的活动记忆效果肯定好于课堂抽象的记忆。

孩子学习的个体差异是客观存在的，“初一不相上下，初二两极分化，初三天上地下”，在较大班额的班级授课制的教学背景下，农村英语教学的一大难题是两极分化严重。为了让学生“能飞的飞，会走的走，该扶的扶”，使不同层次的学生每一堂课上都学有所得，所有学生都能找到他的“最近发展区”，在原有的基础上得到提升，我在备课、上课、作业、辅导、测试等方面向不同层次的学生提出不同的要求，变传统的“一统式”课堂模式为“统分结合式”，采用“同班异步分层教学”，构建“总—分—总—分—总”的课堂模式，形成了自己的教学特色，取得了明显成效。

为了更好地实施我的“十六字教学法”，我采用了“小先生制”，将英语成绩较好的一批学生指定为“小先生”，把他们分别分配在不同的学习小组中，让他们去辅导组内的其他同学，这样英语成绩相对较差的同学会得到更多的帮助，而“小先生”在辅导其他同学的过程中自身也得到了提高。更为可喜的收获是，“小先生制”下的学习小组成员互学互帮，结下了深厚的同学情谊。

正是我的倾情投入，和不拘一格的创新教学，我的学生越来越喜欢英语，学习英语的热情高涨。我的教学方法和教学实绩得到了充分肯定，我任教班级的英语中考平均分、及格率、优秀率都在全县处于明显领先地位，在县初三英语竞赛中，参赛的13名同学全部获奖，并占了全县10个一等奖的一半，被教育局局长誉为“山沟沟里飞出的金凤凰”。

苏格拉底说：“教育不是灌输，而是点燃火焰。”柏拉图说：“教育非它，乃心灵转换。”归根结底，教育是影响精神成长、温暖人们心灵的事业。作为一名教师，如果你付出了真情，兄长、朋友、老师，不管你是以何种身份走进学生，都会自带光芒。

三、“家人一样”当校长

当老师需要用心用情，当校长更是这样，因为校长个人的力量是有限的。做有亲情的教育，需要校长用情怀感召情怀，将一校之长的亲情播撒到老师身上，让每一位老师享受到亲情的温暖，把亲情传递到身处校园内外的每一位同学和家长，完成亲情的接力，形成良好的亲情循环圈，进而让每一个拥有丰富而有价值的生命个体，都拥有充满爱和温暖的情感世界。

自己动手建食堂，“一个不少”保就学

1994年刚到马啸当校长时，我看到的是这样的场景：每天早上第四节课，老师们上了一半就陆陆续续走出教室，急匆匆地冲到厨房打水、撬火（农村学校要烧木柴蒸饭），然后在各自门前燃起小灶。

管人要管心，管心得先管胃。没有食堂，教师吃饭问题都得不到保障，怎能安心上课？于是，我心中最强烈的念头便是：一定要想办法建一个食堂！

说干就干！可是向上级申请经费，得到的答复是：实在没钱。好说歹说上级给了两三万元钱，我们便向路口村的村民买了三分地。经费不足就自己动手！我和全校师生一起，利用课余时间到小溪里扛石头，哪个班哪个人扛的石头多，就在广播里表扬。虽然这是一项艰苦的劳动，但是在我带领和引导下，全体师生就像一家人一样，一起快乐地干活，每个人都像给自家盖房子一样，不遗余力。在挥洒汗水过程中，我开心地读懂了小时候爸爸妈妈常跟我说的“三兄四弟一条心，门前黄土变黄金”的内涵，那是一种亲情的力量！

最后，食堂盖好了，每天中午由食堂师傅闷好喷香的铁锅饭，烧好诱人的“山牛肉山萝卜”火锅，等着老师从从容容下课、心满意足地用餐及小憩，老师们也就能更安心、踏实地教书育人了。每次我看到新建

食堂冒出的袅袅炊烟，就欣慰地想：做校长一定要把学校当成自己的家，一个家要管理好，首先要安顿好家人，替家人着想。老师的基本需求得到较好满足后，提出备好课、上好课、管好班、提高教育质量的要求也就顺理成章了。

老师的心逐渐收拢了，学生却因大旱一个个辍学了。山里的人淳朴，山里的水纯净。马啸乡的浙川、浪广等村里种的高山蔬菜深受上海、杭州等大都市市民的喜爱。然而，一场大旱让高山蔬菜严重歉收。8月31日开学，居然有20多个同学因贫困、家里缺少劳动力等原因没有来校报到。

“再苦再难，我们都要做到一个都不能少！”我和老师们这样说。然后，我们对没有来上学的每一位学生的自身和家庭情况进行了仔细分析。每天放学后，老师们兵分四五路，挨家挨户反反复复地做动员工作。一趟不行，两趟、三趟……做通了学生的思想，做通了家长的工作，立马把棉被等往自行车或摩托车后座上一扎，带着孩子就往学校跑！因为怕他们第二天又变卦！对有几位家庭确实有困难的孩子，一旦工作做通，我二话不说自己掏钱为他们买来棉被，拿出自己的米、菜等，以让他们在校没有任何后顾之忧。

动员辍学生复学确实不是一件容易的事。白天上课，放学后或骑自行车，或骑摩托车，到二三十里山路外的学生家中，已是天黑时分，老师们常常饿着肚子，苦口婆心，一个个说服他们无论如何不能放弃学习机会。有时爸爸工作做通了，妈妈不太同意，有时爸爸妈妈甚至爷爷奶奶都被我们的真心诚意感动了，孩子就是躲在楼上死活不肯出来见我们……山路崎岖，且是沙石泥路，夜间行车，还有可能有不测的意外发生！我十分清晰地记得，有一天晚上十点多我从银龙坞村动员学生返校途中，我的那辆雅马哈小摩托的后轮被路上的尖石子刺了，一阵颠簸，差一点点就可能连人带车翻入峡谷！至今想起都心有余悸。那两年，我深深理解了“精诚所至，金石为开”的深刻含义，耐心细致的工作终于换来了该年度零辍学学生的圆满结果。

此后，我还走出大山，在杭州市教委团工委的牵线下，争取到浙江省青年成长基金会和浙联律师事务所戴和平律师等热心人士的资助数万元，帮助许多家境贫困的同学读完初中，考上高中和大学。

每一位孩子都是学校大家庭中的重要一员，无论有多难，也不能让他们在该求学的年龄段失学，这已成为我从教至今坚定不移的信念！

十二平方，融合“两家”成一流

1997年8月，我调到颊口中学任校长，正遇上全市初中布局调整试点——洲头中学、颊口中学两所学校撤并成一个学校，就像两家人并成一家人一样。一开始来自两个学校的学生和老师心里都还存在“你洲头，我颊口”的观念，老师之间一时融合不起来，学生中甚至出现“洲头帮”和“颊口帮”打群架的现象。

“将者，士之心也。”要管好这所撤并后的学校，需要让两校师生和谐融合。和谐融合的核心无疑在于校领导班子。于是，我和书记（原洲头中学的校长）、教务主任、德育主任等四个人安排在同一个办公室办公。办公室仅十二平方米，非常拥挤，但零距离的工作环境和氛围，为全校师生的和谐共处做出了榜样。

后来，两校师生关系渐渐融洽，由“两家人”变成“一家人”，形成了“心往一处想、劲往一处使”“举出去是同一个拳头、喊出去是同一个声音”的良好态势，教育质量跃居全市乡镇中学前两位。但我们又面临一个新的问题：700多学生只能挤在潮湿的20世纪70年代的泥墙危房内。为了改变这样的现状，镇党委、政府决定异地新建校舍。

那时尚处于“人民教育人民办”的发展阶段，教育经费十分有限，新建校舍资金严重短缺。除积极争取上级支持外，我放弃了大部分的节假日，走村串巷做宣传发动和筹资工作。为了得到社会各界人士的支持，不断奔跑和拜访，建立起各种关系，最后终于完成了从30万元开工，总投资超过800万元的新校建设，建起了全省一流的乡镇初中。

现在想起来，那所学校的建成，也是以亲情为基石的，说起筹资，在很大程度上靠的是情感的投入。因为很多资助人士，都是看在“情分”上出手相助的，村民们拿出有限的100元、200元家庭费用，有的老爷爷、老奶奶更是打开包了一层又一层的零花钱，你30元、我50元地捐给新校建设。真情付出得到真诚相待，全镇上下形成了尊师重教，学校、家庭、社会三位一体的“一家人”似的浓浓亲情氛围。

温暖工程，“三个一”里情意浓

在临安锦城二中，至今流传着我的“三个一”故事：一枝玫瑰一份喜，一把躺椅一片情，一块糖果一颗心。

人、财、物，时间、空间、信息等学校发展的诸要素中，人是决定性因素，学校发展的关键在教师。2002年8月，我调到临安市锦城二中当校长。我把学校发展的重心放在让教师心无旁骛做好工作上，不仅仅依靠制度上的管理，更是创设条件，让教师身心愉悦，达到“心悦”的基础上“诚服”，全校师生心顺气畅劲儿足，合心合力合拍，促进学校在原有较高平台上实现了新跨越，成为有较高美誉度和影响力的省示范初中。

一枝玫瑰一份喜。学校有个不成文规定：测试后阅卷不过夜。连夜加班批卷子，老师们自然非常辛苦，我就买一些水果零食，去各个阅卷点走走。老师们看到我不时来问候并分发吃的，觉得校长想着他们，理解他们，都很高兴，就少有怨言。有一次测试后，我去老师们办公室“串门”，语文组的朱老师调皮地问我：“校长，今天是什么日子啊？”我说不知道啊，他们便说是2月14日，要送玫瑰才是。我一听马上去花店采购。已是晚上7点多，临安锦城镇上的花店没有那么多玫瑰花，我便请花店老板到杭州调货。几经努力，终于在阅卷结束前，我把玫瑰花送到了每位老师的手中，让他们带着学校的温馨与家人分享，朱老师感慨：“没想到还真的实现了愿望啊！”一枝小小的玫瑰花，散发出老师们对学校归属感的清香。

一把躺椅一片情。夏日的一个午间，我去教师办公室找孙老师，他正趴在桌子上休息。被我叫醒时，他的手、脚都麻得不能动了，脸上都是红红的印子，桌面上的书本也被揉得变了形。我当时就想，老师们工作真的很辛苦，夏季更容易困乏。如果中午能稍微舒服一点地休息一会儿，对老师的身心健康和下午的工作都有好处。但是学校条件有限，老师们办公、休息只有一间办公室，空间有限的办公室不能铺床，那怎么办呢？我思来想去，终于想到了可以折叠的躺椅，既可以坐也可以躺，不用的时候也可以收起来，不占空间，正可以解决老师们午休的问题。于是我立即找来总务主任，跟他说去市场上找这种躺椅，质量尽量选好一点的，让老师们能够躺得舒服一些。经过总务主任的精心挑选，一把把竹制的躺椅发放到老师们的手中，老师们为学校对他们的关心而深受感动。有位老师发自内心地说：“没想到校长这么忙还这么细心，关注到我们日常工作生活的细节，真是一把躺椅一片情啊！”

一块糖果一颗心。2003年我参加校长培训班去美国学习，那是我第一次出国。快回来的时候，我想要给家人带一点小礼物，正在挑选礼物的时候，我脑子里却同时想起另一些“家人”——我学校的老师们。在学校，我作为一校之长，就如一个大家长，怎能空手回去见那些朝夕相处的老师们呢？我一定要带给大家一点小礼物!那么带点什么好呢？口袋里那点有限的美元，也不可能给100多位老师买什么贵重的礼物，转来转去，突然看到那一盒盒包装精美的糖果，我想这糖果确实有异国风味，又能表达我对“家人们”的一份心意，就买下了这些糖果。等我回到学校，将这些糖果一一分给老师们时，老师们都像收到特别珍贵的礼物一样高兴，兴奋地说“这糖果好看又好吃”，他们孩子般地开心。那年年末，老师们给我写的信中，都提到了我分糖果的事，言语之间，大家都表达了差不多的意思：一颗糖虽小，但是想到校长在异国他乡仍然惦念着他们，这颗糖的情意就很重，这颗糖甜到心里。

平生最大的愿望：学生把我当亲人，学校拥有家一般的温暖

我39年前在偏远的山区初中开始任教，26年前在艰苦的革命老区开始任校长，从农村到小集镇，从县城到省城，变的是工作的地点和不同类型的学校，始终没有变的是像对待自己家里人一样对待每一位师生家长，换来的是一届届学生、家长以及一批批的老师对我像亲人一般的热情，对我的英语教学、班主任工作以及学校管理工作都给予了特别的理解、支持，使我在每一个阶段、每一个工作岗位都取得了不错的成绩，让我从一名毫不起眼的英语老师成长为省特级教师、正高级教师；从一名普普通通的校长成长为杭州市名校长、浙江省“浙派名校长”以及长三角首期“教育家型校长”的培养人选。我深深地感到，教育是一

种心心相印、彼此成就的活动，不需要惊天动地，情感柔软却很有力量。

我平生最大的愿望就是：我带的学生真正把我当作自家人，我所带的学校拥有家一般的温暖。每一位来到学校的师生家长共建共享和谐温馨的大家庭，相亲相爱的一家人聚在其乐融融的大家庭里，老师开心教书、孩子快乐学习、家长阳光育儿，有滋有味地生活，有情有义地相处，有声有色地工作和学习。因此，我坚守着对学生、对老师、对家长亲人般的真情厚意。在办学思路的方方面面，力求基于学校实际、顺应师生家长的心理需求。治校方略的点点滴滴力求基于人性、走进师生家长的内心，引导正确而合适的成长成才路径。

第三节 以亲情传承优秀校本文化

家有血脉相连，学校有基因传承。一个集体的成员之间靠什么凝聚：从表因特征来说，公益中学是个充满亲情的大家庭，因为亲情把师生家长联系在一起，成为可敬可亲的“一家人”；从内因根据来分析，学校二十年如一日，开展亲情教育，体现在学校生活的每一个方面、每一个角落，每一个师生融入实践行动，化为行为习惯，“人人都献出‘亲情’”，从众变为主动，成为一种心理情感的主动意识，凝聚为学校的文化氛围。

公益中学的校名取之于“教育是一份公益事业”，基于“公益人，公益行”的理念。因为公益，学校从建德地区招生了28个品学兼优、家庭困难的学生，组成了一个“公益班”，全额帮助他们圆了大学梦。

下面是一位学生记录的学校建校20年嘉年华活动的场景：

首任校长殷莺摇响清脆的铃声，健步走上讲台。喊一声熟悉的“上课”，换来公益首届100多位学生们的齐声回应“殷奶奶好”。听完殷奶奶讲述公益中学初创时艰苦但又快乐的故事，谢联平校长（师生都喊她“谢妈”）上台接过铃铛，继续上课。紧接着，家长口中“公益来了一位像爸爸一样的校长”的阿潘校长登台继续娓娓道来……公益真是家一样的学校！

一、奇特“血缘”，三代延承

2015年8月22日，学校举办了简朴而隆重的校庆嘉年华活动。“殷奶奶”“谢妈”“阿潘”，三任校长以三堂课的形式演绎了公益中学从呱呱降生到走过童年少年，再到如今长大成人的故事。

第一堂课由公益中学的第一任校长——殷校长摇铃宣布“上课”，当她手中那系着红绸的铃铛在空旷操场摇响时，聚集着上千名公益校友的操场霎时安静。每个人的思绪随着白发苍苍的“殷奶奶”回到了公益创办初期。

时光回到杭州师范大学六楼的那间物理大教室，当年上课的铃铛似乎正在摇响；公益最初的108位莘莘学子正在教室专心学习；“殷奶奶”为了不让炒菜声影响学生听课，正在隔壁用电饭煲为师生煮饭菜；老师们个个神勇：课堂里，他们激扬文字，指点江山；课堂外，他们用老式的油印机印刷着讲义和试卷；公园里，他们和学生玩“老鹰抓小鸡”……这就是公益这个家最初的样子。

因为没有运动场，当初的公益人就把每天爬六楼当成体育锻炼；没有活动场地，师生就同去公园玩“老鹰抓小鸡”；没有后勤服务，师生一路浩浩荡荡地自己去搬书……他们有太多的“没有”，但又拥有很多。他们几乎拥有另一个家，在这个家里，有他们爱戴的殷奶奶，殷奶奶用亲情和智慧一点一滴滋养着学生的心灵，激励着他们的斗志；在这个家里，有父母一样的老师，陪着他们学，陪着他们玩，陪着他们洒下汗水和泪水，陪着他们收获成功和喜悦；在这个家里，有亲如手足的同学，他们共吃一锅饭，同喝一锅汤，他们一起爬楼梯，一起跳长绳……在艰苦的环境下，第一届毕业生取得了当年杭州市中考第二名的好成绩！这正是亲情的力量，托起了孩子们的梦想。

当大操场讲台上的铃铛在一任任校长手中传递时，似乎也传递着一代代公益人的梦想，传递着“学做人，学知识”的校园文化。

铃铛在谢校长手中摇响那一刻，老公益人都轻唤一声“谢妈”，那时大家总是这样亲昵地称呼她。“谢妈”从“殷奶奶”手里接过公益的接力棒，也接过了公益办学的理念。当初每年投入120万免费招收了“公益班”，“公益班”的孩子都来自建德贫困家庭，这些孩子个个朴实无华，身体也偏瘦小，所以大家都疼爱地称他们为“小草”，“公益班”也成了“小草班”。

“谢妈”说，办“公益班”是为了让那些品学兼优的寒门学子能受到更好的教育，同时也希望通过他们的品行弘扬“做人第一”的公益文化。

轮到我“叮咚叮咚”摇响第三堂课的铃声时，我讲述的是如今公益发展了，但“做人第一”的宗旨没有变，亲情这根红线始终牵引着我们的点点滴滴。“亲情”已经成为一种奇特的“血缘”，流淌在公益人的血液里。

每个从家里走出来的人，都带着这个家的印记。公益这个大家庭里走出来的孩子，也一样带着公益这个家的基因。

来过公益的人都有体会，学生虽不认识，但不管他在拖地，还是在擦玻璃，见到你总会停下手里的活给你行礼，说“老师好”。楼梯上他们把“左半边留给您”，整个队伍是呈直线还是九十度转弯，都是一道进退有序的风景。我校钟云岚同学获得2007年杭州市中考第一名后，做客《钱江晚报》回答网友：“学习成绩好的窍门”一问时，说：“我的班主任陶杭老师对待我们就像亲弟弟亲妹妹一样。我觉得学习成绩好，重要的是先要做一个好人。”这是“先学做人，后学知识”校训留下的文化印记。

有一位家长说起一件印象很深的事：有一次到教室找儿子，当时班里很多学生都在操场活动，她没见到儿子，却看到儿子课桌上放着一张分数不理想的试卷，就不自觉地叹息一声。这时旁边一个学生就对她说："阿姨，他这次没考好，但是不要紧的，他努力一点下次一定会考好的。"听到这个同学这么说，其他几个在场的孩子也都说她儿子其实很聪明，表现也很好，成绩以后一定会好起来的。这位家长当时的感觉是想哭，她说："我这个成年人被几个孩子哄得快哭了，这些孩子太可爱、太让人感动了！儿子能在这种氛围中学习，有这么多好同学，真的就像自家人一样，真的好幸福。"

无独有偶，另一位家长也谈到一件事：那天接孩子下晚自习，问孩子："儿子，每天学习到这么晚，是不是很辛苦？"儿子笑着说："辛苦是辛苦，但是感觉很幸福。"听了儿子的话，他很意外，于是又问："辛苦还能感到幸福，是为什么呢？"儿子说："不知道，就是有这种感觉。"一种说不清的"感觉"，这就是骨子里的东西，就是一个家的精髓。

公益的老师也有这种感觉，累并幸福着。每当教师节或高考季，都会有分布在各地的学生回校看老师。他们就像老师的孩子一样，或许原来成绩并不怎么样，或许曾经被老师狠狠批评，却有割舍不去的亲情。他们会带上鲜花，让你享受到做老师的浪漫；或是带着一盒巧克力，让你品尝到当老师的甜蜜；或是带一两只包装精美的桃、李，让你感到桃李满天下……

每当刚进高中的学生回公益，他们都会自豪地说："刚组成的新班级里，发现班里没水喝，率先下去搬水的就是公益人。"这就是亲情孕育出的公益人的标签，无论走到哪里都能一眼认出的标签。这也是公益这个家的基因，它让每一个公益人身上都带有特别的印记。从“殷奶奶”到“谢妈”到“阿潘”，从一代代的教师到成百上千的孩子，都传承着这种基因，这是一种奇特的“血缘”，在公益人的血液里以亲情的方式代代相传。

二、梧桐引凤，亲情纳贤

亲情是双向的，甚至多向的，这是亲情的特质，也是文化的特质。公益中学的文化就是公益中学1500多位师生员工，甚至拓展到相关的家庭，与家长共同营造而成的。学校是“铁打的营盘流水的兵”，一任又一任的教师，一届又一届学生，如同流水在转，这就要梧桐引凤，亲情纳贤，用挚爱亲情去汇聚感情。引凤纳贤的主体就是教师，由教师再去凝聚学生和家长，逐渐形成文化传统。

一所学校要吸引优秀的老师进来，必然要有其独特魅力。那么，如今公益建立起这么一支优秀的教师队伍，靠的是什么呢？是福利待遇特好吗？是编制稳定人心吗？其实并不是，可以说在公益至今还有很多优秀老师没有编制，也没享受到特别好的福利，但是他们愿意留下来，并且兢兢业业地工作。老师们说是因为喜欢公益中学的氛围——家一般的氛围。有亲情围绕，有家人相伴的感觉，对学校建立起一种特殊的情感。在一次上级领导来校召开的教师座谈会上，教师代表纷纷表达了这一种情感，言语之中溢出满满的幸福。下面摘录两段：

“两年前，我会留在公益，是一位像我父亲一般的人对我说的‘太晚了，不安全’。这句话是当年我在公益面谈的时候，因为离校太晚，阿潘校长对我说的。说完之后，他开着车把我送到了杭州师范大学。我还记得门口的保安师傅帮我们一起拍了一张合影，这张照片至今我都珍藏在手机里。两年前，拱墅区的一所学校也向我投来了橄榄枝，但正是阿潘校长的这份诚意和真情，让我果断选择了公益，从这时候起，公益就是我的家。”

（陆叶秋老师）

“公益不光有最能拼的领导和老师，也是最讲情义的群体。我们一家是真真切切的公益人，老婆是公益的英语老师，儿子是初二的学生。我们能够安心地在公益，得益于公益领导的敢于担当和博大的情怀。”

（王东升老师）

以上两段话，都是公益老师的原话。小陆老师当初来学校面谈还是一个大四的学生，经过面试，我们发现她各方面都很优秀，想留下她，但她考虑到各方面的因素，还想征求一下父母的意见，并没有确定是否能留下。那天因为跟她谈得有点儿晚了，我是一个父亲，想到跟自己女儿一样大的女孩子自己回去不安全，就一定要送她回学校。没想到我这一平常的举动竟打动了她，让她毅然选择了公益。

王东升老师是一个来自新疆的优秀老师。当时深圳的一个学校向他抛出橄榄枝，待遇方面，我们学校并没有优势，但他在犹疑间说起自己初来乍到，在读小学的儿子还没有找到合适的学校就读时，我就连忙拿起电话帮他联系。在杭州要进一所好的小学并不容易，我经过多方联系，最后帮他落实了孩子就读问题，同时也解决了他爱人的工作问题。

有一位年轻的英语老师，要参加浙江省新生代教师优质课比赛，当时磨课时我去听了，一堂课听下来，我马上跟他说上课的思路要调整，并且给他指出了方向。又在细节设置上跟他进行了交流，之后让他换一个班重新上一遍，上了之后再与英语组的其他老师一起跟他继续交流，提出一些好建议，最后还请了教研室的老师来指导。在这个过程中，我全程跟踪，一堂堂听课，一遍遍地修改。比赛那天，我亲自到现场听课，怕他首次在大场合上课会紧张，又跟他说了一些注意事项，并一再鼓励他。当我看到他自信而稳定地站在讲台上，潇洒自如地应对课堂时，我感到很欣慰。最后他获得了一等奖，他说那天看到我在现场，他突然就觉得心里有底气了，感觉一定能把这堂课上好。

不仅仅上课，其他方面的比赛，我有时也会亲自去指导。有一次，我们学校有四个年轻老师要参加一场“经典诵读”比赛，在他们排练过程中，只要我有时间，就过去听，并提出一些建议，后来又请了专家来校指导。最终，这四位老师获得了特等奖。他们发表获奖感言时说道：一次平常的比赛，校长却那么地关注，倾注了那么多的心血，每一次校长来到排练现场，他们都会有不一样的感觉，至少在排练过程中会更有激情，更有动力。因为校长这么用心，他们没有理由不竭尽全力。

指导教师成长，靠我一个人的力量肯定是远远不够的。但我用心用情地去为年轻老师做一些事，会让老师们有不一样的感觉，也会带动老教师用心去培养新教师。我们学校的新教师都有自己的师父，这些师父们也都跟我一样尽心尽力地为年轻老师付出。

还是在那场座谈会上，年轻的陆老师就如此动情地说：“我的师父们常对我说一句话‘没事儿’。我的学科师父傅建新老师，每堂课都带着我精彩设计，课后听课评课，比赛时告诉我‘没事儿’；我的班主任师父王东升老师，真的是手把手带着刚成为教师的我去和家长交流沟通；还有每次公开课、参加比赛的时候语文组长会说带着浓重儿化音的‘没事儿，有我们在’，这让我咬牙坚持了几场比赛。”

这是一位年轻老师的“真情告白”，更是公益人本真面貌：无私奉献，有情有义。有时，我也为此感动着，而我更为此骄傲着。我觉得有这么一批优秀的老师，我的付出都是值得的。

三、安之根本，情义先行

“老者安之，朋友信之，少者怀之”是万世师表孔子的抱负。司马迁也说“仓廪实而知礼节，衣食足而知荣辱”。何以让引进来的教师安心于本校工作，除了给他们发展的空间，提供专业成长的平台，还要解决他们的民生问题。关心教师的生活，帮助他们解决一些生活中的困难或问题，让教师们能感受到公益这个大家庭的温暖，就更能获得自尊，“知礼节”“知荣辱”，成为学校的文化追求，激励教师努力做好本职工作。

前文提到的王东升老师，他至今都觉得公益是他正确的选择。如今他一家人都在公益，他说公益已真正成为他的家了。

在那次座谈会上，有一位罗勤老师说在公益工作，心里充满幸福感，其中就讲到这样一段话：“同事之间的关系特别融洽。在业务上我们大家毫无保留，相互帮助相互学习。一个老师要去上课，全组的老师一起听课，磨课，动脑筋想办法，每一周的集体备课，大家坐在一起讨论怎么上课，怎么设计作业，资源共享。有困难就互相帮，那种感觉就让你觉得你不是一个人在战斗，而是一个群体！还有我们的健身俱乐部，工作以外的时间，大家一起打篮球，练瑜伽，既锻炼了身体，又增进了感情。”

一个学校，不免会有老师碰到这样那样的困难，遇到事情去帮一把，在公益不是我这个校长一个人是这么做的，同事之间都会相互伸出援助之手，这是公益的一种文化，在这种文化氛围里老师们工作会更安心，觉得再苦再累也是幸福的。

这个文化的特征之一：亲情相通一条心。

公益这个大家庭，除了学生、老师还有家长。所以公益每次举行大型活动，如：公益大舞台、运动会、校园吉尼斯、义卖等，都会邀请家长来参加，而家长们参加各项活动也都很投入，真像一家人一样融洽。

平时学校工作也得到家长的大力支持。当然，家长有困难需要学校帮助时，学校也一样义不容辞。

有一次我接到初一（10）班孙洋函希家长的申请，希望学校能帮孩子暂时安排住宿。申请中列出了以下几条理由：1.函希同学的家离学校较远，需要接送。2.妈妈突发脚踝粉碎性骨折，暂时接送困难。3.我（函希爸爸）在外地工作，无法接送。4.函希爷爷奶奶年迈体弱不能帮忙。想尽办法也找不到合适的解决措施，所以希望学校能出手帮忙，以解燃眉之急。

看到这个申请，我二话没说，在申请上签字同意，并让分管德育的傅校长予以马上安排。函希爸爸妈妈当时非常感动，说想遍了各种办法，自家人一时都无力帮忙，好在有学校这个大家庭，帮他们解决了大难题。

在我看来，学校和家庭的目标是一致的，只要对孩子好，我们就应该去做，不管是解决家庭困难还是解决学校的问题，最终都是为了孩子。我们学校的老师们也一样，与家长沟通是从孩子出发，家长看到老师的这份心，沟通就更顺畅，更容易达成共识。

在座谈会上，朱丽芳老师就说了这么一段话：

“家校联系，我坚持‘情感’沟通。平时我会及时把孩子在校的表现通过各种平台告知家长，需要表扬的公开，需要解决问题的就私信，告知家长孩子在校的表现，并和他们商量解决的办法。一般我提出的办法，家长会很乐意接受，并积极配合。因为我和他们一样，都有一颗‘为了孩子’的心，所以我和家长的沟通非常顺畅。”

朱老师提到“商量解决办法”和“为了孩子的心”，充分体现出公益人从“一家人”的角度出发，凡事商量着办的态度，我们是这么说的，也是这么做的，所以公益的文化得到家长们的高度认可，而家长也受公益文化影响，凡事与学校、与老师商量着办，真正做到家校一家，家校同心。这就是我们想要的家和校的关系，也是我想要的学校的样子。

从我个人成长的经历来看，从幼儿、童年到少年、青年、中年，从为人子到为人父，从学生到老师，从偏远乡村普通初中的老师到省城有较高美誉度初中的校长，从感性走向理性，年岁不断增长，角色不断更迭……在许许多多的改变中，我没有改变的是始终有一根亲情的红线牵引着。无论是在曾任教师、曾任校长的临安白牛中学、颊口中学、马啸中学、天目高级中学、锦城二中，还是在现在任职的杭州市公益中学，一以贯之的是时时、处处、事事，我都会以“一家人”的身份与师生家长交流，以“自家人”的行动真真切切地影响、带动家庭、班级、学校亲情文化的形成。

从学校发展的脉络分析，从创办初期，一任任校长对学校发展方向的定位，学校文化氛围的营造，到学校规章制度的制定，具体的教育教学策略，良好师生家长关系的建立，情感的投入，均源于家庭的温馨滋润，亲情孕育。在一所所学校、一个个岗位的实践探索和不断学习思考中，我的亲情教育的思想逐渐清晰，体系得以形成，并在实践和思考中不断完善。一脉相承的继承与发展，亲情已成公益中学发展的独特基因和动力。

第四章 亲情教育的思想体系

亲情是人类社会最基本、最美好的情感。重视亲情是中华民族的传统美德。

当前有些学校有功利化的倾向，不少校长、教师、家长、学生都向分数看齐，这样人际关系是冷冰冰的，令人焦虑和紧张，过度竞争弥漫于学校气氛中。教育需要有一种情感维系的温暖色彩打底，也就是说，校长不应该因为一个教师班上的平均分低就给教师脸色看，教师不应该因为学生成绩差就冷落他，学生不应该因为一个同学的成绩不好就看不起他，家长也不应该因为孩子成绩差而不喜欢。亲情与其他情感，比如友情、爱情等不同之处，恰恰在于亲情是一种“无条件的爱”，而教育就需要这样一种无条件的爱，无论是教师还是学生都要在这样的环境中教学或学习。

理想而美好的孩子教育的基本样态是：在一个长幼有序、民主平等、其乐融融的家庭成长，在一个师生如父子、同学如手足、校园如家园的相亲相爱的校园里成人。

第一节　亲情的内涵

亲情属于心理学的情感范畴。所谓情感，是感情的表现，态度的一部分，与态度中的内向感受、意向要求具有协调一致性，是态度在生理上一种较复杂而又稳定的生理评价和体验。情感包括道德感和价值感两个方面，具体表现为爱情、友情、亲情，幸福、仇恨、厌恶、美感等。亲情一般应该视作已经积淀为积极、肯定和稳定的人际关系感情。

一、“亲情”的含义

在古汉语中，亲情一般就称为“亲”，涵盖“亲密”“姻亲”“亲属”等义，许慎在《说文解字》中写道：“亲，至也。”亲情分为狭义的亲情和广义的亲情。

狭义的“亲情”是指，具有血缘关系、姻亲关系或者赡养关系的亲属之间的感情，以家庭和共同生活为载体。包括亲子之情、兄弟姐妹之情、夫妻之情等。

狭义的“亲情”关系始终是人际关系中最为基础、最为重要的部分。古时候的“亲”“孝”特别强调孩子对长辈回报爱的付出。孟子曾说：“不得乎亲，不可以为人；不顺乎亲，不可以为子。”还有就是“悌”，指兄弟姊妹的亲情友爱，由“孝”而延伸。孔子非常重视孝悌，认为孝悌是做人、做学问的根本。简言之：孝敬父母、友爱兄弟。

现代社会中父母子女之间的关系已经发生了明显的变化，带有时代变迁的烙印，但父母子女的亲子之情在亲情中占据的地位之重仍是毋庸置疑的。

广义的“亲情”是指，关系比较密切、感情深厚的人之间的情义，包括没有血缘关系的人们像亲人那样彼此关心关爱的感情，包括家人之情、同学之情、师生之情、朋友之情、邻里之情等。

广义的“亲情”关系超越了血缘关系、姻亲关系或赡养关系等由自然或法律手段所确立的关系。

自古以来，无论广义或狭义的亲情一样弥足珍贵，儒家大力提倡的“仁爱”就是一个很好的例证。孔子曰：“弟子入则孝，出则弟，谨而信，泛爱众而亲仁。”推己及人，从亲亲之情到“泛爱众”“四海之内皆兄弟”。孔子把学生视为自己的孩子，推行“有教无类”的平民教育，与学生建立了亦师亦友的师生关系；“一日为师，终身为父”，颜回、子路、子贡等学生也把自己的老师当作父亲，在孔子去世后像对待自己的父母一样，守丧三年。孔子和学生间“不是亲人胜似亲人”的师生感情，成为从广义上践行“亲情”的典范。

当代社会学家费孝通先生说：“中国传统的人际关系是以自己为波纹中心，以血缘关系的远近而组成的外推式波纹网络。”这一观点折射出另一层意思，“亲情”的内涵是可以被拓展的，亲情是可以延伸到学校，形成“师生如父子、同学如手足、学校如家庭”的关系的。

无论是狭义还是广义的亲情，我们都可以发现这种情感的特点是“无条件的爱”，血缘关系是亲情的“原型”，从这种亲情原型中，我们不难发现它区别于友情和爱情等其他情感的特点。友情也好，爱情也好，一般都是有条件的，比如互相欣赏、互相吸引。而亲情是无条件的爱，就像孩子无论怎么样，父母都会爱他们一样，亲情是一种“无条件的爱”，它也许不像爱情那样浓烈，不像友情那样醇厚，但始终让人安心地存在，亲情往往是人们心理的最后一道屏障。

二、“亲情”的现代内涵

随着时代的发展，人的观念和关系也发生了很大的变化，因此在当代，“亲情”的内涵需要被重新建构。我们可以从三个层面对现代意义上的“亲情”进行理解。

第一，亲情的建立既需要民主平等又需要有规有矩。

在前喻文化时代，由于年长者拥有更多的知识和经验，亲情意味着年轻者对年长者的绝对服从。随着科学技术和信息传播方式的变化，年长者已经不再拥有比年轻一代绝对多的知识和经验。随着社会的发展和进步，孩子也有了越来越多的自我意识和自主能力。特别是在网络文化环境下成长的90后、00后一代人，很多时候、很多方面，他们可以成为父辈的伙伴或老师。这也被称为并喻文化和后喻文化时代。

在这样的背景下，父母需要摒弃绝对权威，避免“愚孝”；老师需要走下三尺神坛，放下“架子”；父母和老师都需要蹲下身与孩子交流，多一点同伴合作，吸引孩子参与家庭、班级、学校建设。否则，家族制的居高临下，命令式、支配式的教育理念和方法将严重影响亲情关系的建立，使教育效果大打折扣。

与此同时，父母和老师必须保持清醒的头脑：人都有怠惰和自由的天性，初中生又处于可塑性很强的阶段，无论是家庭还是学校，过度强化民主和平等，不利于良好亲情关系的建立。因此，家当然得有家规，学校也必须有校纪，亲情需要以“有规有矩”为原则。只有处理好“情、理、家规和校纪”关系的亲情，才是恒久而有活力的。

第二，亲情在实质上体现的是相互关怀的关系。

仅仅实现民主与平等并不意味着亲情的真正建立，换言之，亲情的建立还必须以爱和关怀作为不可缺少的前提，父母和子女对彼此的爱和关怀似乎是不言自明的。对于教师和学生而言，如果师生在教育场域相遇，只是因为学生希望从教师那里获得有用的知识，教师则希望从学生那里获得出售知识的报酬，基于这种观念形成的只会是疏离的“契约关系”而非亲情关系。这种关系是封闭的、心灵隔绝的，因而缺乏教育性。

必须强调的是，关怀关系应是一种相互作用的关系。我们可以从两方面来理解这一点：其一，正如“父父，子子”，父亲要像个父亲，儿子要像个儿子，“亲情”所反映的关怀关系并不是针对一方提出的；其二，在亲情关系中，“关心者”和“被关心者”之间并不是绝对的，一个关心者同时也可以成为一个被关心者，反之亦然。比如在父母子女之间或者师生之间，父母、老师固然是关心者，但在他们施予关心的同时，子女、学生作为被关心者，也需要显示出对亲情的接受、确认和反馈，这样才是一个完全的关怀关系，这时，子女和学生其实反过来也实现了一个关心者的角色作用。

第三，亲情的建立还体现在对多元个性价值的尊重。

主要有两方面的含义：其一，父母和教师应尊重孩子的本性和自然成长，尊重少年儿童心理发展规律——童心、童真、童趣，不采取揠苗助长式的教育方式，让孩子的“真性情”能有所释放；其二，父母和教师应尊重和培养孩子的个性发展，意味着父母和教师应尊重孩子的多元兴趣及爱好，不以学业成绩作为唯一的评价标准，让孩子能真正地发现优势，发挥所长。

第二节　亲情教育解读

“亲情教育”论及的属于广义的亲情概念。对于孩子而言，除了家庭，学校是他们体验亲情的最主要场所；除了父母和长辈，老师、同学都可能成为他们重要的亲人，师生是一种准“血缘关系”的情感关系。因此，孩子的培养应该以家庭和学校作为共同载体，打通家庭和学校亲情培育的渠道，家校融为一体，形成“亲情教育”的合力。

一、亲情教育的定义和核心

（一）亲情教育的定义

亲情教育是指学校通过各种教育载体，营造良好的教育氛围，发展人与人之间的亲情关系，引导学生形成亲情观，学会关心自我、关心他人、关心社会，建立正确的人生观和价值观。可见，亲情既是教育的方法，也是教育的目的。

亲情教育是由情感教育拓展而来，在心理学的意义上，亲情教育隶属于情感教育范畴。亲情教育包含有情感教育的积极本意，却更加强化人际关系的密切和双向亲情和谐。在学校教育中的情感教育，首先是指教育者借助于一定的教育影响，把积极、良好的情感品质，尤其是爱，施加在受教育者身上，并帮助受教育者克服消极的情感，使其身心获得全面而健康的心理教育。诚然，教育的出发点和终极目标是受教育者——学生，受教育者受到感化，把亲情情感内化为品格，向教育者或者其他人，比如父母、家长、同学反馈自己的亲情和爱，那就达到了教育共振，实现了亲情教育的高端层次。

（二）亲情教育的核心

亲情教育的核心是：以情促智，以情育情，以情立德，简称“三情教育”。如前所述，亲情既是教育的方法也是教育的目的，其中前一项体现了亲情作为一种教育的方法和途径，后两项则体现了亲情作为教育本身的目的。

以情促智。亲情能促智力的发展，主要有以下两个原因：首先，亲情能营造一种润泽的课堂气氛。脑科学研究表明，放松的警觉是学习的最佳状态，如果学生在课堂上觉得紧张和焦虑，就不利于大脑高层次能力的激活。因此，学生需要感受到的是学习的兴奋感，同时要感受到人际关系的安全感。佐藤学称这种课堂氛围为“润泽”的课堂氛围。其次，师生之间精神性的情感可以带来智商的积极变化。老师和学生不再是“见分不见人”的授业关系，“亲其师，信其道”，孩子因为感到家长、老师“可敬”又“可亲”，而发自内心地服从家长的要求、接纳家长的建议，发自内心地喜欢老师所教的学科、所带的班级，家长就不太会因孩子的作业、成绩而焦虑不堪，老师也就能避免学生的学业达不到应有水平而心力交瘁。发挥了情感在学习中的积极影响力，孩子的学习质量就能得到有效提升。

以情育情。亲情教育以情感培养为指向，不同于显性的语文、数学、英语、科学等文化课（当然文化课教学也包含亲情的元素），也不能用简单的讲道理、喊口号来完成，而必须是从人性的角度，遵循孩子身心发展的规律，“润物细无声”的情感熏陶，促进实现人的情感催化和内化。学校开展亲情教育旨在建立亲密性的校园人际关系，让学校成为学生体验亲情、践行亲情的场所，学生在亲情的浸润中，传递温暖，建立信任，赢得支持。换言之，亲情不是教出来的，而是体验、养育出来的。

以情立德。这是亲情教育核心中的根本和灵魂。“立德树人”是教育的根本任务。亲情有助于让德育入脑入心，转化为孩子的良好品行。家长、老师始终把孩子“学会做人”放在第一位，承认孩子的个体差异，注重孩子德智体美劳全面发展；善于读懂孩子的内心需求，以孩子乐于接受的方式，做亲情教育的榜样，给孩子带去关怀，让孩子感悟关怀；懂得引导孩子从亲情关系中体验和享受到幸福，学会关心家庭和学校成员，进而学会关心他人、关心国家乃至整个世界。

亲情教育过程中，家长和教师以爱育情、以教育情，爱的情感、爱的行为、爱的能力、爱的艺术得到展示与提高；在亲情教育的过程中，家长和教师以心育情、以行育情，孩子理解爱、体验爱、付出爱，孩子爱的认知、情感和行为得到完善与升华。在亲情教育的过程中，家长和教师发自内心爱孩子，也在爱孩子的过程中真正体验到：培养孩子不仅有付出，也能获得自身的成长，享受生命的意义和人生的快乐。

在亲情教育的过程中，成长中的孩子首先获得关爱，享受幸福，得到心理满足。然而，亲情教育是双向的，多向的，关键是激励学生学会付出爱，反哺爱他（她）的人们，享受自身心灵的陶冶，形成“人人付出爱”的社会。只有“人人付出爱”才有亲情的延续和常在，才有美好的世界。这才是最高的境界，也是教育的最终目的。

“三情教育”不仅强调家长和教师要“爱孩子”这个教育的根本原

则，更是包含了递进目标的三层意思：

一是孩子的成长需要共情，需要周围人的尊重、理解与支持。家长和教师作为影响孩子成长的重要“他人”，要把自己的心血、才智、温柔、激情都凝聚在对孩子的爱中，浇灌他们的心灵成长。这就是“以情育情”的基础。

二是亲情教育本身是多向互动和影响的。孩子们受到教育影响，拥有关爱之心，爱生活、爱学习、爱周围所有人。孩子的这种情感和实际行动，会转而影响自己的伙伴、家长、教师，也会激发周围关心他们的人自身加深、升华爱的情感。这就是“以情促智”的关键环节。

三是亲情不仅仅是教育手段，更是教育的目的。家长和教师用自己的爱，感染孩子生发出健康、丰富的情感，激励着孩子去奋斗、去爱我们的祖国，爱生活的世界，爱周围的人，内化和践行“立德树人”根本任务。这是“三情教育”的完美境界，就是“以情立德”的目的所在。

二、亲情教育的价值

（一）亲情教育是传承中华优秀传统文化的需要

亲情是中国传统文化中的精髓。中国传统文化是一种伦理型文化，其最重要的社会根基，是以血缘关系为纽带的家国同构的宗法制度，即“天下之本在国，国之本在家”（《孟子·离娄上》）。

伦理道德之首当属“孝道”，它反映的是亲子伦理关系以及相互间的权利义务关系，是几千年来中国社会普遍宣扬的道德观念、伦理规范和行为准则。比如，《礼记》中“何谓人义？父慈，子孝，兄良，弟悌，夫义，妇听，长惠，幼顺，君任，臣忠，十者谓之人义”，其中有八句都是有关亲情的。这些孝亲敬长的伦理思想多以《二十四孝图》《孝经》《弟子规》《女儿经》等诸多童蒙与家训之书的形式予以流传，从而长期影响中国人的家庭生活礼仪与社会交往方式，形成了重伦理道德、倡孝敬长的传统美德。

中国传统文化要求人们在做到对自己父母敬爱的同时，推己及人，把这种敬爱之心延伸到其他老年人身上。比如，孟子的“老吾老以及人之老，幼吾幼以及人之幼”；《礼记·礼运》中所描述的“故人不独亲其亲，不独子其子，使老有所终，壮有所用，幼有所长，矜、寡、孤、独、废疾者皆有所养”的“大同社会”，都充分表达了这种思想。这种思想可以称之为某种意义上的博爱，带有社会公益道德的性质，有助于家庭和社会中人际关系的和谐。

孔子以“学而不厌，诲人不倦”为座右铭，对学生关怀备至，亲切异常。《孟子·尽心上》有言：“君子有三乐，而王天下不存焉。父母俱在，兄弟无故，一乐也；仰无愧于天，俯不怍于人，二乐也；得天下英才而教育之，三乐也。”《管子·侈靡》认为教育始于以情感化：“若夫教者，标然若秋云之远，动人心之悲。蔼然若夏之静云，乃及人之体……使人思之，人所生往，教之始也。”这种感化，可使人思而生善，收“贤者不肖者化焉”之效。清代唐甄在谈到教师为什么要亲近学生时说：“教者贵亲，亲者易知；承教者亦贵亲，亲则易化。煦妪覆育，如鸡之伏卵，而后教可施焉。”（《潜书·讲学》）教师对学生有了爱心，才会接近他，理解他，从而产生感染力，使学生容易接受教育。

不仅如此，营造家庭和学校“好教育”的氛围，也离不开亲情教育，它会让人际关系充满理性的温情，也会让教育更具幸福感。

（二）亲情教育是促进学生更具幸福感的需要

学校教育的对象是人。由于遗传、个性和生活经历的差异，“人”是最复杂和难以把握的。正是在这种意义上，我们才把教育称作一种艺术。对这种艺术的把握，需要从人的内心出发，探求生命内部的需求与规律。而亲情，就是其中最基本，也是最重要的生命特质。关注情感、开展亲情教育，是尊重生命、走近心灵，并保持教育温度的必由之路。

2015年，哈佛医学院教授罗伯特·沃尔廷格尔（Robert Waldinger）向世人介绍了哈佛大学一项持续了70多年的成人发展研究项目成果：该项目通过对700多人一生的追踪研究发现，良好的人际关系才能让人们更幸福、更健康。

诺丁斯曾写道：“尽管幸福不是教育或生活的唯一目的，但它一定是核心的目的。”幸福的源泉是多样的，但人际关系显得尤为重要。她说：“人际关系领域是幸福的一个主要舞台。”因此，首要的幸福就要在和其他人的关系中去寻找。除了家是人获得幸福的主要场所，对于学生而言，学校也是收获幸福的主要领域。

那么，怎样的人际关系才能让学生获得幸福呢？诺丁斯的回答是“善”。“善”的本意是一种关怀关系的维系和保持，换言之，当个体与他人处于一种关怀关系中时；当人们可以通过相互支持、相互关爱的方式保持关联，形成一种亲密感和融入感时，他更有可能获得幸福，教育则要为此努力。

这意味着，一个家庭不能只管孩子吃饱穿暖、只问孩子的学业成绩，学校不能只顾语文、数学、外语等学科教学，而忽视其他目标。家长和老师都有责任为孩子营造学会关心的氛围，不仅要帮助孩子学会关心自我，还要帮助他们学会关心他人，关心自然与物质世界，关心知识，从而帮助他们成为一个可被接受的人。虽然并非每一个人都愿意被过分关注，但几乎所有的人都希望被关心、被他人接受。而与身边最亲近的人的关系，则是发展关怀关系和关怀能力的开端，这也与儒家的“仁爱”理念不谋而合。

（三）亲情教育是促进学生兼具家国情怀和国际视野的需要

现代青少年学生经常会遇到亲情淡漠和关怀缺乏的双重困境。为了促进学生的幸福，实施亲情教育，让学生在相对亲近的人际关系内具有爱和被爱的能力，在家庭、学校里成为受欢迎的人，他就有可能在更大一点的范围内成为可被接受的人，从而具备了获得幸福的重要源泉。

家是最小国，国是千万家。家国情怀是植根于我们血脉之中的文化传承，是一种深层次的文化心理密码，也是亲情教育的价值所在。由个人而家庭，由家庭而社会，由社会而国家，由国家而天下，是中国人特有的社会价值逻辑。可以说，家国情怀是中华传统文化的精髓，是中国以家庭为中心的社会文化所衍生出的一整套独特的思维和生活方式，也是亲情教育特有的社会价值。

家国情怀是社会个体基于最初的血缘或地缘而形成的对命运共同体的归属感与责任感，其表现为个体成员对家庭宗族的身心依附、对故土山河的眷恋守护、对传统文化的认同承续、对家国民族的责任担当。在中华民族几千年的发展历史中，家国情怀发挥了巨大作用。中华文明之所以能绵延数千载而不息，中华民族之所以能历经磨难而不灭，溶于中华儿女灵魂深处的对家对国的亲情，起到了至关重要的作用。

从家到国，再放眼世界。“为天地立心，为生民立命，为往圣继绝学，为万世开太平”，这是中国人如何看待世界的基本路径。当一个人从亲情出发，把个人的成长与家庭、民族、国家乃至整个人类的命运紧密结合在一起的时候，这个人就拥有了融入世界的气度与眼界，就是一个兼具家国情怀与国际视野的人。

亲情教育的价值在于融洽人际关系，培养关怀意识，提高爱的能力和人生幸福感，传承优秀文化，浓郁家国情怀，适应现代社会，拥有“人类命运共同体”的博大胸襟。

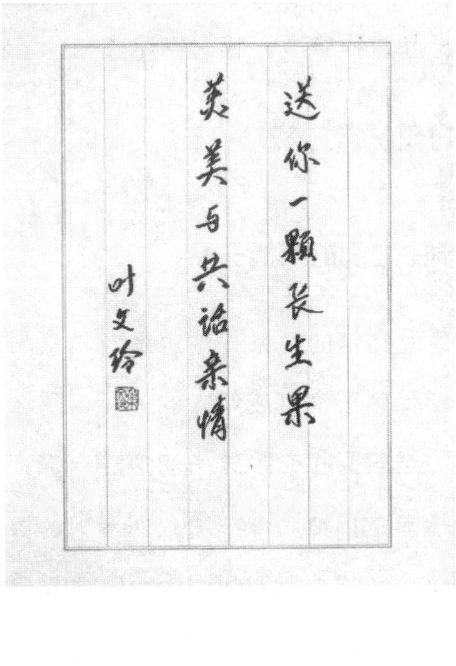

第三节　亲情教育体系

亲情教育的本质是一种积极情感的培养。情感培养是一个无声传递、滋养的过程，要完成这个传递、滋养，就需从办学的价值取向、学校文化建设，到可视、可听、可行的教育教学活动中，体现亲情元素，让学生时时处处受到“亲情”的熏陶，得到关爱、感受关爱，进而学会关爱。亲情教育有六对主要的人际关系，围绕这六对关系，以及亲情教育的两个维度，即目标和过程维度，我们构建了一个亲情教育体系。

一、亲情教育的六对关系

（一）教师与学生之间的亲情关系

教师要和学生建立亲情的关系，这也是对学生与学生之间亲情关系的引导，只有学生感受到了来自成年人的关怀，那么才容易建立起与同伴之间的友情关系。这其实和血缘关系的道理一样，父母和子女的亲情关系是一种底色和氛围，也是一种示范。如果说父母对待子女不是一视同仁，而是厚此薄彼，那么子女之间的关系就有可能不那么融洽。同样地，如果校长和老师对学生是差别对待，过于强调“竞争”，那么学生与学生之间一定也会是冷冰冰的你追我赶的关系。正因为此，佐藤学建议小学三年级之前不要进行合作学习，原因是他认为，在三年级前首先教师要和学生建立起亲密的关系，三年级后学生和学生之间才可能形成共同体。

（二）校长与教师之间的亲情关系

教师与学生之间建立亲情关系，在很大程度上也取决于校长和教师之间是否建立了亲情关系。如果校长“只以成绩论英雄”，那么教师与教师之间也就只剩下竞争关系了，很难形成合作的关系。

（三）校长与学生之间的亲情关系

校长也要和学生建立亲情关系，一般来说，校长和学生之间的接触相对比较少，但其实当校长和学生建立亲情关系时，会对学校亲情氛围的建立有极大的推动作用。就像《窗边的小豆豆》中黑柳彻子（小豆豆）对小林校长的描述。小豆豆回忆，每每吃过午饭，学生们都争先恐后地跑去礼堂，因为那里有小林校长，有人从盘腿坐在礼堂正中央的校长先生的两腿之间钻进去，有人爬到校长背上，一旦占据了校长先生身上的地盘，就拼命粘在上面，怎么也弄不下来。小林校长会认真听小豆豆说四个小时的话，并郑重对待小豆豆长大想做一名巴学园老师的理想……因此，校长与学生之间的亲情关系对学生的影响很大，也会让他们印象深刻。

（四）学生与学生之间的亲情关系

学生与学生很容易形成一种竞争的关系，如克里希那穆提所说，“整个的分数制度就是赋予知识以比较的价值。当甲被拿来和聪明、漂亮、自信的乙比较，正是这个比较毁灭了甲。这种破坏的表现形式有竞争、模仿、依循乙的模式。这有意或无意地引起了敌对、妒忌、焦虑，甚至恐惧。而这成了一种模式，让甲在他的余生中总是在心理上和身体上进行度量和比较。”[①]因此，学校应该用亲情引导学生之间建立一种合作的关系，即使是竞争，也是一种健康的竞争，学生与学生之间的亲情会在很大程度上调和竞争。

（五）校长、教师与家长之间的亲情关系

学校教育和家庭教育需要协同作用，才能起到教育的实效。因此，要改变以往的家校关系，不能只将学生的成绩作为学校和家庭之间的唯一话题，也不能让家长会变成听审会，要让家长感受到校长和教师对学生的亲情，从而信任学校，同时也和校长、教师发展出一种亲情关系。

（六）家长与学生之间的亲情关系

最后要谈谈家长与学生之间的亲情关系。按理说，家长与学生之间原本就有亲情关系，然而，目前一些家庭中，家长与子女之间的关系也岌岌可危。一方面是由于学生，特别是初中生自我意识的萌发，因此与家长产生观念上的冲突。另一方面是因为一些家长的育儿观念比较陈旧，因此也需要学校进行积极引导。

综上所述，亲情教育是“零遗漏”的全动员，建立学生、校长、教师、家长之间的亲情关系，织成一个亲情教育之网，所有人就都能感受到来自各方面的亲情了，所有人都能浸润在亲情氛围之中了。

①吉杜·克里希那穆提：《教育就是解放心灵》，北京：九州出版社2010年版，第87页。

二、亲情教育的体系

通过十余年的思考—实践—再思考—再实践，我们逐步建立起亲情教育的体系，这一体系兼顾亲情作为教育的途径和目的两个维度，是贯穿全员、全方位、全过程的体系。具体包括：一个目标、两大愿景、三大追求、四位一体、五情并举、六大价值、七大信条、八大载体、九件小事。

如图所示，一个目标是我们的育人目标。而这一育人目标要通过学校的两大发展愿景来实现。这也是亲情教育的目的维度。而三大追求，是连接亲情的目的维度和途径维度的中介，具体来说要通过四位一体，通过学生、家长、教师和校长之间的互相尊重来构建亲情文化，在这种文化中，没有人能够缺席。而“五情并举”是“四位一体”的延伸，一方面进一步诠释了四个尊重的内涵，另一方面又将尊重从人与人的关系推衍至人与社会、人与自然。而六大价值在一定程度上横跨了目的和途

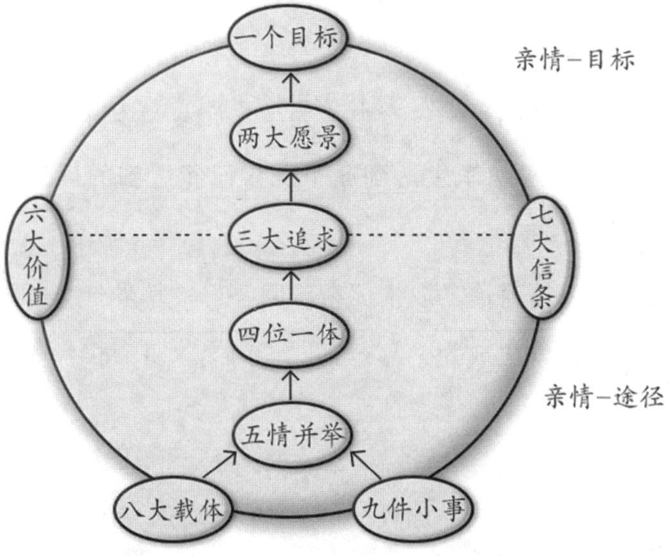

径两大维度，体现了亲情教育中最需要向师生普及的六种价值观。而七个信条和六个价值一样，都横跨两个维度，全面阐述了亲情教育的价值、目标、理想和追求。而八个载体还有九件小事则给出了具体的实施路径和方案。

（一）一个目标：培养“品行正，情商高，身心棒，学业佳”的亲情公益人

以“先学做人，后学知识”为校训，从点滴小事入手，降低重心抓落实、讲究方法求实效，以情立德，培养学生优秀品行，成为“品行正”的优秀学子。

以“站在他人角度说话做事”为宗旨，关注学生的情感发育，共建共享和谐温馨公益大家庭，以情育情，引导学生学会尊重和关怀。成为“情商高”的优秀学子。

以“让初中生像初中生”为原则，顺应初中学生身心成长规律，张弛有度，开展学生喜闻乐见的活动，促进学生身体健康、心理阳光。成为“身心棒”的优秀学子。

以“关系是最大的教学生产力”为信念，教学中注重情感投入，以情促智，帮助每一层次学生达到属于他自己能达到的满意成绩，成为“学业佳”的优秀学子。

以情立德、以情育情、以情促智，回答好“培养什么样的人”的核心教育问题，促进学生成为“品行正、情商高、身心棒、学业佳”亲情公益人。

（二）两大愿景：让公益孩子学并快乐着，办学生喜欢的好学校

以“让公益的孩子学并快乐着”作为全校师生家长的共同追求，按照“学生喜欢老师，进而喜欢老师教的学科和带的班级”的路径，形成“有情、有趣、有效”的教学风格，以“活教”促“乐学”，让学生学有趣味，学有后劲。

以“做孩子、做孩子们喜欢的事”作为教育教学的立足点，老师放下身段，去做“孩子王”；学生乐于做主，主动参与学校的大小事，喜欢来公益这个和谐温馨的大家庭，喜欢大家庭中的亲人们，喜欢大家庭的环境、饮食、课程、活动……

（三）三大追求：相亲相爱，活教乐学，有情有义的质量

1. 优秀的“相亲相爱”文化

以打造“相亲相爱、充满亲情的公益大家庭”为核心，刚柔并济柔为上，讲规则，更讲人文，学会站在他人角度说话做事，人人为创设“乐观、大气”的公益文化做加法，建立其乐融融的师生关系、家校关系，师生家长在和谐的公益大家庭里开心工作，快乐学习，阳光育儿。

2. 合适的“活教乐学”方法

以现代初中学生的身心特点和公益学生的个体实际为着眼点，激发学生的学习兴趣和动力。以“和谐的氛围，清晰的讲解，充分的操练，适度的展示”作为公益课堂的四要素，融入课堂教学环节；以“重学法指导，重布置适量作业”作为提升教学效率的关键，给学生有“拒绝做过量作业”的权力。

3. 过硬的“有情有义”质量

以满足学生、家长和社会对公益中学的质量需求为前提，以“优质”“均衡”为质量底线，想方设法帮助每一位学生升入适合自己的高一级学校。注重学生的多元评价，不唯分数论英雄；注重学生的学习能力和个性特长的培养，不把学生培养为只会做题目的“机器”；注重师生的身心健康，不以牺牲身心健康为代价换取升学率。

（四）四位一体：学生、家长、老师、校长四位一体的“亲情尊重同心圆”

学生是学校教育教学的出发点，也是最终目的。家长、教师、校长的一切努力都是为了学生的健康成长和全面发展。

家长是孩子的血缘至亲，是孩子培养的最直接、最亲密相关者。教师、校长与家长的目标是高度一致的，作为专业的教育工作者，应承担起服务、指导家长科学育儿的职责。

教师是落实教书育人各项任务的主体，是促进孩子思想、身心、学业健康发展的中坚力量，是构建良好的师生关系、家校关系的关键人物。

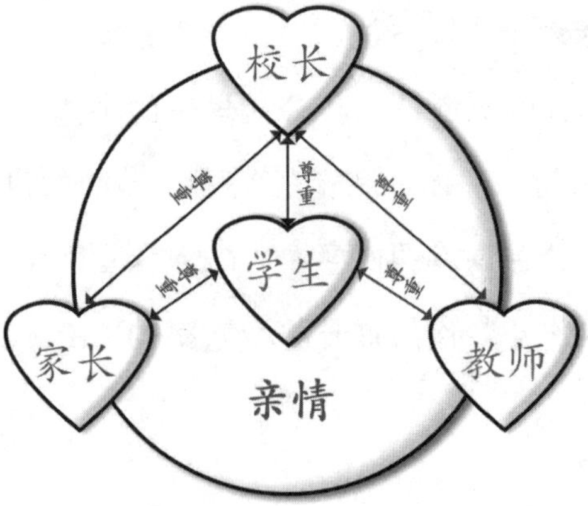

校长是孩子成长的把舵者，既要引领学校发展的方向，更要有强烈的为师生家长保驾护航的意识和行动，刚柔相济于一身，权威与亲情融为一体，相得益彰。

学生、家长、教师、校长，成为四位一体的“尊重同心圆”，其核心是聚焦学生的真实需求。形成“尊重同心圆”的领衔人就是校长，引领者和示范者就是家长和教师。

（五）五情并举、五个尊重：融入师生、家长、校长中的真情

老师对学生的真情，校长对老师的温情，学校对家长的热情，学校管理团队自身的激情和才情，“五情”涵盖了对与学校教育有关的所有个人与群体的要求，以此教育与影响学生。

“五情并举”的前提是“五个尊重”，“五个尊重”是亲情教育的根基。

尊重自己，切实对自己负起责任；

尊重他人，力求不给他人添麻烦；

尊重知识，以文化作为人生基石；

尊重社会，以规则作为处事准则；

尊重自然，与自然万物和谐共处。

人都有被尊重的需要，人与人之间尊重的最大特征是互动性。也就是说，只有尊重他人，才会受到他人的尊重，只有相互尊重，尊重才有恒久的生命力。同理，只有我们拥有对知识、对社会、对自然的敬畏和尊重，才能赢得知识、社会、自然的恩赐，否则就会受到无情的惩罚。

（六）六大价值：体现“立德树人”的价值追求

“立德树人”作为核心价值追求，老师、学生、家长乐观大气，把学校当作自己的家，在和谐温馨、相亲相爱的公益大家庭中，彼此关怀，建立信任，获得共赢。注重教育的人文性、科学性、艺术性的有机结合，保护学生的天性，彰显学生的个性，关注学生的当下成长，也关心学生的未来发展。我们确定的亲情教育六大价值追求是：做人第一，顺应天性，乐观大气，相亲相爱，踏实勤勉，活教乐学。

1. 做人第一

育人先育德，时时处处把“学做人”放在第一位。以学生喜欢的方式汲取中华优秀文化精髓，培育学生的家国情怀。

人人参与“公益人读《论语》、家训”活动，从中学习做人、做事、做学问的道理和方法。搭建好“学生校长”等平台，培养学生的领袖意识和自主管理能力。降低重心抓落实，讲究方法求实效，培养“品行正、情商高、身心棒、学业佳”“站在他人角度说话做事”的优秀公民。

2. 顺应天性

顺应天性，就要尊重和符合初中生的身心成长规律，“让初中生像个初中生”一样地健康成长和全面发展。

顺应初中学生生理发育加剧与心理矛盾冲突增多、学习负担加重与青春活力需要释放的烦恼等，运用问卷、信箱、座谈、随访等多种形式，耐心听取学生心声，基于学生真实合理的需求，开展“公益大舞台”等学生喜闻乐见的活动，积极创造条件和机会，促进孩子张弛有道，学得静心，玩得尽兴。

3. 乐观大气

就每一个师生个体而言，为人要乐观有气质，大气有气度 。让开心成为公益人的一种习惯，立己并达人。

乐观的公益人懂得尊重自己，每天抬头挺胸，面带笑容，对己严格自律但不苛求；大气的公益人懂得尊重他人，有情怀、有格局，处处站在他人角度说话做事，对人尊重宽容但不迁就。做到“八个有”：有规有矩、有情有义、有滋有味、有声有色。充满活力，富有亲和力。

4. 相亲相爱

就每一个团队来说，无论大小，有缘在一起，就是公益一家人，彼此相亲相爱、其乐融融，“心在一起，才是团队”。

由乐观大气的校长、老师、同学、家长组成的公益大家庭，刚柔相济柔为上，奋发有为争一流。做到“三个不”：不挑剔、不埋怨、不指责，师生如父子，同学如手足，相亲相爱，其乐融融。充满热情，富有凝聚力。

5. 踏实勤勉

踏实勤勉，成为公益人做事最重要的态度。自励的训词是：“我们是志存高远、脚踏实地的公益人。”

公益有明确具体的目标，遵循“我要做什么，我用什么方法去做，我做得怎么样，我怎样才能做得更好”的思维模式开展工作和学习；踏实勤勉的公益人脚踏实地，有不达目标不罢休的意志，坚持不懈，用心工作、静心学习。关注细节，一步一个脚印地把规范落实到位，以实实在在的业绩打造品牌，赢得口碑。

6. 活教乐学

活教乐学，是公益人教与学最鲜明的风格，师生家长拓展思路，积极探索，践行“让公益的孩子学并快乐着”。

公益人致力于“活教”促进“乐学”，不主张磨时间、拼体力、打题海战。老师开心教书，千方百计激发学生学习兴趣；学生快乐学习，带着愉悦心情参与学习；家长阳光育儿，心态平和指导孩子身心学业和谐发展。

（七）七大信条：基于亲情教育的价值、目标、理想和追求

1. 学校培养的是有情有义、人格健全的人

学校教育的出发点和终极目标是培养人格健全的学生。人格健全的学生绝非只会做题、只是考试分数高。因为每一位学生都是活生生的、有血有肉的生命体，是有自主思维的生命体，而面对学生的老师、面对孩子的家长同样也是有情有义的生命体。情感是人成长的灵魂，一个有情感的人才是真正有意义的人。学校理应为学生情感发育提供各种机会和舞台，为把他们培养成真正有意义的人提供适切的土壤。

2. 学校亲情基于家庭亲情，高于血缘关系，具有明确的价值取向

教育是一种有意识、有目的的社会活动，不同的价值取向，决定着

学生不同的情感发育。学校开展的亲情教育是广义上的亲情。广义的“亲情”超越了血缘关系、姻亲关系或赡养关系，是“关系密切、感情深厚的人之间的情义”，也包含那些非亲非故的人们可以像亲人那样彼此关爱的感情。师生、生生等诸多校园关系之间的“亲情”高于血缘关系，具有明确的价值取向，以全校师生家长的核心价值观做统领。

3. 亲情教育的源泉是爱，有真爱才有真亲情

亲情教育的核心是形成良好的校园人际关系。好关系成就好教育。亲情教育的源泉是倡导人人付出真爱，真爱孕育真情。爱是亲情教育的源泉，爱能放大教育。亲情不是自然而然形成的，而需要源于去功利化、不讲回报的爱，即是大爱，运用符合学生身心发展规律的方法去培育。

4. 亲情教育的原点是平等，是相互尊重

亲情教育的原点是平等，相互尊重。校园中的师生、生生、家校等各类关系是平等的。人与人在人格上是平等的，人都渴望被尊重。从这个意义上说，校长要丢弃“权仗”，尊重全校的每一位师生家长；老师要善于放下身段，尊重每一个学生和家长，同时也要尊重领导；学生、家长在享受被爱、被关怀的过程中，要学会感恩，尊重老师、尊重家长、尊重学校，构建起有利于亲情建设的互相平等的“尊重循环圈”。

5. 亲情教育的基础是规矩，符合伦理关系

任何一个组织的正常运行都离不开必要的组织原则和要求，学校同样也离不开基本的规章制度和规范，亲情不等于无原则的迁就。亲情需要“有规有矩”，符合伦理，学校大家庭的每一位成员都需要承担起类同家庭的责任。降低重心抓落实，讲究方法求实效，做好重点小事促进规矩的内化。

6. 亲情教育的动力是参与，需要发挥孩子的主体作用

亲情教育的途径是主体参与，实践体悟。积极开展符合学生的心理特点德育活动："我的地盘我做主，我做主的事情我负责"，激发学生的积极性，人人发挥"大家庭一员"的作用，同时也承担起家庭成员的责任。

7. 亲情教育的活力是活动，以学生喜闻乐见的活动为载体

亲情的培育不能靠说教，而需在具体而又可以操作的系列活动中生发，亲情教育的活力是以多彩活动为载体，强化互动交流，在平时点点滴滴的学习、生活中潜移默化，在亲身体验中得到成长。

（八）八大实践载体：始于家庭亲情，基于相互关系，乐于协商对话，成于实践体悟

"四路径、八载体"的实践体系。

1. 始于家庭亲情：（1）"阿潘羹"延伸父母爱
（2）"亲笔信"架起连心桥
2. 基于关心关系：（3）"四位一体"的亲情网
（4）"玩出好关系"的大舞台
3. 乐于协商对话：（5）"学生校长"来领衔
（6）"亲情信箱"保选择
4. 成于实践体悟：（7）参与式的"三有课程"
（8）共享式的"三有活动"

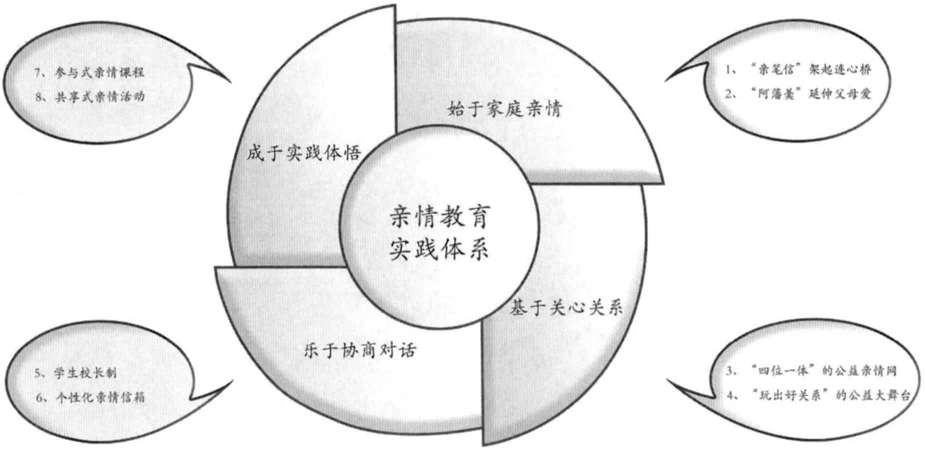

亲情教育四路径八载体示意图

（九）九件重点小事：学校教育的全员、全过程、全方位覆盖

教育最终起作用的不是理论，不是知识，而是实践和行动。亲情教育从小事做起，从自己做起，从身边做起，全员、全过程、全方位覆盖，让“三情育人”（以情促智、以情育情、以情立德）的美好愿望，真正落到实处。学校开展九件重点小事：

规则意识，从“我把左半边留给您”开始；

公德观念，从“不乱跑乱叫、不乱丢纸屑”开始；

礼仪习惯，从“微笑问好，三声敲门”开始；

劳动态度，从“学会拖地板”开始；

勤俭品德，从“不攀比，光盘行动”开始；

生活技能，从“每月做一件生活实践活动”开始；

静心习惯，从“早到早学、书声琅琅”开始；

专注学习，从“上课抬头率、埋头率、开口率”开始；

提高情商，从“站在他人角度说话做事”开始。

第五章

始于原生家庭

《全国家庭教育状况调查报告（2018）》显示：孩子认为人生重要事情的首位是“有温暖的家”。这“温暖的家”不仅仅是有房子，更重要的是家里的亲人，是亲人之间的情感。正是这份有血缘关系的一群人凝聚起来的亲情，让人无论身在何方，心会永远朝着家的方向；正是这份亲情，让人感到家是心里最柔软、最甜蜜的地方，是最温暖的所在、最温馨的港湾。

学校是原生家庭之外，孩子生活时间最长的场所；老师、同学是父母之外，孩子交往频率最高的人群。学校需要做的，就是用心把原生家庭的亲情延续，用情把原生家庭的温暖延续，让孩子在学校能感受“师生如父子、同学如手足、学校如家庭”的温暖，把学校当作值得依恋的温暖的家。

而原生家庭之所以让家人感觉温暖，不但是因为有血缘，还因为有一日三餐，充满着人间烟火味，有可以无话不说的空间。亲情教育始于原生家庭，自然需要有原生家庭的味道，因此同样离不开的也是烟火味，有烟火味才有亲情味。始于原生家庭的亲情教育来自胃和味蕾。孩子们学习、活动后，学校食堂——“公益大饭店”准备好一份可口的美食，让他们吃得舒心又健康。

家的味道来自走心、贴心的交流。始于原生家庭的亲情教育来自孩子们有喜怒哀乐需要分享和倾诉时，老师竖起耳朵听他们敞开心扉地说，铺开纸墨让他们尽情地写；孩子们遇到困难时，“相亲相爱的公益人”给予最真诚的帮助，让他们觉得有一种依靠，有一股家人般力量。

家的味道来自“家有家规”。有规有矩是有情有义的基础，始于原生家庭的亲情教育，不能放任自由，需要有规有矩。学校制定校纪校规，开展符合孩子身心特征的规范活动，让孩子享受以约束为前提的自由，体现的是对孩子真正的关爱，带来的是亲情的持久生命力。

家的味道还来自互敬互爱。始于原生家庭的亲情教育来自每位师生家长都把自己作为学校大家庭中的重要一员，每一位家庭成员都是平等主体，用“尊重”作为主线，乐观大气、积极平和，奉行不挑剔、不埋怨、不指责的“三不主义”，一家人其乐融融地工作、学习和生活。

这几条当年公益学子暖心暖胃的感言就是亲情教育价值的见证：

“公益忆，最忆是食堂。初中毕业五年了，吃饭时我就会想起公益食堂里‘阿潘羹’，真的好想回去再喝一次啊！”

“我的抽屉里珍藏着初二时阿潘给我写的亲笔信。不仅因为阿潘的字特别漂亮，看上去非常养眼，成了我书写的示范，更是因为阿潘收到我的回信后，又给我写了第二封信，并采纳了我组织篮球赛、减少作业量、食堂里的菜少放点油等建议。”

“回到公益，感觉就是回到了自己家里一样。我的爸爸妈妈也经常说，公益真的是一个名副其实的其乐融融的大家庭。”

第一节　“阿潘羹”延伸父母爱

都说母亲会把味觉深植在孩子的记忆中，这些味觉的种子一旦生根发芽，孩子即使走得再远，熟悉的味道也会提醒孩子家的方向。那么，用心烹制的“阿潘羹”，就是一颗味觉的种子，它让孩子们始终记得家的方向。

良好的教育生态，从营养可口的饭菜开始。学校把饮食作为亲情教育的原点，融入学生初中三年的全过程。一碗汤羹，传递的则是一种“妈妈的味道”，延伸的是一份“爱生如子”的父母之爱。“品菜会”给予孩子的是一份选择，一份尊重，让孩子的心灵深深地感受到家的温暖，细细品味“相亲相爱”的学校文化。

一、忆公益，首推“阿潘羹”

初中的孩子正处于身体发育的关键阶段，把孩子的胃管好体现的是一份实打实的浓浓亲情。

我出生在一个山区小镇，那儿有山，有竹，有竹笋。竹笋美味，可以做成多种菜式，也可晒成笋干慢慢享用。在我的记忆里，妈妈常用新鲜竹笋或笋干，与鲜肉、豆腐、香菇、木耳、虾仁等多种食材并用，有的切成丝，有的切成片，有的切成颗粒状，再加上生粉，做成一种羹，美味而富有营养，那是我难以忘记的“妈妈的味道”。

只要不出差，我每天都喜欢和孩子们坐在一起吃饭，与他们谈天说地，倾听喜怒哀乐。有一天，我端着饭盘找座位时，看到平时活泼的小郑同学坐在那儿，面对着饭菜发呆。我轻声地走过去，弯下腰来问他："怎么了，孩子？"

"阿潘，我身体好像有点不舒服。"

"没事吧，要不要去医务室检查一下？"

"没事的，就是有点吃不下……"

看着无精打采的小郑，我想起了"妈妈的味道"。

2013年12月26日，一年一度的"品菜会"开始了，我与学校的大厨们商量，让我做一道菜试试。我准备了妈妈烧这道菜时所用的十五六种食材、配料，按照小时候看妈妈烧这道菜时的烹制工序，学着妈妈的样子，在"嚓嚓嚓嚓"忽急忽慢的切菜声中，在锅铲瓢盆的碰撞声中，一大锅满满的羹新鲜出炉。羹盛在锅里，撒上一把葱花，少许油渣，一会儿就香气四溢了。

"品菜会"正式开始了，我身穿厨师衣，头戴厨师帽，笑着朝同学们推销起自己的"作品"："今天阿潘也烧了一道菜，味道很不错，欢迎各位来尝尝哦！"然后，特意给小郑同学盛上一碗送到了他的座位上。

小郑同学喝上一口说："阿潘，您做的这羹真好喝！没想到您的厨艺真的不错哎！"

其他孩子围过来一看，哇！浓稠的羹里有青白的竹笋、黑色的木耳、白色的豆腐、淡红的肉片……色香味俱全啊！这是什么美味羹呢？引得孩子们都迫不及待地要去盛上一碗。

羹很快被一抢而空。喻振伦同学记录了那天喝羹的场面：喝着羹，就像吃到了山珍海味一般，一口气喝下了足足五碗！许多同学喝完后还想再来一碗，无奈早就被大家抢光啦！

这道“妈妈菜”的菜名，我们老家叫“beibeitang”，普通话中没有对应的比较确切的词，孩子们便以我的名字“阿潘”给羹“冠了名”——“阿潘羹”就这样诞生了。

孩子们的喜爱带给我无限的快乐和动力。

后来，在网络上看到一段热传的小视频：

一位63岁的母亲张雨莲，几近失明。她第一次一个人走出大山，翻两座山头，蹚一条小河，走28千米山路，转3次车，跨越4个省……只是为了亲手给城里生病的女儿做顿饭。那顿饭，米很硬，菜很咸……

4分钟的视频，让百万人潸然泪下，网友们说，那是世界上最好吃的饭。

这更坚定了我做好“阿潘羹”的信心，每周四只要在校内，我都会在上午11:10左右出现在食堂，给师生们烧“阿潘羹”。

要想满足全校1500多位师生的需求，我得烧上足足八大桶！每次“阿潘羹”一出锅，我就学着食堂大师傅的腔调，吆喝着“阿潘羹来啦”！师生们闻声便乐呵呵地拿碗一个接一个地排队盛羹，生怕到自己这里羹就被分完了。

一位同学在随笔中写道：“此刻的阿潘校长头戴厨师帽，身着厨师服，认真地在硕大的锅里搅动着大勺子，像一个游刃有余的大厨，而从热气里透出的他的浓浓笑意，显得幸福满足，他像极了一位慈爱的父亲在为孩子烹煮美味。”

一位老师这样说：“今天周四，阿潘校长又准时出现在食堂，一勺一勺地给孩子们分羹。随后，他端着饭盘坐到了我们班学生中间，问问这位，看看那位。看着孩子们捧着汤碗喝得正香，他心里乐开了花。”

这就是一个家的样子，看着孩子们吃得香，脸上洋溢着快乐和满足的笑容，我总会涌上一种暖暖的感觉。

“阿潘羹”的初衷并非想成为什么“种子”，它只是从关心孩子们的味蕾出发，焕发着简单的快乐。然而，随着那香气，“阿潘羹”一口一口喝进公益人的胃里，然后像一股暖流慢慢流淌在公益人的心里，最后它就成了一颗种子，味觉的种子，温暖的种子，爱的种子。

有一位公益的毕业生说：“有一个家叫‘公益’，大家庭里有一种羹叫‘阿潘羹’。忆公益，首推‘阿潘羹’！”现在，无论是在校学生，还是回校看望老师的历届毕业生；无论是来自全国各地的教育同仁，还是来自美国、英国、新西兰、澳大利亚等地的海外师生，吃饭前都会问一句：今天能喝到“阿潘羹”吗？更有来自香港蔡继有学校的孩子们，喝过“阿潘羹”后，竟可爱地跟带队老师说：“我不想走了，我要留下来喝‘阿潘羹’！”

烧一碗羹的意义不仅仅在于做个菜，而是形成全校上下合力把食堂办好，把孩子的胃管好的导向。营养可口的饭菜，是学校管理链条上的第一环，师生吃好了，心也就顺了。小小的味蕾享受背后，彰显的是对“相亲相爱公益人，和谐温馨大家庭”办学理念和亲情文化的追求。

如今，公益中学食堂是学子们离开了一定会念念不忘的地方，这就是烟火的力量，它维系着一段割舍不去的亲情。

二、我吃什么我来荐

“吃”是体现亲情的最基本元素。26年在4所学校任校长的经历，让我越来越深刻地认识到办好食堂的重要性，同时也深深地感到学校最难办好的也是食堂。因为大食堂众口难调。师生的怨气，家长的不满，许多问题源于食堂。怎样才能让最难办的千人大食堂办好？

“孩子，今天想吃什么，妈妈给你做！”这是家里最普通但又是最温馨的话。受这句简单而充满爱意的“妈妈的话”的启发，我跟学生说：“孩子，你想吃什么由你来推荐，我请食堂的叔叔阿姨给你做哦！”

于是，每月一次，我们让学校膳管会征集学生、教师以及家长对菜品开发的建议。每半个学期，我们给食堂师傅发放推新菜的奖金。每年元旦，学校开展一次全校学生、家长、老师共同参与的“推陈出新，挑战你的味蕾”品菜会。

“品菜会”前一个月，我们把“我吃的菜我来推荐”表格发到每一位学生、家长和老师手中，然后把“菜品头脑风暴”中师生家长推荐的菜品进行梳理，列出适合大食堂烹制、符合科学饮食要求的菜品清单，一般都会有一百余种菜品。

“品菜会”当天早上四五点钟，食堂师傅就开始按师生家长推荐的菜单忙开了。下午四点钟左右，近百个精心烹制好的菜，颇具气势的陈列在餐桌，每道菜的旁边立着写有菜名的牌子，等待着“吃货”们的到来。经自荐、推荐，学生、老师和家长代表“吃货”们，闻着香味奔向食堂，看着餐桌上排满的各色菜品，就像过节一样开心。家长代表们能和孩子们一起品尝学校菜肴，也特别高兴，一边吃一边拍照，想着孩子们能吃到这么多可口的菜肴，把孩子放在学校里就更放心了。

在让“吃货”们放开肚子大吃一顿之后，也给他们一个任务：在一张菜单上选出最喜欢的菜，并言无不尽地对菜品给予评点，提出建议。最后这些菜单会被回收统计，评选出最受欢迎的二三十道菜。而最受欢迎的菜，像黑椒牛柳、咖喱土豆牛肉、鲍鱼、干炸辣子鸡等，还有最受学生喜欢的水果，如车厘子、红毛丹、丑八怪等出现在食堂日常菜谱中的频率就会比较高，而学生投票中居于后一二十名的菜，就不会出现在来年的菜单中。

杨心怡同学说："这次品菜会就是一次高档次的自助餐，这样的自主性让我觉得很愉快。一走进食堂就有一阵香味扑鼻而来，看见的是琳琅满目的各式菜肴。自己拿着盘子挑选喜爱的菜，精细地品尝，我觉得真的很好。这样的品菜会在来公益之前是从未遇到过的，这样的活动也让作为学生的我有机会参与到学校的工作中，让自己增添了一份主人翁意识。"

"吃"是一个人最基本的需要。学校办好食堂，让孩子们吃得好，吃得开心，孩子们感受到生理满足的快乐，才更有动力去追求社交、尊重和最终的自我实现。

要满足学生"吃"的需要，如果只是站在食堂师傅、分管后勤的副校长角度去思考，去改变，也许永远都难以让美好的愿望转化为现实。正如内尔·诺丁斯所说的："关怀学生，就必须考虑学生的需要，去了解学生需要什么。"所以从学生的需求出发的教育，正是合乎人性的教育。

"我吃什么我来荐"给学生的是选择的权利，满足的不仅是学生求新求异的天性，更是满足了初中生特别强的"我的地盘我做主"的心理需求。

学生是办学的出发点和归宿，是学校的主体。每位学生都是一个独立的个体，是学校大家庭的重要一员。学校以"一家人共谋一家事"的亲情姿态，让学生自由地放开他们的大脑和嘴巴，从"吃什么"开始，让学生有权利来提出自己的想法和意见，做出自己的选择，这体现的是学生的主体地位，表达的是与学生的平等和对学生的尊重。

一心想要满足师生需求的食堂，才是一个充满爱心的食堂；用心办好食堂，才称得上是一所充满温情的学校。

三、味道咋样我来评

都说众口难调，对于一个学校的食堂来说确实如此。花力气烧三五餐甚至是一两个月的好菜好饭，几乎每所学校都能做到。难做到的是一年四季，甚至初中三年的饭菜都能让学生基本满意。

我们对食堂既有包容心态，更强化问题意识，建立相应的制度，及时地进行改良。

我们提醒食堂管理人员心中应该时刻装着两个问题：食堂目前存在什么不足，学生和教师有什么需求？我们设立一个专门的信箱，征集师生对食堂的意见和需求。这个信箱由总务处副主任贾清泉老师负责，于是就有了“贾老师信箱”。

“贾老师信箱”挂出之前，学校成立了“膳管会”，成员有老师、学生和家长共同组成。贾老师给“膳管会”成员开了会，对“贾老师信箱”的使用进行了说明，明确了“膳管会”成员的职责：各班的“膳管会”成员负责收集本班同学对食堂饭菜的意见和建议，汇总后放进“贾老师信箱”，贾老师每天都会开信箱了解情况，及时与学生和食堂进行沟通。并且每月会做一张反馈表，公布在食堂边上的布告栏里。

刚开始，贾老师打开信箱之后发现问题较多，他首先把收集到的问题进行归类，如卫生问题、菜品问题、咸淡油腻问题、服务问题、水果种类问题……然后，他找反映问题的孩子进一步了解情况，问题明确之后再去找食堂相关人员沟通。有些问题比较容易改进，就立刻改，如“菜里发现头发丝”，就请每个食堂工作人员在工作时间务必戴厨师帽；“菜太咸或太淡”“油腻”等问题，具体到哪个菜，直接和食堂师傅们沟通，及时调整；“服务不够耐心”问题，分管领导就及时与食堂相关工作人员进行沟通……

在众多问题中，“菜品菜式”和“水果种类”问题是最难解决的，一是因为一个厨师烧菜多少会带着自己的特色，二是因为对一个菜，甲同学提出不喜欢，但乙同学喜欢，乙同学提出不可口的，而甲同学却又喜欢。水果也一样，有的喜欢苹果，有的喜欢橘子，正如《名贤集》中所言“羊羔虽美，众口难调”。

怎么办呢？膳管会决定调查统计加推荐：发下调查表，让每个孩子把自己喜欢的菜和水果写上来，另外推荐家里爸爸妈妈烧得最好吃的菜，让爸爸妈妈把菜的做法也一并附上。调查表收上来之后逐一进行统计，然后把大多数人喜欢的菜和水果以及符合大众口味的推荐菜品都报给食堂，这样食堂师傅们就有了方向。

慢慢地，“贾老师信箱”里的内容有所改变，从原来的提意见为主转变成“点赞”占多数。看来用心去做一件事，不管这件事情有多难，它总是能逐步改进、越做越好。

人总是对与自己密切相关的人和事给予特别的关注。食堂的菜品好不好，最后由谁说了算？学生！“菜品怎样我来评”，问问学生喜欢什么，不喜欢什么，知道自己食堂具备什么条件，知道怎样竭尽所能根据学生的建议加以改进，就是把回应学生真实合理的需求，把对学生的亲情以可见可听的方式传递给学生。

“我吃什么我来荐”“味道咋样我来评”，这个“我”就是每一个学生。菜品、口味的推荐和评点活动就是让学生能够当家，学会选择，让每一个学生享有权利和义务，我们主张办好食堂，给予孩子生活上的关怀，让孩子体验到“被关怀”的“真实感受”，这种“关心”才能在他们心里种下“种子”，最后被他们传递出去，他们也成为关心他人的人。

第二节　“亲笔信”架起连心桥

从“临发又开封”“家书意万重”，到如今观众对央视“见字如面”栏目的热爱，反映出中国人素来敬惜字纸。

杜甫《春望》诗中云“烽火连三月，家书抵万金”。昔有颜氏家训、朱子家训，近代有傅雷、王阳明、梁启超等都十分擅长用写信的方式进行沟通，做思想工作。曾国藩在繁忙的军政事务之余，不断给家人写信，曾国藩的弟弟，包括个性很强的二弟曾国荃对曾国藩都特别敬重，曾国藩用的最有效的沟通方法便是书信。

然而，时代发展到今天，微信、短信、邮箱、QQ 等许多快捷的交流方式，让书信这种沟通方式渐渐被现代人遗忘。但实践证明这有点原始的书信，仍有一股现代通讯方式无法替代的跨越时空、穿透人心的力量。前者最多是“快餐”式的告白，后者可能是真情的呼唤，能让心灵与心灵靠近、情感与情感交融。

2002 年 10 月 16 日，我给家长写了第一封信，引起了全校家长的共鸣，此后我每月给家长写一封亲笔信，一直坚持到今天。

“怎样克服孩子拖拖拉拉的毛病？您可以买一个小闹钟。”

“有一种爱叫放手。舍得让孩子干活，是真心爱孩子的表现。生活中，做个菜，种点花，做点针线活，甚至换个灯泡，真的是很实用、有意思、有趣的事呢！”

“这个寒假带着孩子上好‘学会付出’这一课。第一步，讲好故事，明白付出的意义。选择有关付出的故事，事例最好是两个正面的、一个反面的。讲完故事后，先听孩子说说自己的感想，然后根据孩子的想法，适时引导孩子确立这样的意识：要想别人对我好，首先我得对别人好。自己不愿意付出，很难融入社会，得到他人的尊重和喜欢，还可能处处碰壁。”

以上几个片段来自我给家长写的亲笔信中，很日常、很普通，然而家长却觉得非常实用。许许多多的家长说，在不知道这段时间重点要干什么，特别是不知道怎么做、干着急的时候，往往因为我的一封亲笔信如期而至，便豁然开朗了。

纸千钧重，我一笔一画书写，一句一段娓娓道来，即便是有回到“从前慢”时代的感觉，却不失情感的涵养、文化的传承、价值的延续。一批又一批的家长和学生在亲笔信中，体悟到了校长、老师、学校的用心、用情，学到了育儿的正确理念和方法，收获了和孩子共同成长的喜悦！

最为可喜的是，在我积极倡导和带领下，越来越多的老师、家长、学生加入到了写亲笔信的行列。因为他们尝到了用书来信往进行交流的甜头，体验到了书来信往进行沟通的魅力。

一、亲笔信就像“及时雨”

一天早上，我照例站在校门口迎接学生。有位爸爸快速走到我身边，紧紧地握着我的手，急切地说：“阿潘校长，您一定要帮我一把。这几天我上班都没有心思了，因为儿子一回家就和他妈妈对着干，我讲了他也听不进，家里现在简直就是‘鸡犬不宁’。唉，单位里一千多人我都管理得井井有条，就是这儿子管不好。可以说，我现在什么都不缺，缺的就是管教孩子的方法！”

又有一天早上，有位妈妈来到我跟前，满脸愁容地说：“就要期末考试了，看着邻居家女儿在那么自觉地复习，还时不时跑来向我请教数学题，再看着自己孩子的那模样，‘老虎都追到屁股后面了，还要转过身去看看’，真的是急死我了！阿潘，您看我怎么办呢？”

看得出来，他们的内心充满焦虑。从与他们的进一步深入交谈中，我发现家长都很把培育孩子当回事，孩子确实有一些大大小小的问题，但家长育儿的理念也有偏差，最关键的是他们缺少育儿的经验，缺乏针对性的方法。我根据不同孩子的不同特点，建议他们调整思路、改变策略，随后又通过电话、微信等形式给了他们一些非常具体、可操作的方法。

两周后，第一位家长非常高兴地向我反馈：“我现在算是明白了您那天早上说的‘只有家长改变了，孩子才会改变’的意思。这段时间，我和我爱人改变了态度、调整了沟通方法，孩子现在已经愿意跟我们好好说话了。”第二位家长说：“按照您给的建议，每天儿子开始做作业第一件事，不是马上做题目，而是列清单，细化任务。我买来了小闹钟，运用了您给的‘限时作业法’‘任务型作业法’，效果明显。”

我感到很欣慰，在家长最焦急的时候，我给他们提供了有效的指导。我又感到很沉重，因为这两位家长的问题只是“冰山一角”，事实上，还有更多的家长需要我们去帮助，去指导。我深深感受到了一名教育工作者肩负的重任：不仅要教育学生，还要引导家长科学教育孩子，形成家校合力的局势。

有什么方法能满足家长的需求，引领家长转变理念，指导家长改进教育孩子的方法？家长会、家访、电话、短信、接受咨询等都会有一定的效果。但是有的方式受时间、空间、精力的限制比较大，有的方式受益面往往会比较小。

于是，2002年12月16日晚，我尝试着给家长写了第一封亲笔信。我敞开心扉，非常诚恳地谈了自己对家庭教育的真实想法。让我始料未及的是，信一发出，竟然引起了轰动。许多家长在一遍遍地读了我的信以后，把它带给同事和亲朋好友传阅。亲笔信带来的效应说明，这是一种十分受家长欢迎的、行之有效的方法。

2007年8月，我从临安调到了杭州公益中学。9月28日，我给家长写了一封1300多字的亲笔信。在向家长介绍了自己的基本情况，公布了自己的手机号码，简单表达了自己将全身心投入工作，促进学生健康成长的心愿后，接着写道：

"应该说，我们非常有缘分。在茫茫人海中，因为您的孩子，因为公益中学，您与我有幸成了合作伙伴。但是，由于平时手头都有各自的工作，我们这对合作伙伴难以凑得上合适的时间和机会，静下心，坐下来慢慢地聊，所以我想用《家校连心桥》书面交流的方式，经常性地通通信息，谈谈体会，说说心里话，分享孩子培养的快乐和成就，探讨孩子教育的困惑和问题，您说好吗？"

家长纷纷写来回信。有位妈妈在回信中说："真的没有想到您作为一名校长会亲笔给我们写信。这封信字体隽永优美，文笔流畅，情真意切，还带着些许铅华洗尽后的幽默。不瞒您说，我在给您写这封回信时，草稿都打了三遍了呢，好久没有提笔写过这样的信了。"有位爸爸则写道："尊敬的潘校长，读着您的来信，我的眼泪不停地在眼睛里打转。这几年一直在忙着自己的工作，陪伴孩子的时间实在是太少了，难怪女儿看到我一点没有亲热感。从今天起，没有特殊情况，我一定做到每天接送她上学、回家！"

从此，我坚持每个月给家长写一封亲笔信。考虑到家长的时间和关切，我与他们的亲笔书信往来，一般选择在中秋、国庆、元旦、春节等节假日和开学初、放假前、考前、考后、学校重大活动后等时间节点。信中，我以一个专业教育工作者的角色，以接地气的语言，帮助家长树立正确的育儿观念，如：

你真的爱孩子吗？那就扎扎实实做好规矩吧！

拼爹拼娘，拼的是恒心！

不在于你说了多少，而在于孩子听进去了几句。

作业追求三境界：做过了，做对了，会做了。

对待成绩，你可以有自己的想法，但必须面对现实。

在撰写亲笔信的过程中，我不但提醒家长每月需关注孩子什么，更多的提供他们可操作的具体方法，实实在在地指导家长怎么去做。我始终遵循三个原则：

话题以家长需求为着眼点。书信的话题主要集中在家长回信中提到的比较困惑的问题。如品性培养方面的有：孩子犯错了怎么办——“家有老大管”和“三步谈话法”，怎样和青春期的孩子沟通更有效，怎样带着孩子一起读传记、学做人等；学习方面的有：有助于孩子学得快乐一点的三个策略，孩子学习上遇到困难怎么办——我帮女儿的小故事，离中考还有十天家长和孩子需做些什么等；贯穿三年的有：把握好初中头一年的六个关键点，初二家长怎样把好三个关，怎样帮助孩子度过初中最后一年；贯穿一学期的有：引导孩子明确目标、落实计划的三点建议，我们一起进入期末复习啦等等。

方法以具体可操作为准则。书信的内容具体实在，尽量不说空话、套话。书信中介绍的方法，有我作为一个普通父亲，在女儿成长过程中亲自尝试并被证明是有效的，也有我在当英语老师、班主任、校长过程中想到、看到、听到并经过实践检验是有效的。大到制定孩子的培养规划、把握孩子教育的三个关键词，小到孩子品行从“头”抓起、与孩子谈话的眼神交流，甚至是指导孩子自己编试卷、布置“初三墙”、读题的圈画法等，成功的经验都来自一线实践，可操作性强。

语言以亲切自然、蕴含哲理为特色。每次写信时，我感觉家长就坐在我前面，和我聊家常、谈心。所以，我尽可能使自己的话语能“接地气”，笔下流淌的都是和家长朋友真心实意聊天的文字，娓娓道来，亲切自然。我通常先用经典故事、身边的人和事，把我悟到的道理说清楚，再具体讲“怎样做”。例如，在学习和品性的关系上，我提出家长应重视孩子的学习，但“分数诚可贵，品性价更高”，我们应始终把引导孩子“做个好人”放在第一位，让孩子会尊重、会感恩、会分享、能担当、能自立、能承受挫折。

每次读完我的信后，家长都会写来回信，分享读信后的感受、育儿的成功做法，诉说育儿过程中遇到的困惑和对学校、老师的建议。我与家长互通信息、共同探讨家庭教育的理念和方法，形成了良性互动。

也许是我对家庭教育研究的喜爱，让我对家长的建议和指导多了一份底气，加上我陪伴女儿一路走过来的酸甜苦辣滋味让家长感到亲切、可信，我这样主动、诚恳与他们开展平等互动的交流，也让他们得到了被尊重的心理满足，一份浓浓的亲情就蕴含在一封封的信中。很多家长来信，反映亲笔信中的观念是科学的、正确的，方法是实用的、有效的，语言是亲切的、中肯的，这样的家庭教育指导正是他们渴望的。

沈宇彤家长说：“每一次收到阿潘校长的亲笔信，我们都会在第一时间坐下来用心学习。我们作为独生子女的家长没有教育经验的积累，而教育又不能失败了从头再来。阿潘校长的亲笔信及相关教育资料就像及时雨，为我们带来了渴望的培育子女的理念和方法指导。”

黄雨尘家长说：“这不仅因为手写体的文字总要比印刷体的让人更感温情，更重要的是在每一次读信的时候，可以感受到写信人对教育的执着、热爱和对家长、学生的良苦用心。”

2017年2月3日，在新的一个学期来临之际，我照例又给家长写了一封亲笔信——《开学前，一起播下三颗优质的种子》，引发了家长的强烈反响，他们纷纷表示，这封信很及时，很有指导意义，很有操作性。信的全文如下：

春天是播种的季节。家长要善于抓住“春播”的契机，用心陪伴孩子播下三颗优质的“种子”，一起满怀热情迎接新学期的到来。

第一颗：播下一颗“期待”的种子。对未来充满期待是人生最大的特点之一。明确、具体、可行性较强的目标期待，给孩子带着雀跃的心情，开始新学期的学习、生活，激发孩子学习动机意义非凡。

开学前五天左右，家长策划一个家庭茶话会。茶话会前，家长创设好和谐、自然、轻松的氛围，准备好水果、休闲食品、茶水或饮料，以及两本精美的日记本（精美的本子会更珍惜），并让孩子带上寒假所有的“作品”。茶话会开始，对照寒假任务清单和假期计划，让孩子们一项一项地展示自己“作品”完成的量和质。对完成得好的，要不吝竖起大拇指予以肯定。如果孩子完成得不够理想，不可板着个脸一顿臭骂了事，而是让孩子立马采取补救措施，尽最大努力在开学前完成。检查的目的是为了胸有成竹地、信心满满地走进新的学期。

茶话会的重心一定要放在对新学期的规划和安排上。一家人可以七嘴八舌，人人都来夸夸孩子，具体而有细节地说出孩子各方面的优点，记住：一定要说出孩子8条以上的优点！并把优点写在日记本的第一页！然后，启发孩子说出新学期中，自己在思想品行、身心健康、兴趣特长、服务班级以及各科学习上的新目标、新措施。家长可适时补充适合的目标和希望。目标和措施一定要具体、可操作，每说一条大家意见比较一致的，孩子和家长就在各自的日记本上记一条。这些期待就是孩子新学期的新动力。期待的种子一旦埋下，就会在新学期的每天、每周、每月生根、发芽、结果。反之，没有期待就容易脚踩西瓜皮，滑到哪儿算哪儿。

第二颗：播下一颗“静心”的种子。静生慧，慧生智。静心是十分重要的学习品质，对促进思维、提高效率有很大的作用。这几天，家长需帮助孩子调整好生物钟，渐渐进入开学后的作息模式，把孩子从寒假相对宽松、随意甚至有些浮躁的状态中拉出来。

静心练习可以这样操作：根据孩子不同的年龄和个性特点，确定静心练习的时长。小学生一般在半小时，初高中生在40分钟到一小时。请孩子在“做作业、看书、静静地坐着”三件事中选择其中一件。开始前，做好上厕所、喝水等准备，家长宣布“计时开始”后，孩子必须目不斜视，集中全部精力，坚持做自己选择的那件事，直到家长喊“时间到”为止。这段时间，家长须全程在现场，也可以故意发出点声音或适当做点干扰动作，以考验孩子的定力，训练孩子的注意力。

静心练习最好在三次以上。做静心练习时，孩子必须在客厅等公共空间或者在房门敞开的情景下，以保证实效；必须坚持做同一件事，而不能一下做作业、一下看书、一下静静地坐着；必须事先商定奖惩办法，家长全过程评分，练习结束时兑现奖惩措施。对不太静得下心来、做作业粗心的孩子，平常也可以时不时开展静心练习，效果真的很不错。

第三颗：播下一颗“规矩”的种子。宁波动物园老虎伤人事件，再一次向我们敲响懂规则、守规矩的警钟。做规矩、养习惯宜抓早，开学前定好必要的规矩，新学期按照新规矩执行，对孩子的成长大有裨益。家长需抓住教育契机，下大力气赶走孩子心中不守规矩的“老虎”，促使孩子有规有矩，品行端正。这样，即使学业成绩不尽人意，孩子照样能够成为人生的赢家。

做规矩要找到合适的着眼点。新学期规矩的着眼点在哪里？一般就在孩子尚存在的不足里。开学前，家长根据平时的观察，静下心来梳理一下：孩子目前在思想、言行、学业、身心等方面还存在着哪几方面的不足，例如不按要求排队、不按规定使用手机、任性地玩电脑游戏、对老师缺乏应有的尊重、对长辈乱发脾气、同学之间发生矛盾时拳脚相待、做作业拖拖拉拉、审题马马虎虎等。

做规矩要运用有实效的方法。第一步，找个合适的时间，和孩子坐下来，语气平和而又严肃地把孩子的问题指出来。指出问题时要有根据、举实例、讲后果，让孩子找到“再不做规矩确实不行了”的感觉。如果问题比较多的话，可先举最明显的三个。第二步，和孩子一起，制定3～5条针对性、可操作性较强的规矩，写下来，刚柔并济，说到一定得做到！

一流的父母当榜样。在做规矩的过程中，父母需做点筋骨，自己先严格按规矩做。接着让爷爷奶奶、外公外婆也加入做规矩的同盟，一起把孩子应有的规矩做到位，让规矩的种子根植于孩子的内心，这是对孩子最大的负责。

浙江省教育厅官方微信“教育之江”转发了我这封写给家长的信，阅读人数当天就突破80000多。之后，上海市教委官方微信“上海教育”、搜狐网等100多家新媒体进行了转载，引发了更大的社会反响。据不完全统计，共有100多万人阅读了我的这封亲笔信。不少读者给我留言：“开学前读到这样的信，感到又贴心又实用。”“播种下期待、静心、规矩三颗种子，真的好棒！”

教育承载着家庭对美好生活的期盼。当下，家长对子女教育都十分重视，但是，由于缺乏专业知识和方法，家庭教育往往不得要领，家长时常感到迷茫和苦恼。“学校一项极为重要的任务是：向家长传授教育方面的基本知识。”因此，我用亲笔信真诚地帮助家长了解孩子身心发展特点，指导他们科学育儿的方法。家长们称这一封封亲笔信为“家教微型百科全书”“解惑神器”“指路明灯”“及时雨”等。

家庭教育专家李家成教授这样评价我的亲笔信：“校长写给家长的信，蕴含着真情与思考，体现着尊重与平等，追求着合作与共生。这些信让我们聆听到发展的心声，感受到生长的力量，更发现了学校变革、家校合作、家长和学生一起成长的新空间。”

二、亲笔信成为“家人沟通牌”

亲情需要沟通，沟通可以是有声的话语，也可以是无声的文字。从给家长写信的过程中，我真实地感受到了这是一种符合人性、能走进内心的沟通方式，于是我又尝试着给学生写亲笔信。十几年写下来，我发现对于最怕唠叨、但独立思考能力越来越强的青春期孩子来说，许多时候“无声胜有声”。我不断地给孩子写亲笔信，起到了口头语难以达到的效果。这是我写给公益中学初一新生的第一封信：

亲爱的程子涵同学：

真诚欢迎你加入相亲相爱的公益大家庭！

真心期待你在公益的三年学并快乐着！成为“品行正，情商高，身心棒，学业佳”的“八有”公益人！

一是有规有矩的公益人。牢牢记住“先学做人，后学知识”的校训，从细节上落实讲孝敬，讲规则的行动，从发型、穿戴、言谈举止等各方面锻炼自己，主动对手机、电脑游戏说“No”，一定要像个中学生的样子哦！

二是有情有义的公益人。时时把公益当作自己的家，处处站在家里人的角度说话做事，乐观大气，每天抬头挺胸，面对自己和家里人时，嘴角保持45°斜角上扬哦！享受关怀，传递温暖，乐在亲情之中！

三是有滋有味的公益人。以积极愉悦的心态进入紧张、有序的初中学习，玩得开心，学得静心。不死刷题，学会悟题，不读死书，学会精读，讲勤奋，更讲方法，跟着老师走，学会自主学，收获付出后的快乐。

四是有声有色的公益人。每周一问自己，“我为谁来公益读书？”“我的目标点在哪里？”每天落实在行动上，花时间没问题，吃点苦咱不怕，打败“爱懒惰，爱放纵”两个大boss，感觉自己棒棒哒！

三年，阿潘和老师、家长与你开心同行哦！

阿潘校长　志平

未见吾人，先听吾言。程子涵说：“与其他学校的《录取通知书》不一样的是，我们的通知书上有阿潘校长亲笔书写的信。收到这封信，我对学校的陌生感一下消失了，感到好亲切。仔细读完阿潘的‘八有’期待后，我也就明确了初中三年自己要怎么做。”

期中考试后，学生们也会收到我的亲笔信《阿潘和你一起说说心里话》：

亲爱的同学：

今天下午的期中总结表彰会意味着这个学期已经过去了一半的时间。半个学期来，你在公益大家庭里过得怎么样?

每每走到教室、寝室、食堂、操场，听到你热情地问“阿潘好”的时候，我的内心总是暖洋洋的。阿潘发自内心地感谢公益中学、发自内心地感谢你的父母、发自内心地感谢你!正因为有了公益中学，你我才有机会相聚在这里，因为有你家长和你的信任，我才有机会与我的同仁一起陪你走过人生道路上关键的三年，因为有你的到来，阿潘我才更有活力和激情!

除了休息日和外出开会学习，每天早上，阿潘都满怀热情，乐呵呵地走进公益校门，全身心投入，为你的思想、心理、身体、学业等各方面健康成长，出思路、想方法，并用心、踏实地把想法一项一项落到实处。每天我都尽最大可能走到你的身边，看看你上课时的模样，和你一起吃吃饭，陪你一起跑跑步，与你一起聊聊天，讨论你喜欢的菜肴和校园活动……

但是，说实在的，平时你的学习、我的工作都比较忙，我们确实难以凑得上合适的时间和机会，静下心，坐下来，好好地聊聊天。所以，我想用《阿潘和你一起说说心里话》这样一种书面交流的方式，分享各自的快乐，讲讲各自的故事，说说心中的困惑，寻找解难释疑的办法，你说好吗?

OK，今天，我们就来开始你我的书信交流之旅吧。这个双休日，请安排一点时间，在学校发的纸上写下你想写的任何想法，内容可以包括学习、生活，和老师、同学、家长的人际关系，以及校内外各种活动等。题目就叫“阿潘，我想对您说”，唯一的要求是要具体化，写真心话，不要讲大话，说空话。

“心里话”写好后，请装入信封，在信封上写上你的姓名、班级，封好，下周一带来投入大厅里鱼缸前的红色箱子。我会花时间认真阅读你的来信，然后根据情况与你交流、给你答复。这样的交流，有利于你的成长，也有利于相亲相爱公益大家庭的建设。

《阿潘和你一起说说心里话》分定期和不定期两类。不定期的交流方式为：平时你一有什么想法，就请写下来，投入大厅里的Panda家信信箱，每周我都会花时间阅读，处理来信。

真心期待你能敞开心扉真诚与阿潘交流。

祝你开心！

阿潘校长　志平

收阅我的信后，学生纷纷写来回信。我一封封认真看，按捺不住内心的兴奋，一读完立马发出第三封信：

亲爱的同学：

过去的这一周，是我特别忙碌的一周，也是我异常兴奋的一周。

“忙碌”是因为在完成正常的工作之外，我把所有的业余时间都花在用心阅读每一位同学的“我与阿潘说说心里话”上了，“兴奋”是因为各位的来信中充盈着浓浓的亲情，一家人的信任和公益人的责任。有三个晚上我一读而不可收，读信读到凌晨两三点钟呢！

透过来信，我读到了公益人特有的情义。好多好多的同学写到公益中学就是自己的家，在这个其乐融融的大家庭中拥有许多良师益友，这种“一家人”的感觉就是我们公益人最宝贵的财富（很想摘录其中的饱含真情的话语，但真的实在太多，难以取舍)。

透过来信，我读到了公益人乐观大气。许多同学写道，虽然学习有压力，但在公益很开心。特别是初三的同学能有这样的心态、状态，阿潘实在忍不住边读信，边在旁边大大点赞!

透过来信，我读到了公益人的正气，尤其是对诚信小故事的理解，超乎我的认识。

透过来信，我读到了公益人的责任感。平时对校园里的点点滴滴观察细致，积极主动弥补不足，富有创意地提出解决方案。

在你的来信中，我听到了在学习、人际交往等方面的压力、困惑。

在你的来信中，我听到了老师不要拖堂、更好安排秋游活动、食堂饭菜要注意保温、跑操时的音乐要有变化、厕所的臭味要想办法消除等方面的呼声和诉求。

在你的来信中，我听到了你对“阿潘杯”篮球赛，阿潘羹，英语学习方法指导等方面的期待。

……

每一个同学的每一封信，我都认认真真地看过。我恨不得立马帮你解决实际困难和问题!但是，你知道，一个人的时间、精力毕竟是有限的，每个人的专业能力也不一样。所以，对你提出的问题、困惑、诉求，我将分门别类，逐项分头落实解决措施。对有些客观条件不允许，确实无法解决的难题也请你予以理解。

亲爱的同学，通过这次书信交流，我发现书信架起了我与每一个同学沟通的桥梁。比起当面聊天、谈话，书信确实有其独特的优势，它可突破时间、空间的限制，它可消除当面表达的障碍。所以，在你今后想与他人表达自己的想法，提出自己的问题时，不妨拿起笔，写一写，这不仅可随时随地通畅地把内心的话语说出来，而且可以提高自己的书面表达能力。为此，阿潘建议你今后一有想法就写个纸条，投入“Panda信箱”，也建议你给老师、父母、师傅、阿姨，校园内外所有与自己相关的人写写信。这样，你会更开心，更健康！

祝你

内心通畅，每天乐呵呵！

阿潘 志平

就这样，亲笔信已经成为我与孩子们彼此用心交流的一种常态，以心交心得到的是两颗心的融合。

身处现代社会，几乎每个人都会经历大大小小的各种考试。中考是孩子们面临的人生第一场重大挑战。孩子们要参加中考了，难免会有些紧张和焦虑，我给他们写了这样一封信：

祝贺你！通过九年，特别是初三这一年踏踏实实的准备，终于等来了一展身手的好机会！作为一位大家长、好朋友，阿潘还想和你说六句知心话。这也许是家长和真心好朋友的共同特点吧，可别嫌我烦哦！

第一句，拥有一颗拼搏心。斗志昂扬是打胜仗的必需品，17、18号两天精神饱满地去接受不可多得的挑战。适当有点紧张，你会发挥得更棒！

第二句，拥有一颗平常心。想透了，中考也就是做五份练习卷。碰到难题时，跟自己说一声“我不会的，别人也不会”，千万不要自己把自己吓倒哦！

第三句，拥有一颗细致心。题目看得一清二楚，答案写得规范端正。容易的试题一丝不苟，能拿得到的分数一分都不丢掉。

第四句，拥有一颗畅快心。做完一题时，给自己一种美美的感觉，“真好，又做对了一题！”这样，你就会越做越顺，感觉超畅快哦！

第五句，拥有一颗规矩心。考场有守则，不能多说一句额外的话，不能多做一个不应该的动作哦！当然，你有需要时，要大胆举手，一定有人可以帮助你！

第六句，拥有一颗必胜心。面带微笑进考场，坚信自己一定可以正常发挥。做题时，可想一想命题人想考你点什么。想清答案了再落笔，把答案写在规定的区域里。检查时，如果没有十分把握，不轻易改掉原先答案。考完时，对自己说：“嗯，这场考得不错！”紧张时，别忘了做做学过的放松操。这样，你就是中考的“必胜客”啦！

这六颗心，考场上用得上，你今后人生道路上的每一步也都用得着。拥有六颗心，正常发挥，平和生活，你就是那颗最亮的星！

字不多，但情真意切，6句知心话也被学生奉为“考前葵花宝典”。

这样的信，学生喜欢，老师、家长也深受启发，感受到了亲笔信的魅力。渐渐地，学生开始给父母、老师写信说说内心的想法，老师也开始用写信的方式与学生、家长进行沟通。如今，各类人员间书来信往，亲笔信已经成为公益中学师生间、家校间、亲子间敞开心扉说心里话的有效方式，写信已经成为“公益家人”沟通的一种常态，已经成为学校亲人间彼此感情交流最好的“连心桥”。

例如，进入初中半个学期后，孩子和家长间会有这样的书信交流：

亲爱的老妈：

您好！

从开学到现在，一切安好！虽经历了不少事情，但总体来说还是开心的。第一学期转眼已经过半，当您开启这封信时，想必您的心情一定是激动的，呵呵。

从开学到现在，我的成绩总体来说是稳步提升。还记得那晴天霹雳的第一次开学考吗？年级二百多名，讲真的，我感觉一下子被打入无底深渊，非常绝望……其实，初一的学科并不难，关键靠的是细心，我较快适应了初中学数学的特点，比小学多做了一些题目。见的题型多了，我的思路也会随之开阔起来，见到难题也就不怕了。但我同时告诉自己：千万不能变成一个只会刷题的闷骚男，哈哈。

另外，当我这个典型的“群居性动物”分到十班时，举目无亲，不免有些失落，当时您也有些焦虑。但事实证明我们的担心是多余的，班里的老师、同学都像是一家人，我也马上就有了几个好朋友，有儒雅的握瑜兄，有捣蛋鬼任兄，有呆萌的沈弟……还有幽默风趣的班主任泉哥，让我们十班更是欢声笑语不断。

原来经常听到有人对初中生活、对父母抱怨连篇，而我则没有任何的不满和意见。相比住校生，我是幸福的，因为每天可以跟您分享我的喜怒哀乐，希望我们能一直保持这种朋友关系，愉快地度过这三年时光。唯一的小小要求，就是希望您在学业上不要过多地干涉我，期待您的改正！

子轩

亲爱的小王子：

感谢你能敞开心扉跟我分享你的心里话，真的很感动。瞬间觉得儿子长大了，对事情有了自己的判断，对学习有了自己的方法，尤其为你高兴的是，你又有了这么多好朋友，一起尽享其乐融融的公益大家庭。

孩子，我要求你读书用功，不是因为我要你跟别人比成绩，而是因为，我希望你将来会拥有选择的权利。我还想告诉你，当今社会是一个多元的社会，一个人成就的取得更多地取决于他的综合素质以及某一方面的专长。你在清华大学上学的表哥就是个例子，班级里学习中等，但他是“计算机系里唱歌最好的，唱歌里面又是计算机学得最好的”，正因如此在上万名学生中脱颖而出，他入选中美两国共同推出的“千人计划”，保送到美国深造。所以老妈希望你在初中三年里能合理安排时间，张弛有度，不要放弃你的黑管练习，不要放弃你对音乐的爱好。

初中不比小学了，接下来你将面临各种考试，各种竞争。我想说的是，人的一生中有几千次的大小考试，失败或者说挫折总是难免，但请你记住，分数永远不会影响我们对你的爱，我们对你的爱不是以这些为条件的。学会面对失败，提高自己解决问题的能力才是最重要的，要知道成功并不是学习的目的，快乐才是学习的终极目标。所以，拥有阳光的个性，积极的心态才是最最重要的。学校的办学理念是“学并快乐着”，希望你在未来的三年里能快乐学习、勤于思考、不读死书。

谢谢你给我的批评哦，我会反省自己，努力改正的，让我们一起成长！学习上的事我相信学校，相信老师，更相信你的学习能力。

天天开心哦！

爱你的老妈

又如，初二（1）班班主任黄铭老师每月都有一封这样的信写给学生，学生则及时给黄老师回信。书信成了班级管理的助推神器，这是其中的一封《摔倒摔得好，就叫成长!》

亲爱的麦子们：

时间一晃，从开学到现在，我们已经走过两个月的时光了！黄老师每天就是在努力收集你们给我的小暖心、小感动和小美好中度过的。最近，我们又一起经历了秋游，经历了学农，经历了一起跳好一支舞，一起走好鸭子步。和你们在一起，让黄老师感到非常幸福！

只是这周发生的这件事情让我觉得极其伤心。我本以为我永远也不会把“班级处分”“年级处分”等东西用在我们班中，但没想到现实还是对我那么“残忍”。我不喜欢处分，也不喜欢警告信，所以有好几次我都写了警告信，却又默默地把它们放进了抽屉，对自己说“恩典，是给犯错的人重新来过的一次机会”。说实话，我真的极其讨厌在我们班同学身上用“处分”“警告信”等类似的东西，因为这会让我不自觉地闭上去发现你们每一个人身上的好、身上的善与美的眼睛！我每天最幸福的事情就是默默地观察着你们可爱的样子，把你们的可爱、善良装进我人生的行囊。

可是，亲爱的孩子们，人活着，就必定存在规则，有规则就必定有代价。没有人不用为自己的一言一行负责。每一件事情如何选择，如何做，最后都必定带来相应的结果与我们要付上的代价，无一例外，只是有的代价来得早些，有的来得晚些罢了。而你们，除了是你们自己之外，除了是黄老师的孩子之外，你们更是初二（1）班的一员，生活在这个集体中；你们也是公益中学的一员，生活在这个大家庭中；更重要的是，你们还是一个社会人，生活在这个社会之中。这个社会的规则与法律比今天我们的班规、校规更严格，更无情面可言。今天所犯的错、所得的罚，黄老师不是为罚而罚，而是为了挽回，罚了你的错，却能挽回你这个人，当你从黄老师的身边离开的时候，你知道什么是对是错，什么是规则，什么是底线。这样我的孩子以后的生活都能够过得更好！

虽然这一周糟心的事情不少，大事大到班级处分，小事小到排队我们还是要讲话，红领巾就是不戴，扣子就是不扣，但是黄老师始终相信我们每一个一班的孩子内心都是愿意向上的，向善的！今天之后，你们会知道无论大小，无论你看不看重，那就是规矩，就必须遵守。

亲爱的麦子们，请记得，摔倒了，摔倒好，站起来，学到了，这就叫——成长！希望下周回来，我们每一个人都更优秀了，因为明天的我们会比今天的我们更好，更懂得如何遵守规则，如何为他人考虑！对吧！

爱你们的黄老师

收到黄老师的信后，学生纷纷写来回信：

徐铮同学如是说："我们都知道，您最讨厌的就是'处分''警告'。所以看到有同学在晚自修带手机一定很吃惊！其实当时吃惊的不仅仅是您，同学们也都很生气，甚至很愤怒！但是，就像您在信中写的一样——摔倒了，摔得好叫成长，我们是错了一次不会再犯同样错误的大家庭成员，期待您能给一个'恩典'。"

胡妍欣同学如是说："头一次见您发这么大的火，说实话我有些心惊。看到您取出警告单，又悄悄放回抽屉，我有些心疼，真不想让您为这事舒展不开眉头。您的信让我更加明白了从小事做起遵守规则以及'从哪里摔倒就在哪里爬起'的道理。"

再如，班主任和任课教师会根据需要，时不时地给家长写“家信”。家长有什么“心里话”，也就很自然地给老师写上一封“家书”。

尊敬的朱老师：

您好！

昨天接女儿回家的路上，她告诉我：今天您花了差不多整个午休的时间来耐心地、温柔地跟她分析她的学习问题和状态问题。她还说，中午来您办公室听您分析的同学不止她一个，而您好像特意把大把的宝贵时间留给了她一个人，精准细致地帮助她剖析、建议……听到这儿，我心中堆积许久的对您的感激之情终于喷薄而出，忍不住热泪盈眶！幸亏车厢里灯光比较暗，我的异样没让孩子察觉。我抑制住情绪，一字一句地跟孩子说：“宝贝，这下你终于相信朱老师从来没有嫌弃过你，相反，她比对其他同学更关注你、爱你吧？不然，她怎么能那么清晰明了地一眼看穿你所有的问题呢？”

“嗯，妈妈，我真的相信了！”女儿又是羞愧又是感动，重重地点了点头！

“既然真的相信了，那咱们就要拿出实际行动来，不要辜负朱老师的那份爱，好吗？”

“好！”她回答得信心满满。

……

坦白说，因为她既不属于天资聪颖之辈，也不属于肯吃苦敢拼之类，她只是一个性格温顺、被动接受的文静女生，只是在我不断激励下，认真学习而已。进入初三来，孩子的学习压力陡增，整个人的状态也变得迷茫和不自信了，加上连着几次考试成绩不够理想，她就像泄了气的皮球，无论我怎么鼓励打气都是徒劳。她总是认为：自己总给班级拖后腿，朱老师肯定不喜欢我！所以孩子更加抑郁了……而我，说实话，却从一开始就坚定地相信，朱老师对她的爱从来没有比别的同学少！因为这是我从日常孩子跟我反馈的点点滴滴中捕捉到的真实感觉。站在一个客观的角度，我觉得您的种种举止都说明您始终爱着这个学生。但是对于一个敏感而自卑的少女而言，无论我如何举一反三、由此及彼地进行佐证，她始终半信半疑，认为是我在一厢情愿地安慰她而已。

这次她终于相信了！因为她真真切切地感受到了您身上散发出的关爱和不放弃！这就是真情实感，任何语言的强调都显得那么苍白无力。

我觉得目前最重要的就是“及时、有效沟通和心理疏导”，以消除孩子的心理障碍，释放压力，但我们真的不知道怎样疏导她。还得辛苦您多与WQ聊聊，并给我们多一些指导。

再次由衷地感谢您，真诚地祝福您，希望您在忙碌工作的同时不要忘记爱惜自己的身体。

这是朱老师在收到WQ妈妈的信后的回复：

亲爱的WQ妈妈：

您好！

感谢您对我的信任！WQ是一个乖巧的女孩，我很喜欢她。近期她的情绪很不稳定，我找她聊过一次，但我发现单纯地找她聊学习，只会进一步增加她的压力。所以，我就借分析试卷的机会，一题一题地分析她失分的心理因素，鼓励她快乐地面对初三的学习。看来，这样的沟通方式更适合乖巧的她。以后我会多借试卷分析或是作业分析的机会，积极开导她。您也要抓住一些生活契机，和她聊聊开心的事，切忌开口就是“分数”，闭口就要她“努力”，因为她已经学得非常认真，我们要做的就是给她解开心灵的枷锁，让她轻松上学。我们一起努力吧。祝开心！

朱老师

学生之间也用“家信”沟通交流。何宸同学每学期放假都会给同学们写类似的一封信。

亲爱的同学：

还记得刚开学自我介绍时，大部分同学说话声像蚊子似的，只有飞儿同学的一首歌让我们惊呼的情景吗？

经过军训，我看到了五班的凝聚力。军训中，我们的皮肤变得黝黑，打上了成长的烙印。我们荣获了那么多一等奖,这都是汗水换来的！流泪流汗，不留遗憾！包括校运会和区运会，我们拼尽全力，为班、为校增光添彩。

后来，我光荣地成了班长。在整个学期中，我感受到了无与伦比的关爱与温馨！例如，在“公益大舞台”节目选拔的那个晚上，为了我参与选拔不迟到，钱思朵、潘骏羿、郑任涛、张天然一个个让我排到他们的前面。那一刻真的有种热泪盈眶的感觉，我感受到了五班家一般的温暖！

感动我的事真的很多。期末的时候，因为那天我的作业还没有写完，我感觉“反馈本”会写不完。所以我就跟大家说可能要周五再发，结果很多人都跟我说“没事儿”“没关系”，让我瞬间觉得自己的活儿没有白干而对班级工作更加用心了，因为身后有你们的支持。

我妈经常说我是“老黄牛”，一天到晚忙里忙外，可我觉得为班级服务是一件快乐的事。虽然很累，却很快乐。感谢你们带给我的温暖！

如果你们需要帮忙，我一定竭尽全力！

你们的班长　何宸

沟通是一种双向的活动，需要有双方都认同的媒介。书信有着最朴素的力量。一声“有信来了”，牵动多少惊喜；一句“此致敬礼”，收获多少爱意。书信让沟通更加温馨，更加通畅，更加有效，在你来我往的书信交流中，校园各维度人与人之间架起了一座真诚沟通的桥梁，相亲相爱的公益人心更近、情更浓了。

三、亲笔信迭出“金点子”

亲笔信里宝贝多。亲笔信可以敞开心扉说说乐、吐吐槽，更可以为个人拥有更好的成长环境、为学校有更优的发展品牌贡献自己的“金点子”。我越来越明显地感到：这是促进学校工作改进和发展的一座“金矿”！

2017年寒假到来前，我照例给学生写了一封亲笔信：

亲爱的孩子：

提笔阿潘先要跟你说：这是一个你我可以敞开心扉说说悄悄话的地方哦！

这个学期，我们在举世瞩目的G20峰会韵味中开场，在你我的合力拼搏中谢幕。这是史上最短的学期，我们一点不落地完成了所有的任务，所以格外忙碌，甚至有点急匆匆的感觉。

但是，因为我们有精彩纷呈的全员运动会、快乐一日秋游、公益大舞台……所以整个学期还是充满着欢声笑语。

一个学期下来，你付出了许多，也成长了许多。这成长有学习上的成绩，有身体上、心理上的发育、成长，更有思想上的逐渐成熟。这个过程，有许多幸福、快乐，当然也少不了痛苦、辛苦。也许你对过去的这个学期感觉很好，认为自己成绩大大的；也许你感觉不错，对自己的付出和成绩还比较满意；也许你感觉不是太好，有些困惑，甚至有点沮丧……

已过知命之年的阿潘如今有这样的体验：每个人生阶段都有不同的中心任务，会品尝不一样的酸甜苦辣。每一种滋味都有它自己的价值，都值得品味，过几年回头看看，都蛮有味道，蛮有意思的。说这些话的意思是：这学期你所经历的每一天都有意义，每一种体验都值得珍惜。

中学生与小学生最大的不同在于：中学生会时常回过头去反思分析，然后继续前行。回过头看看、想想、理理、改改就是具有独立思想的具体表现，就是你长大了的明显标志。一般说来，这种反思，初三的同学比初二要多而深刻，初二比初一要多而深刻，初一和小学则完全不同。

今天，你结束了一学期的学习。阿潘觉得，放下作业本和练习卷，给自己一两个小时独处的时间，静下心来回顾一下，认真地理一理、写一写非常有价值！因为有一句话叫“我们要埋头拉车，但我们更要抬头看路”。想清楚、理明白以后再去做，就能达到事半功倍的效果。

你的朋友阿潘很愿意耐心地、用心地倾听你内心的想法，想用这样的书面交流的方式了解你的困惑、你的建议，帮你解答心中的问题，助你实现心中的梦想。所以，阿潘真心诚意地盼望你寒假里能抽点时间，动动你的脑子，写写这些人和事，说说你的心里话。

阿潘想透过你的笔和画，听听在你的心目中，阿潘是一个什么样的人（用具体的故事描写，也可以用漫画描绘），然后说说你对阿潘还有什么样的建议和期盼。

阿潘想听听在你的心目中，我们公益这个大家庭怎么样，你对公益中学更好地成为孩子们喜欢的好学校，有什么可操作性的建议，完全可以脑洞大开地提哦！只要客观条件允许，我们一定竭尽全力去做到！

阿潘想听听你这学期有哪些开心的事，自己最满意的成长是什么，也想听听你有什么困惑、烦恼。阿潘了解了你的真实情况，就能在今后的工作中加以优化和改进。

亲，把你的脑袋借给阿潘用一下，公益的明天就是凝聚了1000多个脑袋的智慧，我们就能在公益大家庭中更好地成长，对吗？

爱你的阿潘　志平

同学们根据日常学习、生活中所观察到的、所思考的，毫无保留地把“金点子”贡献出来。不但提出问题，更提出了解决问题的想法和建议。譬如，初三（5）班陈宇皓同学给我写来了这样一封回信：

亲爱的阿潘：

您好！

只要我一想起阿潘，我就想起来阿潘您那充满爱与阳光的“招牌式笑脸”，那不时伸出的大拇指。令我记忆犹新的是，每次期中、期末表彰大会上，您的那双手总是那么厚实与温暖，仿佛有一轮小太阳在您的手心里。您还会夸赞我几句由衷的话，我真是太开心了！同时，每一次听您的发言（不论是在现场或是家长会的录音），我都被您对学习与生活上的双重智慧深深地折服，每次我与家里人根据您的讲话分析问题后，我都会取得明显进步！（不是吹哦）对于这么令公益学子自豪的校长，我必须为阿潘您点个赞：厉害了，我的阿潘！

说起我们的公益大家庭啊，在我的初中岁月里，它就是我的家！公益给了我太多太多了，我的收获不仅有帮助、温暖、大笑、友谊，也有磨砺、困难、成长、晋级突破。同时，作为一个老公益人（其实也就两年半），我也想给公益提几点可操作的建议：1.每天进出洗手间时，白白的瓷砖总会印上我们的黑脚印，搞卫生的阿姨很辛苦。能不能准备餐厅用的防滑垫，一劳永逸。2.能不能让食堂的叔叔阿姨打饭之余，注意菜在盘中位置的摆放，有些同学可能不太喜欢饭菜串味。3.能不能把食堂的精白米定期换成糙米、粗粮，适当也增加一些玉米、红薯等粗粮，调整一下饮食结构。如果阿潘采纳了我的建议，我会很开心，很感激！

在一个学期里，我的学习成绩与体育成绩都有了显著提升，爸爸妈妈与老师都为我点赞！我也很开心！可是，本次期末考，无论是文化课还是体育都没有发挥好，对于我的“学军梦”，我在明朗之中也看到了一丝迷茫。阿潘，您有什么好办法吗？

亲，我把我的“金点子”奉献给公益，公益的明天也就有我的精彩。在公益大家庭中，我们与您共成长！

爱您的学生　陈宇皓

在给学生写信“借用一下脑袋”的同时，我也诚恳地写“你的‘金点子’，我会很珍惜”的信，让更多的老师、家长用书信回馈他们的“金点子”。

几乎所有的老师、学生、家长都认认真真地给我写来回信。回信情真意切，既说一年来在公益大家庭中快乐和幸福，也谈自己的困惑和问题，同时根据平时的观察和思考，对学校工作提出了符合实际的改进建议。我认真地读完一封封来信后，把学生、老师、家长的“金点子”分门别类，分解到学校的相关部门，落实到人处理，然后在综合师生家长的“金点子”的基础上，提出每个学期、每个阶段的工作思路、重点和举措。

例如，有一次，吴芳莉老师在给我的回信中说：“虽然我们学校已经非常重视对学生品行习惯的培养，但学生中仍存在着随意进出老师办公室，随口叫老师名字的现象。我的‘金点子’就是：以这件小事为着力点，抓学生的规则意识和尊师习惯。”

经过调查分析，学生中确实不同程度存在着类似问题，因此，我们把“进一步做好规矩”作为学校“把做人放在第一位”的育人理念落实在行动中的首要关注。另外，经过综合梳理，发现学生和家长对减少作业的量、提高作业的质，以及进一步提高食堂饭菜的品质有更高的期待，也提出了许多合理化的“金点子”。

鉴于此，我们提出了做“八有公益人”（有规有矩，有情有义，有滋有味，有声有色）的总目标，确定了“诊·研·改”和“三个重点做好”（做好规矩、做好作业、做好饭菜）相结合的新学期工作思路。

德育上，我们把重心放在“做好规矩”上。做规矩从让孩子懂得“长幼有序”开始，在家守“孝道”，在校要尊师，不管是在当面还是背后，一律不得直呼老师和家长的姓名。

教学上，我们把重心放在“做好作业”上。老师“减量增效提质”，家长指导孩子每天列清单，完成一项作业划掉一项；读题时手里拿着笔，把关键词、句圈划起来，减少审题差错，集中注意力。学生做作业时养成要么不做，做了就得做清楚、做正确的习惯。

后勤上，我们把重心放在“做好饭菜”上，问计于生，不管有多难，只要客观条件允许，一定及时解决学生反映的关于饮食细节问题，让师生家长多多推荐适合食堂的菜品。

每当读完师生家长的来信，我就更加明确了后续工作的思路，找到了工作的着力点。源于师生家长的工作思路、着力点往往更具针对性，基于师生家长需求的工作改进更得民心，顺民意，因此也就更具实效。

例如，针对亲笔信中提到的进一步“做好规矩”的诉求，我们自下而上，从各方面梳理需要进一步规范的内容，采取了相应的措施。于是，走廊上，很少再听到学生直呼老师姓名。即便有同学偶尔不经意直呼了老师的姓名，听到的同学也会相互提醒，一时“口误”的孩子也会立马改正。课间，学生进老师办公室前会敲门，听到老师说“请进”时，才走进办公室。离开办公室时，学生会礼貌地向老师说“谢谢”，主动将门带上。去食堂用餐时，分班级排列的队伍整整齐齐；上下楼梯时，学生按照“把左半边留给您”的规则有序通行；课堂上，学生按照《课堂八项纪律》，享受着“以约束为前提的自由”的乐趣……

这样的工作思路、工作措施，既不是校长凭空拍脑袋想象出来的，也不是老师、家长们以成人视角观察、成人思维思考决定的，而是校长、学生、老师、家长之间的书来信往，运用“头脑风暴法”，顺应师生家长的心理，基于师生家长真实合理的需求，自然生发出来的。因其体现了尊重，富有人情味，激发起校园中每个生命个体参与学校管理改进的积极性，接地气，能走心，也就更具持久的生命力了。

第三节 “入细微”营造亲情好生态

一所学校的教育生态，如同树的生长。当环境适宜时就茁壮成长，枝繁叶茂，参天入云；当环境恶劣时就会水土不服，枝疏叶稀。优美的校园环境、适切的规范制度、愉悦的心理氛围都是亲情教育生态的重要组成部分。亲情教育下学校良好生态特征如何体现？

校园布局美观简洁，令人心生美感；树木花草错落有致，让人心旷神怡；每一处布置都饱含亲情意蕴，让人驻足深思……这是生态之美。正如罗素所言：“须知参差多态，乃是幸福的本源。”

将规范作为亲情教育生态的底线，把规则意识内化于心、外化于行……这是规则之美。正如《孟子·离娄上》有言：“离娄之明，公输子之巧，不以规矩，不成方圆。”

顺应人的天性，站在师生角度说话做事，走进师生内心，促进师生在无法避免的工作和学习压力下，带着愉悦的心情投入紧张的工作和学习，让人文关怀洋溢在校园的每一个角落……这是人性之美。

正如斯宾诺莎所言：“人心不是靠武力征服的，而是靠爱征服的。”爱是细腻入微的，用中国的诗句来形容，更加感人心扉：随风潜入夜，润物细无声。

一、有滋有味，用心布置“温馨的家”

家庭的温暖需要有一个不论大小但可以遮风挡雨的场所，学校的温暖体现在不需要豪华但处处散发亲情味的布置中。整个公益校园，处处有像家一样的布置。我们把“我的公益，我温馨的家”作为校园物质文化建设的总基调，把家的温暖照进校园的每一个角落，照进每一个学生的心头，使公益的一草一木、一言一行、一事一物，都因用心用情而闪耀着爱的光芒，彰显出亲情的力量。

有家当有园。美丽的校园就是我们这个大家庭的家园。一进公益南大门，映入眼帘的是具有浓浓中国味的徽派建筑和苏州园林，左右两边，各有一个园林式的园子，分别为“融园”和“和园”，两园同在，意为“和和融融”，相亲相爱的公益人在这和融校园中有滋有味、和和美美地生活、学习、工作。

园子里，最亮眼的要数“融屋”。“融屋”是一座设计巧妙的小木屋，小木屋整体设计颇有些童话色彩，看上去是一个逗号造型，意味着初中阶段是人生旅途中的一段旅程，人需要不断勇往直前。进入小木屋，可从假山小径拾级而至，也可从另一侧弯曲的木栅小道漫步而入，一根又一根的小木栅象征着一届又一届的学生，学生毕业时可以写上自己美好的希冀，系在这一根根的栅栏上，同时也把与公益中学的缘分和情谊永久地留在了这“融屋”。奇特的是，屋内生有一树，树干穿过屋顶伸展于空中，树和屋，就这样融为一体，寓意人和自然的关系。另一边山和水也相互交融，假山上的水流入水池，水池里的喷泉湿润了假山，水池中小鱼儿嬉戏，假山旁孩子们疯玩。闲暇时，师生都喜欢走近融屋，看树看屋，听风听水。人和自然在这“融”“和”两园中和谐统一。

而校园中的菜园便让校园又多了一分烟火味。分布在校园角角落落的“PANDA 农场”，不仅“有味”，还有趣。“农场”里顺应季节种着各种农作物，春有金黄的油菜花，夏有整片的向日葵，秋有玉米番薯，冬有青青小麦。四季时蔬也轮番上场，番茄、辣椒、茄子、豆角、南瓜、黄瓜、花菜、萝卜……你在校园里信步走着，也许一转弯便见几畦辣椒红红绿绿地挂着，也许一低头便又是大大小小的南瓜藏于绿叶中……像是自家的菜园，更是孩子们的乐园，孩子们在这里可以享受到鲁迅先生在百草园里的欢乐。

校园的四季都是那么色彩斑斓。你可以想象，孩子们在这样的校园里徜徉，或静静地坐在一角看书，或绕着假山木屋捉迷藏，或者只是盯着一株开花的南瓜发呆……一切都是那么美好。

有家就有屋。行走在公益校园中，一幢幢错落有致的楼房就是公益大家庭的“屋子”。抬头可见每一幢“屋子”都有别具一格的命名。如“做人第一楼”“相亲相爱楼”“乐观大气楼”“踏实勤勉楼”“活教乐学楼”等，展现出公益大家庭的家教门风，而“快乐一家楼”“静心小憩楼”“一粥一饭楼”等则体现出这个大家庭的独特韵味。

细看每个教师办公室、每个班级教室，也都被冠以风格各异的名字，如“绿筠园”“近悦缘来屋”，而图书室则命名为“书的天空之城”，旁边还有一段解说：“天空之下一座城，有诗有书有阳光，你轻轻地来，轻轻地走，可以带走任何一片云彩。”

此外，这个“家”的“屋”里还特地布置了温馨的照片墙，楼道上、橱窗内，每个月都及时更新着师生家长们在这个大家庭生活中的点点滴滴，一张张咧嘴的笑脸、一双双清亮的眼睛、一个个搞怪的模样……无数美好的瞬间，定格成家最好的模样。

驻足在小广场左侧的“相亲相爱楼”（行政楼）前，九个醒目的红字进入视野——“做孩子喜欢的好老师”。孩子喜欢的才是最好的，在公益，老师们的共同目标便是做孩子喜欢的好老师：时时处处基于孩子，为了孩子，做孩子们喜欢的事，办孩子们喜欢的学校。因此，在这个大家庭的“装修”中，也同样处处印记着公益关于教育、关于孩子的共同理想与目标。

进入相亲相爱楼，大厅正中的一架白色钢琴，成为我们爱音乐的孩子们日常练琴的最常去处，时常会传来山泉般美妙的琴声，那是孩子们在轻松的课余，围在那架大钢琴前抒发内心的喜悦。钢琴周边，悬挂的是每月一件的学生个人书画作品。看似简单的一架钢琴的摆放，一场场学生个人书画展，透露的是学校对在这大家庭中生活与学习的孩子需要的满足，对孩子个性特长的尊重。

教学楼大厅有一个大鱼缸，鱼缸之上，挂着“相亲相爱公益人”的匾额，书法家活泼的七字隶书与鱼缸中游动的鱼儿相得益彰。一条条红色、金色的鱼儿在透明鱼缸里自由自在地穿行。课间，学生们常常围在鱼缸周围，目不转睛地观察着快乐的鱼儿来回游行，隔着透明玻璃，不时用自己的小指头戳戳鱼儿们，逗弄逗弄它们。此时，鱼儿的自由和孩子们的自在仿佛融为一体，在一片金色中，荡漾着同学们天真而爽朗的笑声。孩子们在欢声笑语中放松着心情。

鱼缸旁边，挂着一个“Panda信箱”（校长信箱）和一个“心语信箱”。“Panda信箱”是公益孩子们随时跟校长说心里话（Panda是学生给我的昵称，他们说我的模样、神态像熊猫），发表对学校、老师看法和建议的平台，“心语信箱”则是孩子们跟心理辅导老师约定说悄悄话的地方。两个小小的信箱，是沟通的渠道，也是孩子们安放心事的地方。

走出“踏实勤勉楼”，两边墙上映入眼帘的便是公益的校训：学做人，学知识。公益是一个温暖的大家庭，公益的老师将学生当成自己的孩子，自己的弟弟妹妹，鱼缸、匾额、信箱等给予我们的孩子家与家人般特有的亲情，但温情之间，轻松氛围之中，我们依旧对孩子的品格严格要求，正如我们将校训挂在学校最显眼之处，时时提醒着孩子们：先学做人，后学知识。每一位公益人的每一天家庭生活始终践行“把学做人放在第一位”的宗旨。

“踏实勤勉楼”的对面，是我们的“活教乐学楼”。最显眼的是“让公益的孩子学并快乐着”生命绿色制作的十一个大字，表达的是全校师生的核心追求。拾级而上，映入眼帘的是“快乐公益人，幸福一家亲”的大红对联，两个“快乐”体现的是我们“活教乐学”的教学风格，“一家亲”则反映了我们在浓浓的家庭氛围中老师开心教书，孩子快乐学习的状态。

和谐优美的家园式环境，便是亲情生态最自然部分。醒目的红字、白色的钢琴、大红对联……家里的每一个细节都有我们的用心设计。

家是心灵的港湾，为了让心灵的小船在港湾里更加温暖舒适，公益大家庭还设立了“益家·益心园”心理辅导中心。有专职的老师定期给同学们上团辅课，有活动小屋供孩子们释放心情，孩子们还可以预约与专业的心理辅导老师单独面对面沟通倾诉。每位心理辅导老师都会耐心地倾听孩子们的心声，并给予专业的指导和温暖的心理抚慰。

在这个大家庭里，到处充满着友爱的芳香。教室里，有班级一家人们共同讨论的“家风”追求，更有学生们自己喜爱的特色布置；老师们办公室里，存着学生们的祝福卡片，摆放着儿女等家人的甜蜜照片、各自喜爱的绿植鲜花；走进“公益大饭店”——食堂，有食堂叔叔阿姨们迎接师生来享受“公益味道”的灿烂笑脸照，有每月新菜的介绍；一到寝室，映入眼帘的是“欢迎你回到温馨的家”……

二、有规有矩，“扣好人生第一扣”

作家柳青说：“人生的道路虽然漫长，但紧要处常常只有几步，特别是当人年轻的时候。”人生如同穿衣，从一开始就要扣好第一颗扣子。帮助孩子“扣好第一粒扣子”是一种浓郁的亲情，也是细致入微的关照。规矩看似无情却有情，是创造亲情生态人文环境之要素。

在公益这个“家”里，我们将“学做人，学知识”的校训挂在最显眼处，时时提醒着孩子们，要把“学做人”放在第一位。这也是公益大家庭的“家规”。

在公益这个大家庭里，我们强调课堂上师是师，生是生，教有教的范，学有学的样；学生的礼仪规范从“头”做起——头发前面不能遮住眼睛，发型有初中生的模样；过楼道时需做到“我把左半边留给你”，让你上下楼梯安全通畅……用这样的“家教”“家风”打造以规则为经、以亲情为纬的生态空间，达到“蓬生麻中，不扶自直”的效果。

（一）形成“长幼有序，有规有矩”的共识

在特别强调民主、平等，家里两个甚至六个大人围着“小皇帝”“小公主”转的今天，我们的孩子还能做到“长幼有序”吗？家中有了好吃的，能全家分享吗？家里有了好喝的，能人人有份吗？

家里常常出现这样的局面：桌上有鸡，或炸得金黄脆亮，或蒸得皮嫩肉滑。两只鸡腿，闪着碎钻似的油光。稚龄的孩子，手中拿着叉子，仰着头，问道：“妈妈，谁吃鸡腿？”我一面把鸡腿扯下来，一面应道：“上一回，是你和弟弟吃；这一回，轮到我与你爸爸吃。”说毕，便快乐地把肥嫩的鸡腿分别放到自己和枕边人的盘子里……

这是新加坡著名女作家尤今写的一个片段。在尤今的家里，大人就是大人，孩子就是孩子，这就是规矩。

敬老爱幼是体现人间亲情的伦理常识。而现实生活中，爱幼有余、敬老不足的现象比比皆是。几乎所有人都遇到过这样的经历：平时吃宴席，不管这桌上是否有老人、长辈，只要菜一上桌，总是率先为孩子下筷，把孩子爱吃的夹过来，只怕自己的孩子吃不够。

我曾目睹过这样一个令人咋舌的场景：几家人相约小聚，席间，服务员上来一盘西瓜，朋友家的一位八九岁的小男孩顿时眼睛发光，飞快地将圆桌转盘转到了自己身边，端下西瓜盘，出人意料的是，他不是拿一块两块，而是俯下身子，在每一块西瓜的尖尖角咬一口，而一旁的爸爸妈妈只是轻描淡写说了一两句了事。

同样，尊师爱生是体现校园亲情的基本原则。由于过度要求保护学生的权利、一味强调师生平等多种因素，当今的学校普遍缺乏必要的、有效的学生管理措施，对屡次触犯校规的学生不敢处分；教师对孩子的任性甚至违纪违规行为也有诸多无奈。“在家舍不得管，在校没有人敢管”的现状，导致许多孩子品行、学业、身心未能得到正常、健康地发展，家长、老师心怀焦虑。所以，《人民日报》都刊文《孩子，妈妈希望你能遇到一位手持戒尺、眼中有光的老师》，呼吁对孩子进行必要的惩戒教育。

当然，如今我们谈 “长幼有序”，不是“君君臣臣、父父子子”那一套“三纲五常”。因为长辈与晚辈人格平等，“长辈永远正确”的观念和做法都必须抛弃。但是，如果晚辈对长辈失去了起码的尊重，把亲情凌驾于必要的规矩之上，突破了家规、校纪、道德、法律的底线，亲情就会变成“温柔的陷阱”，亲情伦理关系就会走向歧途。因此，老师和学生打成一片、其乐融融，但对学生绝不能放纵和宠溺。不仅“放得开”，用亲情去关怀每一个孩子，更要“收得拢”，用规矩培养孩子优秀的品行。

从教师层面，我们树立“只有做实规矩，才能成人成才”的育人观念。因为孩子都有“懒惰、爱自由”的天性，我们以制度打败学生的“懒惰”，以规矩战胜没有约束的自由，引导学生心中树立“有规矩的自由叫活泼，没有规矩的自由叫放肆”的规则观，对学生“严”字当头，使之从小树立规则意识，养成规范习惯，形成优秀品行，同时做到宽严有度，管而不死，活而不乱，把这作为全体老师一份沉甸甸的责任，作为相亲相爱公益大家庭应有的担当。

从学生层面，我们引导学生追好道德楷模之“星”。根据初中生可塑性和模仿能力强的特点，抓住教育契机，发挥榜样的示范作用，让学生行有方向。在“公益大讲堂”上，我们请来全国道德模范、杭州28路公交车司机孔胜东师傅给学生上“开学第一课”。孔师傅接地气的事迹深深打动着学生：他驾驶杭州28路公交车，安全行驶65万余千米，从无违章记录，他的28路公交车上从未有失窃现象。1986年起，每个周末晚上7点到10点，孔师傅都会准时出现在路边的义务修车摊，一摆就是23年。高考结束的第三天，我们请来浙江省高考作文题“三本书”主义的原作者卢新华，以亲身经历，给学生讲述读“三本书”的真谛。他借但丁《神曲》中的诗句：“我看见一条船，航行海上，又快又稳。可是在临近码头的时候翻了身。”告诫学生对规则要永远心存敬畏。期中总结表彰会上，我们请在学生身边的刘远村、占文茜等同学现身说法，介绍怎样严守纪律，冒着酷暑参加G20合唱排练的生动故事。

这样，“以约束为前提的自由”成为全校师生的共识，让规范成为师生的自觉，用规范为学生成长打好底色，用规范守护好亲情。

（二）采取“刚柔并济，管导结合”的措施

运用“规范加情感”的管理模式。建立一整套符合公益中学实际的学生管理制度，而不是把“做人第一”停留在嘴巴上，把规范、纪律写在纸头上，而是注重“降低重心抓落实，讲究方法求实效”。

开展“规范质量年”活动。从最基础的点点滴滴规范入手，努力做到事事有规范，时时讲规范，人人守规范。学期初发动全校师生家长开展“头脑风暴”，梳理出需要进一步做好的规范内容，有计划地分解到每一周、每一个月，然后根据每周、每月重点规范的落实情况，决定该项重点规范持续的时间，把上下楼梯、文明用厕、课堂参与、跑操锻炼等一件一件抓到位。

做实每学期的一两件重点小事。按照培养“品行正、情商高、身心棒、学业佳”的优秀公益学子的目标，根据学生平时实际表现，确定需要强化的项目，作为重点小事的内容。只有切实深入到孩子们的举手投足，严格落实到每一个细节，规则意识才能在孩子心中真正扎根。近几年，我们先后开展九项重点务实小事，如礼仪习惯，从“微笑问好，三声敲门”开始；专注学习，从“上课抬头率、埋头率、开口率”开始等。小事力求针对性强，实效性高。不求多，但求精；不求快，但求实。一旦确定下来，全校师生一起行动，一直做到形成习惯，变为学生的自觉行动，化为学生的内在品质。

强调行为举止有可操作的要求。先和学生和家长讲明做某件事的道理，让大家愿意接受。例如：我们运用实例说明生活在社会群体中的每个人，衣着打扮都需要符合身份、年龄和场合的要求，学生就得有大众

可接受的发型和穿着。继而不定时地检查学生的头发是否过长（如男生以前面不遮挡眼睛，两边不盖耳朵，后面不触衣领为标准），穿着是否得体，督促学生像个学生的样子。为了避免奢侈、攀比，要求每位同学每周的零花钱控制在30元以内。把规矩落实在日常细小行动中。如行走要讲规则，“我把左半边留给您”；自觉抵制手机等电子产品诱惑，坚决不把手机带进校园等。

注重刚性要求配合适合方法去落实。例如日常吃饭时，要求学生一般不说话，如有需要说话时，以不影响第三个人为原则。我们提倡“光盘行动”，为确保“光盘行动”不是停留在嘴巴上，每个班级都有一个泔水桶，班里安排专门的剩饭剩菜监督员，学校用不定期称每个班泔水桶中剩饭剩菜的分量，抓光盘行动的落实。为了防止有的学生因怕自己实在吃不完但又需“光盘”，所以宁愿少打一点饭菜带来的尴尬，我们实行“吃多少，打多少”“不够吃，再去添”弹性打菜制，确保学生既守规则，又不会饿肚子。

遵循有“管”也需有“导”的教育原理。例如，因为手机的功能实在太多，对孩子诱惑太多，所以我们严格规定学生一律不得带手机来上学。学校专门买来保险箱，一旦校园里发现学生带到学校里的手机，直接锁进保险柜，直到学生毕业退还……我们在学校的各个区域都安装了足够的电话机，所有的办公室电话和老师的手机都无偿提供给真正有需要的学生使用，让家长和孩子完全不用担心无法联系。

建立规则不难，难的是执行规则，更难的是让学生把规则内化为自己的意识，外化为自觉的行动。像爸爸妈妈一样，老师既督促学生学会遵守规则、为自己负责，又做正确行为的示范者、给予欣赏的支持者、不断耐心纠错的陪伴者，而不是居高临下的控制者、评判者、指责者和简单的惩罚者。

我们遵循“知情意行”的德育工作规律，避免大而空的说教，而是降低重心抓落实，讲究方法求实效。发挥亲情和关爱的力量，老师的真情实意触及了学生的内心深处，学生感受到了老师发自内心的关爱，学生就会心悦诚服地接受规则，形成自律，规则逐渐成为学生生命的一部分。

三、有情有义，从“三不主义”开始

就像自己的牙齿和舌头也会有打架的时候一样，人与人之间相处难免发生摩擦。

教师的工作琐碎、辛苦，既要承担确保学生安全的重任，又要承担在考试时拿出实绩的压力；初中生的学习忙碌、紧张，既要完成不可避免的学业任务，又要面对容易烦躁的“青春期”的各种纠结；初中生的家长大多为“上有老人需要赡养、下有小孩需要培养、中间还是单位的顶梁柱”的角色，生活节奏快，在孩子的培养上，既不想让孩子输在初中这个关键期，但又缺乏有效的培养方法，常出现“有劲使不上”的无奈。

因此，在现实中，我们常遇到这样的情形：无论是学校、师生、家长间或家庭内，当有不利于自己的情况发生时，极易产生埋怨的情绪，一遇事便抱怨，就会不断散发负能量；当负能量积聚到一定程度，极易导致相互责怪，矛盾激化，甚至发生冲突。

美国心理学家埃利斯的情绪ABC理论认为，人的消极情绪和行为是由不正确的认知和评价所产生的错误信念直接引起的。埋怨、挑剔、指责的背后往往隐藏着很多不合理的信念，例如“必须怎么样，都是你的错”。如果遇事不是简单地推卸责任，能接纳并换个角度看问题，多向内看而非向外求，相信自己有能力改变现状，那么内在更有力量，就能通过改变自己赢得平衡。

作为相亲相爱的公益一家人，我提出了公益人的“三不主义”：不挑剔、不指责、不埋怨。作为一家人，老师、学生、家长可以宣泄自己的情绪，发表自己的观点，但都需遵循“三不主义”原则。为了把“三不主义”化为每一位师生家长的实际行动，我们扎实开展“我们是相亲相爱一家人”活动。

在每一届新生的第一次家长会上，我会有如下的开场白：“亲爱的家长，孩子现在已经来到了公益中学，想必您对学校有了一定的认识。现在，请各位闭上眼睛认真思考一下：我是不是真心愿意成为公益大家庭的重要一员？如果愿意，请高高举起您的右手，庄严地宣誓：‘我自愿成为相亲相爱公益人！’”然后，我对高高地举起右手的家长说：“真诚欢迎各位加入公益大家庭。从今天起，请各位明确自己是一名‘光荣的公益人’的角色身份。遇事以‘公益一家人’商量的态度和口吻探讨解决问题的方法。愿您多多站在孩子的角度、站在老师的角度说话做事。”同时，学校也对新加入公益大家庭的学生、老师举行“我是相亲相爱公益人”的宣誓仪式。

我们以《宽心谣》作为教师一学期忙碌工作的打开模式。

“日出东海落西山，愁也一天，喜也一天。遇事不钻牛角尖，人也舒坦，心也舒坦……早晚操劳勤锻炼，忙也乐观，闲也乐观。心宽体健养天年，不是神仙，胜似神仙。”

做事先做人，做人先做心情。要把一学期的工作做好，要从第一天起把心情做好。为让全体教职员工以“乐观大气”的心态与人交往，以

“积极平和”的状态投入工作，每学期开学前的全体教职工会议，我总是带领他们齐念赵朴初先生九十岁时写下的这首《宽心谣》，继而引导他们在接下来的工作、生活过程中，对照《宽心谣》调整好自己的心态，并学会换个角度看问题。

食堂是最容易生发怨气、怨言的地方。因为每一个人的口味都有所不同，学校食堂的饭菜也着实难以每天都照顾到每个人的口味。但是，食堂师傅们考虑老师们的需求，想方设法增加花色品种；老师们则本着“少荤多素日三餐，粗也香甜，细也香甜”的良好心态，体谅食堂工作人员的难处，感恩他们的辛苦付出，遇到食堂饭菜不合胃口时，做到“不挑剔”。

人与人之间最需要的是沟通，最难的是敞开心扉真诚沟通。我们开设“教师心灵工作坊”“体育俱乐部”等，打造充满正能量的正式与非正式团体，让每位老师在公益大家庭中都有几位好兄弟、好闺蜜，有敞开心扉沟通交流的机会，能“常与知己聊聊天，古也谈谈，今也谈谈”。他人犯错时，公益人总会告诉自己“人非圣贤，孰能无过”，做到“不指责”；工作不顺心，生活不如意时，公益人常用“不埋怨”提醒自己，做到不怨声载道，更做到不在办公室等公共空间说牢骚怪话，不将负面情绪传给其他人。相亲相爱的公益人组成了温馨快乐的大家庭。

而在学生层面，我们则通过专门的心理课和心理辅导式的主题班会，奠定“三不主义”的心理基础。例如实施分层教学前，我们开设有针对性的心理课，从对学业成绩的合理分析，探索自我归因。

通过问卷，我们看到了学生不同的归因风格。许多学生对学业不满意的归因是天性懒惰、能力不够、外界原因（不喜欢老师、家长太烦、环境不够好等）。通过与学生分析，这样的归因会让他们感觉无能为力，也缺少了改变的动力，进而指导他们从内在、可控的原因中找路子，最后通过制定自我实现计划表，去激发学生的内在力量，为接下来的学习提供思路与动力。

“三不主义”带来了不一样的归因方法，归因方法的改进激发了学生自我成长的动力。“三不主义”改善了师生、师师、生生、家校等关系，老师常把学生当作自己的儿子、女儿或者弟弟、妹妹，把家长作为自己的合作伙伴，家长把自己当成公益大家庭的重要一员，碰到问题时也以“一家人”的姿态，商量着加以解决。

例如，鲁梦麒老师说：“我还没有孩子，还不太懂对待孩子的办法。但我有一个妹妹，和现在带的学生差不多年纪。我就像对待自己的妹妹一样对待学生。班里有一个孩子，上课时总是坐不住，小动作多，嘴巴也停不下来，令我非常头疼。但我不是埋怨、指责他，而是一直对他抱有期待，在课堂中找机会表扬他，作业只要做得比原来好了，我总是尽可能给他打‘优’。让我高兴的是，现在下课时他很愿意来找我聊天，问问题，他上课也有了很大的进步！”

又如，黄铭老师是这样做的：“在和孩子们解决班级问题时，我会制造一种‘仪式感’，关上门，拉上窗帘，告诉孩子们‘我们自己家的事我们自己解决’，以此给孩子们一种家的感觉。温馨的家不仅仅是布置，更重要的是一种日常话语系统的流露。所以每次有大活动时，出发前，为提醒孩子们注意安全，我都会说‘我们一家要整整齐齐地出去，整整齐齐地回来’。现在孩子们也都会很自然地这样说了，从而形成了一家人独特的话语体系。”

做到“不挑剔、不埋怨、不指责”，带来的是每位师生家长脸上真诚的笑容，彼此间的相互信任，工作和学习的相互合作，遇到困难和问题时发自内心的沟通、理解和包容。公益大家庭里的每一位成员都在有滋有味地生活的基础上，有情有义地相处，进而有声有色地完成工作、学习和培养孩子的任务。

第六章

基于关心关系

亲情是一种正向的、积极的情感关系，亲情教育基于关系密切、感情深厚的师生家长的关心关系。

关心，就是人与人之间的留意、注意、关怀、挂念等，把别人或事情常放在心上，加以重视和爱护。关系，一般是指事物之间相互作用、相互影响的状态，人类具有群居性的特点，有人的存在就有人际关系网。把关系与关心联结在一起，自然昭示着建立亲近、和谐的人与人的关系，“我为人人，人人为我”就是这种关心关系的真实写照。秉承这样的理念，我们在教育教学过程中编织起了基于师生、延伸家校的亲情关系网。

“阿潘，我和你是‘不打不相识’啊！那次你让我读了‘我把左半边留给你’以后，我就养成了走路自觉靠右行的习惯。班主任和爸爸妈妈都说我好像一下子懂事了。我的学习成绩也就在那次‘站岗’后越来越好了。真的谢谢您！”

每逢毕业季，常常能收到亲情公益人的毕业来信。这一次我收到他的来信，唤起了我的点滴回忆：

初夏的一天中午，我走在去食堂用餐的楼梯上。楼上迎面跑来一位个子不高的初二男生，险些把我们双方撞个“人仰马翻”！

我连忙扶住他，待他站稳后，请他读一遍台阶上贴着的“我把左半边留给你”那行字。没想到，他气呼呼地问我“为什么要我读这个？”一副不服气、急着要走开的样子。

我话锋一转，于是有了下面的一段对话：

“小伙子，你是不是去年打雪仗时，把一个雪球塞进我的衣领里的那位？”我轻声细语地问。

“嗯，您怎么还记得?”他口气明显缓和下来。

“那当然，你可知道，你那个雪球让我后背冰了半天呢。”

“不好意思，我下次走楼梯时一定注意。”

“现在愿意帮阿潘做件事吗?”

“愿意啊，什么事?”

“你看，还有同学像你刚才一样，逆向走下来，你能不能站在楼梯口提醒他们一下，以免引起冲撞。”

“好的，好的。”

于是，他很自觉地返回到楼梯口，成功劝阻了没有按规定路线下楼梯的同学，一直“站岗”到全部同学离开食堂。

人与人之间关心关系的基础是尊重，相互尊重的确能释放出亲切、和谐、挚爱的情感。正处于青春期的初中生，自我意识出现质的变化，独立性明显增强，特别渴望得到他人的尊重。因此，我们把学生当作“大人”，把自己当作“儿童”，主动放下身段，“弯下腰身”，蹲下去，力求语言和肢体的平衡，以平等的姿态与学生相处，构建以学生为核心的亲情网，以老师的“学生立场”换来学生发自内心的对老师的尊重。

心理学家威廉·杰姆斯说:“在人的所有情绪中，最强烈的莫过于渴望被人尊重。”尊重是建立一切关系的前提。基于关心关系，最核心的需要体现在校长对老师的尊重、老师对学生的尊重、学校对家长的尊重，以及学生对老师的尊重、家长对学校的尊重，从而形成彼此尊重的良性循环圈，在互相尊重中赢得好关系。

第一节　“五情并举”暖人心

有这样一段视频，没有一句台词，全网点击量却超过10亿，温暖了全世界：

穷孩子迈克独自一人坐在墙角，对着自己那双破旧的鞋发愁。不经意抬头间，迈克发现了人群里一双闪亮的黑皮鞋。这时，一位爸爸边喊着“约翰，快走”边拉起约翰拼命挤上马上要开动的火车。情急之中，约翰一只鞋子被挤了下来。在一旁的迈克立即捡起鞋子，拼命追上去，想把鞋子还给他。约翰见迈克无论怎样都追不上越开越快的火车时，毫不犹豫地打开车窗，把鞋子投给了迈克……

这个故事之所以赢得了10亿多人的关注，是因为它直抵人的内心，激发了人的共鸣——换位思考，若想被人尊重，先要尊重他人；若想被人理解，先要理解别人；若要得到关怀，先要关怀别人。

美国著名教育家爱默生说：“教育成功的秘密在于尊重。”而人与人之间的相互尊重是一个循环系统。为了实现校园人际交往的良性循环，我们主动扔下“权杖”，改变以老师、学校为中心的传统师生、家校关系，形成符合现代教育理念的“尊重关系同心圆”。

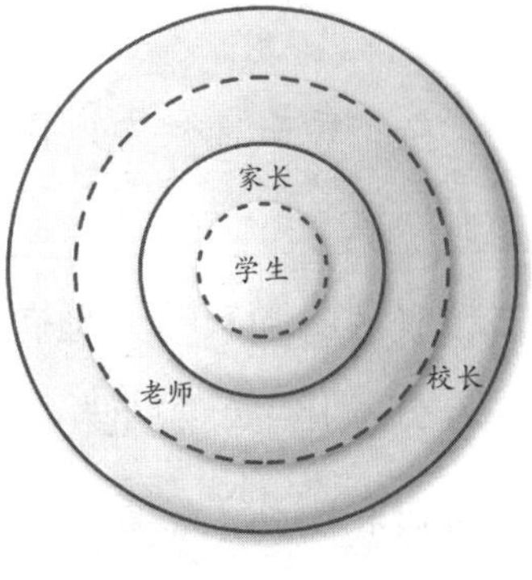

尊重关系同心圆

“尊重关系同心圆”体现的是校园人

际关系的新样态。在这个“同心圆”中，处于最内核的是学生，然后依次是家长、老师，最外围的是校长。老师是学校亲情网中最重要的成员，是联结师生、家校的枢纽成员。

校长从“官本位”上走下来，尊重老师的个性，发挥老师的特长，紧紧依靠老师开展教育教学活动；老师从“神圣的讲坛”上走下来，尊重学生、家长，与学生、家长平等相处，赢得学生、家长发自内心的尊重。渐渐地，进入公益中学工作、学习的老师、学生及家长，都把公益当成了自己的家，把对方当作自己的“家里人”，形成了“相亲相爱一家人，共建共享和谐温馨大家庭”的浓郁氛围，在这里埋下了亲情的种子。

亲情教育倡导“五情并举”，以学校为主体，覆盖到学校领导、教职员、学生，延伸到家庭、家长。这就是：老师对学生真情，校长对老师温情，学校对家长热情，学校干部自身的激情和才情，通过“五情并举”教育与影响学生。

“亲情一家人”“四位一体”“五情并举”，多途径、全过程营造“我们都是相亲相爱的公益人”氛围，编织起环环紧扣、同舟共济的亲情网，形成了良性互动。

一、关心关系师为先

在学校亲情网中，需要校长领衔，率先垂范，做出榜样，把全校的老师、同学、家长当作自己家里人，尽己所能予以无微不至的关怀。但校长的时间和精力是有限的，的确无法做到每一天都将关怀送至全校几百甚至几千位学生和家长。而教师是教育教学工作的主体，是学生的指导者和引路人，建立关心关系当然应当教师为先。因此，校园“尊重关系同心圆”循环圈中，最重要的是教师这一环。

有研究者做过调查和分析，教师是一种职业倦怠相对高发的职业。面对这一现状，关心关系首先需要体现在校长对老师的温情上，而平等、可亲是温情的核心。

每学期开学的第一次教职工大会上，我总是与老师们说："星期一的教师大会站在讲台上布置工作时，我的角色是校长，公益大家庭的家长。其他时间，我们都是平等的家里人，各位都是在大家庭里起关键作用的重要家人。我们遇事有商有量，一家人共谋一家事。"这是我的"星期一校长观"，表明的是我任校长的角色定位。

情感是意识流，可以传递；尊重是相互的，可以循环。校长善待教师，先让教师感受到关心，让教师在被善待、被关心的过程中，发自内心地善待学生、家长，心甘情愿地去关心学生、关心家长、关心同事；促进家长在被善待、被关心的过程中，懂得去关心孩子、关心老师、关心其他家长；引导学生在被老师、父母关心的过程中，学会去关心同学、关心老师、关心父母，进而形成一个关心与被关心的良性循环圈。"关心"的循环按钮一旦被打开，那么温暖的关系就在我们身旁。

有很多老师，教书一辈子，虽然家里没有几件像样的家产，物质上也根本谈不上富裕，但是他感觉到很富有，生活过得很滋润，主要是他的情感得到了满足，因为有学生心心念念记挂着他，就是他一生最大的财富。当然，老师也是饮食男女，当老师是一份职业，同样需要养家糊口。

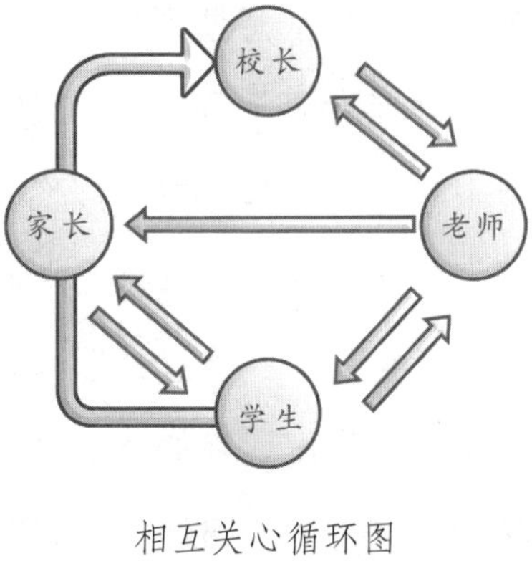

相互关心循环图

因此，让教师得到关心，需要顺应教师的双层需求。我们一方面用足所有政策，让老师获得一切可能的物质福利待遇。另一方面，积极创造条件，让老师获得当老师的价值感与精神愉悦感，而这源于学校肯定，学生、家长的认可，在给学生带去快乐、创造幸福的同时，教师自己也能享受到乐趣和幸福。

教师能时常赢得工作的成就感，也会有不少的烦恼。现实生活中，不时能听到老师感叹“现在的老师真的不好当”。面对琐琐碎碎周而复始的日常工作，面对来自学生、家长和社会的非常高的职业期望，还有来自学校管理者的教学质量考核的压力。不少老师会有一种身心俱疲、心力交瘁的感觉，他们需要赢得尊重和肯定，需要得到专业成长，更需要有人听他们说心里话。

（一）多元化倾听每一位老师的心里话

中小学教师主要是通过情感的传递来助人，即使是课堂知识传授也必须以情感为铺垫，即以“爱和教育”关怀着学生，如果没有爱的情感做融合剂，就不能放大教育的效益，甚至反而是效益递减。

然而，情感的输出总是需要情感回馈，以达到情感流的双向平衡。对教师来说，由于情感传递的对象是学生，是青少年孩子，因而总是输出多，回馈少，有时甚至没有回馈，造成情感收支的不平衡，或称失衡，也就是“感情无助”，这是引发职业倦怠的重要原因之一。加上教育工作常会遇到困难，尤其是后进生教育的反复，一些家长的不当指责，容易造成教师情绪挫伤、衰竭，也就使得个体情绪和情感处于疲劳或极度疲劳状态，以致产生消极情绪。

对于教师的情感补偿可以多渠道、多途径，但首先来自由校长领衔的学校领导层。我们建立“每天走一圈”制度。班子成员每天至少走访校园或所在的年级组一次，每周至少深入到所联系的教研组一次，平时一有空就走进教师办公室，走近教师，利用一切可能的时间和机会，与老师们聊聊个人的喜怒哀乐、聊聊家长里短，聊聊个人专业成长和学校更优化发展。每学期结束时，全体行政领导分头与相关老师进行面对面的沟通。

平时大家都有各自的工作，确实很难凑得上合适的时间，怎样让全校130多位老师人人都有交流的机会？所以每年一放假，我就给老师写一封信，用书面的方式向老师们说说自己心里话。

这是2020年春节前我给老师写的信：依恋“小家”依靠“大家”。

亲爱的各位老师：

提笔要先说感恩，感恩您我有缘成为公益一家人，感恩您对我的关爱和我工作的支持，感恩您家人的理解！

上班的日子里，您我确实都非常忙，难以凑得上合适的时间，静心说上几句心里话。放假了，我们终于可以腾出点时间，彼此掏心掏肺聊聊自己的想法、感受等。作为相亲相爱公益大家庭里的兄长，我想与您说三方面的“掏心窝的话”。

一是依恋“小家”，依靠“大家”。“小家”里有您的家人还有您自己，任何人只有先爱护好自己身体、心理，才有能力去关心他人。所以，您一定记得“管住嘴，迈开腿”，把“合理饮食、适量运动、戒烟限酒、心理平衡”落实在每天的行动上。为人要乐观大气，少计较，少埋怨，想得开，放得下。这些道理易懂，做到有难度，但我们一定努力去做哦！家里人是你我这一辈子最值得深爱和呵护的，但因为接触时间长、空间距离比较近等因素，家里人又是最容易被忽视和埋怨的。因此，寒假里尽可能多陪家人，遇事脾气好一点，再好一点，除了为家人买点他（她）喜欢的过年礼物外，更多是让他（她）感受精神上的温暖。“温馨的家”的建设您多付出一点，渐渐地，全家人都拥有了依恋家的氛围，生活就会有滋有味。

“大家”指的是我们相亲相爱的公益大家庭。人是群居性动物，人类文明史的最大特点就是相互依存，依赖单位这个“大家庭”在当代社会显得尤为重要。我认真读过《离开了单位，你什么都不是》这篇文章，深以为然。在一个不错的单位里工作和生活，平时好像不会感到有什么特别的，有时会因为某件事不合自己的心意而发牢骚。但一旦离开她去了其他单位，您很可能会发现，其实只要有人群的地方，都会有困难和问题，会有不顺您心、不如您意的地方。工作的时候盼望着退休，忙碌的时候想着如果有清闲一点、没有压力的工作该多好，而一旦退休不找点事干，不融入一个群体，人就很容易衰老，真正没有压力的工作也会使人缺乏目标和成就感，人就会显得颓废。公益这条“大河”水满了，就成了你我可以依靠的“大家”，这个“大家”是你我有声有色干出来的。

二、用心生活，开心工作。这是我为人处世的一种价值取向，也是38年教书生涯一直的追求。用心生活是开心工作的前提，因为生活无趣、不会幽默、不会玩耍、没有个性特长的老师，学生不太会很喜欢。而我们的工作如果离开学生的喜爱，就会变得只是为了完成每天上课、批改、辅导等不得不完成的任务，那样就很容易产生职业倦怠。用心生活除了个人要有一两项兴趣，有几个知己以外，我们的生活还离不开学生。和学生玩得好也是用心生活的重要一部分，在玩得好、聊得畅的过程中，我们便进入了“开心工作”的状态中。这样，就会越干越有劲，当老师时间越长，越会感到当老师是一件很有味道的事，现在您明白我为什么喜欢和孩子坐在一起吃饭，喜欢和孩子疯狂打雪仗了吧。

三是找到成长感，享受成就感。苏格拉底说："未经反思的生活，是不值得过的。"人是活在不断地追求之中的，不停赶路的过程中，需要放缓节奏，静下来想一想"我有没有成长"。我个人的成长经历告诉我，成长需要坚守，坚守为人处世的基本原则，坚守教育教学基本规律；成长需要改变，改变教育教学的方式方法，让自己适应时代变化的需求而不落伍。成长需要管理好自己的情绪，让自己对学生的"好心"能得到"好报"（学生乐于接受就有效）。成长真的非常需要学习，需要做点教科研，学习和科研能为自己赋能，不断拥有新的活力。成长的路径千万条，您需要埋头拉车，更需要抬头看路。只有自己处在不断成长的状态下，才能让自己成为有"吸引力"的人，进而享受到成就感。

从早上5：30到办公室到现在写下了我想与您说的话，纯粹是我个人的一点观点和看法，请您批评。真心地期待您能以"家人"身份，跟我说说您的心里话。把想说的说出来是人生的一大享受，对吗？

真心诚意地祝福您和您的家人

新年好！心情悦，身体棒，全家乐陶陶！

潘志平

忙碌了一个学期的老师们收到我的亲笔信后，利用假期，坐下来，静下心，与我慢慢地聊开：既满怀感恩地分享在公益得到的快乐，敞开心扉说说自己的烦恼，也言无不尽地吐吐槽，提提自己的建议和内心诉求。

下面是罗勤老师给我的回信。征得了罗老师同意，我把信原原本本抄录如下：

阿潘校长：

见信好！

每年这封给您的信，似乎已经成了一种标志，一个辞旧迎新的标志。坐下来，好好地梳理这一个学期的种种，和您聊聊这个学期开心的、不开心的，说说自己那些天马行空的想法……也许，真的只有在键盘前，在笔尖下，才能流淌出更触及心灵的交流！

转眼到公益已经三年了！至今还能清晰地回忆起第一次和您面谈时的场景。您问我为什么会选择来公益。“为了孩子！”一说出这个想法，我就有点后悔，难道不是应该说：“我来公益，是因为公益是所很不错的学校。”又抑或是“我选择公益，是为了有一个更好的、更有利于自己发展的环境”之类的话吗？“为了自己的孩子”一个显得这么“自私”的理由，校长会接受吗？但没想到，您却笑着说：“对，孩子很重要。老师要爱别人家的孩子，也需爱自己的孩子，这样才更具有关爱情怀和能力。我当初也是为了女儿从临安调到公益的。”短短一句话，一下子让我意识到眼前的这位校长，一定是个有温度的校长，而这所学校，虽然我只待了不到一小时，但我相信，也一定是个有人情味的学校！

以后的日子，我经历的每一天、每一件事，似乎都印证了我当初的直觉！

您平易近人，每次见面都叫我的“小名”罗罗，就像是自家的兄长！身体不适时，会关照我们：身体最重要，要注意休息，要锻炼身体！为了让我们这帮电脑帮、手机族走出去，动起来，还成立了各式各样的“健身俱乐部”，督促我们要定期活动；每次到您办公室，您都会找出点好吃的给我们吃，就像我们来您这里是来“走亲戚”的。印象最深的是去年期末，不知怎么回事，我竟然患了眼结膜炎，当我惴惴不安地向办公室请示学校期末教师大会到底该不该来时，您听说后毫不犹豫地打电话跟我说：“在家好好休息！开会不用来了！”也许这些小事，您早就没有印象了，也许您会觉得这根本不值一提。但是，正是这一件件看似微不足道的小事，让我们的心和您，和我们的学校越走越近。

我们经常在背后说：“校长怎么精力这么旺盛呀！好像不知道累！每天这么早起床，这么晚回家，要处理这么多的大小事务，要写那么多的东西……”甚至还偷偷开玩笑说：“校长一定是偷偷在喝‘神仙汤’的。”但其实我们知道，您也是普通人，您也会累，您身体也会有吃不消的时候，正是您把这份工作当作自己的事业，您带着您的责任、您的热情、您全部的身心在做，所以，您把所有的压力都化成了动力！

记得胡校长有一次和我说：“罗勤，你好像到我们学校很适应嘛！就像在这里工作了很多年了一样！”我就开玩笑说：“我身上一定流着公益的血，我天生就是公益的人！”虽然这是个玩笑，但我知道这是因为，我们都是一群有情有义的性情中人，我们在您的带领下，都在共同做着一件有意义的事——那就是做“有情、有趣、有效”的教育，让我们的孩子既会读书，更懂做人！

此刻坐在电脑前写信的我，想象着您会在怎样的一种场景中看我的这封信，我脑补下：阳台上，天空蓝蓝的，阳光不强烈，但照得您暖暖的。身边弥漫着浓茶的清香，您不紧不慢地端起茶杯，喝下一口，一股暖意瞬间传遍您的全身，您满意地揉揉略显酸痛的肩，展开了我的这封信……如此美好的画面，如此轻松的休假时间，我实在觉得不应该和您唠叨工作的事情，但又或许，趁着这好天气，趁着您心情好，唠叨唠叨并不伤大雅。接下来就跟您倾诉一下我的困惑：

这个学期，我深深感受到您对我们这门学科的关注和重视。我在感到高兴的同时，也身感“压力山大”。虽然我们这次区统考平均分还是不错，但有两所学校对我们紧追不放，让我们有一种时刻会被赶超的紧迫感。组里现在最大的问题是两个：一是课时不够，尤其是初三；二是人员不足，现在组里共有11人，其中中层三人，如果按照以后每周五课时，一个年级十个班算，尚缺三位教师。所以这盘棋怎样下，如何能下赢，真的还需要您给我们把舵。

好了，放假的日子，您也要好好休养生息。继续喝您的茶吧，累了，就看看蓝天，出去走走，毕竟生活不仅有工作，还有诗和远方……

最后，在这里真心地祝愿您：身体健康、工作顺利！（您工作顺利了，我们也就顺利了！）也祝您的家人：新春快乐，万事如意！

罗罗

开学时，我总是迫不及待地、认认真真地阅读老师们的来信，然后根据他们来信的内容、一封一封地给他们回信。我给每一位老师写回信，工作量自然非常大，但自己辛苦一点，换来的是老师们内心的舒畅。这样的方式，人人有机会说，个个可以言无不尽地说，实现了人员的全覆盖和个体内心表达需求的全覆盖。教师有了话语权，多了一份被关心、关注的温暖；看到自己的合理化建议被采纳并体现在学校工作改进的行动中，就多了一份自豪感和责任感。

（二）新方式肯定每一位教职员工的智慧和汗水

人都期待自己所付出的努力能够得到认可，被组织和大家肯定是很大的一种心理需求，也是生发和转化进一步发展的不竭动力。

学校需要各个环节联动，才能确保整体良好运行，每位教职员工都是学校的重要一员。有的活跃在班主任、学科教学的一线，有的默默耕耘在不可或缺的后勤保障岗位。教师大会上，如果由校长一个人对全校老师进行点评、表扬，难免挂一漏万。推荐评奖时，年级组、教研组往往因为名额所限，难以对组内的所有老师都给予奖励。所以，年终总结表彰会上，我们就由老师逐个上台，为自己或者组内成员说一个颁奖词，讲一讲自己这一年印象最深刻的教育故事。这些故事来自与学生，与家长，与同事，与学校管理者，与家人的相处过程中，发生在每一天的教育教学行动中，非常真实。

且让我们一起读读2018年1月30日，学校图书管理员巫献红老师所说的颁奖词和她讲述的三个故事：

都说“心有多大舞台就有多大”，我心不大，舞台却很大。

首先是权力大，我掌管着学校100多万的图书财产，订书时一挥笔就是好几万。其次是责任大，全校师生最重要的读书问题都要我操心。不仅如此，我还做到哪里需要哪里有我，时常做些图书馆以外的活儿。

今天我要给大家讲三个小故事，故事的关键词是：背后。

第一个故事：有一天，食堂的晓艳从打菜窗口递出来一叠单子，说：“巫老师，请您签一下字。”这时排队打菜的老师们向我投来无比敬仰的目光，说：“哇，巫老师，食堂您也管的啊？”我说：“那当然，你们知道什么叫称菜吗？就是你们现在吃的菜，我一早全审查过了。”当场一片惊叹。其实，更应让我们惊叹的是，当我6点多钟到达食堂的工作间时，那里已是一片忙碌，食堂的员工们穿着工作服，系着围裙，戴着防水袖套，穿着高筒雨鞋，在潮湿的工作间里忙来忙去，我突然发现，食堂里饭菜飘香的背后，是一队如此忙碌的人马。我站在那里没人顾得上理我，我只听到洗菜声、切菜声、跺肉声、菜筐落地声以及高筒雨鞋急促走动声。这些声音汇成了校园清晨最温暖的音乐，唤醒了晨雾中的校园，燃起了第一缕炊烟。

第二个故事：因为我以前任教化学，所以我曾帮小姜准备做学生实验。那天，最先拿出来的仪器是一箱新买的长颈漏斗，要一个个插到橡皮塞里，新的橡皮塞需要打孔，小姜在打孔，我在一旁费力地将长颈漏斗旋转着插到橡皮塞里，突然其中一个长颈漏斗的“颈”断了，玻璃顺着手上的劲直插我的手臂，当时正穿短袖，我还没来得及感到痛，就看到手臂上长长一块皮肤像面条一样挂下来，就像一条刀削面皮。我立即托着这根“面条”，惊慌失措地跑到医务室。黄院长到底是见过风浪的人，她一边安慰我，一边仔细地帮我清洗伤口，用小镊子把碎玻璃渣一点一点从皮肉里夹出来，再把这“面条”按回去包扎好，我的心才安定下来。如今看着手臂上那一条弯弯曲曲的伤痕，心想我也曾在课堂上做过无数次实验，却从未受过如此严重的伤，原来这背后都是像小姜这样实验员在为我们做了很多。

第三个故事：不久前，文印室的璐璐生病请假，一时间世界就乱了。期末是一场大战，大战当前，弹药没了，这战还能打吗？于是胡校命我火速赶赴“制弹”现场帮忙，我从未干过，如临大敌。刚手忙脚乱地学会开机，前方将士不断来报：需要“弹药”！需要“弹药”！需要“弹药”！

尽管文印室里机器轰鸣，油墨飘香，但我终于明白璐璐为什么总是塞着耳塞，终于体会到平日里璐璐是怎样地奔跑于黑白两台机器之间，终于明白一刀刀白纸被机器吞进吐出之间，要经过多少次的弯腰和托举……一天之内，我以手指被纸划伤两次，手腕扭伤一次，废纸一筐的记录惨败。

形势严峻，振武、娟娟、小姜几个老师也来支援。文印室里人头攒动，电话微信不断提示有业务联系，无奈招架不住，只好管“线下业务”不管“线上业务”了。于是众人不断地询问，璐璐何时归来？而璐璐也许从未那样地被人惦念过。璐璐病中，我们几人一起去看望璐璐。璐璐仍显虚弱，医嘱休养一月。璐璐也知期末战火纷飞，想着早点回校应战，但众人都一致劝其身体重要，安心休养。

虽盼璐璐归队，但周一早晨在食堂见到璐璐，惊喜之余还是于心不忍，她还未痊愈，提早来了。胡校批评她不在家好好休养，小姜和我都说需要帮忙就打电话。她都一一答应了，但是一直没有电话。

期末考正在进行着，由璐璐亲手印刷的一张张试卷已经发下，试场里孩子们正静静地阅读着、书写着，那些试卷看起来是那样的安静，仿佛它们从未历经过机器的轰鸣。文印室似乎又恢复了平静，平静得像财务室柜台上的那盆薄荷。

就这样，老师们在听同事讲故事的过程中，一次次被感动、受启发。陈琳老师感慨地说：“在听他们讲这些故事前，一直认为自己的工作是最重要、最辛苦的。听完了身边的人一个个动人的故事后，我对他们多了一份了解，敬意油然而生，也多了许多身边的榜样。”台上为自己致颁奖词的老师们，在讲述自己故事的过程中，抒发了真感情，也为自己感动。同时，从其他老师肯定、赞许的目光和阵阵掌声中，享受到了自己辛勤付出后的成就感，唤起了自己对教师这份工作的真心和真情。

（三）多平台支持老师的专业成长

教师是一个情感丰富、责任心特别强的群体，但平时工作繁忙、心理压力大，常常忙于教育教学工作，忙于学生管理，无暇顾及自身的情感管理、身体健康、个人成长等需求。因此对老师的关怀不能一时一事一地，需要长长久久、时时处处。养兵重于用兵，我们确定了“既用教师，更养教师”的原则。

教师是最需要读书的群体，尤其是身处信息爆炸和教育改革不断深入时代的教师更是如此，面对“老师需要读书”与“老师缺乏读书时间”的现实矛盾冲突，我们运用符合教师实际的读书方式。管理者先读一点、多读一些，从浩瀚的学习资料中，精心遴选适合教师学习的书籍，编制理念先进、观念前瞻、涉及面广、信息量大、针对性强的《杭州市公益中学教师读·思·悟·行》资料供老师们读读、想想、悟悟、做做。

一线教师需要科研，苦于科研能力欠缺，渴求专家指导。针对这些迫切需求，我们聘请大学教授担任科研副校长，从课题方案的制订、课题的中期管理、课题成果总结和论文撰写等，定期地进行面对面、手把手的指导。

我们努力激发并保持老师们强烈的成就动机，鼓励老师冒尖，搭建各种平台，为老师们创设公平参与上公开课、示范课、评选优质课等成长机会。

在教师专业成长的过程中，专家的指导不可或缺，但在很大程度上，同伴的互助力量更大。为此，我们坚持无论哪位老师要在哪个舞台上展示，一定是举全备课组、教研组、年级组甚至全校之力，“一人上课，全体上马”，最后上场的是一个人，但助他（她）“闪亮登场”的一定有一群人！

下面是一位一线教师的真心话。

我的第一次“部级”获奖经历

今天，我收获了教师生涯中的第一份教育部“部级一师一优课”荣誉，此刻，我很想道出这些令我感动的一幕幕经历。

2018年4月初，杭州市西湖区组织了区语文学科说课比赛，参赛者必须录制一份上课视频。我心里想着等有时间了，录制一堂“石破天惊”的课送给教研员王老师。没想到，这一考虑就险些过了截止的时间。教研组长童老师及时点醒了我，为了督促我，她更是使出了“杀手锏”对我说道：“小鹿，录制课抓紧准备好，我帮你送过去哦！”。这一说，让我不得不硬着头皮逼迫自己上出了第一堂《梦回繁华》。

上交的视频通过了初选，第二轮选拔即将到来。备课组长邹老师马上开会，分配了磨课任务，学姐阎老师等利用中午时间帮我打磨说课课件和内容，18日出发去区里参赛，离校门口还有百来米时，身后突然一声男低音“小鹿”。本就处于“备战”状态的我立马转头慌张寻找，原是我的学科师父傅老师喊住了我：“放心大胆去，拿个第一回来。”我顿时觉得底气十足。区赛我果然获得了第一名，顺利晋级市赛！

杭州市赛的要求同样是一份课堂视频录制，但联想到杭州各区县的优秀教师与我一同竞争，无形之中压力巨大，我一连好几天都挂着黑眼圈去上班。童老师连听了我三次课，并且请了语文组陈老师一同听课，出谋划策。

那段时间，每每到展示课下课，便是最幸福而又折磨的时候，因为会有来自四面八方的声音：“小鹿，你的课堂活动没有问题，但前期的铺垫似乎多余。”“点评学生的语句需要斟酌，你再关注一下。”“内容是否太多？”……焦虑的情绪不知不觉在眉头间聚集。

“课是磨出来的，你上我们来听，别急。”童老师说。

“没事儿，有我们在的。”邹老师一脸认真地看着我说道。

像阳光驱散了我心头的阴霾，那天我坦然地录制了第二堂《梦回繁华》，不负众望，这一回我获得了杭州市优质课。然后又被评为浙江省“一师一优课”，并最终获得了教育部“一师一优课”的优质课。

这堂优质课是我们整个语文组，还有学生共同努力的结果，感恩惜福！

教龄才两年的小王老师在2019年末写给我的信中说：

今年我最感动的是参加区优质课比赛的时候，当时俞老师和吴老师自己也有公开课需要磨课，但仍然抽时间来听课，为我出谋划策；两位市数学教研核心组的老师钱老师和余老师、我师父毛老师和同备课组的另一位毛老师都给了我很多很好的建议。没有教研组前辈们的帮助，就没有我的荣誉。还有初二年级组的班主任们也是互帮互助，特别是我的师父车老师，平时有任何问题我都会向她求助，她总是大方地帮助我，甚至愿意放下自己手中的工作先帮我解决问题，真的非常感动！

对老师来说，最直接、最富实效的莫过于专业成长，支撑力量就是备课组、教研组。可喜的是，无论是谁，无论进了公益中学的哪一个教研组、备课组，大家都成了“兄弟姐妹”——组内的每一位都是“师父”或者“同伴互助者”，这成为公益的一种教研文化。例如，只要有公开课、示范课。全组人都会以一家人的姿态参与备课、磨课，准备课件、教具等，最终呈现的一堂课，凝聚的是整个备课组、教研组的汗水和智慧。

（四）接地气关心老师及其家人的身心健康

亲情不仅是温馨、体贴的言辞，更是细心、周到的关心，加上热情、务实的帮助。

有人说，这个世界上有两类人是需要特别的职业道德的，一类是医生，他们负责人的肉体；另一类是教师，他们负责人的精神，所以就有了“医德”和“师德”这两个名词。教师需要有“为人师表”的特别职业道德要求，但教师同时也是一个有着多重社会角色的常人。在家中，为人子女或为人父母，其角色往往是无人可以替代的，尽子女对长辈之孝，尽父母对晚辈之爱，是人伦常情。

无论是孔子的“爱自亲始”观，还是内尔·诺丁斯为代表的关怀伦理学，都强调要学会关心自己、关心身边的人。在很大程度上，教师的身心健康和家庭幸福，影响着学生、家长和同事的学习与生活。只有教师自己和家人身心健康，消除了后顾之忧，才能带着愉悦的心情有序投入紧张的工作，发自内心地与学生、同事、家长交流，从而达到良好的教育教学效果，出色地完成各项任务。

1. 多一些“唠叨”与帮助

健康的身体是其他一切的根本所在。对教师的关怀首先体现在对他们及家人身体的关心上。

【片段1】“你现在的任务是‘一切行动听指挥’，按照医生的要求，配合治疗，直到完全康复才允许你来上班！”面对生病仍一定要来坚持上班的童老师，我一改平时温和的语调，以没有丝毫商量余地的口气命令道。

【片段2】一天刚上班，就看到教研组长“非常溜＋1”群里姜老师发了几张其女儿脸部感染的图片，并求助“哪位老师有好的皮肤科医生可推荐？焦急”。群里老师纷纷提供信息。我立马帮她联系了在市中医院工作的我的一位老乡，并嘱咐她尽快带女儿前去就医。第二天，姜老师给我发来微信：“阿潘校长，昨天在您的关心帮助下，去皮肤科专家那里看了，现在已明显好转，万分感谢！再一次真实感受到了‘公益一家亲’的温暖。”

2. 多一些“后盾”与助力

教师在日常的教育教学过程中，有时难免碰到挫折与困难，这时需要有人走到他们身边，让他们得到抚慰和有效的帮助；有时也难免碰到委屈甚至非难，这时需要有人挺身而出，为他们“撑腰”。

因此，除了老师个人师德原因导致的问题、矛盾外，校长和校党政班子领导都从维护老师正当权益，注重场合地帮助老师改进和提升，为老师有尊严地从教做好坚强的后盾和保障，而老师们有了强烈的“家里人”的意识，就会像自家人一样伸出援助之手。

【片段3】一个周二下午，我照例去各个办公室转转。走到教学楼一楼，听到一阵阵责骂声从教师办公室传来，在安静平和的上课时间，显得特别刺耳。我连忙走过去看，是一位家长站在教师办公桌前以教训的口吻在对一位班主任咆哮着。我示意班主任走出来，简单问了原委，原来是中饭后，有位男孩与他女儿发生了争执，他女儿对男孩骂了几句比较刻薄的话，男孩恼羞成怒把他女儿心爱的铅笔盒摔坏了，于是他女儿哭着打电话给他，他气呼呼地赶过来时，班主任正在着手处理这件事，但他不分青红皂白，劈头盖脸就对着班主任责骂起来。班主任表示十分委屈又十分无奈。大致弄明白情况后，我把家长请到了我办公室，等他发完脾气后，以非常严肃而不容置辩的口气告诉他，他这样处理女儿和同学间的矛盾，对女儿的成长极其不利，对老师也是极其不尊重，需向老师认错。至此，他也认识到了自己的鲁莽，主动请我陪同，到教师办公室当面向班主任做了诚恳的道歉。从那以后，这位年轻班主任底气大增，工作积极性越来越高，班级管理水平也达到了一个新高度。

【片段4】有位老师在给我的岁末来信中，写了自己顺利走过的一段痛苦经历和体会：我工作兢兢业业，从不敢懈怠，班级管理紧、严，从不随意，总是想把事情做好，总是希望能为公益争光，本学期有学生不认同我的做法，抵触并肆意讲我的种种不好，想来就是一点没让学生满意，就会有无穷的点放大，我难过了很长一段时间，也怀疑了很长一段时间，觉得自己很失败。很难过的那段时间，王老师把我叫到她家，关门和我聊了很多，她说，我们认可你，领导相信你，你是个劳心劳力的人，成绩不差，但需要柔和。她一字一句，慢慢和我分析，给我讲她自己的例子，讲她遇到过比我还难的时候，告诉我人生中难免会有这样那样的小困难，要坚挺地活，不是被吓倒，你还要做很久的班主任，这样就逃啦？我奇怪，她怎么看出来我要逃的？我心里就是这么想的，我想逃避啊！这就是师父，这就是暖。这番话记在心里，暖在心头，也鼓励我，改变我，一份小的下午茶，一句句耐心的指导，让我感到很温暖，我也把这份暖带给了孩子们，这样暖着暖着，一切都融化了。

人的感情是相通的。可能是感同身受的缘故，王老师在岁末回信中也写到了这件事。知道那位老师被投诉以后，我想她一定很难受。考虑到平时她对工作十分认真，她被学生投诉一定不是态度问题，而是方法问题，所以我很想帮帮她。于是我花了很多时间和她任教班级的八九个学生沟通交流，了解到了一些具体情况，仔细梳理后，我把她请到了自己家里喝茶，进行了长时间的交流，告知她的问题所在以及改进的方法。其实青年老师有时由于经验不足，缺少一些方法，需要我们及时引领和帮助。我自己在刚踏入教师岗位时，就缺少了长辈的指导，所以一路走来坎坷崎岖，也正是这样，我告诫自己：善待身边的年轻人，只要他们有需要，我一定竭尽全力帮助他们。

3. 多一些“任性”作业与不一样的考核

有人说，人是上帝创造的一部最精密的仪器，哪一个零部件都不能出差错，教师的身心健康需要多维度、全方位的综合养护，有时教师也像学生一样希望得到一些“任性”的作业。

【片段5】学期结束会议上，我给老师们布置了三项假期作业：一是呵护好自己。多睡几个自然醒，让身体彻底地休养；做些平时想做而没有时间去做的事，让心情彻底地放松。二是陪伴好家人。享受人世间最宝贵的亲情，尽可能多地陪陪长辈尽好孝心，用心耐心地带好儿子（女儿），已成家的夫妻恩爱，没成家的朋友畅聊。三是关心好学生。师生亲情不放假，把握好节奏，与班里的孩子进行一些沟通和联系，也是一件乐事，因为学生始终是教师生命中不可或缺的重要他人。

【片段6】 成立教师健身俱乐部，给老师们布置锻炼的作业。教师根据自身的个性、爱好、特长等，自发组织成立了太极、乐走、瑜伽、篮球等十多个“教师健身俱乐部”，每周、每月安排时间开展活动，学校进行考核，安排专门的健身计划经费，既形成了让教师参与身体锻炼的机制，又构建了“正能量好同事”情感交流组织。

4. 多一些活动与提升

现代社会，最大的身心健康威胁来自心理。教师的压力需要有人帮他们缓解，但正如中医的最高境界是“治未病”一样，教师的心理呵护最关键的是要从源头抓起，提高教师心理的管理水平和能力。

【片段7】开设“教师心灵工作坊”，由老师自愿报名参加，一般利用周三晚上开展活动，每期历时近两个月。因为工作坊以活动、分享、讨论为主，注重每位老师的内心感受，总是能通过一些简单的活动，让老师体会到深刻的道理，真正感受到心理辅导的一些理念和技巧，所以深受老师们的欢迎。

以最近一次教师心灵工作坊为例，24位老师踊跃报名参加了工作坊活动。工作坊活动包括“沟通与交流”“竞争与合作”“教师自我探索”“初中青春期性教育”等内容。工作坊围绕主题开展一系列有趣有效的活动，如无声沟通、你说我画、最佳配对、盲行人生、松鼠搬家、信任背摔、冥想人生、性教育话题讨论等等。

下面选取2个活动和感受实录。

活动1

“不得不”与“选择做”。“在工作与生活中，你觉得哪些事情没意思，却又认为不得不做？请将它们列在纸上。”

当参与这个环节时，每位老师都开始奋笔疾书，很快一些老师就写完了整整一面“不得不”：不得不批作业，不得不耐心和学生谈话，不得不6:00起床……仿佛这张纸承载了老师满满的压力与不甘。而当带领老师请所有老师划去“不得不”，并将这个词改为“选择做”时，老师们又沉默了，很多老师面露不满，甚至有老师直接说：“这不是我想要的，我下不了手。”最终当老师完成“我选择做……是因为我想要……”后，老师们开始真正地思考这个活动背后的深意。

“不得不与选择做”活动感悟：在“我不得不”的阶段中，有一种被迫的无奈感甚至无力感；到了“我选择”时，开始有了一点主动感，更多的是一种“自己选择的路跪着也要走完”的自我激励；但到最后写出“是因为我想要”，开始坚定了自己的“不得不”，虽然很辛苦，但也有做下去的动力和期待！转变了一个想问题的角度，顿觉豁然开朗！

活动2

“一人一故事”活动。活动以“忙”作为主题，引导老师讲出与自己有关的“忙”的故事。

忙，这个词很中性，但忙的背后是什么？忙的情绪是什么？常常被我们忽视。我们聘请了杭州沙漏剧团带领老师们思考，老师们分享自己不停地忙的故事。有的老师罗列了一天的忙，有的老师分享了与父母之间的故事，有的老师则讲述了忙了之后的家庭冲突与感悟。而剧团的老师们则将这个故事用即兴表演的方式演绎出来，配合以自创的音乐，让我们站在一个全新的视角去看待“忙”。在这里，我们每个人都是主角，每个人都被关注。

教师心灵工作坊情景剧

“一人一故事”活动感悟：沙漏剧团的成员为什么可以演绎如此精彩，因为精彩中有我们的故事与人生。他们怎么做到的？因为他们没有要怎么演绎的焦虑，他们每时每刻都在倾听我们，感受我们，最后用中立的态度演出我们所讲的故事，当一个人学会了感受他人的感受与需要，她的内心一定也在不断成长。

今天的活动对我有太多的触动。曾经的忙、盲、茫的刺痛感是如此熟悉，以至泪目。学会好好与自己相处很不易，但很有必要。否则会被无奈的挣扎撕裂。“教师心灵工作坊”结合老师们生活和工作的实际，基于老师们的需要，助力老师们心灵成长。“工作坊”开办至今一直深受老师们的欢迎，有的老师参加了一期又一期，现已成为促进教师心理健康、提升学校校园心理生态环境的一道“大餐”。

二、关心关系生为本

夸美纽斯在《大教学论》中有这样一段精彩的论述：我们可以选择太阳来模仿，因为它给自然的作为提供了一个显著的例证。太阳的工作是很辛苦的，差不多是没有限度的，就是把它的光线散布到全世界，为种类无限的物质供给光亮、温暖、生命和力量。但是它对它们全是平等的，并且年年能以最可惊羡的方式循环实践它的责任。

如果把教师比作“太阳”，教师有责任有义务把自己的光和热，像阳光一样洒到每一位学生身上，因为师生的亲情是无私的大爱。我们要把“特别的爱给特别的你”，注重把关心送给需要特别关心的学生。把爱的阳光洒向需要特别关心的后进学生、住校生。我们运用生动活泼的形式给予每一位学生以客观的评语和激励。

把学校教育的每一缕“阳光”照到每一个学生身上，认真倾听他们的发展需求，并且积极加以回应，这是真诚关心的基本标志。老师对学生真实合理需求的积极回应是真情所在，是最关键的关心行动，是一种深层次的关心，更是促进学生有效学习的伦理基础。

（一）“问计于生”，倾听并回应学生的声音

内尔·诺丁斯曾指出，教师不能一味地追求学业成绩而放弃对学生的关心，必须对学生真实需求进行积极回应。

一天深夜，我收到了来自学生家长的一条短信：

“阿潘校长好！我是一名初三学生家长，有点想法要跟您交流一下，到了初三，部分老师还在布置大量的作业，其实也来不及批改、讲评。孩子希望自己有更多的时间进行系统整理、梳理易错知识点。他向老师表达过自己的愿望，但并没有效果，到了最后冲刺阶段，大家特别希望老师们能多听听学生的想法……”

第二天，我立马找了十多名学生了解情况，发现他们确实希望有更多时间进行自主复习。我随即与备课组长们商量对策，并把短信转发到初三教师微信群中，一开始，不少老师感到很委屈，甚至有些气愤，形成了对立局势，引发了不小的风波。通过分班、分学科发放问卷、召开座谈会，大家终于统一了思想，化解了矛盾，及时调整复习教学计划。

“短信风波”后，我们开展了学生需求的全面调研，结果发现：“进一步减少作业量”是学生呼声最高的诉求之一，学校就将其列为学期教学工作的重点之一，发动教师开发了以学为中心的“诊、研、改”一体化作业改进与实施框架。

全体教师根据学科特点，以及年段学生的学情，反复讨论分析作业设计方案，布置符合学生实际的校本作业，增设“选做题”，给学生一项“拒绝做过量作业”的权力。老师布置作业前，都会把手头上的资料全部做一遍，然后再进行优化，把不适合学生、会浪费他们时间的题去

掉。同时，老师更加注重对学生作业的评价。通过打分的形式，而不是简单的ABC或者优良等级，让学生更直观地评判自己的作业情况。

班主任每天将每门学科的作业清单上传到年级组微信群里，年级组长统筹平衡，教务处提供必要的指导，基本满足了学生“减量、提质、增效”的作业需求。

期末测试后，我收到了王天览妈妈的短信：

“阿潘校长好！……这个学期，我孩子的成绩有了非常明显的提高。经过分析、总结，我认为这得益于本学期作业量的合理化。上学期，课余时间孩子疲于应付学校作业，对学习毫无兴趣。本学期，他每天自修课就能做完作业，周末也能比上学期提早半天完成作业。除了有时间查漏补缺，他还可以约小伙伴打球、看电影。孩子学得轻松、主动，成绩一次比一次有进步。记得开学典礼上，阿潘下决心要减作业量，给孩子减负。事实证明，这是一种智慧而人性化的做法，相信有更多的孩子因此受益。”

期待拥有学习自主权、要求减少作业量仅仅是学生需求的一部分。事实上，学生的需求是全方位和多维度的，有的是真实合理的需求，也有的会超过学校的能力范围，甚至是非理性要求。因此，我们把学生的需求分为四类：一是符合学校管理制度、可操作的，如组织篮球赛，缓解紧张的中考复习气氛；二是需要学校管理制度做出调整、可以尝试的，如每周看一场电影；三是虽然在学校管理制度范围内，但是操作性很低，如学期中途对教师不满意，提出更换教师；四是与当前的学校管理制度相违背、不可行的，如允许学生带手机进教室。

对四类学生需求进行分析之后，对于前两类可行的需求，学校会分门别类，列出任务分解单，交由相关部门、班级、学科来解决。对于后两类不可行的需求，学校也不会坐视不理，而是指定相关教师通过与学生进行正式与非正式的交流，解释学校的实际情况与立场看法，力求学生的理解与支持。

如今，老师们已把倾听和回应学生的心声作为关心学生的“必修课”，普遍认为“问计于生”为自己的工作提升找到了一个重要支点，学生欢喜、老师开心、家长满意。在问计于生的案例征集中，我们发现，几乎所有的老师都从“问计于生”中受益，并采取了越来越多的方法“问”并“改”。

案例1

我通过这些方式“问计于生”：1. 家校本上专门设有一栏，让孩子们写出自己当天的心情、疑惑等，我每天最重要的事情就是先批阅家校本，了解孩子的需求。2. 通过值日班长了解孩子的需求。每周开一次值日班长的会议，在会议上交流班级同学的需求和目前存在的问题，之后再采取措施跟进。3. 察言观色：每周一早就关注孩子们的脸色，有脸色不太好的孩子立马了解情况。每天早上早读期间，我都找孩子谈话，主要谈话方向是日常的行为规范和情绪的排解。针对孩子们提出的疑惑给出自己的合理的解答，受到了学生普遍欢迎。

（班主任　赵鑫怡老师）

案例2

通过问卷、让学生写信、找学生谈话，了解到学生非常喜欢一对一的作文讲评和辅导，于是利用中午休息时间，对某一方面欠缺的孩子个别辅导，并且做到所有学生一对一辅导作文，通过上半学期五轮辅导，感觉学生作文选材进步神速，而且有一些学生提升了写作自信心。

（王晓燕老师）

我通过找学生谈话、随访等途径，了解到学生认为课堂上回答问题的机会会被反应快的同学“抢占”，导致一部分问题来不及思考就“被知道”答案。接下来，我注重规范课堂上同学们回答问题的纪律，给足同学们思考时间，让他们在纸上写下答案，再举手回答。这样一来，可以保证每位同学都有独立思考的时间。

（社会科　林芬老师）

体艺节方案制订时，之前是“8字跳长绳”“毛毛虫”“拔河”，我想给学生来点新花样，于是召集体育组整整讨论了一小时，最终决定取消耗时很长的拔河，替换新项目，结果发现活动的趣味性是很强，但是存在诸多问题。于是利用下课时间，我又随机问了初二、初三的很多学生，说了我们计划的三个项目，可是有趣的是发现三个年级答案几乎是一致的：还是喜欢跳长绳和拔河，尤其是拔河，有几个学生很兴奋地说着他们曾经在5秒内胜过对方，还没有找到拔河的感觉就胜利了，叫“秒胜”——看着学生兴奋地回想以往的战绩，我明白了，我们老师认为耗时太长，占用学生太多的学业时间，可是那种团队作战所带来的成就感是无法用言语表达的。跳长绳也是他们擅长的，他们建议减少参赛人数，于是我结合学生的需求和学校的顾虑，又把已经制订好的方案翻盘重做，又召集体育组重新对这三个项目进行规则的调整和完善。来来回回，貌似浪费了很多时间，可是这个“浪费”的过程却让我真正了解了潘校长口中多次提起的“问计于生”的必要性，再一次说明老师认为好的未必是学生喜欢的。

（体育　姜春枫老师）

关心关系体现在倾听上，最重要的是“不但要听到”，更要根据孩子的声音，及时回应孩子的发声，“积极去做到”！

（二）“心理辅导式班主任工作模式”

初中生正处于身体发育最快、心理反应最剧烈的青春期。人际关系的压力、学业上的压力等，给他们带来了诸多凭借个人努力难以逾越的烦恼和困顿。老师和家长看到的是他们想独立而叛逆的一面，却很少去了解他们实际上的另一面——对家长和老师的依赖性而很期待在烦恼、困顿的时候能够得到帮助。因此，有效地帮助学生顺利度过青春期，是构建关心关系的重要内容。

班主任天天面对学生中间发生的各种事态和问题。在日常教育过程中，班主任老师会不时遇到下列情况，并要及时和合适地处理。

案例

一位女生来找我哭诉。她是班级的“开心果”，人际关系特别好，但这段时间遇到了很大的困扰。因为班级里有位男同学，也是她的一个好朋友向她当众表白，并将事情闹得沸沸扬扬。她觉得非常丢脸，也觉得这个同学对她非常不尊重，所以开始对这位男同学冷眼相对，内心既委屈又难过，不知所措。而据我了解，这位男同学也同样手足无措，情绪低迷。

与此同时，班级还酝酿着另一种风暴：受到这位男同学的影响，还有几位男生蠢蠢欲动，打算向喜欢的女生表白。

面对这群青春期的学生，这位初二班主任陈老师该如何做呢？是发挥班主任的权威对具体的违纪行为予以控制，还是从弄清学生行为背后的原因，刚柔并济从内心征服学生?

面对这场即将来到的班级“风暴”，陈老师以《微笑走过花季》为题，开了一堂心理辅导活动课，从他人案例入手，抛出几个话题，完全由学生自主讨论，让学生自己领悟道理，懂得方法。

活动一：被人喜欢好不好?

呈现问题：什么样的男生容易被女生喜欢?什么样的女生容易被男生喜欢?

女生自由发言：高大　帅气　细致　成绩好　人品好　脾气好　不说脏话　有责任心　善解人意　懂得关心别人……

男生自由发言：漂亮　开朗　体贴　温柔　脾气好　人品好　学习好　气质好　有智慧有内涵……

教师总结：被别人爱慕，被别人喜欢，你应该感到高兴，因为这说明你是一位非常优秀的人，我们要努力成为这样的人，成为别人爱慕的对象!

借此告诉那位女生，你是因为优秀而被喜欢，这并不丢脸。

活动二：借同龄人的案例讨论。

案例：周瑜活泼可爱聪明漂亮，王伟乐于助人富有才智，他们是某校同年级不同班级品学兼优的学生，深得老师和同学的喜爱。自从他们同时当选了学生会宣传干部后，常常在一起研究工作和学习，课余时间也总在一起谈笑风生，他们的工作更出色，学习更优秀了。一次在出墙报要离去时，王伟神秘地塞了一封信给周瑜，并叮嘱她回家再看，周瑜急忙回到家打开信，原来是一封情书：

亲爱的周瑜：

自从与你一起担任学生会工作以来，你非凡的才华让我倾慕，你甜美的笑脸和声音让我难以忘怀，和你在一起，我是多么快乐，晚上一闭眼，全是你的影子，现在我已经学习不下去了。我已经情不自禁地爱上了你，对你着迷！

爱你的王伟

自由讨论1：王伟喜欢周瑜，那你赞同他向周瑜表白吗？延伸讨论，让学生梳理表白和不表白背后的心理因素。

自由讨论2：王伟的表白方式你认同吗？延伸讨论，告诉那位男生，爱慕是一种非常美好的感情，是对异性的一种喜爱和尊重，所以如果要选择表白，要注意表白是一个私密的事情，要理智，要尊重对方，理解对方。

自由讨论3：表白后的结果会怎样呢？学生自由回答。

总结为：一为拒绝并连朋友也没得做了；二为拒绝但与原来一样是朋友；三为沉默，对方不知道该怎么应对这份表白；可能会与你正常交往，也可能看到你尴尬而慢慢疏远；四为接受，深化关系。

我对班级的优秀女生进一步提问：如果你遇到男生向你表白，你会选择上面哪一种呢？

女生1：我会沉默，半推半就……

女生2：我可能会很尴尬，躲着他……

女生3：我会直接对他说："我要好好学习……"

当女生在全班面前这样表达，我借用她们的话告诉了那些想表白的男生：清醒点。

课后，那位男生专门跑到陈老师办公室，对陈老师说："谢谢。"那位女生也接受了男生的道歉，他们还是好朋友。班里的同学学会了爱在心口，静待花开的道理和方法。

经过多年的实践，我们探索了一条“心理辅导式的班主任工作模式”之路。所谓心理辅导式的班主任，就是班主任拥有心理辅导的情怀和意识，具备心理辅导的知识和能力，进而把心理辅导技术运用于良好班集体的建设，运用于与班里学生交往过程中，让学生享受到不一样的关心和体贴。

我们扎扎实实地组织开展心理辅导式班主任工作模式的学习和培训，例如成立心理名师工作室，重点是让班主任学会把握青春期孩子的特点与发展规律，掌握心理辅导的基本知识、心理辅导的技巧。再如，召开“主题式”班主任例会，通过班级管理中问题的发现与解决对策进行分享与提升，助力班主任边学习边实践，会从学生的角度更多地思考。促进每一位班主任无条件接纳不同类型的学生，努力和学生建立起平等、和谐、信任的关系。通过案例讲解与分析，围绕主题进行发散式讨论，学习心理知识、训练心理技巧，设计心理辅导式的班会课，并开展班级心理辅导活动。

心理辅导式的班主任老师和学生的沟通与交流中，一般采用三个步骤：第一步是共情，表现出对孩子的理解，从而赢得孩子的信任，例如陈老师将引用别人的例子、班里蠢蠢欲动的“表白”倾向等巧妙融进课堂，让那位女生认识到自己因为优秀而被表白，那位男生认识到自己的方式方法非常不恰当；第二步是让孩子充分倾诉，表达自己的想法，从而能更好地理解他的内心世界，因此可借助班会课或沟通时给予孩子相对开放自由的表达机会；第三步，帮助孩子分析问题，用事实说话同时给出合理的建议。

还是以处理比较棘手的异性交往问题为例，班主任钱佳飞老师以亲和的私下沟通方式，化解了学生心底“迈不过的坎儿”。

案例

我班里有一个女生被传说和一个男生谈恋爱。我把她单独叫到办公室沟通。首先我陈述了我的耳闻，从她纠结的神情中我知道她的痛苦。我告诉她我明白此刻她内心的悲伤，被谣言中伤肯定很难过。因为我通过这一个学期的观察，相信她一直把重心放在学习上，不可能像谣言中说的那样。听完我的话后，孩子信誓旦旦地跟我说，她绝没有做过谣言中说的事情，她和那个男孩子是零交流。

没有想到，事后她在家校联系本上给我写了一大段的话。她很自责，因为她欺骗了我，她确实喜欢这个男生，觉得对不起我的信任。同时她也非常受伤，因为她只把这个事情告诉过她的闺蜜，有一种被好朋友出卖的感觉。

有了这样一种信任以后第二次谈话就比较顺畅。我帮她分析了现在的情况。第一个，我告诉她要学会悦纳自己。在青春期的时候，出现对异性的好感是非常正常的，并不是只有她一个人有。第二，其他同学同样处于青春期，比较好奇男女关系，同学并不一定是在背后中伤她，我也不是通过她的好朋友而得知的，消除了她对好友的猜疑。第三，不要觉得自己罪大恶极。老师从来不会因为一次欺骗而对孩子有看法，反而是真诚的道歉让我很感动，有一种被信任的欣慰。通过这样的一次积极的沟通，孩子纠结与痛苦的心理状态得到缓解，同时平复心情，更好地投入到期末复习中去，在期末复习中也取得了很大的进步。

学点心理沟通技巧并不容易，需要懂得学生的“心思”，但当班主任有了心理辅导的意识，学会用心理辅导的方法，老师哪怕就是简单的“嗯、啊、噢”，表达的都是对学生的一种友好的回应。这样，师生的交流就能较好地开展下去，因为学生感觉到自己被尊重了，感受到了交流的可能。整个交流的过程中都贯彻了“尊重”的理念，效果自然大大优于居高临下的训斥或滔滔不绝的说教。

以走心的方式与学生沟通交流，从心理的角度帮助学生成长发展，往往能妥善地帮助孩子平缓地解决学业压力、情感困惑等青春期可能遇到的突出问题，帮助孩子平稳地度过青春期。

（三）喝茶聊天，巧妙对话心相融

许多问题的根源都是沟通不畅所致，换言之，人与人之间的问题都可以通过沟通进行解决。孩子进入初中后，最让家长纠结的是，不知道怎样和孩子说话，在和家长的交流中，不时会听到这样的声音：“我的儿子不知道怎么了，就因为批评了他几句，已经一个星期不和我说话了，叫他也不答应，我想找他谈谈，可又不敢开口……”“前天因为手机的问题吵过一架之后，他对我的态度变得很差很差，今天早上给他拿东西还说叫我滚，我该怎么办啊……”“我们家囡囡以前很乖的，现在怎么这样了，明明犯了错误不承认还要一直和我唱反调，我说的话一点作用都没有……”

有的家长说着说着甚至流下了眼泪，感叹从前那个一见到自己就会冲上来拥抱，心里的一点点秘密都会偷偷说给自己听的乖“宝贝”到底去哪里了……

其实，许多老师也有类似的困惑。而在孩子们心目中，家长和老师压根儿不懂他们，根本不知道他们想用什么样方式和他们说话。因此，很多时候、很多场景下，不是孩子不听话，而是家长和老师不会说话。

为此，我们运用“角色扮演法”，让老师设身处地地感受不同的“说法”带来的不同的心理接受程度，进而在心理专家的指导下，在“点评”环节，领悟其中的原理。

案例1

大课间期间，两位初二同学在教室里为一点小事吵了几句，互不相让就打起来了，班主任赶到，马上把两人分开。

方法1：

班主任直接开始教育：为什么总是你们两人？小A，每次打架都有你的份，这次又怎么了？上次的事情还没过去，你又……小B，你是不是又骂人了？

小A和小B一声不吭。

点评：简单粗暴式。案例中的班主任直接将不满的情绪投射到学生身上。不仅学生感受不到老师对他们的关心，更重要的是这些“关心则乱”的话语会关上师生沟通的大门。

方法2：

班主任：你们两个怎么回事？

小B：他先打我的

小A：你先骂我的。

小B：你先抢我的东西。

小A：可是你不能好好说吗？

……

班主任：你们还想打一架吗？

点评：教师在处理学生突发事件时，未能处理自身情绪，将自己的情绪过多地带入事件当中，错误地将学生的偶发事件成为自己的情绪的宣泄口。

方法3：

班主任：你们两个人为什么打架？

学生A：他骂我，骂得很难听。

班主任问学生B：你骂他了吗？

学生B：嗯。但是我是有原因的，他来抢我东西。

班主任对小B说：所以说，事情是他来抢你的东西，你就很生气，所以骂他。

班主任对小A说：然后你听到后，也很生气就打过去了。

班主任：是这样吗？

小A和小B点点头。

班主任：所以这两件事，你们两个都有错。互相道歉吧。下次处理事情不要这样了。尤其是小B，说话不要这样难听。小A，记住，再有理的事情，一动手就都是你的错了。

点评：过于简单地下判断，说话浮于表面，缺少让学生自省并尝试改正的过程，难以心服口服，学生问题再犯的概率变高。

方法4：

班主任请两个人来到办公室。让他们安静地站着，先冷静至少5～10分钟。

班主任：现在谁能先说说，刚才发生了什么？一个人先说，另一个不用反驳，我会再听你说的。

小A：刚才我想给教室里那盆植物浇水，发现小B拿着洒水壶，我就向他要，他不肯给我。我就想去拿过来。他就骂我傻，骂得很难听，还不停地说。我就很生气，最后就打过去了。

班主任：小B，你说说怎么回事？

小B：我拿着洒水壶，他就来抢，我就很生气，所以就忍不住骂他了，他就打过来了，后来就打起来了。

班主任：小A，你去拿洒水壶是想为班级的植物浇水，老师首先要表扬你。但是这件好事，最后变成了一件坏事，你结合刚才小B说的，想想这个过程中你哪些地方做错了？

小A：我去拿水壶时，太着急了，小B可能误会了。还有我动手了。

班主任：对。如果你心平气和与他说，他给你水壶，也就没有后面的事情了。对吗？

小A：对。

班主任：那下次如果你听到他这样骂人，你还会打过去吗？还有其他办法吗？

小A：忍着。

班主任：能忍住吗？

小A沉默一会儿，说：忍不住。

班主任：谢谢你这么真诚，其实就是一个选择，你再想想，除了忍和打过去，还有没有什么办法？

小A：（想了一会儿）还可以走开。

班主任：对，这个办法很好。

班主任对小B说：我相信你如果知道他是为班级服务，一定会给他的。对吗？

小B：对的。

班主任：那你想想最后为什么会打起来，你有没有需要改变的地方？

小B：我不该骂他。

班主任：小B，其实老师知道你特别希望与同学交朋友，但有时候他们不理你，所以你一着急就会乱说话。你可以试着心平气和地说。

点评：教师在处理事件的过程中保持公正客观的立场，很好地处理了自己的情绪，并且在充分了解事实的基础上，分析整理事件经过，及时给予学生肯定，最重要的是在理解和共情的同时指导学生处理问题的方法。

从上述角色扮演和讨论中，老师们发现，在矛盾冲突发生时，不同的态度、不同的话语、不同的语音语调与孩子沟通，对当下问题的解决和孩子通过这个过程的成长，效果大相径庭。因此，老师们在与孩子们沟通中力戒简单粗暴、浮于表面，要善于创设情境，心平气和，循序渐进，直抵内心，让孩子心悦诚服。

每位学生都是独一无二的生命个体，都渴望我们去热爱、关注，不同的学生需要我们用不同的方式去唤醒、去引领。有的“吃硬不吃软”，更多的是“吃软不吃硬”。喝茶聊天，聊着聊着，找到了某个点，转变就自然发生了。对孩子这样的关心，称得上是真关心！

案例2

班级里有个同学小A，人很聪明，但是学习一直没有目标，我行我素，不会帮助人。值日班长记录本里几乎每天都有他的名字，都是各种各样的小问题，我几乎每天都要找他聊天，苦口婆心，但是一段时间下来，却发现孩子几乎一点改变都没有！经过静心思考才发现，由于我想要改变孩子心切，所以大部分时候，都是在将自己的思想强加给孩子！

于是，我改变了策略，无论发生什么样的大事，请他来办公室时，都给他泡上一杯热茶，坐下来后，我都让他先说，说事件的发生，说他对这件事的想法，我默默倾听，捕捉些许可能的突破口。记得有一次，他把一个孩子的书本撕了，两个人都大怒，差点打在一起，我的第一感觉是愤怒，第一感觉也把矛头指向了他！但是我冷静一想，每件事情的发生总是有原因的，耐心听他说完才知道，原来是另外一位同学拿他的东西玩乐，把书本弄湿了，使他很不开心，所以他要“报复”，也让别人不开心！想转变这个顽固的思想，可真的不容易！

之后的时间里，我通过仔细观察后发现，经常跟他玩在一块的几个孩子，都和他一样聪明，但成绩几乎都比他好，于是我用了“激将法”，分析他的优势，将老师们对他的好的看法一一告诉他，同时，也让值日班长尽最大可能去发现他的优点，激发他的学习动力，没想到果真起了作用，特别是在初二第一学期的后半段时间，老师们发现几乎没有因为错误而点他的名，且发现每次上课他的眼睛都炯炯有神！我还是照常不断地观察他，隔一段时间我还是会找他喝喝茶，谈谈心，越到后面发现他整个人也越来越阳光！我趁热打铁，在他成绩大有进步的情况下，给他安排了帮扶工作，利用自己的优势去帮助他人，当他帮助的同学有进步的时候，我就大力表扬他，让他品尝到帮助别人的快乐！

期末考成绩出来，他不负所望，取得了非常出色的成绩！回顾这个过程，我边请他喝茶聊天，边站在他的角度考虑做些点拨，这样，就有了更多的同理心，沟通就更加有效了！

有的时候，沟通就是一种无声的约定。预订的一杯奶茶，真正走进了一个大男孩的心。但这杯奶茶的背后，一定有基于对这男孩发自内心的关心，并由此做足的“功课”。

案例3

第一次见到你，就感觉你是个很帅气的小伙子，个子很高，看上去似乎很喜欢运动。只是，与此同时，我也发现你的目光有些游荡，看什么事物都有些无动于衷，这让我感觉到你的性格有些“冷”。这可不是我想看到的十几岁孩子应有的表现，所以，从那时起我就萌生了想要改变你的念头。

我开始了多渠道了解你的过去。通过班主任老师和其他同学的述说，我知道了你的父母由于工作忙，你常常一个人在家，你的内心特别渴望父母的陪伴。

从那以后，我一直在找机会接近你，和你套近乎。在那以后，你的眼神似乎不再那么“冷”了。也许是你真的弄懂了我的心思，终于开始偶尔和我说上两句——虽然表情看上去有些不自然。这次期末考你和我打赌：如果考上110分以上，你让我奖励你一杯奶茶；如果你输了，你给我买一杯奶茶。我毫不犹豫地说：没问题！第二天我就早早地把奶茶给你准备好！结果被你看到了，你好奇地问：“老师，英语都还没考呢，你怎么就准备了?”我说：“我相信你！”

虽然最终你考了108，离你期待的结果相差2分，但是比起之前的几次考试，你已经取得了巨大的进步，老师很欣慰！你说你愧对我的信任，我说：“没事，老师相信你下次会有更大进步。”于是，我俩就开心地分享为彼此准备的奶茶。

（王静老师）

有的时候，沟通并不一定要自己说，可以借孩子的嘴巴把自己要想表达的愿望说出来，从而实现目标。这是最高明的沟通。且看陈蒙静老师是怎样做到班规的修订让大家都容易接受的：

升入初二，需要修订班规了。我先写出一系列可能发生的情况的加分减分项目，打印出来。班会课上，人手一张，让学生进行补充。补充的建议让同学们投票，大部分同意就加上去。新的班规实行一星期后再开一次班会，对其中的班规进行再修改，一切由学生讨论决定，这次同学们对迟到是否要累加扣分进行了广泛的讨论，最后达成了共识，我没有开口说一句话，但达到了理想的目标。

在和孩子的沟通过程中，老师和家长都需牢牢记住的一句话是：不要关注我说了多少，而要在乎孩子听进了几句。而要让孩子尽可能多地听进去，老师和家长要讲究的是与孩子说话的态度、立场、方式和方法。

第二节　“一个不缺”显用心

行为科学告诉我们“人的差异是客观存在的”，现实生活中我们也不难发现：“龙生九子，各不相同”——同一个家庭同一对父母养育下的几个孩子也会有明显的不同。有学生群体的地方必定有所谓的“好学生、中等生、后进生”之差异，造成差异有遗传的客观因素，更有家长的养育方式、老师的教育价值观、学生自身努力程度等主观原因。

孔夫子对教育的重大贡献之一就是提出并践行了“有教无类”的思想。有教无类的一层含义是让教育不再是“学在官府”，而是让每个人都有受教育的普遍权利。另一层含义是通过教育缩小人原先固有的“类”，教育的理想结果是通过教育消灭人的差别，达到“有教则无类”。但是，他的有教无类不是“无差别教育”，他给了不同的人不一样的教育，比如他在解释“仁”的含义时，给了弟子冉由和子路不一样的答案，这称之为“因材施教”。

社会发展到今天，人人能有受教育的机会，每位适龄孩子都有书读已不再是我们需要关注的问题。我们需要特别关注的是“有教则无类”，让“有类”的孩子通过我们的教育少一点差别。

每个班级或多或少会存在多种原因造成的、表现各异的“后进生”，作为老师，我们需要牢记：每一个孩子都不喜欢被放弃，每一个孩子都渴望被需要。因此，我们开展了全体老师与后进生“牵手行动”，并制定了《德育导师制度》确保牵手行动计划落地并有实效。

一、与后进生的“牵手行动”

《幼学琼林》提出“爱无差等、曰兄子为邻子”的伦理思想，现代教育的核心思想是“面向每一位学生”，在对学生一视同仁的前提下，正视差异，“一把钥匙开一把锁”。为此，亲情教育提出的“关心关系”的重要理念是“一个都不能缺”，从新生入学时校长和每一位学生握手、和每一户家庭合影开始，扎扎实实地体现在三年的每一个教育教学环节。每一项教育活动，都力求做到一个学生也不疏漏。

爱优秀学生几乎是所有老师都能做到的事。在关心关系中，最难的是老师与后进生的关系，但最能体现关心关系的也是老师对待后进生的态度。“爱无差等”确实是学校教育的至理名言，最能考验的关心是一所学校是否把“不放弃一个学生”的理念落到实处。

在一次教师座谈会上，听完老师们的分享后，我发自内心地跟老师们说：

喜欢学业、思想、心理暂时落后的学生，进而用合适的方法去教好他们，无论是从个人情感，还是从付出的精力来讲，真的特别不容易。我特别欣赏、佩服我们身边这样做，而且做得很有成效的这几位老师。他们用高尚的师德、适合的方法诠释了“优秀教师”四个字的真正内涵。

我从教30年，一个很大的体会是，我们初中老师对好学生真的不需要太多关注，因为他们往往从幼儿园开始受到老师的关注已经够多了。一定程度上，多给他们一些空间，反而让他们的主动性更强，思维更加活跃；多给他们一些挫折，反而让他们在磨难中得到历练，内心会更加强大。与此同时，我们对班里的那几位学业较弱、行为习惯不够好甚至会让你讨厌的孩子，真的值得多给点关心、关爱，他们会“给点阳光就灿烂”，他们往往会因为你某一次耐心地听完了他对一件事情的解释，给了他某一个小组长的岗位，给了他一个肯定的眼神，而感到十分开心，而且还可能感动几十年，记住一辈子。

4月9日那天，我去参加了临安白牛中学的1986届学生的30周年同学会。这是我当班主任带的第一届学生，我任初一（2）班的班主任兼两个班的英语老师，课后我就给他们烧菜粥吃，和他们一起打乒乓球，还从农民那里承包了五分田，和学生一起种黄豆、小麦等，把收入作为每月搞一次班级活动的经费。因为经常搞活动，所以这个班级凝聚力特别强，坚持把每年正月初三作为同学聚会日，一直坚持到现在。

同学会上，他们照例要“作弄”我一番：把我的眼睛蒙住做“盲人探路”游戏，用一张小小的报纸要我做“金鸡独立”……在同学会的筹备以及整个活动过程中，我发现除了黄素红等召集人外，当年没有考上高中的那些同学（那时农村初中的中考升学率只有百分之三四十）表现得特别积极，如读书时总坐在第一排的何建国同学；初中读书时上课常迟到的邵有平同学等。

印象特别深的是，在与那几个当时有些调皮甚至时不时犯错，受我惩罚过的男孩聊天时，他们用一个个细节故事讲述了当年我对他们的种种友好，表达了发自内心的感恩之情。从他们眼神中，我看得出他们特别亲热，感情特别纯真！

我们把全员育人真正落到实处，调动每一位老师的力量，实行“后进生牵手”行动，老师在任课班级，通过“牵手活动”，与三名学生进行交流与沟通，让他们感觉被需要，不被理解时有地方可诉说。老师记录牵手后进生的孩子的情况，作为阶段性反馈。

任何一项工作，只有有了制度的保障，才会不流于形式，才会持久，也才能真正起到应有的作用。与日常教学工作相比，“牵手行动”更具有弹性，容易“讲起来重要，忙起来忘掉”，况且，100多位老师也是存在认知、态度、能力等差异的。为此，我们制定了让“牵手行动”落到实处的德育导师制度。

德育导师制度规定了德育导师的职责，在全面关注“牵手”受导学生的思想品德、行为规范、学业特长、身心健康的同时，协调、整合家长和相关任课教师资源，进行有针对性的突破。制度明确了德育导师的工作程序，包括“建立档案、帮扶行动、反馈提升”等三个方面。档案中有受导学生的基本信息，更多的是记录在“牵手”过程中孩子成长的闪光点和不足之处，以及对症下药的具体目标、措施和达成情况。帮扶行动中有每学期不少于一次的家访、每月不少于一次半小时以上的走心谈话、对学困生每周不少于一次的学习辅导、对行为习惯差的学生每天能见上一次面等。制度还强调了对德育导师的考核评价，把该项工作的业绩作为年度考评、奖励、评优、评职的基本条件。

每一年，我们都要举行德育研讨会，研讨会上老师们感慨最多的主题常常是后进生的转化工作。实施后进生牵手行动后，老师们触动很大，例如，他们惊喜地发现：自己的学生观改变了，不再以成绩论英雄；后进生可塑性很强，只要找到合适的方法，人人都可以改变和提高，“牵手行动”促使自己动脑筋想办法，尝试各种方法；后进生让自己有成就感，哪怕只是进步了一点点，哪怕他不断有反复，心里都会感到很欣慰，因为自己的时间、精力花上去了，孩子比“原来的他”有了较大的变化；许多孩子起点低，但上升空间大，一学期下来进步神速，改变了一个孩子，自己会“超有成就感”！

每年请老师们撰写“我的亲情故事”时，他们纷纷记下了“牵手行动”中自己的心路历程，展现后进生变化的可喜场景。

故事1

小王同学是我本学期的牵手小伙伴。小学起，他就是老师与同学眼中的“霸王”。他曾誓言用拳头解决问题，他曾不管怎样都不认剪坏女生衣服的事，他曾固执地坚持自己对某件事的理解，谁说都不听。跨入初中后，他唯一不曾改变的就是“成为一座孤岛”。在与他父母交流的过程中，他们坦言儿子小学时“恶名远扬”和中学里的“任性举措”也许与他读的书有些关系。

3月的一天，我带着几个孩子一起去杭州高级中学参加了文学性的诗歌创作比赛，几个孩子非常优秀，也非常争气，获得了一等奖。回到学校之后，我向全班同学表扬这几个孩子，但唯独没有意识到从小王的眼睛里流露出的失望。

第二天的早读，本该是小王上去领读的。我在讲台上示意他上来，他却用不屑的眼光瞟了我一眼，继续埋头看着自己的语文书。

晚自修的时候，我再度走进教室，几位同学拿着他们的小作文拼命地跻身在我身旁。原来这一期的小作文，我布置写文言文，学生们都不擅长，纷纷拥上来求指教。小王也拿着本子走上讲台，冷峻的脸庞上似乎写着不想说话，但他还是拿着本子走到我旁边，对我说:“看。”

我纳闷了，早上还在对我耍着脾气，此刻又想让看作文，看来，小王还是非常在乎我对这份作文的认可的。我想，这一次应该可以好好利用了。

我借着这次文言文作文的机会跟他聊了许多，进而告诉他，他的特长一定能够在以后的机会中展示出来。但是小王表示对那几位获奖同学不认可，话语间，流露出对自我的高度自信。我用古人的例子告诉他，不断学习别人擅长的更是一种厉害的本事，并告诉他要逐渐改变这种觉得自己好、别人不好的观点。小王一向对自己定位很高，觉得自己以后是成大事者。这次聊天后，他好像欣然接受了我的观点，关键是接受了我对他的认可。

第二天早上，他的妈妈给我发了一条微信，说是小家伙昨晚临睡前很开心地跟她说："真高兴这个学校里还有懂我的人！"

从那以后的"牵手活动"中，我又多次与他聊天，一有机会就拿他的作文作为范文。小王开始慢慢喜欢上了我的课，课后的提问请教更是一次不落。

——摘自陆老师《牵手手记》

故事1

学困生往往在班级中容易被忽视，甚至是"被偏见"。5班的小金同学，学习确实有较大的困难，我曾花1个小时，给他讲了5道错题，并积极鼓励他，班上学生得知后，也慢慢开始帮助他。有一次在课上我特意请小金来回答问题，他在我的启发下回答正确，全班响起了热烈的掌声，那一刻，我看到了他脸上露出了难得的笑容。小金同学的成绩由第一次单元测试的34分提高到期末区考的68分，我不但帮助小金同学学习提高成绩，让他的自信心逐步增强，而且看到了班上同学尊重、关心他的那份善良、可爱。小金能被尊重、能得到其他同学的真心帮助，也许是我对这样一位后进生付出的耐心，给班里的学生起到了示范作用。在小金同学身上花的时间、精力，真的值了！

——摘自林老师《牵手手记》

实际上，后进生更加期待他人的尊重和呵护，但他们可能由于学习成绩不理想，或是行为习惯难以达到家长和老师的期望，因此常受到指责或批评，久而久之，他们会在心理上产生较强的自卑感，而这种自卑感又会顺势产生逆反心理，导致他们拒绝配合学校或是老师的正确教育。

后进生的教育是体现亲情教育的核心元素。我们形成了如下的“后进生”转变和发展观，应用于日常的具体实践：

1. 后进生大多像有点受了病虫害的花朵。除去病虫，仍是美丽的鲜花。不同的老师用不同的方法，结果会大不一样。

2. 后进生有点像韭菜，割了一茬又一茬。必须慎扣“帽子”，绝不轻易给处分。

3. 后进生转化需像农民对弱苗。他们内心敏感，自尊心特强，转化首先要了解，理想的转化是“拨动一盏灯，照亮一大片”。

4. 后进生最渴望的是把他们当普通人平等相待。尊重、信任，用亲情打动他们，用温暖走进他们内心。

5. 后进生的内心其实很脆弱，又各有特点，转化他们需要一把钥匙开一把锁。切忌单一化处理。

6. 对后进生教育，需要在班主任的协调下，沟通各学科老师，步调一致，形成合力。

7. 后进生成因复杂，需有的放矢，更需形成合力。尤其需用合适方法联合家长。是“防”而非“治”。

8. 需要抓反复，反复抓。容易反复，多点耐心，循序渐进。

有了这样的对“后进生”的观念和认识，全体老师人人参与“牵手活动”，通过耐心、细致、走心的沟通和形式多样的帮扶，建立起亲人般的关系，以亲情作为转化他们的起点，作为对他们开始教育的前提，让信任成为彼此的桥梁。当他们感受到老师给予他们的温暖和体贴的时候，真正的教育效应由此生发。

二、对住校生的“家人关怀”

有这样一群孩子，由于路途遥远等各种原因，小学毕业后不得不离开父母，选择来到学校住校。一开始，他们往往带着远离父母，独立做主的新鲜感，还有几分兴奋。但“在家千般好，出门一时难”，毕竟是孩子，身心没有成熟和定型，自理能力还很欠缺，过一段时间，就会有想家、焦虑不安，特别是身体欠佳的时候，更会感到孤立无助。而作为家长，第一次离家住校的孩子也常常牵动着他们的心。常常会在心里想着孩子饭吃得好不好？晚上睡觉怎么样？会不会把被子踢了着了凉？万一生病了怎么办？可见对住校生的关心必不可少。

我们对住校的孩子予以特别的关爱，为他们聘请了严慈相济的生活老师，为他们配置像家里一样的生活设施，发动他们一起创设温馨的“欢迎你回家休息”寝室物质文化，更营造有爱有礼、相帮相依、充满家的温暖气息的文化。

（一）像妈妈一样，给孩子无微不至的生活照料

当你把孩子送到学校，听到有人对你说“你的孩子就是我的孩子”；当你在家听到孩子打来电话，说一切都好，生活老师就像妈妈一样时，你会是怎样的心情？起初也许会有一点点不敢相信，日久之后，你充溢胸口的是真实的感动，然后是开心、放心。

这些感动是怎么来的？不是几句话说出来的。是生活老师真的像妈妈一样一点一点地做出来的。下面就以几个日常例子，让我们来看看生

活老师怎样做成了“妈妈”。

【镜头1】盖被子，捡枕头，照顾日常生活。

初三（1）班俞力泰同学家长在一次给我的信中，这样写道：

一段时间下来，问孩子：“住校怎么样？”孩子说：“好，一切都好！老师很好！”渐渐地，李老师的“好”越来越被我们家长发现。

我家的孩子，睡觉不老实，在家里睡觉就常常要掉枕头。一次我去学校碰到李老师，李老师说，你家儿子睡觉枕头要掉地上的，被子也常常踢掉，一晚上，要捡好几次呢。不过四点以后就好了。

这是真的，在家也是这样，十二点到两三点最易掉了，四点以后就好了。这说明每个晚上李老师都要查房好几次，给孩子盖被子，捡枕头，真的是付出了怎样的实实在在的艰辛的劳动啊！我很感动。由于冷暖得当，孩子的鼻炎犯的次数也渐渐减少了！

再说说“吃”的吧。孩子正处在长身体阶段，由于住校，我们也有点担心营养不够全面。每次返校总要带上水果等食物。但是有时会忘了吃，有时也是懒得吃。李老师会去检查孩子的柜子，督促孩子整理食物，及时喝牛奶。有次来送孩子时碰到了李老师，她对我说：“你给力泰带来的冬枣什么的，他都不吃，烂掉了，以后不用带了！”

那吃什么呢？我们也有点担心。李老师说：“你们孩子最爱吃西瓜、哈密瓜了，一晚上能吃一大碗！”李老师说的这两种水果都是我们不方便带去学校的，可的确是儿子最喜欢吃的水果！回家问孩子才知道，李老师常常用自己的钱给住校生买西瓜买水果吃。如果只是吃了一次两次，哪能知道孩子最喜欢吃这些啊，我们又一次地被感动了！

阿潘，你们的老师是真的让我们很放心！

【镜头2】泡糖水，递汤药，照料生病孩子。

初三陈逸凡妈妈说起生活老师，满怀感激，她说："孩子第一次离开家，我们开始很不放心，回来了问他学校怎么样啊？他说：'妈妈，你放心，我在学校很开心，都没有时间想你。'后来，他一到学校，我们就习惯了他每周的零电话，因为他在另一个家里，没有时间想起我们。

"这个家，就是公益中学，一个让孩子努力学习却又开心不已的家，更是一个温暖的家。作为妈妈，我真的很感谢学校所做的一切。说起去年年末发生的一件事更是让我感动至今。

"那段时间，大雪骤降，天气寒冷，即使在杭州也是每天零下五六度的严寒天气！还有更无情的是比天气更恶劣的遍布大江南北的流感，医院门庭若市，就连那平时壮如牛的儿子也被感染了！

"儿子去学校的时候，已经严重感冒了。我在家里非常担心，脑海中时刻浮现出他去学校之前那种高烧虽退，但精神萎靡、咳嗽不停的样子！体温有没有反复？咳嗽有没有好点？有没有影响学习？但是他依然没有电话。

"第三天傍晚，我既惊喜又惊吓地接到了来自杭州的电话！惊喜的是可能是儿子的电话，可以知道他的状态，惊吓的是担心万一是老师打来的，儿子的状态很差，要求接回家！恍惚之间接起电话，传来的是儿子有点沙哑但精神抖擞的声音：'妈妈，我感冒好多了，你放心吧！'一块石头落地，但还是不放心地嘱咐他：'带到学校的药还是要准时吃，直到感冒完全好为止！'儿子说：'我已经不吃自己带的药了，昨天晚上，李老师发现我咳得很严重，半夜起来好几次来看我，还把我自己的药拿到药店去研究，给我换了药，半夜就端来水让我把她配的药喝下去了，今天李老师还好几次跑到我们教室，把药一口一口给我喂下，还问

我有没有好点。那个药好灵哦，我居然……'

"此时此刻，我已听不到儿子的说话声，不知不觉泪流满面。零下五六度的夜晚，李老师起床多次去照顾感染流感的学生，半夜拿药去药店研究药并及时换药，第二天拖着疲惫不堪的身体去五楼给生病的学生多次喂药！

"我听说过流感时期，李老师加强了管理力度，在管理照顾好大多数孩子的同时，又连续几个晚上为发烧的孩子量体温，倒水服药。等到'服侍'停当，天已发白……

"李老师常常对我们开玩笑说：'五天在我这里，我把孩子弄得好好的交还给你们家长，周末空调当心啦，不要贪凉弄个感冒来啊。'"

有时孩子突然生病，家长路远赶不过来，生活老师——孩子身边的另一个妈妈，就二话不说，马上送孩子去医院，陪伴身边悉心照料。

孩子们在学校里难免伤风感冒，女孩子来例假，总会有一些疼痛不适，我们的生活老师不是医生，但是她们会细心地递上一碗汤药，泡上一碗红糖水，像妈妈一样，慈爱地看着孩子们喝下，她们的这种关爱，对孩子们的病痛和不适，恰是最好的治愈。

2019届3班有个孩子，刚开始晨跑时总是掉队。问他也不吱声，李老师打电话与家长沟通后才知道，孩子有低血糖。每天他起床后，李老师都会默默地递上一杯蜂蜜水和一颗巧克力，就这样坚持了两个学期，直到病情好转。而对于汪同学总流鼻血的问题，李老师专门请教了一位老中医，医生建议每天坚持喝莲心菊花茶。于是，李老师在征得汪同学家长同意后，马上去买来杯子和药材，每天出操前，准时递上一杯。一周下来，次数减少了，坚持了42天，症状消失了。孩子和家长都很感动。他妈妈发自内心地说："孩子不在身边，我们只能干着急，有你们这样的老师，真放心！"

【镜头3】送礼物，送祝福，为孩子过生日。

当孩子们生日时，老师也会像妈妈一样，给孩子们过生日。初一（3）班的黄炜哲，在作文中记录了那次特别温情的生日：

上了初中，我住校了。我想今年的生日一定是一个人孤零零过了。

早晨，我有点闷闷不乐地来到教室，和往常一样，开始了一天的学习，好像今天没有发生任何事一样。这种情况一直持续到了晚饭后还没有打破。当我和妈妈通过电话后，使我的心情又落入了低谷。我不禁想起了往常过生日的样子——好多人围着一张桌子，桌上摆着蛋糕，为我祝福生日。

失落中我又想：今年的生日不会有他人的祝福了。这样想着，感觉自己好孤单。我想要冲出这个世界，却不能。我好不自在，如同身处在一个冬天中，外面下着雨，更加让人伤心，十分不适应。

晚自习快要结束时，班主任楼老师进来了，面带微笑说："我耽误大家几分钟时间，好吗？"原来楼老师是让大家为我过生日，我十分震惊！大家合唱的那一曲生日歌，一个字一个字如同寒冷冬天的太阳，一点一点温暖着我的心窝。晚自修结束后，楼老师又陪着我来到寝室，祝我做个好梦。生活老师也送了我一包巧克力，祝我生日快乐。那时，我好像吃了糖一样，甜滋滋的。

我会永远记住在公益的第一个生日，老师、同学都像亲人一样待我，它温暖着我的心，让我整个冬天不再寒冷，不再寂寞！

许多孩子都说，生活老师真像妈妈一样，在家里可能妈妈也做不到晚上一趟一趟来盖被子。生活老师说："如果把这些孩子都当成自己的孩子，做这一切，就很自然，孩子们知道你把他当自己的孩子看，他们也会接受得很自然，跟你很亲。有些孩子回家后，也常会跟家长提起学校里的事，惦念着我们。"

（二）像老师一样，讲究方法帮助养成良好生活习惯

生活老师在生活上给予孩子无微不至的照顾，给了孩子们妈妈般的爱，但这种爱却又是严慈相济的，在给孩子们做规矩，帮助孩子们养成良好生活习惯时，她们又是相当严格的。正是在她们的严格管理下，公益的寝室规范呈现出"军营模式"。

初二（2）班的徐罡家长说："记得初次走进公益中学男生寝室时，门口木架上的脸盆、牙具、毛巾很吸引眼球，那么整齐划一，方向一致，间距一样，让人有误入军营的感觉。我轻轻推开宿舍门，里面并不宽敞，简单的上下铺，但整洁、精致，床单平整、棉被方正；地面一尘不染，简直不敢相信这是一群十四五岁少年的寝室！无疑，除了学校管理有方之外，这群少年背后肯定有一位善于管理、敢于管理的生活老师！"

除了寝室里的物品摆放的管理，还有就寝、就餐、晚自修、晨跑等多方面的管理，都做到队伍整齐，纪律严明。因为孩子们来自不同的家庭，从小接受不同的家庭教育，各人的生活习惯都不一样，加上现在的许多孩子在家中有点"养尊处优"，所以做规矩、养习惯并非一朝一夕之功。

初一（5）班罗佳璐妈妈每每说起王老师，总是为她的耐心而感动。对于自理能力较弱的同学，王老师会花很多时间陪她们训练一个个

具体的动作。在王老师的耐心陪练下，这些同学逐渐掌握了整理东西的生活技巧和方法，变得越来越麻利干练了！对于动作慢的同学，王老师采用了限时鼓励法——规定在有限的时间内完成洗漱等动作，慢慢提高了她们的效率。

生活老师信奉“严”字当头，“爱”字为先，严慈并济做规矩。李老师说：“当孩子违纪、违规时，往往是考验我们的能力和智慧的时候，我是这样做的：不当着众人的面批评他，而是一对一沟通，一次不行，二次，二次不行，三次，直到他心服口服。整个过程坚持原则，但不居高临下训斥。在生活上更加关照他，这样他会意识到老师真心为他好，便会主动认错，接受批评和建议。”

在大多数人的印象中，生活老师就是管孩子们吃喝拉撒睡，做到位即可，可是我们公益的生活老师却不是这样，她们还会干些“额外的事”，把工作延伸到寝室之外，担任着多种角色。

角色一：文化课学习的辅导员

由于生活老师与孩子们走得近，有些家长做不到的事，都会跟生活老师说，让生活老师代劳，甚至自己的孩子学习上的事也会跟生活老师交流。

俞同学的妈妈说起这件事，真是又佩服又感激：“我的孩子英语成绩不理想，不擅于利用碎片时间来积累英语词汇。对此，我们也跟孩子沟通过，可是收效甚微。一次电话中我提到了这事，李老师一口说‘这事我来弄’。周末回家时我们惊喜地发现，孩子在用小本子记英语单词了！”

原来一个早餐时间，李老师招呼了几个英语学得好，可做榜样的同学，与包括我家孩子在内的几个英语较弱的孩子围坐在一起吃早饭。李老师故意问那两个英语好的同学，说：“你们是怎么学习英语的？”一个说，要重视积累，一有空就要背单词。另外一个说，拿个小本子记上易错的，难记的。孩子听进去了，记在心里了。然后李老师就问："哪几位同学需要用小本子的，来报名，今天晚上到我这里来领本子！"几个孩子都要求有本子。我的孩子也报名了。李老师就为孩子买来了小本子，晚上发给报名的孩子，并要求他们认真记下单词，利用各种时间多读多记。

快中考了，我们问孩子要不要在学校外面租房子读书？孩子说："有李妈管着，你们就放心吧，不用租房子了。"

角色二：心理辅导员

有经验的生活老师会"察言观色"，当孩子们在一天的辛苦学习之后，回到寝室本来应该是最轻松愉快的。但有时生活老师会发现，有些孩子的脸上并没有绽放轻松的笑容，有的甚至"愁云密布"。或许是他们遇到什么麻烦了，或许是他们考试考砸了，又或许他们想家了……生活老师一看到这种情况，就会主动去找孩子聊天，了解情况，倾听之后及时给予心理抚慰。这对孩子们来说非常重要，他们心里很难受，需要释放，又不知如何排遣，而生活老师细心观察和及时的安抚，给了很好的心理支持，也许他们就可以睡个安稳觉了。

李老师说："现在孩子在家都很得宠，很多孩子一离开家就开始想家了，性格内向的更是如此；还有些孩子来自单亲家庭，比较敏感；二胎放开后，有些孩子一下子有了弟弟妹妹，会有些失落；有些孩子可能考试没考好，情绪有些波动等，所以我们不只是单纯地生活上关注他们，还需要做好心理疏导。"

"和孩子对话是一门有规则的独特艺术，有它自己的含义。他们的信息里经常有需要解读的密码。”这是美国著名心理学家海姆·吉诺特的经典语句之一。李老师说通过阅读这些心理方面的书籍，受到很大启发，平时更容易理解孩子，读懂孩子“信息里的密码”，使她与孩子的交流更加畅通了。

（三）像兄弟一样，为住校生创设“室友如手足”的寝室文化

十几岁的孩子喜欢与同伴相处，而对于住校生来说，大部分时间与同伴一起，他们一起学习、一起玩耍、一起吃饭、一起睡觉，所以同伴之间的关系就显得尤为重要。在公益“相亲相爱一家人”的文化背景下，我们也为住校生创设了“室友如手足”的寝室文化。从新公益人走进公益的那一天起，就一步一步地把他们带入公益这个温暖的家。

第一步：相见相识。当这些来自不同地方、不同家庭的孩子来到公益，首先要让他们有一个良好的相识过程，相见时的“第一印象”很重要。我们设计一个小型的茶话会的场景，让他们轻松愉悦地进行自我介绍，随后，生活老师让每个人都说一说对同学的印象，如“某某同学是一个喜欢运动的人”“某某同学是一个很热情的人”等。每一个同学听了同伴对自己的评价，就形成了初步的归属感。

初一（1）班的陈施惟把他们的寝室成员称为“快乐的奇葩”：我有一群很“奇葩”的寝室成员——有话痨，有爱怀旧的，性格各异。

先说说那位住在我上铺的兄弟吧。他的脸上有颗痣，黑黑大大的痣，仿佛就是他的标志，他是一个很聪明的人。

睡在我对面的人有着高高的身材，却没想到有一个懒懒的性子。他晚上穿4件衣服睡觉，问其故，说是这样可以减少穿衣服的时间。但他很乐于做寝室值日，被我们亲切地称为“三替”。

……

第二步：相处相信。宿管处在新住校生大会上，既跟孩子们讲清住校生的规章制度，更多的是进行情感教育，告诉他们一个寝室就像一个家，室友之间要像兄弟姐妹一样相处。然后，生活老师便会引导他们共建寝室这个共同的家，把寝室布置成他们最喜欢的样子。

初二（2）班阙琪轩说：“第一次离开家，有了这个属于自己的天地，室友之间很快就从陌生到熟悉，大家一起嘻嘻哈哈、打打闹闹，好不开心。那个时候，大家都为着寝室的荣誉而努力，谁的被子没叠好，大家帮着一起叠，地上有一点点脏，大家就抢着用拖把把它拖干净。严肃而又细心的王老师来检查，看我们寝室的拖把有破损，就问：‘你们怎么这么快就把拖把搞坏了？’我们竟异口同声地回答道：‘我们是优秀的男神，地拖得勤啊。’因此，我们也获得了‘优秀寝室’的殊荣。”

213寝室的项悦说：“在公益中学这个相亲相爱的大家庭中，也有像我们男寝室213这样的快乐温馨小家庭！在寝室生活中，我们分工明确，各自都有自己的工作任务，又会共同合作，一起行动，让寝室始终保持有序、干净、整洁，为创建一个良好的生活场所而努力着。在学习上，你不懂的来问我，我不清楚的去找他解答，我们互相帮助，共同解决拦路虎。晚自修后回到寝室，有英文歌曲声，有脑筋急转弯的猜测声，时而有鼓掌声，时而有欢呼声。洗漱，熄灯。一天在微笑中结束，进入梦乡。”

第三步：相依相帮。住校生在一起，还有一件特别开心的事，就是相互分享食物。食物的相互分享也是快乐的分享，这样的分享让大家更像兄弟姐妹。所以，生活老师会引导我们分享快乐，她们首先会把自己的水果、牛奶、巧克力等拿到寝室里跟同学们分享，招呼大家一起吃，同学们也会跟着把自己好吃的东西拿出来分享。在不断分享中，友谊渐渐生长。

初三（4）班的孙家骏就描述了一番“吃”带来的乐趣：

祝羽岑长得不很高，却小巧机灵，乍一看这么小的人饭量肯定不大，实际上也确实如此，只不过每逢课间餐的时候，她总会给我们带来很多零食，这是她的嗜好，而我也渐渐变成她零食铺的食客。

有一次晚饭，我刚刚打完球，满头大汗，酶的活性急剧下降，导致没有胃口吃饭，在餐盘中寥寥动了几下筷子就回班级了。两节晚自修后，肚子内如有一团烈火在燃烧让我直不起身子来。那种感觉渐渐蔓延到了全身，我趴在桌子上，将要睡去。我知道肚子饿了！

坐在我旁边的她，仿佛看见了我的异样，打了一张小纸条给我“你是不是肚子饿了，哈哈，让你不吃晚饭吧，我有吃的，你要吗？”我仿佛抓住了救命稻草一般，立马奋笔疾书“要”。

“咳咳……”她向我发出了暗号，我一扭头，只见小纸团在空中划出一道美丽的弧线，掉在我的书桌上，我两眼直冒金光，急匆匆地打开，看到“下课我把吃的给你，你自行解决”。我闭上双眼，心中窃喜，霎时间，感觉没有那种饥饿感了，可能是眼前的这位“天使”感染了我，给我加了一个“抗饥饿功能”吧。

与吃的、喝的分享相比，心理上、精神上的互相支持，更显“同学如手足”的真情，室友之间的情谊弥足珍贵、直抵人心。

初三（1）班张子佩同学的作文真情回忆道：

初三上期中考，我因理科惨不忍睹导致全盘皆输收场，心情自是郁闷到想放声大哭。知道成绩的那一刻，好像整个世界都灰暗了，泪水如海浪般涌来。我只身一人坐在楼梯口，四周光线有些暗……直到你的出现。

橄榄，我见过你最纯真的面容，也见过你笑靥如花，你走近了我，没有一起哽咽，也没有空洞的劝说，只是和我一同坐在这个热闹又冷清的楼道里，一下下轻轻拍着我的手背，让我感受到了抚慰。

“哭够了没，把眼泪擦干，回去写作业吧。”只是一句平常的话语，我却能明白她的心，过去的已经过去，未来终将会到来，我所要做的，就是奋起直追，在下一次考试中突破。

同学之间，年龄相仿、志趣相投、心理相通，相互之间的信任度高，许多时候，劝说、鼓励的效果远远好于父母、老师。他们像兄弟姐妹一样相处着，一起嬉笑怒骂，又一起相依相伴。室友之间的友谊和温暖，成了他们一生幸福生活的发源地之一。

徐罡妈妈说起儿子上初中住校以来的种种，总是心怀感激，她说：“儿子要上初中了,而且，还是到远在百里之外的杭州就读。‘儿行千里母担忧’，儿子一直都生活在父母身边，稚嫩，自理能力弱，他吃饱了吗？晚上睡觉踢被子吗？睡上铺安全吗？和同寝室孩子相处愉快吗？……他到底能不能适应独立自主的住校生活，作为母亲，我时常不由自主地忐忑、焦虑。

“等儿子拉着行李箱一路唱着歌回到家时，我悬着的心总算暂时放下。听了孩子谈起学校的生活学习，聊起老师同学，是那么开心，那么有趣，我想远在百里之外的那个学校，真正让我安心了。老师们不仅管孩子的学习，还总是细心观察着每位住校生，如果发现哪个孩子情绪不对，肯定会第一时间找孩子谈心，给予解决方法，引导走出困境。有这么些细心和慈爱的老师陪伴、呵护、引领着孩子，我们做家长的还有什么可担心的？作为家长，我们感到幸运，这真是揪着心来、放下心而回啊！”

家长的满意来自老师用心用情去对待每一个孩子。生活老师林彩金说：“学生犯个错、生个病、闹点小情绪都不是什么大事，但在我们生活老师的心中，学生的事无小事，学生就是我们的天！”

林老师的这句“学生就是我们的天”说得动情，也极为真诚。宿管处的卢老师说：“十几年管住校生，最大的体会是，心里有孩子才能管好孩子，我们把孩子们看得重，孩子才会尊重你，服你管，家长也愿意配合。”

正是基于这种管理理念，公益的生活老师常对家长说“您的孩子就是我们的孩子”，她们这么说也是这么做，家长把孩子交到这样的老师手里，都很放心。生活老师开心地说，暑假里常有家长联系她们说“孩子在家里老念您的好，想您了”。说到这些时，生活老师总流露出一种幸福的感觉，给孩子幸福，也幸福了自己。

“您的孩子就是我们的孩子”是生活老师对家长的承诺，是学校宿管处的信念，也体现在每一位老师的实际行动中。在公益当了十多年生活老师的李鸣老师在期末总结中写道：“阿潘校长经常跟我们说，与孩子保持良好的关系，让孩子感受到来自家庭的关爱和亲情的温暖，这比任何教育都重要。阿潘校长的这种教育理念，早已传递到我们的老师心里，我们朝着这样的方向，每天都尽最大的努力，用爱和亲情，为孩子们筑起另一个温暖的家。”

三、给每位学生以“鲜活评价”

评价是教育诸环节中最重要，但也是最难的，尤其是对于当代青少年学生来说，他们接触的信息量大、资讯多而广，接受过各种各样的表扬、批评。无论是日常的品行、课堂、作业等表扬、鼓励，还是期末综合评价，如果只是停留在表面，用老一套的方式，就难以激起他们心中的“涟漪”。为此，我们按照“全面+鲜活”的原则给每一位学生给出生动活泼的“写真式”评语。

期末评语有中规中矩的指导、严肃庄重的叙述、高深典雅的引用、语重心长的劝说，也有幽默风趣的对话，甚至是激情洋溢的评论。“年年一个腔、份份一个调”，势必让学生感到索然无味。

因此。我们对期末评语提出了“全面和鲜活”的要求。一是“全面”，作为一份对学生一学期情况全方位的评价报告，对学生的评价要全面，即覆盖到每一位学生，尽量对每位学生每个方面的实际表现作客观评价；二要“鲜活”，即用学生喜闻乐见的创新方式，灵活多样地评出学生的个性特点。按照这样的原则，班主任们脑洞大开，用学生、家长喜闻乐见的方式，写出令学生喜爱、家长信服的评语。不同的方式，共通的是暖心、接地气，面向的是每一位学生。

实例1

陈鹏老师六个学期的花式评语

2016年寒假时，陈鹏老师用“情书”的方式，给全班47位同学写下了不同的期末评语，收到这些特别的期末评语的孩子和家长开心又感动。陈鹏老师说："我自己当学生时，最期待的就是评语了，因为你不知道到底老师会怎样赞赏你。"当有学生向他表达，等自己毕业了，会把这一页撕下来珍藏时，他忽然想到，如果评语就是一纸信笺，不是更易珍藏吗？于是，一封封"情书"就在陈老师的笔下"诞生"了。

雅致的信纸，配上诗意的书写，陈老师说写"情书式评语"时，自己感受到了受到信任需要承担的责任。要完成一份完美的评语，并不是一件简单的事情，信纸、小楷笔、印章，都需精心准备，一个错别字、一行没对齐、间隔不均匀，都要重新再写。

最为可贵的是，作为科学老师的他，给班里每一位学生的"情书"做到了"一碗水端平"，每一封"情书"都因人而异，写出了个性。一封封"情书"写的是师生间的默契协作，彰显的是老师对每一位学生的温情与关怀。

下面选取几份他写给不同类型学生的评语：

——唢呐声一响，百鸟朝凤，你就是舞台上的焦点，这个学期你的成绩进步曲线也格外引人注目，虽说后期有波动，但是事实上你已经不断地开发出了自己的潜力，只需假期再做些调整，相信下一次又是历史最佳！

——平静而内敛的你有很多好伙伴相信你的人品一定是不错的，担任学习委员和值日委员的你做事认真到位，你完全可以更优秀更自信，当然可能需要舍弃一些，才能拥有更多，有舍才有得，不是吗？

——温暖、上进的你是我们所有任课老师一直点赞的对象，学习上你认真踏实，能主动提出自己的疑惑，与同学相处时你热情大气，所以有很好的人缘，你定的目标虽然保守但是老师对你很有信心，只是不想给你太大压力哦！

——拨动琴弦你就是最美丽的乐者，你乖巧、礼貌，课总能看到你标准的坐姿，两眼炯炯有神，还能看到你经常和老师互动呢。本学期你的成绩进步显著，多次拿到了历史最佳成绩，相信你会越来越稳定。

班主任陈鹏老师“情书”真迹

我们再来看一看情书评语背后的一些思考：

学生1基本情况：

她是一位认真而有条理的女生，但是在学习上一直成绩不佳，有一次关注到她放学最后一个离开教室，了解后才知道数学又考砸了，她虽然很坚持但是总是考得不理想，有些灰心。老师帮助她理性地分析了她的情况，并给了学习上的建议，比如每天都要将数学错题过关。理性分析显然能缓解“阵痛”，而更深层次的需要是建立起学习的信心，感性的肯定与鼓劲必不可少。给她准备的“情书”评语是：

“你是一个坚持不懈有条理的女生，跌倒会让你更加努力地奋起直追，为超越自我而定下的计划让你能有条不紊面对下一次挑战，确实你也实现了你的目标，相信你在以后的学习生活中一定会更加自信勇敢。”

学生2基本情况：

对于“后进生”的关注更多是在平时的点滴，有规范要求更有人文关怀。记录点滴进步，待到合适的机会用合适的方式肯定他，鼓励他。而评语就是这个好的机会，好的方式：

“本学期的你经历了很多也成长了很多，你不断提高对自己各方面的要求，从自习课的纪律到作业的质量，老师看出了你的用心，当然，很多习惯的改变不是一蹴而就的，老师会与你一起努力，只要坚持下去，一定能看到一个更优秀的你！”

如下：勉励与支持——师生“直面成长”所写作的情书：

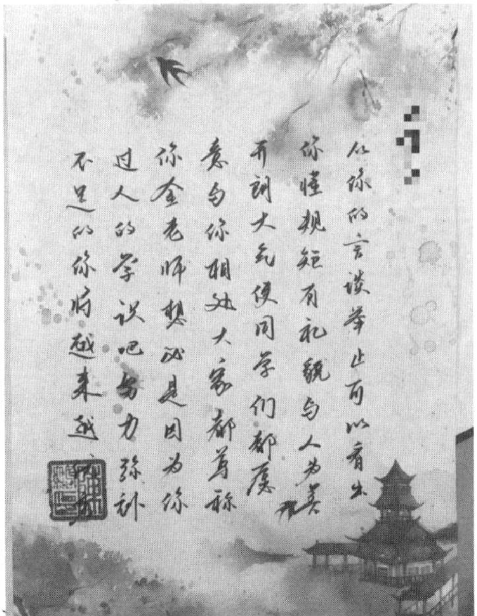

一次新鲜容易，两次创新也不难，但是“一届学生带三年，六份评语皆不同”就是一个大挑战了。但是，陈鹏老师做到了。此后的五个学期，他的“花式评语”年年有创新、年年写出了新高度！

新的一年到了，陈鹏老师不但写情书式的评语，而且又出新招了。且读《钱江晚报》的报道：这个老师写期末评语，不把学生当“人”！而家长却集体给他打call。因为陈鹏老师把全班学生都排在了元素周期表里了。这则报道有新华社等几十家主流媒体转发，在中小学教育界掀起一波热烈的反响。

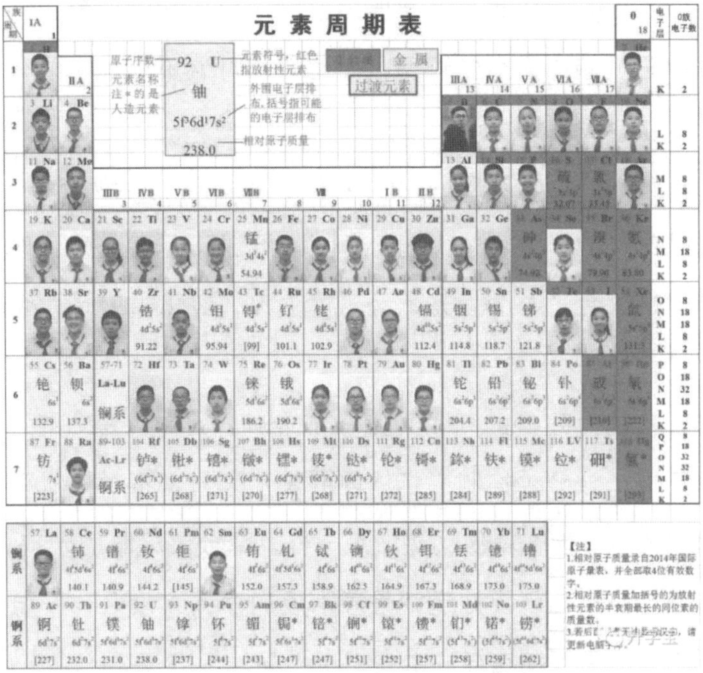

图中48个元素的位置上，是各式各样的笑脸。其中，47张笑脸是公益中学初二（10）班全体学生；还有一张笑脸属于他们的班主任陈鹏，也就是“化学元素评语”的原创者。

陈鹏说，此次将学生当作化学元素写评语，出于两个目的：“一是想把评语写得有个性，给学生留下深刻印象，并让他们努力成为更好的自己；二是因为下学期科学课要讲到化学元素周期表，学生看了自己的评语后，肯定会去查阅和了解相关内容，等于主动预习了一遍。”

从图中看，他连自己都没放过，对应的元素是“硼”，取了名字的谐音。不得不承认，这招实在太“狠”了，该班同学知道自己对应的化学元素后，不仅心甘情愿地预习了，还带上爸妈兴致勃勃地复习了一遍。

为啥大家轻而易举就掉进陈老师的“坑”里呢?

因为哪位学生对应哪种化学元素，他全都仔细思量过，两者间必须有某些相似之处。所以，只有琢磨出自己对应的化学元素的特性，才能真正读懂评语。感觉有点像灯谜，但比普通灯谜更有趣，既有悬念，又值得回味，难怪会大受欢迎。

比如，有一位同学对应的化学元素是“金”。陈老师觉得：“金，与生俱来就是尊贵的，它的魅力无可争辩。经历了月考失败，你看上去有点沮丧，但是是金子总会发光，经历过失败，经历过磨炼，金子才能更闪亮、柔软、光亮……”

班里一名精力旺盛的同学，则被陈老师用“钠”来比喻：“最火爆的碱金属元素，分分钟控制不了体内的洪荒之力，不过你似乎把煤油封印之术学成了……现在就像钠蒸汽灯一样，释放出耀眼的光芒。”

要看懂这一段，既要知道钠是最活泼的金属元素之一，很容易起化学反应，还必须了解钠在煤油中会相当平静。

有个别学习上不太主动的同学，陈老师专门找来惰性气体对应，算是提醒。同时，他还附上让惰性气体发光发热的办法，作为鼓励。

此外，班里有一位男生对某位女生有好感，他所对应的化学元素，和那位女生对应的化学元素容易起化学反应。陈老师透露：“我是想以此来暗示，男女生交往要保持正常距离。”

为了方便学生和家长理解，陈老师还特地将评语誊抄在装裱过的纸上，不经意间又小秀了一把自己的书法功底。

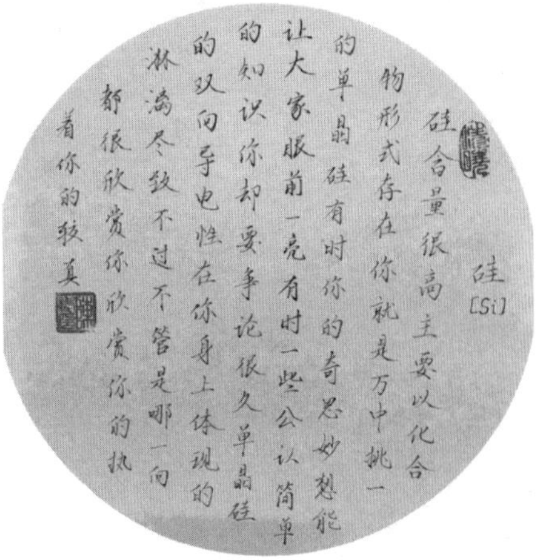

看了陈老师的“化学元素评语”和他的书法评语，得到家长们纷纷点赞：“太有心了！”连一位本身是小学老师的家长都在朋友圈感叹：“原来评语还可以是这样的，向陈老师学习！”

陈老师为每一位学生选择的元素，都是在对学生情况认真分析后完成的，例如：

这是一位行为约束能力很弱的同学，批评、责罚对他起不了多大作用。一次排队时，陈老师发现这位同学排得特别正就大大表扬了他，他就特别来劲。接下来的几天，他都排得特别棒！经过这事，陈老师明白了原来被批评责罚惯了的他，对批评的声音已经“免疫”了，表扬声却让他打了“鸡血”一样兴奋。所以给他的评语更多从鼓励、肯定出发，引导他更多地向老师和同学提问。

“墙都不扶，就‘氟’你。所有元素中反应活性最强的元素，班级开心果的称号非你莫属。开学初的你就像氟利昂一样让人头大，但是现在的你却让人刮目相看。正如越活泼的元素，化合物就越稳定那样，你找到了一种更稳定的方式，将心思更多地花在了学习上，自己额外做习题，经常向老师问问题，为你点赞。”

又如，对一位经常在学习上偷懒的同学，陈老师借用化学元素中的惰性元素氖元素暗指，算是提醒，同时也肯定遵守纪律，学得很静，借喻氖霓虹灯的发光发热，来激励他超越自我，激发潜能。

“作为稀有气体的氖气，稳定性极强，就像你平时那样学得很静，默默地为班级卫生付出，氖通电后会发出橙黄色的光，在所有稀有气体中氖的放电是最强烈的，本学期你的表现堪比氖霓虹灯发出耀眼光芒，打破了个人历史最佳成绩，继续加油!”

这六个学期，他的花式评语分别是

［七上］藏头诗评语：一笔一画勾勒，心与心的对话

［七下］情书评语：一封情书送达，聆听老师告白

［八上］化学元素评语：活力化学元素，彰显个性特点

［八下］坦白说评语：匿名人坦白说，挑动敏感神经

［九上］科学仪器评语：科学仪器一对一，知其特性更知己

［九下］扑克牌评语：配合才有好牌，54人大团圆

如今，他又接了新的一届学生，是重复上届的做法，还是又有新思路？很多人好奇中带着几分担心，明年他再用什么形式？只要有心、有爱，总会有新的、有暖心的评语形式。本学期的评语“一字”评语，一撇一捺都是故事。陈老师选择学生姓名中的一个字，镂空书写，将评语内容写在了字里面。

“全面＋鲜活”的评语当然不止陈鹏一个。每年期末，脑洞大开的公益班主任们都会“吸粉”无数，引起省市乃至新华网、《人民教育》等全国媒体的关注，不但引发本校30多位班主任各显神通，也带动了全国各地外校班主任老师的效仿和创新。

实例2

班主任钱晨，明明是数学老师，却偏偏要用漫画给学生写期末评语。全班47名同学，他就画了47幅。没写文字版评语前的“毛坯”长这样：

“就怕画得不像。”钱老师画图时，除了抓住学生的外形特征，还会在脑海里把这名学生的兴趣、特长和这学期取得的成绩及进步，统统回忆一遍，再落笔。期末考结束后，他把自己画的47张草图拿出来给学生看，80%以上都被大家一眼认出，其余稍加辨认，也能看出来。反正孩子们的爸妈都觉得挺像的，一眼就能找到自家娃。在家长们看来，不是他的绘画技艺有多高超，而是老师把学生的一切都记在了心里。

在给学生画像的过程中，钱晨老师特别关注后进学生。他说：

小Y同学，是一位心智不太成熟，平日里喜欢做一些滑稽动作吸引大家注意力，学习上比较消极的一位学生，课间喜欢唱歌，特别喜欢跳“尬舞”。期末写评语的时候，我给他画了一副跳舞的漫画，不但没有批评他因跳“尬舞”而偶尔引起班级里的喧哗，反而充分肯定了他舞蹈跳得好，老师们也喜欢看到他阳光的模样，并且特别写到了他学习进步的事情。

他妈妈说：“看到这样的评语，小Y同学就像吃了补药一样，还常对爸妈说‘老师很喜欢我的，我不能辜负他的喜欢’。”以前小Y同学看到难题就逃避，现在竟然会一大早给自己闹个铃响，起早思考问题，想出难题后开心得不得了，他妈妈笑称道："甚至饭还多吃了一点儿！"

小X同学是一位学习成绩偏弱的女生。但是，她很喜欢看书，尤其是散文和小说，简直是如痴如醉。有时候，她会偷偷把爱看的书放在课桌里面，在写作业的时候也会偷偷瞄上几眼，被发现后，便会忸怩不安地把书塞进去，钱晨老师没有当众批评她。期末写评语的时候，给她画了一张手捧书本，眯着眼睛阅读的模样。小X对理科有一种畏惧感，但对于文科，还是存着几分欢喜，钱老师就在评语中肯定了她，勉励她平时爱看书爱写作，是才女苗子，但同时也委婉地激励她，不要害怕理科题，尽自己最大的努力去思考，那就是最好！在评语的鼓励下，她更爱写文章了，现在还在写书。我想，能执着于兴趣爱好，也是一件很幸福的事。

实例3

年轻的数学老师王签，运用现在流行的图片方式，用孩子们互相之间自己评价的语言来评价，再选择一张他们自己最喜欢的照片，形成一份孩子们一起参与制作的、爱意浓浓的期末评语。

人都有求新、求异的天性。学生在初中三年，重要的是对学生的评价不能年年同一个腔调，最难的也是三年有变化。班主任们有的发挥自己的学科特点，如车老师的"一学生对应一植物"评语、鲁老师的地理姓氏评语、周老师的音素一单词；有的运用现代科技，如朱老师的"微信语音刮刮乐"评语，黄老师的"扫二维码聆听语音留言"评语，洪老师的动车票评语。有的千方百计找到适合学生口味的方式，如俞老师的"玩偶评语"——让学生选择一本匹配的书，夏老师的"拼图评语"——在

拼图中找回自己的初心，余老师的“明信片评语”——毕业5年或10年后，把初三三年的6张期末评语明信片再寄回给孩子们，还有赵老师的红包评语，朱老师的红色福袋评语，刘老师的专属定制人才鉴定证书评语等，不一而足，但都富有亲情味道。

教育面对的是无数鲜活的生命，每一个生命都无比珍贵，都应该受到珍重和关爱，这样的每一份评语，兼顾了全面性和个性化，是对每一位学生倾注爱心的作品，是对每一位学生细心观察的作品，是用心思考的作品，体现了对孩子的真正了解。

让每个学生拥有“存在感”，就要让阳光普照每位孩子。每位教师都要始终满怀一颗包容的心，微笑面对学生，像“麦田里的守望者”一样保护着学生的自尊心和自信心，拿着“显微镜”去寻找学生优点，捧着“望远镜”来指引学生未来。让每位孩子拥有自信、阳光的人生态度。

第三节　“玩好关系”释天性

关心关系，体现在以师者的童心释放儿童的天性上。因为玩是人的天性，是儿童的天使，也是情感发育的实践平台，更是健全人格养成的必需品。一般懂玩、会玩的学生思维活跃、有创造力，生活有情趣、充满快乐，活动丰富的学校玩得开心，学得更静心、教学效率更高。

有一个名词叫“玩伴”，就是玩的时候的同伴或伙伴，有好的玩伴才能玩得尽兴。谁来做好的“玩伴”，决定着初中生是否有时间和机会玩得尽兴。

竺叶澍同学在他的《阿潘，我们的“功夫校长”》这样记叙一场激烈的雪仗：

“今年一月份的雪可真大，那越积越厚的白雪，给我们提供了打雪仗的良好条件。一下课，我们就拥到操场上，扔雪球，霎时硝烟四起，雪球四下飞舞，近处的灌木丛中，有一个人影在观望前方，一群男生正在轰炸一位女生。这时，人影出手了，六脉神剑版，迅雷不及掩耳，几道剑气一发，纷纷命中那几个男生，怎料，不久就被人识破，一位男生大吼‘是校长’，接着便是纷至沓来的雪球，校长边左抵右挡，边团起新雪球奋力还击，奈何对方人多势众，校长胖嘟嘟的身材又容易被命中，就是刚才被救的女生见状，也加入了打校长的行列，哈哈，太好玩了！几位老师前来救驾，却难敌同学们的‘枪林弹雨’，在险象迭生的危急时刻，上课铃适时响起，同学们把手中的雪弹投向校长，得意地跑回到各自的教室，而我们的校长大侠，已满身灌满雪花，乐呵呵地在雪地里笑着。”

小朱同学在一篇作文中记录了我在又一年打雪仗的情景：一位淘气的男孩几次打不中阿潘，索性跑到阿潘身边，把雪球往阿潘的脖子里一塞，便飞一般跑了，有位男生还得意地喊：“阿潘，和我们打雪仗，你可得霸气一点哦！”

由于学业压力、安全等因素，如今的初中生很少有机会痛快地玩。因此，我首先让自己“变成”孩子，放下身段和孩子们一起玩，以自己的童心唤醒释放孩子的天性，让他们带着愉悦的心情投入紧张的学习：下雪天，我近乎疯狂地和学生打雪仗；中考前，我尽兴地和学生“撕名牌”直到满头大汗、浑身湿透；运动会上，我尽力和学生跑4×100，一拼快慢；公益大舞台上，我演贵妃、扮藏民；秋游时，我在杭州乐园与学生的“气锤大战”，面对一边喊着“有这样的机会打校长，不打白不打哦”，一边从四面八方把气锤狠狠地“砸”向我的学生，我乐呵呵地拿着气锤奋起还击……

教育就是内心世界的“相生相融”。校长好玩，老师能玩，师生一起“疯玩”，不但没有造成学生们没大没小、不服管教的情况，反而使他们越来越听老师的话。老师们更加喜欢孩子，孩子们也越发亲近老师，形成了良性循环。在我的带动下，从班主任到任课教师，都会经常和孩子们玩在一起。孩子们在尽情地玩开以后，带着愉悦的心情去听课、做作业，发散思维，创意求新，就学得更专注、更高效了。

老师放下身段，和孩子们一起搞怪、狂欢，有利于玩出好关系，也有利于让初中生像个初中生，拥有初中这个年龄段应有的少年情趣和青春活力。顺应孩子天性的关心是真正走心的，给孩子留下深刻记忆的“玩”

能在孩子的内心深处，埋下影响他一辈子生活品质的快乐种子。

一、张弛有道玩尽兴

作家龙应台有一个一直疑惑不解的问题：为什么只需15分钟的路，孩子安安每天竟然要走1个多小时呢?

于是，她决定亲眼观察一下孩子到底是怎么走的。

11点半，放学了。孩子们像满天麻雀似的冲出来。四个小男生在前头走，妈妈在后头跟着，隔着一段距离。经过一截短墙，小男生一个接一个爬上去，惊险地走几步，跳下来；再爬上去，惊险地走几步，跳下来……11点45分。

经过一个大铁门，深深的庭院里头传出威武的狼狗叫声。米夏儿已经转弯，其他三个男生蹑手蹑脚地走向大铁门，一接近铁门，狼狗扑过来，小男生们尖叫着撤退，尖叫声中混着刺激的狂喜。狼狗安静下来，小男生们又开始蹑手蹑脚地摸向大铁门……再狂喜尖叫着撤退。妈妈看看手腕，12点整。

……

在离家还有三个门的地方，安安停在一株大松树下，仰头往上张望。松树上住着两只红毛松鼠，它们一动也不动，安安仰首立在树下，他们彼此用晶亮滚圆的眼睛瞅着对方。

在距离放学时间1小时又5分钟之后，7岁半的安安抵达了家门口。

——摘自龙应台《放学》

龙应台所描述的，正是我当年读书后放学途中熟悉的情景。而现在，这样的一种自然的“玩”已成了奢侈品。孩子一放学，各上各的车，各回各的家，一头扎进房间开始学习，没有兄弟姐妹打打闹闹，跟家长也说不上多少话，甚至睡前能见到忙碌的爸爸已经不错了；要去亲近山野，得全家人下定决心才能成行。

在学校，学生生活在竞争和安全两座“大山”下，或是没有时间玩，或是不敢痛快地玩。即使是组织运动会，也是以比赛成绩作为主要目的，班里半数以上的同学是观众；组织春秋游，也是这里不能去、那里不准动，学生在老师的严格管理甚至是严密监视下急匆匆地活动。其实，任何一个生命都是活动的，而且只有通过活动才能健康成长，对于生命力旺盛时期的中学生更是如此。

我们发动师生家长一起设计全年的活动，做到周周有小活动、每月有大活动，形成了有制度保证的“玩”的系列。我们鼓励学生张弛有道，在完成学习任务的同时，尽可能多地参加文化课学习以外的活动，解放学生的手、解放学生的脚、放松学生的心、激活学生的脑。

为此，我们有三年系列的活动，初一有军训，初二有学农，初三有毅行。每个月都安排学生喜欢的活动：9月的全员运动会，10月“我当一天爸爸妈妈”生活实践活动，11月的秋游，12月的“公益大舞台，才艺我来秀”，1月的校园吉尼斯，3月的“阿潘杯篮球赛”，4月的春游，5月的“八一誓师”，6月的学生校长竞选、主持人大赛，7月、8月的社会实践活动。一个学期下来，校园里活动不断，充满加油声、呐喊声，学生有欢笑、有汗水，有激情、有活力。

1. 别开生面，全员运动会

我们把运动会开成别致的“运动聚会”（Sports Party）。一般的运动会都是每班选10男10女运动员参赛，大部分同学都是观众。我们改传统“田径运动会”为“全员运动会”，做到每一位师生都是运动员，每一位师生都有一两个比赛项目，人人都有为班级或年级组加分的机会。各班的家委会成员都把运动会当成自己家里的事，热心地参与班级队伍的出场造型、道具准备、排队训练，热情地组织家长参加运动会相关项目的比赛。

运动会成了每位孩子、教师、家长期待参与的，可以玩得很尽兴的大舞台，也成为赛出风格、体现亲情的展示地。

运动会的开幕式总是快乐新奇的，全校师生家长趁着欢庆的鼓点一起狂欢。每年的运动会都有一个鲜明的主题，如2019年围绕庆祝中华人民共和国成立70周年，体现“家是最小国，国是千万家”的家国情怀。每个年级在大主题下都有靓丽的表现，例如在2016年学校运动会上，一波波开心的浪潮不断涌来。引起全场轰动是初二年级以“回眸峰会盛况，传递中国精神”为主题，10个班级分别组成了20国集团国旗方队、“长枪短炮”的记者方队、美食方队、志愿者方队……20国首脑也携夫人乘着专车赶来参加公益运动会了!

最让人称奇的要数初二年级组长和10位班主任，他们的扮相可谓朵朵“奇葩”：绿巨人和白雪公主在一起了，皇上和加勒比海盗打起来了……班主任们的惊艳造型在红色跑道上一亮相，便赢得了孩子们的阵阵欢呼声，孩子们没有想到平日里端庄文雅的老师还有这么可爱的一面。不少孩子说通过这次运动会，更加喜欢这样的“百变能手”的班主任了，班主任也惊叹说，没想到颠覆了自己的形象后，自己在班里的人气指数一下子“爆表”了。

有位同学在《我们的“panda”校长》这篇文章里写道：“在每年的全员运动会上，教师、家长和学生各组成一个队，进行4×100米接力赛，panda校长每次都身穿运动服，接过最后一棒，张大嘴巴，奋力向前冲，这时总会引来全场‘奔跑吧，panda’的欢呼，将运动会推向高潮。他那速度、那气势，还真是一个年轻小伙子的范儿呢！”

我们之所以这样做，是想把运动会办成全校共同参加的一次活动，在师生家长的共同活动中体味亲情。就是这样一股亲情的暖流，把老师、家长与学校汇聚在一起。

2. 火热刺激，全员打雪仗

我们把下雪天作为最珍贵的活动日。对于我们公益的孩子来说，一年最盼望的就是下雪天，因为各种对于雪的遐想在这群爱玩的孩子心中汇聚成“打雪仗”三个字。一旦下雪，我们就会组织老师、学生参加打雪仗的活动，既让大家放松一下，又能在打雪仗的过程中增进班级、年级、全校同学之间、师生之间、同事之间的交流与了解，在玩的过程中感受公益人亲密无间的温情。

前一夜下的雪还积在操场的草坪上，教室里的学生不时张望着窗外纷纷扬扬飞舞的雪花。体育组早已安排好各年级、各班打雪仗的顺序。班主任老师简单地强调了安全措施后，便和任课教师一道带着学生奔向大操场。在一两节课的时间里，不用顾及年龄，不用顾及师生，不用顾及你我，所有人都在雪地里释放自己的活力。班主任“失去”了往日的“威严”，成了孩子们“发泄”的对象；年轻老师和孩子们打成一片，你追我赶，非要分出个胜负成败。

喜欢热闹的孩子们追逐打闹，喜欢安静的孩子们聚到一起开始堆雪人，连老师之间也开始了互相“攻击”，在学生们面前展示出难得一见的“青春”一面。打雪仗展现的是公益人充满活力与生机的一面。公益人乐意在这样的天气走出办公室，走出教室，活动活动筋骨，学生卸下学习负担，老师放下工作重任，通过打雪仗加深彼此间的了解，同时也是一个休息的间隙，为接下来的学习、工作助力。

哲学家卢梭说："不培养活泼的儿童就不能培养出聪明的人。"打雪仗这类难得的活动保持了孩子们的活泼性，把他们从久坐的桌椅中解放出来，加入活动中，在玩中学，学里玩。尤其是他们从课堂上学到的一些知识，通过这样的玩乐，更能加深印象，促进理解。通过"玩"来促进"学"，更注重让学生"知"，感受团体的氛围，这正是"活教乐学"教学风格的生动解读。生长在现在，生长在城市的孩子们很少能够体验到冬天的快乐，缺少了对寒冷的享受，而学校在学期内组织孩子们打个雪仗、堆个雪人弥补了他们成长中的遗憾，将会成为他们一生重要的快乐回忆。

每年4月、10月，我们会组织全校师生走进杭州乐园、宋城、极地海洋公园等春秋游；夏季，我们组织学生到西溪湿地"益人毅行"；秋收季节，我们组织学生到富阳洞桥学农基地挖番薯、割稻子；中考前一个月，我们邀请浙江卫视"跑男"栏目组，来校和即将步入考场的初三学生开展《奔跑吧，公益初三》活动。师生投入活动后，一身大汗，换来的是彻底的放松，赢得的是后续高效的学习。

卢梭说："最重要的教育原则是不要爱惜时间，要浪费时间。" 处在初中年龄段的孩子，张弛有道，刚柔并济，玩得开心，学得静心，是最好的教育状态。

二、师生同台秀真情

课业繁重是学校与学生面对的事实，但学习是否就是学校生活的全部？答案显然是否定的。恰恰相反，活动是学校教育的重要环节，因为它用亲情点燃冰冷的知识，用活动促进和谐的关系，用关系带动自主的学习。

“你们最喜欢什么节目?”在2018年的“公益大舞台，才艺我来秀”第二次策划会上，我开门见山地问同学们。

“当然是老师们的节目。前几年‘公益大舞台’结束后的几天，我听同学们谈得最多的就是某老师的表情包、某老师的可爱状。我昨天向同学们做了问卷调查，统计结果是：希望老师们多表演几个节目。”学生校长率先发言。

“是的！说真的，参加过演出的老师来上课时，同学们听得特别专心呢！”

“有好几位同学都来问过我了，今年阿潘扮演什么?”

孩子们很好奇、很关心我会演什么角色，是因为每年我都会服从音乐老师的安排，或者接受年级家委会、年级组长、班主任、学生等的邀请“奋不顾身”豁出去，演纤夫、藏民、老先生、大厨师、功夫熊猫、印度小哥、唐僧、锦鲤……我每年在“公益大舞台”上的“造型”成了孩子们最期待的。

在竺叶澍同学笔下，我是“易容大师”——每年都会有出乎意料的角色登台。

“盛会那一天，红色的地毯铺满整个舞台，一个似曾相识的身影正头戴凤冠，身着粉红色宫装，在舞动水袖，引吭高歌，台下，同学们在争论：‘那是杨贵妃！’‘不，那是我们的panda校长！’‘不，那是我们panda校长扮演的杨贵妃！’‘哈，真的，他女扮男装还挺靓丽的嘛！’是的，他就是我们多才多艺的百变‘panda’。顿时，欢呼声、掌声响成一片，有‘粉丝’竟要上台和偶像panda校长合影，我们的偶像很‘亲民’，和他们一一合影不说，居然还问‘要不要签名’。”

一年一度的“公益大舞台，才艺我来秀”之所以成为所有师生与家长最期待的年度大戏，一个重要的原因是从校长、行政班子的领导到老师、学生、家长，都有自己的拿手节目，师生同台演绎真情、展示真性情。

也许是在我的带动下，老师、家长们消除了顾虑，没有了拘谨和彷徨，一改平日里相对严肃的面孔，既放得下，更豁得出去，出演各种各样孩子们津津乐道的角色，许多老师竟完全颠覆了自己的形象，如分管德育的傅校长，身高1.80米多的汉子，反串演“皇后”，同样是身高1.80米多的总务主任，男扮女装演嬷嬷……每每这时，教师、家长、学生的同台表演让整个校园充满了活力和生机，成为一片欢乐的海洋。

歌唱、舞蹈，不用说；舞剑、相声，全都有。不管是异国拉丁舞、童话圆舞曲，还是校合唱队、民乐队的精彩演出，或是航模“黑科技”——特技《F3P航模机表演》，公益的孩子总能带给我们无限惊喜。家长们也参与其中，初三（10）班的亲子音乐诗朗诵《让我们一起成长》，初三（3）班诗歌朗诵《妈妈，您知道吗》都让我们为之动容。

老师更是展示出别样的一面！在这里，我们能看见有老师变身葫芦娃，带孩子、家长一起玩；有老师表演小品《熊孩子》，代表“叛逆”孩子说心里话；有老师大跳甩葱舞、小鸡舞，给孩子们送去欢乐；更有行政班子表演歌舞剧《演员的诞生》等，让冯程程、熊大、熊二、光头强等汇聚一堂。

在一片欢声笑语中，我们的老师、孩子、家长都被一种“魔力”拉得更近，贴得更紧了，而这“魔力”便是在紧张课业之中的一种张弛有度，是在共同表演中的和谐融洽，是在“小家”“大家”中的独特亲情，更是公益人难忘的成长足迹。

初二（2）班的王聪同学这样评价“公益大舞台，才艺我来秀”，他说：“我收获了要坚持，要自信，要勇往直前的道理，也得到了快乐与成长，然而与此同时，亲情的温暖也使冬日不再寒冷。”

这是华又佳老师描写的2020年大舞台场景：

以“亲情·幸福公益人2020”为主题的“公益大舞台”真可谓是玩出了新高度。我们的硬件升级了，采用了由三块大屏组成的全新舞台背景，可以实时投放台上表演的高清特写镜头；我们的主持团队也升级了，特邀了浙江电视台的金牌主持人茅莹、毛毛，与我们多才多艺的学生小主持们强强联手，组成了超有范儿的“主持天团”；最重要的还是在三个年级师生家长的合心合力下，大家各显神通，节目异彩纷呈。

歌声唱响欢乐，街舞点燃激情，小扇飞盘民族舞，花旦唱响中国腔，在现代与古典元素的碰撞中，公益的孩子们充分展示着自己的艺术特长。校园歌唱比赛的获奖选手、走在潮流前沿的街舞社团成员、曾在运动会开幕式上水袖一舞惊艳四座的小男旦……

每年的公益大舞台中，孩子们不仅特别爱看爸爸妈妈和老师们的表演，更是对阿潘校长的新造型翘首以盼。“百变阿潘”的名号可是名不虚传：早在2012年，阿潘校长就头戴凤冠，身着宫装，反串古典美人“杨贵妃”，惊艳全场。每年的公益大舞台，他都能吸引孩子们的眼球，给大家带来惊喜，从唐僧到葫芦娃，从江南才子到送福的“锦鲤”……今年阿潘校长不负众望，又是创意满满，应邀和初二老师、家长们一起，进行了汉服时装秀的表演，“汉武帝”的形象生动逼真；在初一年级的小品中戴上了大胡子，穿上了魔法袍，客串了《哈利·波特》故事中大名鼎鼎的邓布利多校长；在初三年级组的家长节目中，现场书写“前路无所惧，公益有知己”。更是在主打节目《猫鼠之“怒放的生命”》中，先以“猫王”形象出现在行政班子老师们扮演的米老鼠中，继而以朋克造型手弹吉他，带领全场高歌《怒放的生命》!

还有很多节目也“别有风味”。演员们刚上场时，小观众们先是一愣，再是带着好奇的眼光一探究竟，随即观众席上就爆发出了阵阵掌声与欢笑——送给各位“深藏不露”的或是勇敢尝试“新画风”的老师和家长们!

初三的老师们活力四射，表演跳舞；家长们深情朗诵《亲爱的，我想对你说》，对孩子们道出了心声。初二的老师和学生同台演小品，一段《过年》，合作默契，三言两语间，妙趣横生；爸爸们拿起书卷、宝剑，妈妈们手持纸伞、团扇，一同穿起古色古香的汉服，来了一段穿越式的“时装秀”。初一的老师家长一起走进课堂，扮起了魔法学院的可爱学生，演绎了幽默又温情的《优秀班级》故事；初一（12）班的学生、家长和老师同台亮相，为大家倾情演绎了一台以“青春·感恩”为主题的大型才艺秀。

王思涵妈妈说：“公益大舞台，以前只是耳闻，今天全程亲历，内心着实被震撼到了。学生团、老师团、家长团都好强大！也真正体会到了公益学子‘学并快乐着’的状态，学的时候高效，玩的时候尽兴!”初一（4）班的应依诺妈妈在微信推文里写下了真挚的文字：“辞旧迎新，我们全校师生开启了一场大联欢。这场全员参与的联欢，让我们发自内心感叹，公益中学真是藏龙卧虎，无论是讲台还是舞台，我们的老师都游刃有余!”

“公益大舞台”已然成为最受师生家长认可和参与程度最高的活动之一。这里是“公益一家人”共同的舞台，也是充满爱和亲情的舞台。在这样的氛围中，老师、学生、家长个个跃跃欲试，登台献出自己的十八般武艺。

同样，学校的艺术体育节、全员运动会、“毛毛虫游戏”、拔河、跳长绳比赛、学军学农活动等各种场合，只要是学生活动，必定有老师、家长的“戏”。有位老师说：“虽然我的表演细胞和文艺细胞几乎为零，但为了更好地融入学生中去，我尽可能参加学生的所有活动。学农的时候，不仅在地里手把手地和他们一起干农活，而且和他们共同完成降落伞的项目，还和他们一起比爬绳子、过双人桥等，最囧也是最具挑战性的是在篝火晚会上，学生邀我参加舞蹈动作模仿节目，我的舞姿很拙劣，但我还是果断地站到台上跟随他们一起扭摆，舞姿虽烂，但给孩子们更多的是开心，所以我愿意！在全员运动会上我参加了两项教工组的比赛，在‘公益大舞台’上，我参加了大合唱。学生都喜欢看到自己的老师有项目、有节目。所有的活动都让我和学生的关系更加亲近了。”

好的关系是玩出来的！“公益大舞台”的魅力在于师生同台，人人参与，在于打通了角色定位，大家都是“玩伴”，人人都参与、个个有节目。人与人之间最可贵的就是没有“分别心”，孩子们最看重的就是在“公益大舞台，才艺我来秀”的舞台上，老师不是那高高在上的老师，父母不是那居高临下的父母，师生间、亲子间彼此平等，没有了那份拘谨，有的是洋溢着笑容的其乐融融的亲情，是温暖的阳光下孩子与老师、父母越来越融洽的关系。

三、提供平台扬个性

在2017年的“国戏杯”全国大中小学生戏曲大赛中，我校初一（2）班的王宇晨同学过关斩将，在数千名学生中脱颖而出，荣获一等奖！

2018年6月，王宇晨参加了上海戏剧学院附属戏剧学校面向全国的招生考试，并成功入围。家长来与学校商量是否能遂宇晨心愿，学校虽有许多不舍，但为了她自己还是欣然同意她前往上海就读。

尊重孩子的个性、发挥他们的特长，我们给像王宇晨一样的学生一方舞台，无论是科技还是艺术，无论是体育还是文学，力求让每一位学生发挥自己的兴趣特长，获得属于自己的最佳状态。

“小时候，每天都要练一小时钢琴我特别不喜欢，我甚至起了念头要把我们家钢琴烧掉……多亏了妈妈，几乎是逼着我坚持了下来……”小L说到这一段总有些想笑。

“我也是，我那时候学会了一边弹琴一边快速翻小说，听到爸爸妈妈进房间的脚步声就迅速把小说藏进琴凳，速度够快吧……”小Q的神情还略有些得意。

“我妈算是很有策略的，她先去带我看了一场其他孩子的小提琴表演，然后问我喜不喜欢，想不想学，那我当然羡慕啦，这不，就入坑啦……”小J乐出了声。

听孩子们分享自己的学艺经历，我感到真实而有趣。确实，爱玩和爱自由是每位孩子的天性。每天坚持训练，尤其是在父母、老师的督促下重复弹那几段练习曲、扳腿扳到痛得要淌下泪来，火辣辣的阳光下运动得大汗淋漓……这一切都太不容易，对每个孩子、每个家庭都是考验。

然而，非常遗憾的是，孩子在度过最枯燥、最煎熬的初级阶段，能品尝到一点乐趣，感受到一些成就感的时候，进了初中，随着课业负担的加重，被迫放弃自己为之奋斗多年的特长。我们努力不让这样的遗憾发生，一方面积极鼓励学生坚持自己最喜爱的一两个特长项目，另一方面尽最大可能精选作业，严格控制作业的时间，以让学生能在学习之余，保留自己的小天地，拥有自己的兴趣爱好，全面健康地成长。

【放大镜一】社团，变出自信“舞台”

霍华德·加德纳的多元智能理论告诉我们，学校在全面发展学生各方面智能的同时，必须留意每一个学生只会在某一、两方面的智能特别突出。社团正是关注孩子某一两个特别突出的智能的重要平台，是给孩子提供选择性的有效载体。关注每个生命，关注每个孩子，为每个生命颁奖，为每个生命喝彩，应该是我们教育的使命。

我们的目标是每一位同学都能参与到社团活动当中，一个也不能落下。初一新生入学前，我们就发放参加社团问卷调查，哪些是同学们想参加的，还想参加什么。社团建设最怕的就是有些孩子的愿望和志向被学校遗忘甚至否定。五花八门的社团课程，学生怎么选，选什么，怎么协调学生的志愿，怎样体现选择过程的公平，都是我们要考虑的因素。我们以大多数同学的意愿为主，同时也听取少部分同学的意见，这是公益大家庭温暖亲情氛围能实现的重要因素。

学生选择完社团以后，学校对报名信息进行统计分析，对报名较多的热门社团进行扩容，尽最大的可能满足报名学生的要求。对少数人的愿望我们采取单独聘请专业教师的方法。

对专业性较强的社团，我们以社团的名义采购专业器材设备，聘请校外的专业技术指导或邀请专业人士讲座，对有参加专业比赛的社团，在保留参赛队员的基础上也欢迎更多的新鲜血液加入其中，先观摩后实践，既有专业性的选拔比赛，又有群众性的娱乐活动，把高大上的专业项目变为每一个有兴趣的学生都能参加的日常活动。

每周二中午12:30开始，是学生们自由参加社团活动的时间。社团的孩子们“动手动口动眼动耳动脑”，在紧张的文化课学习中“换换脑子”，放松身心，张扬个性，发展能力。为了激发学生参与社团的兴趣，提升学生特长的水平，我们把孩子的社团作品传到网上供全校师生欣赏。

社团活动是为孩子们展现自我搭建的舞台，让他们把自己的兴趣、特长和爱好展现出来，转化为孩子成长的方向并搭建走向成功的道路。有些孩子在平时太过矜持，在课堂和学习上的表现有些“害羞”，但是来到自己熟悉的领域，他们的表现则完全不同，不仅在技术上获得了提升，也更有自信，更敢于面对自己。这也是社团活动开展的一大重要作用。

我们每年举办科技艺术体育节，为每一位公益学子提供一个大放异彩的舞台。12月，“人人参与展示、人人快乐享受”的艺体科节拉开帷幕，全校师生家长动员起来，共同参加这个美好的狂欢。活动分为班级狂欢节、公益大舞台、美丽校园我出“彩”、体育系列活动、校园吉尼斯、爱心大义卖等，其中包括了音乐、书法、美术、体育、科技等各个方面，让每个公益的孩子都可以参与进来，成为舞台上的焦点。

以校园吉尼斯为例，我们共安排了13个项目，如投篮、足球颠球、自行车慢骑、呼啦圈、踢毽子、花样跳绳等。这些项目参与度很高，不同身体特点的孩子可以在不同的运动项目里找到自己挑战吉尼斯的机会。

临近期末，孩子们玩得这么开心，自然也有家长传来担忧：真的不会影响学习么？我们把这些都考虑到了，老师们更加细致地备课，一如既往根据不同孩子的特点针对性地辅导，二批、面批孩子们的作业……给孩子展示特长的舞台的同时，我们也为孩子们的学习提供更坚强的后盾。期末的优异成绩解除了家长的担忧，也为我们后来的活动赢得了更多的支持。

【放大镜二】火眼金睛，看出隐藏“神力”

在学校广开思路为学生提供发挥个性特长平台的同时，全体老师也是各显神通，不拘一格发现人才，支持有个性特长的学生，充分发挥他们的优势，让他们占据一方高地。

例如初三的钱晨老师就发现了“人才”：

张扬和陈致衡两位同学平时没事儿就在教室里研究班级的电脑，后经了解，他们很喜欢玩编程，都是电脑高手，我就积极鼓励他们研究电脑，但凡遇到电脑问题，都不去找学校维修人员了，而是第一时间就请他们帮忙，同事的电脑遇到故障，我也请这俩小伙去支援。张扬也确实没有让我们失望，他获得了浙江省（高中组）电脑比赛一等奖！

一个班几十位学生、一个学校一千多位学生能力有大小，个性特长各不同。只要他能为班级、为他人做出贡献，他的个性特长就有价值，他就会因为一点小小的个性特长能帮助他人、能为班级发展贡献力量，而感受到自己的存在感、价值感，就能促进他增强自信心，而且有利于他一辈子的发展。

案例1

我们班的于圣阳同学，学习成绩不理想，但动手能力非常强。一次班级书柜出了点小问题，他就主动动手修了起来，很多同学围着他，看着他一点点完成后，给了他热烈的掌声。自那以后，班级一些小损坏我都尽量让他先去试试，他非常乐意帮忙而且基本上都能快速完成。他受到鼓舞后，主动和妈妈表示以后想要读需要动手能力强的专业。

（夏婵婵老师）

案例2

通过平时的交流了解孩子们的特长和个性，我安排他们去做合适的工作、参加合适的活动来发挥特长。比如钟丰羽同学嗓门特大，于是安排他负责领读，读书的氛围一下就起来了。又如金彧颜同学成绩欠佳，但在文娱方面特别突出，于是我把班级的迎新活动交给她设计，效果非常好，她也因班里同学、老师肯定了她，而更加坚信自己在特长方面的能力。

（王签老师）

案例3

五班有个不太自信的女生十分喜欢古文，经常在办公室看到她请教语文老师。于是我历史课上，文言文的文史资料都请她来翻译，她因此成了课堂上踊跃举手翻译史料的小能手！每当她准确翻译后，同学们的掌声便会响起来，这不仅增强了她的自信心，也让她更喜欢历史这门课了。

（刘丽娟老师）

【放大镜三】体验，悟出玩与学的“节奏”

辛弃疾有诗词云：“茅檐低小，溪上青青草。醉里吴音相媚好，白发谁家翁媪？大儿锄豆溪东，中儿正织鸡笼。最喜小儿无赖，溪头卧剥莲蓬。”

亲情教育，需要我们把孩子当作真正的孩子，这样我们才能时常发现爱好“锄豆”的孩子，发现喜欢“织鸡笼”的孩子，也能发现“无赖”“剥莲蓬”的孩子。我们给孩子创设很多好玩的活动，好玩的社团，好玩的课堂。喜欢“锄豆”的在“溪东”，喜欢“织鸡笼”的在“溪头”，喜欢空想的“无赖小儿”就去“剥莲蓬”。每个孩子都有他喜欢的课程，每个孩子都有他展示才华的舞台，每个孩子都有他舒展心灵的空间，这是一幅多美的画卷！在这样的画卷里，孩子不是教师灌注的容器，也不是可以任意塑造的蜡和泥，他们具有独特的生命力、个性和潜能。

大背景下的激烈竞争，成了孩子们成天埋头作业的无形推手；家长的无比焦虑，成了孩子们辛苦奔波的理由。许多老师、家长担心把心思花在个性特长上会影响学业成绩，影响中考。其实不然，初中生正处于精力旺盛、思维活跃的年龄段，他们有朝气、有活力，如果合理安排，张弛有道，他们的爱好反而有助于学业的发挥，因为学习需要时间，但更需要效率。从2019届优秀毕业生汪蒙珊同学的这篇文章中，我们可以读到个性特长与学习效率的关系：

说到提高学习效率，我的切身体会是：好好玩，好好学。

专注，是提高学习效率的法宝。我曾一边听歌一边背古诗，心情自然不是一般的好，可是时间就这样一分一秒地过去，我歌也没有听进去，古诗也没有背出来，歌一暂停，古诗文就如流水一般地被我收到了知识库中。

得益于高效率的学习方法，使我可以在繁忙的初中学习生活中安排出时间继续我业余兴趣爱好——钢琴和芭蕾。它们是我坚持了多年的艺术爱好，让我在紧张的学习之余更好地放松自己，享受艺术带来的美好和宁静。初一上我通过了钢琴十级，并参加了在日本举行的第五届国际青少年钢琴赛，在专业选手云集的肖邦组别拿到了二等奖的好成绩。

除了这些兴趣爱好，每个周六晚上我还参加了信奥编程课。每周六下午却是我最开心的滑冰的时间，在冰面上驰骋，紧张的学习节奏抛在了脑后。周日下午复习预习后，爸妈还会拉上我看最新的科幻电影，开拓一下眼界，体会最新的流行文化。

真正的教育需要尊重孩子生长发育的规律与节奏。我们强调："要让初中生像个初中生！"在重视文化课学习的同时，尊重学生的个性，释放学生的天性，在获得眼前应有学业成绩的基础上，赢得一辈子受益的综合素养。

尊重特长扬个性的另一大好处就是，这是建立良好师生关系的一个特别有效的切入点。抓住学生个性特长的某一个点，能够连起师生好关系的一条线。体育老师顾安杰说："我所教的学生回校看望我的更多的是当时在班上个性较强的孩子，我觉得这些孩子其实非常好相处，我的做法是和学生打篮球。我与学生一同打球，聊一些学生也擅长的方面，聊聊每个学生喜欢的球星，让学生觉得他还有比老师更厉害更懂的地方。不论学生是个性张扬还是内心压抑，打篮球都是一种很自然而然让学生与老师关系更融洽的好途径。我尝到了'亲其师，信其道'的美妙滋味。"

第七章

乐手协商对话

内尔·诺丁斯说："显而易见的是，受到关注的时候，孩子们愿意为他们喜爱和信任的人而努力学习，积极工作。"

现代的孩子自我意识强，特别是进入青春期后，成人感不断增强，他们渴望老师、家长有事跟他们商量着办。一旦老师、家长有了尊重他们的意识，关注到他们的内心需求，和他们协商，让他们做主，并让他们对自己做主的事情负责，就会收获许多意想不到的教育效果。

一位记者来学校采访时，巧遇学生校长开例会的场景。他感到非常新奇、兴奋，于是记下了当时的见闻：

学生校长刚落座，阿潘校长开门见山宣布会议主题："今天主要讨论一下这次'公益大舞台'。我们照例来一场'头脑风暴'，请各位脑洞大开发表自己的想法。"话音刚落，六位学生校长即各抒己见，不断地提出新奇构思。

"节目内容、节目形式可以用发放问卷的方式向同学们征求意见。"学生校长宋子娴说，"我建议用选择题的方式，除街舞、Cosplay、武术、古典舞等作为选项外，让全校师生家长一起提出新的节目选项，一定会更受欢迎。"

"舞台最好能搭成T型台，舞台就是观众席，观众席就是舞台，融为一体。"

"可以适当模仿一下'中国好声音'的形式。"

"可以用弹幕，让全校同学边欣赏边参与。"

"我们去邀请从事文艺相关工作的爸爸妈妈来当评委。"

"阿潘，您今年一定要有新造型，不能让大伙儿失望哦！"

“请保安、生活老师和食堂师傅都一起来，好不好?”

“奖品由阿潘校长手写对联，行不行? 作为最高奖!”

……

阿潘校长一个劲儿地说:“好! 这个我们老师想不到! 有创意! 有新意!”

一场学校大型的活动，就这样在阿潘校长的不断鼓励和巧妙引导下策划成功了。

我们主动蹲下身来，以平等的姿态和学生协商对话，真心诚意地给他们话语权，激发他们参与学校管理的主动性和积极性，让孩子真正成为学校管理的主人，激发他们的潜能和创造力。学生是一个巨大的宝库，蕴藏着许多的智慧和力量，当孩子切身感受到自己是学校这个大家庭中温暖的同行者时，许多问题和矛盾就会迎刃而解，也就为这个大家庭注入了源源不断的活力。

我们以点面结合的方式畅通学生发声的渠道。与学生校长的沟通是一个点，“亲情信箱”“亲情问卷”“亲情日记（周记）”，以及无处不在的随机的面对面交流就是面向全体学生的协商方式，每位学生都享有“话语权”是协商对话的前提保障。

我们给孩子以选择的权利。做决策时，不将老师的意愿强加于孩子，给予孩子选择余地；发生矛盾冲突时，不简单评判孩子的对错好坏；和孩子对话时，不随意打断或制止孩子，不简单否定孩子的不同意见或消极情绪，老师做好耐心的倾听者、适度的分析者、问题解决的建议者，启发学生酣畅淋漓地诉说、客观理性地反思、心平气和地选择解决矛盾的合理方法。这样问题得以解决，个人也能得到成长。

我们遵循“基于学校、为了学生”的校本课程建设理念，以“亲情课程”为平台，吸引、鼓励学生从学校的办学理念、学校文化、办学特色出发，根据自身发展的实际需求，和老师平等对话，主动参与学校课程框架的构建，循序渐进地推出校本课程，并以“老师指导、学生主体”为原则实施校本课程。

学生校长共商学校大小事

第一节 “自主管理”成体系

联合国教科文组织国际教育发展委员会在《学会生存——教育世界的今天和明天》一文中指出：“未来的学校必须把教育的对象变成自己教育自己的主体。受教育的人必须成为教育他自己的人，别人的教育必须成为这个人自己的教育。这种个人同他自己的关系的根本转变，是今后几十年内科学与技术革命中教育所面临的最困难的一个问题。”

怎样解决这“最困难的一个问题”？借用一句十分经典的话：如果你握紧双手，抓住的仅仅是空气；而你张开手掌，触摸的是整个世界。

放手把一部分管理的“权杖”主动交给孩子，形成“人人管我，我管人人”的自主管理网络，让学生成为“亲情校园”里真正的主人。建立和孩子平等协商对话的机制，让学生组织、策划各项活动，既是对他们自我意识的尊重，也提升了他们对“公益大家庭”的责任感，进而促进学校管理方法的不断改进，促进孩子综合素养的持续提升。

一、“我的地盘我做主”的顶层设计

如果把“放手让学生管理”理解为“就让学生自己去干”，学生的自主管理就有可能“像断了线的风筝，得到了自由，却失去了方向”。为此，我们需从孩子的认知水平、心智发育、社会阅历等实际出发，“放而有管”，和学生协商，建立一套良好的自主管理体系，适时给予他们指导，既满足他们“我的地盘我做主”的愿望，又让他们承担“我做主的事情我负责”的责任。

构建学生自主管理体系：

学校团委曾在学生中做过一项有趣的问卷调查，其中有一个问题是“如果让你选择当一名学校领导，你希望担任什么岗位”。结果，有60%多的同学说自己最想当的是校长。

可以让学生来当校长吗？怎样让学生当校长？我们召集各层面老师、同学多次座谈，大家一致认为这是一个和学生民主协商、真正落实学生的主体地位的良策。

经过一个月的酝酿、筹备，通过自主报名，班级初选，年级推荐，有31位同学参加了竞选演讲，首位“学生校长”李子羽以及班子成员走马上任。

学生校长们兴致勃勃工作三个月后，在一次“学生校长”办公会上，向我提出了两大问题：一是与学校其他学生组织关系怎么处理？二是老师和同学对学生校长的期望很高，工作任务多，学习压力大，有时根本来不及，怎样平衡工作和学习的关系？

经过认真梳理，我们逐渐理顺了关系，根据“层级管理、资源优化”的原则，建立了以学生校长领衔的学生自主管理体系。

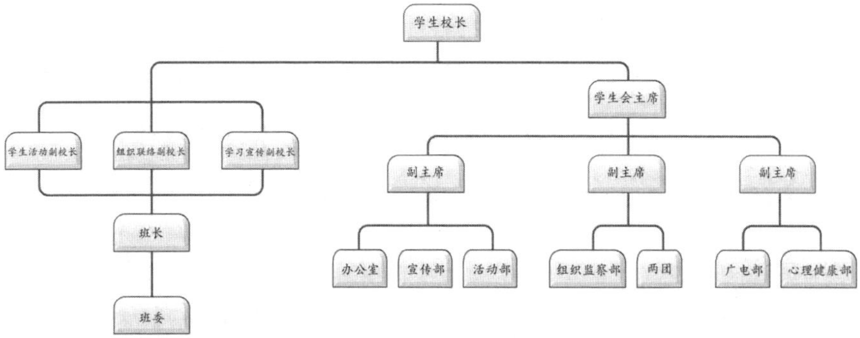

杭州市公益中学学生自主管理体系

在这个自主管理体系中，学生校长是全校学生自主管理队伍的统领者，统筹学生会、道德评判团等组织成员均由学生自主申报、自由竞聘并自行组织开展活动。班级团支部发展新团员及其他团组织的相关工作由校党支部、学校团委领导，行政工作任务接受学生校长的统一安排。

按照“相亲相爱公益人，共建共享和谐温馨公益大家庭”的学校亲情文化要求，首先是“我管人人”，学校为每位学生创设平台，人人都是公益大家庭中的重要一员，个个都能承担其中一份工作；进而倡导“人人管我”，每一位学生又都是被管理者，自觉接受同伴的“领导”或监督。

经过十多年实践，这样的学生自主管理体系呈现出三方面的优势：

一是“上接天线，下接地气”。“上接天线”是指在每个月的学生校长例会上，学生校长可以直接与校长面对面交流，“下接地气”则是指从学生校长领导下的各部门直接贯穿到学校管理的最基本单位——每个班级。

二是一家人共谋一家事，同挑一副担。学校的工作直接与每位孩子关联起来——人人是主人，人人有事做，人人需担责。培养了学生，发展了学校。

三是听到真声音，效能大提高。校长通过学生校长听到了孩子的真实声音，能更好地从孩子的心理需求出发开展工作。层级减少，体现扁平化的管理，原先的学生会、团委、少先队等学生组织都在“学生校长”的统筹安排下，协调一致，有效地避免了多头安排工作。

每位孩子都是独立的个体，都具有独立的人格。在学生自主管理体系中，管理的主体从老师转向了学生自己，每一位学生既有了“我的地盘我做主”的荣誉感和自豪感，也有了“我做主的事情我负责”的责任感。学校把管理的权利交给了学生，实际上是把各种学习、生活的权利还给了学生，学生感受到了老师和家长对他们的真正尊重，在一个个岗位、一件件管理小事中，培养了主体意识和领导能力，也培养了他们相互尊重、包容、忍让等品质。学生在自己的舞台上发挥智慧，锻炼能力。无数小小的舞台，汇聚成人生大舞台；一次次小小的实践，在学生内心种下了更远大的目标和志向。

二、“我当校长我负责”的领衔队伍

与其他学校一样的是，我们学校有通常意义上的行政校长、副校长，掌管着学校行政事务；与其他学校不一样的是，我们学校多了一支“学生校长”队伍，他们在学生自主管理体系中真正发挥着统领的作用。

学生校长是学生自主管理体系中“将帅”级人物。他们过五关斩六将地竞争上岗，发表就职演说；每个月和学校行政校长一起开会，商量学校大大小小的工作；时时听取学生的意见和建议，为改进学校管理出谋划策；主持周一全校晨会，组织各类学校大型活动……

孩子们说：“我们的学生校长有时比阿潘校长还要牛！”

（一）学生校长的“牛”，体现在激烈的竞争机制上

在很大程度上，学生校长的“牛”，首先体现在这支队伍的产生过程。学生校长是怎样产生的呢？且看杭州网记者的现场采访报道：初一学生竞聘当上“校长”，新一代学生不再简单“被管理”。

今天，杭州公益中学初一年级19位同学勇敢地站上了演讲台，向着心中的目标进发，他们要竞聘学校新一届的“学生校长”。

最终，初一（1）班班长，在学校学生会中担任文体部部长的陈嘉梁同学接过了上任学姐的接力棒，光荣地成为首位男性“学生校长”。

“有些事情学生的管理方法比老师高明多了，今年我们不设门槛，只要有想法，都可以来竞选。”潘校长告诉记者，去年的两位学生校长干得很不错，“同学们的想法意见通过她们传达上来，沟通渠道很畅通。”

再来看2012年学生校长竞选的场景：

“我要成为公益的校长！”昨天，公益中学一楼报告厅里，竞选者喊出了这样的口号。在公益，学生有自己的“学生校长”。他们可以跟学校的校长一起办公开会，可以向校长提要求，可以影响学校的决策。

如果没到现场，你无法想象初一学生竟有如此强的演说能力。

13号竞选者一上台，就大秀英语“Hello, everybody, my name is……”近1分钟的英语开场白，瞬间镇住全场。22号竞选者带着道具上台，白纸和饭盒。白纸，“我将过去的所有荣誉一抹而去，不骄不躁，为大家服务。”饭盒，“它的口朝上，听取大家的所有意见；它的口朝下，一旦做了决定，就不再被其他左右；同时，它里面也要装上水，大家看它端得平不平。”

竞选报名不设门槛，所有人都可以参加。首先要在班级内进行演讲，通过初选后再进行全校演讲，最后，根据学生代表选票、评委老师打分、综合素质考察等多项评定确定学生校长。他们这么看重的一个位置，如果只是老师指定，或者在哪一个竞选环节出点纰漏，公布的“学生校长”不是凭实力取胜，学生校长就会缺乏威信，工作起来就容易陷入被动。

随后，学生校长在全校师生大会上，庄严地发表就职演说，意味着他们的工作既要争取全校老师、同学的支持，也要接受老师、同学的监督和评价。

（二）学生校长的“牛”，体现在工作制度保障上

由于每个年级有12个班级，在彼此不太了解、熟悉的基础上，很难把真正能胜任学生校长工作的优秀学生选拔出来，因此，我们把竞选的时间放在初一第二学期。为了便于工作顺利开展，每一届学生设一位校长和三位副校长作为年级学生校长班子。初三的学生校长成为学生总校长。

每位学生校长、副校长各自分管一块工作，既配合学校中心工作，又根据自己的“施政纲领”，确定本届学生校长的重点工作，并不断完善工作流程，有效施政。学生校长一般每月召开一次校长办公会，学生校长介绍近段时间学生的动态，站在学生的角度和立场，对学校、年级组及各位老师的工作进行评价，给出建议。

每每与会，我都会认真聆听、仔细记录、一一解答，并根据实际需要，请学校相关职能部门的负责人到会，听取学生校长的意见和建议，一起商量解决问题的方案，进而付诸实施。我之所以这么“乖乖地听学生的话”，无论多忙都保证学生校长办公会的召开，是因为制度使然。

当学校想了解学生的需求时，由学生校长来传递；当学生想知道学校工作的出发点时，由学生校长去解读；当学校的意愿和学生的需求不一致时，“两个校长”开展对话协商……因为多了这样一支扎根土壤的队伍，下情上传、上情下达，沟通的渠道就变得特别通畅；上下同心，基于学生需求的学校工作改进了，工作也就变得特别顺畅、高效了。

（三）学生校长的“牛”，体现在权力行使的实效性

在学校行政管理层面，学生校长享有建议权、批评权、监督执行权

等，因此他们能有效地解决长期以来老师、学生反映比较多的难题。学生校长在办公会上反映食堂伙食不尽人意。会后不久，食堂每餐的标配便从1荤2素变为2荤2素；此外，住校生晚上还可享受单锅小炒的点菜服务。

为了发挥自己的作用，赢得学生的信任和支持，生活在学生中间的学生校长们，平时对学校方方面面、角角落落的工作多了观察，还经常深入学生，听取学生对食堂、学校的设施设备、作业量、各类活动的意见，集中民意，行使学生校长的权力。

案例1

学生校长例会上，学生校长王都提出的第一个问题是“我们学校的厕所一直有异味”，以前在会议上曾提出过两次，总务处也采取了一些措施，但未能从根本上妥善解决这一问题。

我立即打电话请来总务主任杨老师，一起听取学生校长们的建议。杨老师像一位小学生一样，边听边记，对学生提出的建议连声称好，还不时请教。会后两周内，按照物品审批采购流程，配置了除臭机器。又将厕所改造列入第二年的暑假维修项目。九月新学期开学时，学生走进经过全面翻修的厕所，竖起大拇指，连声说：“这下好了，不仅没有了异味，而且厕所的样式、设备也像四五星级酒店的了。”

案例2

“阿潘校长，现在到了期末复习阶段，同学们最大的愿望就是作业的量一定得再减少一些，因为我们需要自己进行复习整理的时间。一味疲于应付作业，学习效率反而很低。”学生校长宣嘉奕在办公会上说。

于是我提议今天我们是否集中围绕“控制作业量”的问题，大家畅所欲言。有的说：“由学习委员统计一下每门课做作业大致所需的时间。”另一位接着说：“统一把每天的作业全写在黑板上，班主任拍成照片传到年级的微信群里。”还有一位大胆地提出：“阿潘，你敢不敢给我们个权利，我们可以不做那些机械重复的、我们觉得没有意义的作业?”

根据学生校长办公会的建议，我们制定出台了《杭州市公益中学作业“减量增效提质”管理办法》。规定了备课组“一本一致”：每个备课组精心挑选一本适合我校学生发展的常规作业本，做到同一备课组作业一致。“控制总量”：预估好中等程度学生完成作业需要的时间，保证七年级、八年级、九年级的大部分学生分别能在20:30，20:30，21:10前完成当天的作业。“统筹调控”：安排学生将本班作业清单清晰地写在黑板上。班主任每天将本班的作业清单拍照发到年级组的微信群里。

这个管理办法还给学生一项特殊的权利：当班里有三分之一以上的学生感觉某学科作业量偏大，或者教师布置的作业为机械重复的练习时，可以由课代表向任课教师提出核减要求。当几门学科累加起来作业量偏多时，则由学习委员向班主任提出，请班主任统筹协调各任课教师予以综合核减。并将老师布置作业的情况计入绩效考核等。

通过一系列关于作业“减量增效提质”的“组合拳”，作业量得到有效控制。学生有了一定的自主学习时间后，求知欲和学习兴趣明显提高，教学成绩不但没有出现老师担心的下降情况，反而有了不同程度的提升。

“阿潘校长很重视学生的反映，认真解决我们提出的一些实质性的问题，而我也通过阿潘的解释，懂得了学校一些决策的缘由，让我对问题的思考更深刻、更全面。”这是学生校长马毅骢的感言。

学生校长不是花架子，不仅是学校重大政策决定的参与者，而且是学校工作的传播环节，部门工作作风的展示平台，更是集思广益、汇聚民意民智的群英会。学校行政班子成员都很尊重学生校长的意见，狠抓他们提出的建议的落实。我们也感到学生校长好像有取之不尽的“金点子”，现在我们要开展一项活动，就会主动征求学生校长的意见；一旦遇到疑难问题，也会向学生校长“讨教”。这样，他们的成就感不断增强，威信不断提高，综合能力也在不断提升。所以，学生校长都干得不亦乐乎。

这个制度我们已经坚持了十一年。我越来越明显地感觉到，这些“过五关斩六将”成长起来的学生校长们真的非常能干。他们在收获爆棚的人气的同时也没有辜负大家的期望。很多时候，他们的管理方法比成人都要高明，因为同龄人的心思他们最懂。他们的意见成为学校行政班子形成决策的重要参考依据。于是，很多“从学生中来”的问题，都在“到学生中去”的过程中，被很好地解决了。放手让学生自己去组织策划并主持每一次活动，让他们在活动中体验和感悟德行的要求，学会如何与同伴相处、如何成功地管理自己和他人，这样的道德实践远比说教更有效。

我们关心孩子们的“当下”，更关注他们的“未来”。学生校长制为学生综合能力培养提供了实践的舞台，极大地增强了学生的自信心和责任心，以及组织管理、沟通协调、语言表达等能力。一些学生校长在进入高中阶段后，照样成为学生骨干，表现出杰出的管理才能，比如，李子羽、陈嘉梁等同学升入杭州二中、杭州学军中学这样的名校后，又通过竞选，脱颖而出成为学生会主席、校长助理等。用这样的方式培养学生的领袖气质和领导才能，对他们一生的发展有着深远意义。

“我不再是小孩儿了，我的地盘我做主”是初中生最明显的心理特征之一。学生校长领衔，谋划布局“人人管我，我管人人”的自主管理网络，学校各项事务广泛征求并采纳学生的意见，尊重学生的知情、表达、参与和决策权，在赋予学生权力的同时，也让他们主动承担责任，要求他们不但提出问题，更要努力想出解决问题的方法。“学生校长制”的推行给了学生“独立做主”的机会，成为学校民主管理的一个重要抓手。

三、“我有岗位我能干”的全民管理

学生是管理的客体，也是管理的主体。学生个体的管理能力存在差异，但是每位学生都有管理的意识、欲望，在“受人管”的同时，也想“管别人”；每位学生都拥有管理的潜能，只要引导得当、指导有方，他们能够实现“给我一个适合的岗位，还你一个满意的成效”。

因此，我们主张学生自主管理不是部分人的自主管理，而是根据学生的个性特点、兴趣特长，做到“人人有岗位，个个会管理”，让每位学生在参与管理的过程中，发现自我价值、发掘管理潜能、培养管理能力，增强自信心和责任感，实现个人价值目标与班级、学校目标相得益彰。

在学校建立起宝塔型的自主管理体系的基础上，班级管理、学科管理等各个维度都形成了“人人管我、我管人人”“人人有事做，事事有人做”的学生主体管理工作机制。

每个班都根据班情制定了学生自主管理制度。如值日班长制、人人班干部制、班委会议制，设有学习辅导员、班务评论员等管理岗位。做到人人有职，人人有责，班主任主要负责学生自主管理的指导和考核评价。每位任课教师也根据学科特点和个人的教学风格，制定了各具特色的学科教学自主管理方案。现略举几例。

【方案1】 **班级岗位责任制**

班里共40位同学，每一位同学都有自己的岗位，既体现大家都有岗位干，解决“我没机会当领导”的问题；又可避免班干部在班级管理上牵制太多精力和时间，实现“大家的事情大家一起干”。

设立班长1人，副班长5人，纪律委员2人，学习委员4人，卫生委员3人，宣传委员4人，生活委员1人，文娱委员2人，体育委员2人，电教委员2人，心理委员2人，收作业小组长4人，餐桌长5人，粉笔及讲台管理员2人，卫生小组长5人，卫生工具管理员1人，花草管理员2人，雨伞管理员兼卷帘大将（开窗、拉窗帘）1人，课间管理员1人，班主任助理及泔水桶管理员1人。

“像家一样的班级”理应把这些必不可少的“家当”安排好，这点点滴滴的细节正是最实实在在的德育，细节管到位了，同学的好习惯也就形成了。班主任说：“每一件事情都有同学在做，所以我如果出去开会，班级的纪律、卫生都会井井有条，我都会很放心。”

【方案2】只有三年教龄的鲁梦麒老师说：“我在学科教学和班主任工作中，都尝到了‘人人管我，我管人人’制度的甜头。例如建立班级师徒结对，一个小老师带着三个小徒弟，利用课间时间完成一些基础知识的背诵默写，相互检查笔记，相互监督。又如在班级管理方面，我借鉴了大学的学生会模式，一个大班长带领五个值日班长，分管班级的学习、纪律、卫生、文娱、生活。五大部门下面招收干事。完善的班干部体制，除了例行部门会议，还可以针对突发事件召开临时会议，做好会议记录，以便后续改进和对照,同学们的能力得到了大大提升，真正做到‘以生管生’。”

【方案3】我们班有个3+5班级高层会议制度。“3+5”中的“3”分别是班主任助理、男班长、女班长，“5”是每周都有一天管理班级事务的五位值日班长。每周一利用中午20分钟时间开一个短会议，做好记录，转交给班主任，班主任再与分管的班干部分流处理问题，个别问题个别交流、沟通、督促。

除高层会议人员外，我们班每一个孩子都是班里的干部。分工越细致，工作越明确，责任感也就越强，让每个班级成员都有归属感。每一个人也可以通过家校联系本把近期班级出现的一些问题和良好的建议告知我，我会结合多个孩子的反馈及时统筹安排。

【方案4】我的语文教学采取两个方法。一是“同桌负责制”，背诵、默写同桌互查互批，监督重默，负责到底，以签名为证；二是“小组作文互评制”，明确作文批改的角度和具体标准，甚至细化到批改符号，要求有旁批、总评，被评者有选择地加以修改，老师给修改后的作文评分。（语文老师 林聪华）

【方案5】分组PK制：根据班上同学的情况，按照数学成绩、综合成绩、工作能力、表达能力等给学生进行分组。1.导师主要负责课余时间严格督促，用心辅导学员；2.每4人中，导师与导师PK，学员与学员PK，若学员获胜，该学员加1分，并且其导师加1分，若导师获胜，则导师本人加1分，学员不加分；3.项目有作业讲题（打乱组长与组长之间的抽题，组长与学员的抽题，讲题错误扣该人）、纠错考、平时测试等；4.PK人选1个月换一次。（数学老师 严小花）

老师有了让学生自主管理的意识，无论是作为任课教师，还是班主任，就有了自主管理的行动，也收获了学生自主管理的成果。

实施“人人有岗，个个能干”的自我管理，还有效地解决了当前初中生中存在的有人“不愿干却硬要他干”的问题——成绩较好、能力较强，一直担任学生干部，但怕当学生干部要花时间和精力而影响学习；同时也有效解决了有人“很想干却没得干”的现象——有的成绩一般、影响力不大，但争强好胜，想通过当学生干部赢得老师、同学的认可、赞赏。为每位学生提供自主管理的岗位、分配管理的任务，既有效解决了“不患寡而患不均”的心理，又有效解决了工作任务集中在几位学生干部身上的问题。

最为重要的是，通过“人人有岗、个个能干”的自主管理网络，让每位学生切身感受到了自己是班级小家庭、学校大家庭的重要一员，人人都应该也能够为和谐温馨家庭的建设出力，也因此调动了学生的积极性，如班主任赵鑫怡说：“班里有一位孩子比较活泼好动，我就让他担任垃圾分类管理员，专门负责同学们垃圾分类的情况。于是他自己也找到了在班级中的位置，积极性立马被调动起来了。有一位孩子特别内向，我就分配他当‘粉笔管理员’，告诉他粉笔也关乎老师上课的‘命脉’，需要好好干，于是他特别卖力。‘相亲相爱一家人’的意识和行动由此找到了源头活水。”

第二节 “协商制度”保权责

现代学生自我意识强，尤其是处于青春期阶段的初中生，身体快速发展，心理上要求民主平等，成人感不断增强，他们最大的愿望就是老师和父母能尊重他们的人格，耐心地听他们表达内心的想法，以商量的口吻与他们说话，也能给他们选择、做决定的权力。

灌输大道理难再奏效，居高临下的高压显然行不通，一味让步退缩容易陷入被动尴尬，怎么办？“顺毛捋”，老师、家长和孩子商量着办，有时把道理辩清楚了，双方各退一步，反而能够起到意想不到的效果。我曾碰到这样一个真实的案例：

寒假里，初二（3）班小张同学的妈妈发来微信，向我求助。原来，她和儿子正就“做作业时能不能听音乐”的问题，闹得不可开交。妈妈坚持说“一心不能两用”。儿子反辩道：“我边听边做效率更高。”我打通她的电话后，请小张跟我说说他觉得听音乐有利于做作业的理由。我耐心地倾听，记下小张说做作业时听音乐的好处。

听完后，我没有对他的说法和做法简单地评判，而是以十分平和、友好的语气（防止他产生防御心理甚至敌意）问了两个问题：“你平时都喜欢听些什么歌曲？”“有没有碰到过思路会被几句自己喜欢的歌词打断的情况？”“有的，有时音乐会干扰我的思路。所以我也不是做所有的作业都在听歌的。”

接着，我与他进行了梳理。在注意力分配等科学原理和他实际情况两方面分析的基础上，比较委婉但很明确地表达了我的观点，引导他在写作文、做比较复杂的推理、计算题时，最好不听音乐，并希望他好好与妈妈分析，表达什么时候听、什么时候不听，但一定保证做作业的质量等。当天晚上，张妈妈给我发来微信，表示通过沟通，母子俩已各退一步，愉快地达成共识。

和孩子协商，让他们做选择是尊重学生主体性的主要途径和重要内容。广泛听取他们的意见的基础上，让学生自己选择他们需要什么，选择做事的方法，让他们自己选择评价。不仅给了学生选择的权力，也给了他们选择、决定后的责任。

一、畅通发声渠道，铺平协商改进之路

要和孩子协商对话，首先要听得到孩子内心的真实声音，因此需要解决孩子向老师、家长表达自己想法的渠道问题。

由于受几千年封建文化的影响，老师、父母常常居高临下，处于话语的主导一方，孩子缺乏表达的权力；由于班级授课制的学校教育模式，老师每天需要面对的是四五十个甚至上百个孩子，很难满足一对一交流的需要。

一个周四的中午，我像往常一样，和学生共进午餐，一边吃一边与坐在左右的孩子闲聊。吃到一半，有个坐得比较远的学生噔噔噔跑来问：“阿潘，等您吃完饭，我能单独和您聊会儿吗?”

我立马答应了。从她与我的对话中得知，她平时有不少想法想跟我说，但总找不到合适的时间和机会。这次是憋在心里很难受，而且班里好几个同学有同样的意见，所以她非得找我提出来。她说的是周二学校组织学生对教师满意率进行评价时，班主任老师提前到班里说：“我们

班的任课老师们平时教你们都非常辛苦，如果你们在评教时给老师打了‘基本满意’或‘不满意’，老师可能会很伤心，也可能会影响下学期对你们的态度。”她说，班里的同学对此有不少意见，认为这样就无法表达自己的真实想法，体现不了评教的作用。我十分专注地听她叙述完这件事后，问了她对此事的看法，并进一步和她探讨了今后怎样避免干扰，更加客观、公正地做好满意率评比的方法。真想不到，她对学生评教这件事确实还是有自己独到的见解和方法，比如，她建议建立事后监督机制，并在教师会上宣布评教纪律，以给进班打招呼的老师有明确的约束等。

从平时和孩子们的交流中，我真切地感受到，青春期的孩子有许多心事需要倾诉，需要有信得过的人来倾听，需要有人及时提供帮助。当面聊天的形式虽好，但交流的人数和次数受限制。很多学生有合理需求，但缺乏通畅的表达渠道和平台。为此，学校搭建起多元化的沟通平台，既用电话、微信、钉钉、QQ等方式与家长的亲情沟通，更用亲情信箱、亲情问卷、亲情日记和周记等形式，让学生能随时把自己的真实需求说出来，让教师和学校第一时间了解到他们的需求，不但给每位学生“说话的权利”，更给他们“说话的时间、空间”，让他们选择适合自己表达建议、要求、想法，甚至是宣泄的有效途径。

（一）亲情信箱

信箱是颇为人性化的一种途径，因为它便捷，只要有想法，随时随地可以写下投入信箱；因为它具有较强的私密性，无后顾之忧；因为它适合所有性格的孩子，特别性格比较内向，不愿轻易在他人面前表达自己内心的想法的学生。

为此，我们在学生出入最频繁、最方便的综合楼一楼大厅，挂上“Panda亲情信箱”；教室里，挂上“班主任亲情信箱”；寝室里，悬挂的则是“卢阿姨亲情信箱”，食堂醒目处挂上“贾老师亲情信箱”……这样，学生就拥有了充分表达自己想法的载体。每一位学生随时随地都有机会对学校、班主任、任课教师、宿管员、食堂师傅等提出意见，通过书信或者是一张小小的字条，说出心里话。

有时孩子们会通过信箱和老师约个时间当面聊聊。更多的是在课间、饭后等学生们不上课的时候，在教室、走廊、食堂、操场等校园的各个角落，老师们走出办公室、走近学生，与他们进行海阔天空式的聊天交流。由于这种交流是在自然、宽松的状态下进行，往往能听到学生最直接、最真实的需求。

有时家长会通过“亲情信箱”反馈孩子的心声。因为家长与孩子有较多的面对面交流的机会，孩子能更好地表达个体诉求，家长掌握孩子的真实想法后，经过合理引导，不但能比较理性地向学校和教师反映问题，而且会提供解决问题的办法。

在“Panda亲情信箱”中，我能定期收到全校近1500位学生来信。因为在期中考、期末考试结束后，我会给全体学生写一封“阿潘和你说说心里话”的亲笔信，学生给我写来“我和阿潘说说心里话”的回信。每一位同学都有机会，敞开心扉与我诉说自己想说的一切话语，如分享半个学期来开心的那些事儿，也可以向我吐槽，更多的是给我提改进工作的建议、献上把学校办得更好的“金点子”。我一封一封认真地读，透过来信，看到了孩子们的内心想法，然后与有关同学进行当面交流，并在接下来的工作中采纳他们的意见和建议。

（二）“亲情问卷”

“我说你听”“你就照着我说的去做”是传统教育的基本样态。教育教学管理的各个环节，课堂教学、作业布置、活动安排等不顾学生的感受，不管教育教学的效益，这类现象司空见惯。

因此，学校教务处建立了“一月一张小问卷”的“亲情问卷”制度，问卷内容涵盖任课教师的上课、作业、批改、辅导等各个教学环节，并以作业量和二次批改的情况为调研重点，及时掌握教师的教学情况，发现其中的问题。

当各任课教师发现某段时间学生出现课堂参与度下降、作业正确率不高等问题时，还可以随机发放问卷对学生进行调查。例如：初二语文学科的张老师针对学生的语文学习需求进行问卷调查和分析后，提出了语文教学的改进方向，如恢复课前演讲，但要提前一周布置并指导学生充分准备，以避免因部分学生敷衍导致质量不高而再次中断；增加学生课外书籍的阅读时间，把课外阅读作为每天作业的组成部分，并且尽量多安排课外阅读汇报课。

（三）“亲情日记和周记”

人的内心表达需要载体，但更需要情景。许多时候，“时过境迁”了，许多想说的话会忘记或者不想再提起，所以，我们采取“亲情日记”的形式，把学生、家长、老师三方联系在一起。在“亲情日记”中，老师根据学生的表现，对学生一天的情况做一客观的评价；学生记下这一天的开心事、烦心事以及需要老师或家长帮助解决的事；家长写下孩子在家里的表现，以及对孩子、对老师的鼓励和期待等。

可以记事实，也可以说内心感受，有话则长、无话则短，觉得一切都很正常、不想写，也可以一句都不写。

如果说“亲情备忘日记”记录的是即时、随性、比较浅层的事情、感受，那么“亲情周记”记录的是有主题、有思想、比较深刻的心境。周记中不仅可以记录日常学习生活的所见、所闻、所思，反映与同学、老师、父母交往的快乐和困惑，提出自己的愿望和诉求，而且可以结合自己的兴趣爱好和时政热点，表达自己的观点。

案例1

在“亲情周记”中，我就请同学们写一写本周的感想，新奇的事情，或者对班级事务、同学有哪些建议等等，并且我和同学们承诺周记仅仅局限于我们俩阅读，不限字数，唯一要求就是要真诚。当看到有同学在周记里表达父母给的压力太大、和同学有矛盾等问题时，我会与同学沟通，帮助化解矛盾，周记让我和学生之间多了一个交心的方式。

（冯超老师）

案例2

在周记里同学们想说什么就说什么，不需要文采，没有字数要求，可以说说最近的烦恼，或者最近自己的学习心得，或者对班级建设的建议等。每一份周记我都会有回应，认真写上我的想法和建议，或找合适的时间与他单独聊聊，如果是对班级工作的建议，我会呈递给“班长行政部门”，由他们讨论，再反馈给提建议的同学。

（车雪飞老师）

案例3

初二新发展团员推荐时，小叶在班级投票中票数很高，但由于学习成绩不够理想，最终没能当选。班里有小部分同学认为老师“操纵”投票结果，于是周五放学前我就引导学生谈一谈你心目中的“评优”标准。通过周记，我发现大多数同学认可这次投票结果，认为小叶在学习上需要更踏实努力，但也肯定小叶平时助人为乐等好品质，我还发现孩子们容易在成绩偏弱的同伴身上有“同情心”和“同理心”，所以往往更容易支持成绩弱的同伴，这是因为成绩弱的学生更渴望老师的关注和肯定，更期待自己有一天也能成功。

第二周，我找小叶聊了很多，传达了同学的肯定、老师的期待，他也表示还要继续加油。我也更有意识地关注成绩居于中下游的同学，表扬他们的好人好事优点进步。我明显感觉到了孩子们都在努力跟上，没有人放弃。

（鲁梦麒老师）

实践证明，“亲情日记”“亲情周记”都为学生提供了“想说就说”的平台。“亲情日记”把教育者和受教育者三方每天都紧紧联系在一起，“日久生情”形成了教育的无缝对接；“亲情周记”具有一定的私密性，学生可以“想说什么就说什么，想说多少就说多少”，老师在听到了学生最真实的声音后，给学生以适时的点拨。

虽然亲情日记、周记给班主任增加了许多工作量，但是他们觉得这样的对话形式，比口头交流更真实、更深入，每次读周记就是和学生的一次心灵沟通，能分享到孩子们的喜怒哀乐，真切触摸到孩子们对自己的信任，与学生的感情在周记交流中越来越深。“亲情周记”既解决了学生个体的实际问题，解开了他心里的疙瘩，班级管理也在“亲情周记”的顺畅对话交流中越来越顺，有利于学生成长，有利于班级工作，也促进了老师的成长，虽然有点辛苦，但是老师们都支持。

二、设计多套方案，留给学生选择余地

“办学生喜欢的好学校，做学生喜欢的好老师”是我们的不懈追求，但我们绝不能只是把这个美好的愿望写在纸上、挂在嘴上，而需要尊重学生的主体地位，给学生建议权，给学生选择权。尊重学生的主体地位说起来容易，做起来却很难。且看这样一个实例：

元旦日，在食堂吃完中饭后，我回到了办公室。刚坐下，保洁阿姨一手拎着两袋原封未动的食品，一手拿着三块面包来到我跟前，说：“阿潘校长，这件事你一定要好好管管，你看，学校食堂刚刚发给他们的新年礼品，他们就这样扔到了垃圾桶里。真的太可惜了！”

我连忙站起来接过她手中的物品，答应她一定要借这个机会做好教育和引导工作。当天下午放学后，我便请学生发展中心、后勤服务中心和学生校长及学生“道德评判团”的几位同学，一起分析、商量。结果，比较明显地分出了“老师方”和“学生方”。

“老师方”认为，一定要查出扔这些食品的学生，予以严肃批评和处理。而“学生方”则比较平和地建议，扔食品的同学当然要查，他们的行为固然不对，也要批评。但是，不宜处理太重。因为学校发的牛奶、面包这些东西，确实不是大部分学生想要的“菜”，现今大多孩子不愁吃、穿、用，没有征求孩子意见买来的东西，往往会导致“好心没办成好事”。他们希望下次给学生发东西前，能先征求一下同学们的意

见，增强选择性。

如上面案例所述，老师、学校在安排礼物和其他教育教学活动时，较少考虑学生需要什么，更不太会去关心学生喜欢什么。静下心来思考，“吃什么”“玩什么”包括“学什么”“怎么学”的主体都是学生自己的事，是学生个体成长和发展的需要，学生自己的事理应让学生自己有选择权、决策权，否则老师“给”得再多，学生还是不领情。

因此，我们在发放礼物、选择游玩地等方面，遵循老师“把握方向，提供帮助”的原则，在确保安全、经费合理的前提下，广泛发动学生提出各种可能的方案，少数服从多数，予以选择和决定。

（一）发什么礼物？学生说了算

“六一”礼物发什么，孩子们说了算，快来看看咱公益的伢儿们过节有多“嗨”吧！

看！这是阿潘校长在给孩子们发“六一”礼物啦！

来，仔细看看，红袋子里都有啥？有爆米花！哇！居然还有“卫龙”！哈哈哈，“卫龙”可是辣条界的“爱马仕”啊！……

这是“六一”儿童节时，学校官方微信上发的一条推文，名为《孩子们喜欢的就是最好的——公益伢儿们过六一啦》。

为什么会给孩子们送辣条？原来，“六一”前夕，有几位同学在Panda信箱中来信，向我提出给他们发辣条作礼品的建议。于是，我请超市送来供学生选择的20多种学习用品、食品中，增加了“辣条”的选项。没想到，在各班选出来的学生代表进行投票时，辣条居然高票当选！

这时，我有些犯难了。“发吧，老师和家长可能会有反对声；不发吧，学生有意见。怎么办呢？”我请来六位学生校长商量，学生校长们从多个角度分析后，认为发辣条利大于弊，因为这是学生们自己的选择，既然选择了就必须尊重他们的建议和意见。当然，我也征得了家委会的同意。

“六一”是孩子们自己的节日，他们是节日的主人，无论是发放什么礼物还是举办什么活动，在把握大原则的前提下，站在学生的立场，要尽最大可能地尊重孩子们的选择。这样，老师省心，学生喜欢，皆大欢喜。

（二）到哪儿去游玩？学生讨论定

有了节日礼物学生说了算换来一片叫好声的成功经验，春游、秋游到哪儿去的纠结也就迎刃而解了。

周五行政例会上，学生发展中心负责人提议春游去杭州植物园，理由是那边最安全，可有几位行政班子成员表示不赞同，看到大家难以达成一致意见，我说：“春游是学生们的事，这件事就交给学生校长们去讨论，好吗？”

我布置三个年级的学生校长们分头去各班征集“民意”。学生校长例会上，学生校长王都率先提出：“阿潘，春游可千万不要去植物园啊！因为从小学起，植物园已经去过很多次了。”

后来每个年级组都提供多个方案，请各班学生活动部部长和各班班长投票决定。根据讨论、投票，确定了初一去“穿越”宋城，初二走进野生动物园，初三的同学呢，去杭州乐园！

于是，春游就呈现了下面异彩纷呈的场景：

在宋城，复古与时尚并存。张可馨同学说：“游宋城，是一番独特的体验。戴着小店里买的精致发簪，吃着街头买的美味小吃，缓缓走在悠长而斑驳的石板路上，观赏着古色古香的房屋建筑和四角翘翘的亭台楼阁，仿佛来到了宋朝。不愧是‘给我一天，还你千年’!”而看完大型歌舞《宋城千古情》后，楼朱婕在“穿越”宋城后，写下了这样的体会:“许仙和白素贞，耳熟能详的动人故事，在这个下午又在我们眼前生动地演绎。白纱飘扬，玉腕微露，绵绵细雨诉不完两人的爱恨情愁。淅淅沥沥的雨下啊下，下在观众的心头，下在厚重的史书上。”

初二是情感发育特别敏感、细腻的阶段。王佳怡在野生动物园的观察和体悟:让我们驻足良久的，是那十几只小浣熊。皮球似的身体，圆溜溜的大尾巴长长的拖在地上，比小姑娘的衬裙还要漂亮。而那银灰色中夹着棕色的毛，在光的照射下格外的亮，让人忍不住想伸出手摸一摸。它们三三两两地挤在一起，或在树桩顶正襟危坐;或是将头埋进尾巴里，将自己“缩”成一个圆鼓鼓的小球，呼呼大睡;或是在玻璃旁转悠，只待饲料从天而降。不论我们手里有没有吃的，只要我们举起手，它们便极利索地小跑到我们身旁，有的还站了起来，用两只前爪搭着玻璃，似乎是在向我们卖萌。呜呼!此游此情，快乐而难忘;此情此景，美好而和谐。

刘雨沐同学则感慨:“收获了很多野生动物的知识，很多关于保护动物的知识。但是觉得它们在里面这么小的一个地方很可怜。”

而对于学业压力比较大的初三学生来说，他们选择杭州乐园的理由是:我们所重视的不是去哪里，而是和谁一起去。今天有可爱的同学和老师们一起来玩，自然有不一般的快乐。大家有说有笑地走进场馆，个个脸上都挂着灿烂的笑容，就连脚下的步子也变得轻快起来了。有位初三学生写道："我们玩了惊险刺激的游乐项目，吃了各式可口的食品，更感受了公益大家庭的温暖。阿潘校长戴着粉红色的企鹅帽，调皮地笑着，抡着充气锤到处'袭击'，却被一拥而上的同学们'围攻'，班主任和老师也一起参加了气锤大战。到处都是如花的笑靥，到处都是爽朗的笑声。这时的我们，早已没有了校长、老师、同学之间的隔阂，只是尽情地笑着，闹着。这正是我们初三特别想要的。"

（三）写什么祝福字？学生自己挑

过年了，在门口贴一副大红对联，在房门上、屋子里贴上一个"福"字，是中国人特有的一种文化形式，表达了辞旧迎新的喜悦心情，更寄托着对来年的美好愿望。为此，我给每位老师写一两副定制的春联，给每位同学写一个祝福新年的大字，已经成为公益人过年的一个"标配"，我们把它称之为"把公益大家庭的亲情带回每一个小家庭"。

2013年春节前，我开始了"把亲情带回家"行动——给全校老师每人写一两副春联，给全校学生每人写一个毛笔字。写什么字好呢？思来想去："福"意为平安幸福、福气满满，是中国人新年最好的祝愿；"乐"是意为欢喜、快乐，是所有人追求的一种美好状态，"快乐"也是公益中学最大的亮点。于是，我就让学生在"福""乐"两个字中选一个字，我来写，向每个家庭送上真诚的新年祝福——乐无限、福满年。写近200副对联，1500多个大字，可不是个小工程。回顾这之后每一年的坚持，可谓有累更有甜。

记得2014年我在2月1日晚上开始，为学生写"福"和"乐"，我慢悠悠享受着写毛笔字的乐趣，殊不知临近期末，增加了好几个临时性的会议及其他事务。距离11日早上学生返校休业式的日子只有四个晚上的时间了，我的任务还只完成了三分之二！于是，我赶紧调整战略，把写字的地点挪到了学校最大的场地——报告厅！并请来三位老师帮忙加墨换纸、收纸铺纸、盖印章，我专门负责写字。经过几个晚上的奋战，终于在2月11日凌晨收工，真的像打了一场“硬仗”，正如钱晨老师在文章中写到的那样：

是夜，2月9日深更，无意中刷朋友圈，慎哥发的几张照片让我震惊：一惊深更半夜潘校长竟还在大礼堂奋笔书写“福”和“乐”；再惊书写的“福”“乐”之多几乎布满了整个地板；三惊虽写了近千字，但每个字都苍劲有力无一草草应付，甚至用了多种字体。更让我敬佩的是，第二天半夜，无意中醒来，下意识拿起手机打开了朋友圈，慎哥和安杰又发了校长正在写“福”“乐”和对联的照片，那已是半夜一两点，福乐满地，对联条条挂于后方，一派祥和！

2015年12月，又是一年送“福”时。有了前一年的经验，我提前三个礼拜就开始这项工作。没想到，这一年又迎来了新的挑战！

我照例请班主任统计多少同学想写“福”字，多少同学想写“乐”字。没想到第二天，我打开Panda信箱一看，有五位同学的“小条子”写的是同一类的诉求：“阿潘，我很想您给我写一个‘爽’字，贴在我的房间里，那样我的每一天都爽爽的了！”“阿潘，我前两年向您要的墨宝是一个‘福’字一个‘乐’字，全家人都很喜欢。今年想请您帮我们写一个‘犇’字，因为我属牛，又到了初三，觉得这个字特别适合!”

“好！一定满足！”我在心里坚定地答应了他们的要求。其他同学会不会也有自己想要的字呢？我当即通知班主任，请每一位同学自由选择一个字，只要内容健康，我就写！

这个消息一传开，可就热闹了！报上来，粗略统计了一下，居然有900多个不同的字，除了常规的福、乐外，比较多的有帅、棒、聪、慧、顺等，还有呆、萌、耶、666等网络流行词，更有孩子翻字典找出了巇、懋、龘等各种生僻难写的字来考一考我的耐心和识字量，我自然不能让孩子们失望。

一年又一年，小小的一幅字，传递着一份深深的情。每当看到孩子们手捧这份他们自己挑选的心仪的新年小礼物，喜滋滋地回家过寒假时；每当读到家长在微信群里晒出这份祝福，留言“感动于阿潘校长的用心”“给1000多个孩子每个人写了一个毛笔字，这简直让人难以置信”“看着这一个‘福’字，心里暖洋洋的”时，我的内心是暖洋洋的，三个星期的辛苦一扫而光！

我们让孩子在放假时收到的不仅仅是成绩，更是温暖的情感。这红彤彤的喜庆新年祝福，或贴于大门上，或贴于客厅里，或贴于书桌前，公益人的这一份大家庭的亲情和祝福由每一个孩子带到了每一个小家庭。

关怀是人类最基本和最普遍的需要。诺丁斯认为，生活中我们每个人都具备关怀他人的能力，而且每个人也都有被他人关怀的需要。而正处于生长旺季的初中生及其背后的整个家庭，也有着强烈的被他人关怀、被学校关怀、被校长关怀的需要。

不管当年学校有多少个学生，不管写到多晚多累，不管孩子们提出的个性化的字多么生僻难写，我都会给每一个孩子亲手写一个字，若有孩子的字在分发的过程中不小心被损坏了，他也可以立刻到我办公室来补一个。在我们的教育工作中，不轻视、不忽视、不歧视每一位学生，其意义有如天地。每位学生挑选的那个字，就是他心中的方案，每一个方案背后都蕴藏着他的一个心愿，或者是他的一点点微妙的小秘密。满足“私人定制”的背后，我想到的是对每一位学生的尊重，小小的一个个性化的字，体现的是对每一个生命个体的人文关怀。

每一项与学生有关的活动，教师减少点越俎代庖，鼓励学生脑洞大开去设计多套方案，放手让学生去做自己的选择，并和他们约定自己选择、自己决策自己负责。这样，学生的主体性得到了体现，责任心在“我的事儿我选择，我选择的事情我负责”中得以提高，独立生活的能力也得到了提升。因为给了他们机会，让他们用自己喜欢的方式去做自己的事，他们的心理需求得到了满足，他们和老师的关系越来越融洽，教师的威信也随之提高。

二、权利交给学生，共商问题解决方法

在日常的教育教学过程中，师生之间难免产生思想不一致的情况，有时甚至会有矛盾冲突。比如学生因不满老师上课的方法而有意捣乱，比如学生因不满老师对自己犯错后的处理方式而脾气暴躁，甚至情绪失控。

面对矛盾和冲突，老师如果一意孤行，完全不愿听学生的想法，或者不愿和学生商量，我行我素，学生对老师可能就会敬而远之，导致老师再苦再累也得不到学生的理解和配合，甚至导致因为“太顶真”而使自己“没有台阶下”，千忙万忙都成了瞎忙，很难达到应有的教育教学效果。

在年末老师给我的来信中，一位近50岁的女老师很慎重地向我提出了换岗的请求。她用了长长的三大页信笺对我诉说了内心的困惑：以前自己任教班的教学成绩总是在全校遥遥领先，可是到了现在，自己的教学热情丝毫未减，所花的时间、精力绝对不亚于当年，但是这次期末考

又一次处在年级倒数。因此，内心感到无望，思来想去，被迫无奈，只有换个岗位试试，可是，说真的又心有不甘。

看得出，这位老教师真的很无奈。读罢来信，在对这位老师深表同情的同时，我陷入了沉思。像她这样的情况不是个例。有的老教师可以说花了全部心血，却不受学生喜欢，教学成绩自然不尽人意。相反，有的刚毕业的大学生，虽经验不足，但班级带得很溜，学生成绩也很好。原因何在?

开学后，在找这位老教师聊之前，我先找了她任教班的学生了解情况，又找了十几位不同年级、班级、性别的老师，向他们请教我这个困惑的答案。最后归结为一个问题：学生和老师的关系。这位老教师工作真的很负责，却从来不听同学们的意见，上课只顾自己讲啊讲，下课只顾硬邦邦地让他们做这做那，作业太多，而且，学生犯点错就大发雷霆……

教师在教育教学活动中居于主导地位，但是，必须始终牢记：学生是教育教学活动的主体。无数实践证明，如果教师能在与学生建立良好的关系的基础上，真心诚意地和学生协商怎么教学更能提高质量、怎样管理更得民心、怎么处理矛盾冲突更有利于问题的解决，往往能起到事半功倍的效果。

（一）怎样教学更有效？和学生商量着办

哲学家苏格拉底指出，求知是每个人灵魂里固有的能力。教育的本意是每个人的天性和与生俱来的能力得到健康成长，也就是说，学习是学生个体生命成长和发展的“必需品”，学习本应是“学生自己的事”，教师可以在完成课程标准规定的教育教学任务过程中，多听听学生自己想要怎么学，多和他们商量上课怎么上，作业做多少合适等。一旦学生有了话语权，能有选择的机会，并学会了选择，他们的学习就会变得积极起来、愉悦起来，学习潜力就能被激发，“小宇宙”一旦爆发，教育教学的诸多难点问题就会迎刃而解。学生快乐，教师开心，就会产生许多意想不到的教学效果。

案例1

我会在适当的时机给学生一些“选择权”——课文选择权，上课方法选择权，作业选择权。比如，每个单元都有精读和自读课文，我会允许孩子们举手表决来选定他们喜欢上的课文。一些古诗和短小的文言文是选择PK上法还是分讲法，我把不同的上课思路告诉他们，由他们自选其一。在选择的过程中，学生不仅体现了主体意识，而且觉得自己得到了尊重，更重要的是，选择就意味着思考、判断、品析，对语文学习能力的提升也不无裨益。任何学生都可行使“作业选做权”，只要理由充分，我一般都会“通情达理”地点头。（语文老师　林聪华）

案例2

作业是学生最关心的问题之一。我和学生商量后，采纳了他们建议：一是出三套层次不同的题，由学生根据实际程度认领；二是我和孩子们一开课的时候就协商好，可以自主决定“空题”，实在想不出绝不抄，可以空，但把他能想到的过程或方法写上去，哪怕不完整也没关系。我也给学生奖励选择权，如果学科成绩进步大可以从奖励中选一项：1. 零食券一张；2. 奖金若干；3. 点歌券一张；4. 免作业券。

（科学老师　赵乐平）

案例3

在“问计于生”中，我了解到学生认为体育课就是为了准备中考，缺乏趣味。我就和他们商量怎么做，通过多样的练习方法，牵引的练习方式来改变一贯的上课形式，比如说双手头上投掷实心球，我在教学中是通过篮球课的方式，认真研究技术动作，通过双手头上传球的形式牵引到实心球课程中，学生充满新鲜感，自然就主动参与到学习中。

（体育老师　顾安杰）

当孩子把学校当作家，学校就应该把孩子当作主人。“我的地盘我做主”，让孩子的地盘归孩子，当然，“我做主”后面还得加三个更有教育价值的字——“我负责”。“我做主”给予了孩子尊重和权利的满足，而“我负责”给予孩子的是责任感。学生很能干，学生能负责，一旦给了机会，自会负起责任。

（一）怎样管理更走心？让学生讨论定

陶行知先生说：“学生是学习的主人，生活的主人，更是自我管理的主人。”班级是学生实现个人社会化的重要园地，是学生赖以成长的“家”。班主任既要承担班级管理的重任，做好班里学生的思想、学业、生活诸方面的引领者、指导者，又要舍得把班级管理权还给学生，吸引他们真正参与到班级管理中来，让他们不仅是管理的客体，而且是实施管理的主体，一旦班级工作符合他们的“胃口”，满足他们的愿望和需求，许多班主任老师感到左右为难、焦头烂额的难题会迎刃而解。有的还成为班里同学的一项“福利”，班级管理就会因此而让学生走心。

案例1

班级规章学生定。我们班的规章制度，都是根据班级管理实际需要，和学生们一起讨论而成。比如课间餐，同学们帮我规定了时间和食物种类，并且还自告奋勇地推荐了两位课间餐管理员。又如，坚持早到早学，我与班级7位班长和学习委员、早读领读员商讨对策，这些能干的同学商讨出一系列措施，比如如何收作业和早到早学不冲突，每天放学前对早到早学重点总结，结合一些加减分制度等。学生们都把规章制度当成自己的事来做了，从班规的被强制执行者转变为主动参与者，这样的效果真是棒极了！

（秦雪飞老师）

案例2

给学生自主决定留白。我班的教室外有面墙，很白很白。宣传委员认为墙面空着是浪费，和班委们商量后，对我说："'三人行，必有我师焉'，我们想拿这面墙作为我们班对外的宣传平台，展示出我们同学最优秀的一面。"我听了连连称赞，于是我们召开了主题为"三人行，必有我师"的微班会，把班委的决策告诉全班同学。最后，我们选出了第一个进行作品展示的人——瞿同学，因为她在各方面的能力都特别强。

小瞿用这面墙举办了一个个人画展，很成功，给同学们很大的启示。两周后，我和班委商量，能不能由我来决定第二位同学，班委同意了。于是我找来了董同学，他很有能力但自信心不强，且在学校学得比较被动。我告诉他只要想，就会发现自己很多优秀的地方，后来他带来了自己的作品，我收到了一份惊喜！董同学的成功也给了跟他有相似特点的同学很大的信心。从此，这面墙光彩不断，孩子们也因为有了这面墙，在成长的道路上越来越自信！

国画有留白的艺术，我们的老师把留白艺术用到了师生亲情交往之中，就是给学生留下思考和选择的权利，最终实现教育的目的。

（朱丽芳老师）

案例3

怎样评比更客观？班级每个学期的期末评优是非常敏感的话题。我给学生确定好基调后，考核的参考依据是由三块组成：1.每周的表现情况；2.同学们的投票；3.全体任课老师的投票。各方面的打分都按照一定的比例进行，各占多少由大家讨论决定。比如每周的表现以多少比例计入最终考核？我把自己作为大家庭中的一员，听各位说理由，然后班级投票决定，这样的评优大家也就心服口服了。

（车雪飞老师）

案例1

福利日，想吃什么自己选。周五是我们班的福利日，福利日奖给谁、吃什么？这个学期大课间跑操质量成了我们班管理的一个难题，所以我和孩子们约定，一周跑操没有扣分项，周五就奖励你们最想吃的。这样一来，跑操质量很快得到了提高，同学们对待跑操的热情也比较高。家委会在采购时显得非常为难，众口难调，不知道孩子们想吃什么。所以我将挑选“点心”的“选择权”交给每周表现最好的几位同学讨论决定，同学都非常羡慕，纷纷争做表现最好的同学，这样就可以挑自己想吃的东西。

（鲁梦麒老师）

此外，学校下课的音乐铃声，跑操时播放的音乐都交由学校的“音乐发烧友”队的学生一起讨论决定。

（三）有了矛盾和冲突，运用“三步谈话法”

成长中的青少年学生因为人生态度尚未成熟，仍然偏向幼稚和轻率，常会有冲动和冒犯之举，这也就是几乎每一个孩子成长中的阶段性烦恼，或者说是他们必须付出的走向成熟的学习代价。

学生是在探索和尝试，也就是试误之后，才可能找到正确的态度和方法。作为家长、老师应该用理智的思维、柔软的态度、原则的要求，用和风细雨的方式去缓解矛盾，引导孩子通过学习和必要的试误，逐渐成长，走向成熟。

如果说让学生选择吃、选择玩是基本的、显性的选择，那么让孩子选择解决矛盾冲突的方法则是深层次的。要从孩子的角度，特别是青春期孩子的心理需求出发，用柔软和体贴的方式走进孩子内心的需要。

有一件发生在体育课上的事，让我记忆犹新。

那天下午，阳光洒在我的办公桌面上，颇有几分暖意，我正与一位班主任在交流。一阵急促的敲门声后，一位高个子男孩和体育老师来到了我的跟前，男孩口里“呼、呼”地喘着大气，体育老师也是一脸暴怒模样：“阿潘校长，这个同学上课不按照训练规定，我罚他做几个俯卧撑，他根本不听，还差点跟我动手！我制止他后，他一直嚷嚷着让您来评评理！”

见状，我示意请体育老师先回避。我先拿了两把椅子，请男孩先坐下；然后给他泡了一杯热腾腾的茶，以30度左右的角度坐在他对面，等他喝下一杯茶，怒气消得差不多了，我请他详细聊了事情的来龙去脉，和自己的想法。一起探讨解决这起冲突的具体方法。半小时后，那位高过我一个头的初三男生，笑眯眯地离开我的办公室。心情十分灿烂，心态十分平和。

的确，初中三年是孩子成长过程中家长最难陪伴的阶段：近了怕腻，远了怕疏；管得多了被嫌烦，管得少了孩子又觉得不受重视；监督孩子的学习招来冷眼，不关注成绩又被考试排名吓得猝不及防……而当孩子犯了错误需要纠正的时候，更不知道应该如何同他谈。

此中最核心的问题，就在于发生矛盾冲突时，家长和老师处理问题的态度和方法。我与老师们总结出一套，用起来屡试不爽，也成为公益的特色的沟通方式。“三步谈话法”引导孩子尽情倾诉后选择解决问题的方法。

第一步：拿两把椅子，泡两杯茶，请孩子和自己面对面地坐下来。坐的角度和距离要有利于彼此眼神交流，又感到比较舒适。然后神态平和地看着他：“发生了什么事情呢？请你把这件事的来龙去脉，你感觉到的委屈和老师详细说说。”

孩子虽然可能对你一反常态的平和感到新鲜，但依然不愿意打开话匣子。这时候，不能急，我们耐心地等他开口，等他一点一点把事情说完。在他叙述的过程中，要不时地做出回应“嗯、哦，是这样的啊”，不论孩子怎样说、说什么，我们都不能指责，不能打断，不妄下结论，也绝不说“我知道了，你怎么可以这样呢”“老师批评你，也有她的道理嘛”这样的话。

第二步：在他叙述的过程中，很可能会讲客观的原因，也会批评其他人的不是，我们不能简单地批评他，而是应该根据实际认同他的一些外部归因，如“嗯，他确实有做得不对的地方，如果换成是我，也会……”。然后循循善诱地问下列问题：“你觉得今天这件事情你自己有没有错呢？错在哪？你觉得可能会产生什么后果？为什么会犯这样的错误？现在你感觉怎么样？”引导他用换位思考的方法分析问题所在，比如：“如果是你，你会怎样做呢？”聊的时候，可以同时把这些问题写在一张纸的左半边，做第三步时把解决问题的方法和改进计划的时间写在右半边，这样，思路会非常清晰。

第三步：接下来，对孩子说：“很好，现在事情已经很明白了，我们一起来讨论讨论怎么解决问题吧。”“想一想，还有没有更好的方法，可以帮助你把问题解决得更快、更好。”这时，即使我们已经有了很多点子，都应该听他先说，因为孩子说出来的方法，往往是他自己愿意去做的。在他没有想到的地方，我们再给他一些指导：“那是不是也可以这样做？”孩子们认同的自然也会参考。

最后，根据实际情况问他“这几项行动措施准备什么时候做呢”“需要老师帮你做什么吗”“那下次再碰到这样的事，你会怎么做呢”来避免类似的问题发生。接下来，就对他承诺的解决方案进行跟踪落实。

人非圣贤，孰能无过？何况是正处于情绪波动最明显的初中生，犯错不可怕，可怕的是犯错以后，老师、家长一味用刚性的措施简单化地扣分、处分，这完全有可能导致学生口服心不服，没能让他从错误中认识到错误所在，学生也不知道如何避免重犯类似的错误。因此，老师和家长需要给孩子“忍让的爱”，多给孩子一些空间和自由，让孩子感受到老师、家长的关心和用心。

老师和家长“管得了孩子一阵子，管不了孩子一辈子”，在孩子出现违规违纪，遇到矛盾冲突时，要允许孩子表达自己的想法，而不先评判孩子想法的对错好坏；不随意打断或制止孩子，不简单否定孩子的不同意见或消极情绪；和孩子交流时有尊重的姿态，有温暖支持的视线接触，认真地倾听和回复；与孩子以讨论、协商的方式，不将自己的意愿强加于孩子。这过程中体现的是老师、家长对教育规律的尊重，对孩子的尊重。老师、家长要做的是不仅仅着眼于解决眼前的矛盾，而是通过孩子自己选择消解矛盾、解决问题的方法，促进他们拥有自我反思的意识，培养他们自我调整的能力，这样才能达到以不变应万变，拥有一生的智慧。而孩子因为老师、家长以亲情体现对他人格上的平等尊重、方法上的启发引导，而从心底里信服老师和家长，乐于接受老师和家长的观点和建议，师生间、亲子间的关系不但不会因孩子淘气、犯错而激化，反而会因为一件件矛盾冲突的妥善解决而越来越亲密。

孩子是一个个有血有肉、有情有感的生命个体，任何有效的教育教学活动都是带着情感开展的交往活动。苏联教育家赞科夫在《和教师的谈话》中写道："就教育工作的效果来说，重要一点就是要看师生之间的关系如何。"良好的师生关系不可能凭空而生，和学生协商，给学生权利，刚柔并济柔为上、巧妙化解矛盾冲突，让学生心悦诚服，这是带着真情实感才有的教育教学行动。这样的真实行动，真正促进了良好师生关系的形成。

第三节　“亲情课程”搭平台

课程是学校实现育人目标的主要载体。学校以教学为中心，教学要以课程为平台，教材为依据，课程就是学生成长的“跑道”。基础教育阶段的课程以国家课程为主，但校本课程也是重要组成部分。校本课程的基本原则是“School based，for school”（基于学校，为了学校），其核心是“Students based，for students”（基于学生，为了学生）。因为校本课程的终极目标是促进学生的个性发展，学生应成为校本课程开发的主体之一，课程的内容、结构、实施等在师生互动中共同完成。

以学生为中心的校本课程，更多地关注学生的不同需求，尊重学生的主体性和差异性。学生可以根据自己的兴趣、能力和已有的经验选择学习内容，学习的时间、空间具有一定的灵活性，学习的重点是独立研究和自学的能力，学生的学习是一个积极的过程。

我们围绕“做有亲情的好教育，育真性情的公益人”的整体办学追求，把校本课程定位和命名为“亲情校本课程”，老师、学生、家长一起架构“亲情教育”的课程体系。在课程的具体实施过程中，坚持以学生为中心，多问“学什么，怎么学”，发挥学生的主观能动性，根据个体特点和个性需求，多让学生主动积极地“自己学”，从而促进学生获得有利于终身发展的基础知识和基本能力。

一、学生参与亲情课程的建构

符合学校核心价值追求、孩子发自内心喜欢的课程，才是最具生命力的课程。因此，我们根据国家对人才培养的课程要求，以有利于培养学生核心素养，促进学生全面发展为目标，在让学生选择的基础上确定亲情课程体系的框架。在学生不断参与的过程中，学校逐渐形成校本化的课程体系，进而让学生在比较完整的国家课程、地方课程、校本课程三级课程体系中进行必修、选修学习。

每年7月，也就是新初一学生刚刚录取时，我们给每一个新初一学生发一张《校本课程选择意向表》，学生可以根据个人特长，在原有的校本课程中选择喜欢的课程；也可以依据自己的兴趣爱好，向学校提出开设新的校本课程的意向。当年8月，我们会对这些内容进行综合梳理，对学生欢迎度低的原有课程进行调整，增开学生呼声较高的课程。

在了解孩子们喜欢什么样的课程、什么样的教材、什么样的教学方式之后，我们立足“基于学生、立体多元、体现亲情”三个基本点来架构“公益课程”体系表。学校积极引导学生参与建构“亲情课程”，主要构建了以下各类课程：

1. 基础性课程的校本化实施

（1）“三有”公益课堂

把“有情、有趣、有效”作为学校课堂的核心要素，体现师生民主关系融洽、教学过程有趣和课堂四十分钟有效。课堂不定固定模式，因学科、课型的需要而变化，但应遵循 “和谐的氛围，清晰的讲解，充分的操练，适当的展示”的公益课堂基调。确定一批“三有”课堂样板课，作为教师特别是新进公益的老师的上课基本范式，确保课堂教学的底线质量要求落到实处，以教研组为单位对课堂教学有特色且教学成绩优秀的教师进行跟踪听课学习，进一步深入探索和挖掘“三有课堂”的内涵和魅力，树立一批“三有”课堂教学标杆，由点带面，带动国家课程校本化的有效实施。

（2）“三有”公益校本作业

精心编制符合公益人实际的校本作业，以三大模块：“夯实基础、有效训练、悟题升华”为基本框架，设计出立足“四基”、凸显目标，突出重点、突破难点，有亲和力、刚柔相济，分层细化、题型丰富的符合公益实际的校本作业。校本作业通过专家论证后，由教师、学生、家长共同设计和编订。

2. 体现“亲情教育”理念的拓展性课程设置

（1）亲情教育课程

以优秀传统文化传承作为学校亲情教育核心课程：《嗨！孔夫子——公益人读〈论语〉》《大画〈论语〉》《大画〈朱子家训〉》《大画〈颜氏家训〉》等。让学生在古典文化的传承中感受亲情在历史中的传承。学生、家长与教师协作完成，共同编写，感受亲情文化。

以师生家长自编共读的作品作为公益亲情文化特色课程：《站在他人角度说话做事的公益人》《奔跑吧，公益人》《公益人爱心在行动》《爱生活会生活的公益人》《爱打五步拳的公益人》以及《情·忆公益》系列、《公益橘子——相亲相爱公益人》系列等。

（2）“家庭·学校”课程

根据“公益大家庭”的核心理念，充分挖掘校内资源，聘请校外专业力量，通过全校性的系列化家庭教育课程式讲座、“和谐心家园”“家长沙龙”等形式，发动学生和家长一起学习，形成“家长陪孩子共同成长、家庭与学校共同发展”的良好氛围。

(3) 拓展性选择性课程

引导与鼓励学生根据自己的禀赋、特质或爱好，自主选择校本课程，以促进潜能开发和个性发展。

杭州市公益中学开设的拓展性校本课程（节选）

序号	类别	拓展性校本课程
1	跨文化交流	1. 英语影视中的亲情文化；2. 英语影视中的家庭生活；3. 英语影视中的成长故事。
2		1. 名人演讲；2. 标准英语国家儿童英语；3. 英语话剧写作与表演。
3	传统文化继承与发扬	1. 亲情文化与文学；2. 文学社·诗词青春；3. 跟着电影学成长。
4	公民基本素养形成	1. 跟着课本走世界；2. 解密1；3. 解密2；4. 时事论天下；5. 心理社·我该如何成长。
5	科学技术运用	1. 影视中的科学；2. 生活中的实验。
6	逻辑思维能力提升	1. 生活中的数学；2. 头脑风暴；3. 探索数学之美。
7	生理机能锻炼	1. 女足入门；2. 男足入门；3. “心随乒动”乒乓球；4. 定向越野挑战极限；5. 帅气篮球；6. “天行健”羽毛球。
8	现代信息技术运用	1. 机器人挑战未来；2. “0和1”竞赛。
9	艺术鉴赏	1. 大众民乐和西洋乐；2. 游戏合唱；3. 舞蹈体验；4. 瀚墨书法社。
10	综合性实践	1. panda农场劳动实践；2. 学军；3. 学农；4. 学工。

二、学生主导推出课程

校本课程一般由教师编制、实施和评价，校本课程的开发和实施一般以教师为主。但是，随着现代科技的发展，学生接收信息的渠道越来越广泛；随着研究性学习等教育方式的改变，学生的综合学习素质和能力在不断提高。自主意识特别强的新一代初中生，渴望从被动的接受学习状态中走出来，正如德国艺术家拉辛所说的那样："上帝如果一只手拿着现成的真理，一只手拿着寻求真理的方法，我宁可选择寻求真理的方法，而不要现成的真理。"

在"公益人读《论语》"读书会上，我对同学们说："告诉各位一个好消息，出版社认为我们原来一起编的这本《公益人读〈论语〉》校本教材很不错，希望能公开出版发行，让更多的中小学生和我们一样能乐读《论语》。要对外发行，就不能再用《公益人读〈论语〉》这个书名了，我想改用《中学生读〈论语〉》，大家觉得怎么样?"

"《中学生读〈论语〉》? 这个书名也太老套了吧!"话音刚落，立马有同学提出不同意见。

"那你们觉得什么书名好呢? 我们来'brainstorming'(头脑风暴)好吗?"

于是，参加《论语》读书会的123位同学，一下子取了145个书名。最终经过投票，一致认为《嗨，孔夫子》这个书名最合适。

见正式出版的书名都由他们来定，同学们有点小兴奋，我乘势对他们说："原先的《公益人读〈论语〉》就是同学和老师一起编的，各位已经有了一定的经验，这次的《嗨，孔夫子》中选哪些内容，以怎样的形式编写，主要听你们的。"

校本课程的基本原则是基于学校，为了学生。符合学校核心价值追求，学生乐于接受的校本课程、校本教材，才是最有价值的。《论语》中有不少有关亲情的内容，因此，学校把"公益人读《论语》"作为公益亲情的核心校本课程，以此为"龙头"，发挥课程在亲情教育中的载体作用。

《论语》中到底哪些内容更适合初中生阅读？到底怎样的编写形式更能促进学生有效诵读？我们发动123位学生集中进行筛选，根据孩子们的意见，新书中增加了“同龄人语”“我来讲”“原文英文翻译”等内容，还有学生绘制的100多幅插图、撰写的100多篇“同龄人语”。学生脑洞大开，用图画、用自己的生活和读书经历解读《论语》。

此次“升级”，从开始策划到交付出版社正式出版，学生全程参与，从而使校本课程呈现三个亮点：一是从“老师给”到“学生要”的转变，二是从“师教生读”到“师生家长同编共读”的转变，三是从“呆板、程式化”到“小清新、国际化”的转变。

这本书一经出版，受到了读者的高度评价，《钱江晚报》以《杭州一群中学生脑洞大开解读〈论语〉》进行了报道。全国四十余家媒体进行了转发。浙江师范大学86岁的陈葛满老教授因受这本书的打动，只身一人辗转两趟公交车来到了公益中学与我们深入交流并给予指导。

除了《嗨，孔夫子——中学生读〈论语〉》等《论语》读本之外，我们还开发了不少类似的德育课程和校本教材。比如《站在他人角度说话做事的公益人》《公益橘子——相亲相爱公益人系列故事》等。

这些读本的内容都是发生在公益或是有感于公益的“真材实料”，区别于知识化的德育教育。什么样的教育能真正体现学生的“主体性”呢？借由《嗨，孔夫子——中学生读〈论语〉》的例子，我们能清楚地认识到学生在整本书的编写过程中起到的重要作用。

陈子轩同学在谈到参与编写《嗨，孔夫子——中学生读〈论语〉》时，兴奋地说：“这是我第一次参与写书出书过程，感觉到同龄人里自己已经能成为一个作家了，非常有成就感！我也翻看了其他同学写的

‘同龄人语’，非常有趣，如果给我一天时间，我可以把它全都看完！”

“同龄人语”是什么？它为什么能引发子轩同学如此大的阅读兴趣？它是读者的同龄人——初中生，根据自己的生活经验和阅读视野，写下的对《论语》原文的解读。且来读初三（1）班方文写的“同龄人语”：“读到‘三人行，必有我师焉。择其善者而从之，择其不善者而改之’，我就想到了我看《哈利·波特》时，觉得哈利、罗恩和赫敏的三人组特别棒，他们三人在一起，各有各的长处，又能互相协助，取长补短，所以在进入霍格沃兹魔法学校一年级时，他们就干了件查出密室真相的大事。我们班里也分了‘六人行’学习小组，我们组有小博士、小机灵、小淘气、小幽默大师……每个人都是别人某一方面的老师，别人也是我们某一方面的老师。”

初二的王舒扬同学写下的“同龄人语”为：很多同学都看过金庸的《射雕英雄传》，我们喜欢的郭靖就是这样一个“入则孝，出则悌，谨而信，泛爱众而亲仁”的人，郭靖对每一位师傅都那么好，对母亲至孝，木讷寡言却极为诚信，最后为国守襄阳而死，所以被称为“侠之大者”。要说不完美，或许就是读书偏少，没有做到孔子说的“行有余力，则以学文”吧。

名师大家很少会用这样的话语评析《论语》，但这样的话题、话语活泼、好玩、好懂，恰恰是学生所喜欢的。更为重要的是，当他们捧着散发着油墨香味的《论语》读本，在早读课堂里大声朗读时，猛然发现解读《论语》的作者是自己的同桌、同年级的同学，顿感分外亲切，在读完“原文、译文、老师说、同龄人语”后，不会再觉得文言文过于枯燥，话题过于久远而心生厌烦，有了同龄人的示范，写“我来讲”的时候，不仅有内容好写，而且能写得很接地气、富有生机和活力。

学生主导推出的课程和读本，学生自然爱看。山东威海的一位校长买了这本书，他原本不爱文言文的儿子一看就爱不释手，阅读兴趣大大提高，每天都要诵读这本书的两则内容，还参考书中的“同龄人语”每天写自己对这两则《论语》的解读，有时还会根据自己的理解，画图释文。

不仅学生爱读，《嗨，孔夫子——中学生读〈论语〉》也吸引了家长一起阅读，共同成长。2017年7月13日，一位家长给我送来了两件礼物：一本手抄的笔记本和一封亲笔写的信。手抄笔记本工工整整地摘抄的是《嗨，孔夫子——中学生读〈论语〉》的原文和译文，并写道：

阿潘校长好！我于7月2日到7月8日到加拿大温哥华出差，随身带了《嗨，孔夫子——中学生读〈论语〉》一书。没想到，这本书使漫长孤单的十多个小时旅程变得有滋有味，而且特别有意义。

年少时，我读过《论语》，那时候是为了完成任务而读。而且也没有一本书帮助我理解着去读，所以大多是小和尚念经，有口无心。这次读《嗨，孔夫子——中学生读〈论语〉》的初衷是为了孩子，但是当我真正用心地去读了以后，才知道《论语》教我们如何对待父母，教我们如何选择朋友，教我们如何说话，甚至教我们如何创建和管理团队。最近我团队的两名下属先后离开了公司。我很困惑，公司产品性能优势明显，我们给员工的薪酬福利都相当不错，为何就留不住人呢？当我读到第107篇时，似乎找到了答案。子曰：“躬自厚而薄责于人，则远怨矣。”因为我是一个对自己要求很高的人，凡事都很较真，布置下面员工的事，总是要他们做得“事事有着落，件件有回音”，有时他们做不到时我难免苛求责备，而不是设身处地为他们着想。从他们的角度去看待问题。读了这一篇以后，我想今后要努力做到宽以待人。

非常荣幸，我们能有机会成为公益人，师生家长一同读着《论语》，学做人，学知识。希望通过三年的熏陶与学习，我们和孩子都能做一位尊重他人、受人尊重的君子而不是精致的利己主义者，成为拥有美好完整人格的、大写的人。

此致

敬礼！

王诗尧、王诗舜家长

“我读的书我来编，我编的书我爱读。”让学生主导推出《嗨，孔夫子——中学生读〈论语〉》等课程的工作得到了上级部门的肯定，《让优秀传统文化好玩、好懂、好用起来》被教育部列为全国中小学德育工作典型案例，也受到了主流媒体的关注。2018年4月26日，《浙江日报》对此进行了报道：杭州公益中学让学生和家长自编《论语》读本，学子迷上了《嗨，孔夫子——中学生读〈论语〉》。

公益中学的孩子们在朗诵《嗨，孔夫子——中学生读〈论语〉》

这几天，在杭交流的澳大利亚西澳孔子学院师生收到了一份珍贵的礼物——由杭州公益中学师生们编写的中学生《论语》读本《嗨，孔夫子——中学生读〈论语〉》。这本书还获得了加拿大、英国、美国等多国师生“点赞”。

“这是我们尝试让中华优秀传统文化以学生喜欢的方式融入他们学习生活的创新之举。”该书主编、公益中学校长潘志平说，很多学生觉得传统文化“远、难、高”，这是因为传统文化缺乏通俗化的阐释、现代性的转换。

这是媒体的报道：

激发孩子学习潜能

早在2009年，公益中学就组织语文老师编写了一本校本教材——《公益人读〈论语〉》，结果学生们对这本以成人思维编写的教材并不感兴趣。于是潘志平做了个决定：对这套教材进行改编，让学生从读者变成编者。

记者翻看《嗨，孔夫子——中学生读〈论语〉》，“老师说”中的谆谆教导令人感动：“孔子说，仁者，爱人也，我们看‘仁’这个字‘二’‘人’，说明人在世间，不能只在意自己，而要时时考虑和体恤他人。‘毋占便宜’‘须加温恤’，讲的就是这种人世间的恻隐之心。凡事要多站在他人的立场上思考，理解他人，学会沟通，温暖彼此。”中华孔子学会副会长董平审读《嗨，孔夫子——中学生读〈论语〉》后说：“全国有几百种论语读本，这本非常适合中学生阅读，希望能好好推广。”

好玩好懂才能好用

去年底，《嗨，孔夫子》的“三姊妹”也出版了，分别是《大画〈论语〉》《大画〈朱子家训〉》《大画〈颜氏家训〉》，同样大受欢迎。

编写、出版“三姊妹”时，参与的学生和家长就更多了。全校1400多名学生，近二分之一的学生参与了编写工作，由于报名当编书志愿者的学生和家长太多，最后还不得不“竞争上岗”。

“孩子们迫切需要一种符合他们话语体系的经典文化解读方式。”潘志平说。编写“家训”过程中，最大的创新是将《嗨，孔夫子——中学生读〈论语〉》中的“同龄人语”板块换成了“亲子对话”板块。儒家文化，既反映在孩子们的话语中，又反映在家长、老师的引导中。

润物无声点滴入心

潘志平十年来一直在坚持做着一件事：让中华优秀传统文化自然融入、运用于学生生活之中。

每学期，潘志平都要给学生们上“读《论语》，学做人”德育课。

“《论语》整本书中，能不能找到一个‘苦’字?”课堂上，潘志平向同学们发问。“虽然常会遇到困难挫折，但孔子内心却有大快乐。他是个音乐发烧友，一首曲子可以弹百遍；路上遇到歌者，就会走过去请他再唱一遍；听《韶》乐，回味不已，三月不知肉味……”活泼的几句话，传递出了积极的生活态度，学生们听得津津有味。

不久前，公益中学举办了一场名为“悦读《大画〈颜朱家训〉》，书香墨蕴人生底色”的家训圆桌会。会上，学生、家长及教师代表进行对话，从古人的家训到自己的家训，共读共论家训。在公益中学，诵读

《论语》、“家训”和学打五步拳是必修课，书法、绘画、戏剧、扎染等是选修课。

优秀传统文化怎样才能真正融入校园？我们在公益中学找到了答案：“好玩”才能激发学生学习优秀传统文化的兴趣，“好懂”才能打消学生学习优秀传统文化的畏难情绪。只有把优秀传统文化内化到学生做人、做事、做学问的品行中，才能生根发芽、开花结果。

同样，《情·忆公益》《公益橘子——相亲相爱公益人的亲情故事》等共性课程，《乐学英才计划》等个性化课程等，都吸收学生一起参与策划、编写、完善。学校还组织学生和老师共同编写“有情、有趣、有效”的亲情式校本作业，让学生从被动学习走向主动学习。

以学生为主导推出亲情教育核心课程，学生在参与编写自己读的教材、自己做的作业、参与“有亲情、有趣味、有实效”的三有课堂建设的过程中，体验到了来自老师、家长的对自己的关注和尊重，及其背后蕴藏的浓浓亲情，从而加深了对亲情的理解。

无论是课程的设置、教材、作业或是课堂，充满了亲情和趣味，有了孩子的参与，效果自然也就提高了。

三、学生为主体实施亲情课程

课程的实施有适合知识学习的讲授、讨论，适合能力培养的探索、操练；适合品质培养的角色扮演、情景模拟，适合社会融合的小组调研、参与社区活动等。美国教育家杜威提出了“教育即生活”“学校即社会”“从做中学”的教育主张，并创办了“芝加哥大学实验学校”；我国人民教育家陶行知则根据我国国情提出了“生活即教育”“社会即学校”“教学做合一”的教育思想，并在晓庄乡村师范学校中得以实践。虽然两人的提法不一，但都强调了教育与生活的统一、教育和社会的结合以及做与学的关系。

人往往对与自己相关的、发生在自己身边的人和事最感兴趣，与生活相结合的教育最有价值，通过学生亲身经历的学习最富成效。所以，实施亲情校本课程的过程中，我们以学生生活为课程背景，以学生现有的认知水平、心智发育程度和知识经验为基础，尽最大可能来自生活、为了生活，做到三个“有利于”，即有利于在动手动脑中激发学生学习的兴趣，有利于在参与探索中提高解决问题的能力，有利于在亲身体验中发展学生的情感。

（一）学生主体实施学科课程

各学科组在国家课程校本化的过程中，十分注重把课程的实施主动权交给学生。学习内容产生在生活中，又为了生活而在实践、探究中学习。

例如：2020年寒假因新冠肺炎疫情暴发，为了防控疫情，政府要求居民没有特殊情况不出门，因此学生居家学习时间特别长，学生对生活有了更多、更深的接触和体会。停课不停学，科学组马上布置“亲情实践探究课程”，让学生在动手实践中运用知识，解决实际问题，培养探究精神和探究能力。

初二年级的实践探究课有一项内容为：最近疫情严峻，格外强调要注意卫生，于是不少家庭会通过喷洒消毒液来进行防疫。可是现在家里没有合适的喷壶或者喷壶刚好坏了，这该怎么办呢？利用上学期刚学过的大气压和流速的相关知识，尝试动手制作一个简易按压式喷雾器喷壶。

第一步，回顾相关知识。如：用实验的方法证明大气压存在的实验

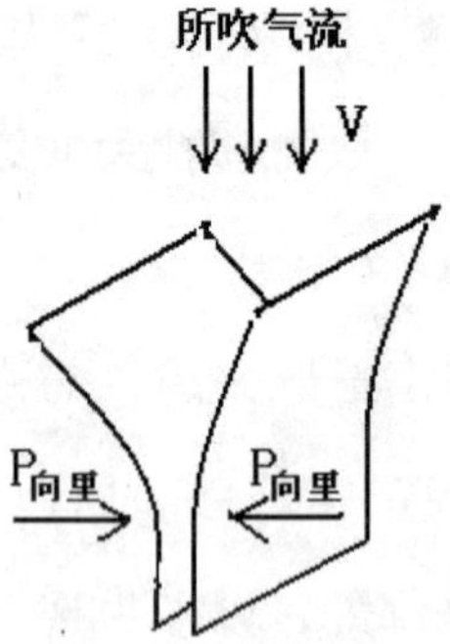

是__________，用嘴吸装矿泉水的空塑料瓶的瓶口，瓶会变瘪，空塑料瓶变瘪的原因是__________________________。流速与压强的关系是________________。

第二步，准备器材：塑料吸管、塑料瓶子、剪刀等，两张A4纸

第三步，有序制作：

1. 如图所示向两张A4纸中间吹气

现象：____

原因：____

2. 请运用大气压与流速的知识，结合以下原理图设计并制作一个简易手压喷雾器。

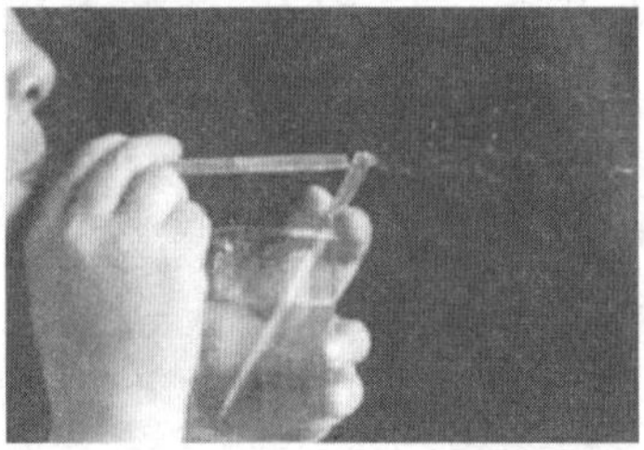

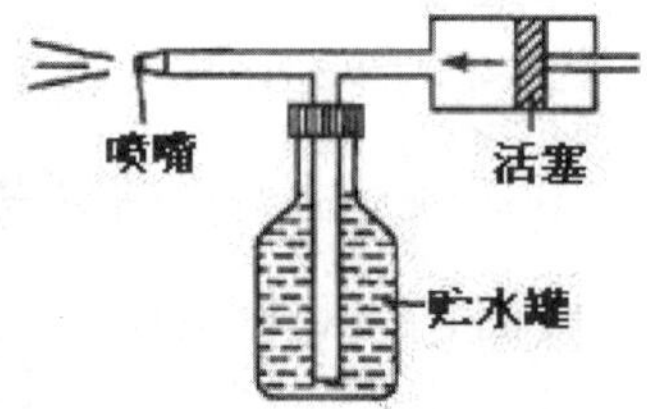

问题讨论：瓶盖与吸管连接处要注意什么？为什么？

初三的物理项目是：每天一小时的运动必不可少。在完成体育训练打卡的同时，我们一起来对各项运动进行物理探究。活动一：测一测做n个俯卧撑所做的功。准备好体重计、刻度尺后，按步骤进行：1. 用体重计测出自己的质量m。2. 用刻度尺测出身高L，笔直站立时重心高度（肚脐下6厘米至地面的距离）h_1以及手臂长度h_2。3. 连续做n个俯卧撑。数据记录与处理：

体重 m/kg	身高 L/m	重心上升高度 h_3/m	手臂长度 h_2/m	个数 n	功 W/J

计算结果并思考：1. 若双膝跪地，用力明显减少，达不到锻炼的效果，为什么？2. 做n个俯卧撑所做的功大小等于所消耗的化学能吗？为什么？

这样，将国家课程规定的科学学科知识转化为校本课程，学生是课程实施的主体，教师、家长是指导者和帮助者，学生在提高动手能力的同时，复习巩固了上学期的一些重点知识。实施这些校本课程所需材料简单，操作安全，能促进学生在动手操作中动脑学习，有助于思维的训练，结合生活实际的课程还增强了学习的趣味性。

（二）学生主体实施职业体验课程

职业的选择和发展直接影响每个人自我价值感、人际交往乃至整个生命历程。《中国学生发展核心素养》中“健康生活”板块要求学生“能正确认识和评估自我，依据自身个性和潜质选择适合的发展方向”。初中阶段是个体发展的重要阶段，教育部《中小学心理健康教育指导纲要（2012年修订）》中也明确指出，在初中阶段要帮助学生“把握升学选择的方向，培养职业规划意识，树立早期职业发展目标”。为此，我们把“职业体验课”作为学校亲情课程的重要组成部分，贯穿学生初中三年六个假期，体验12个以上的职业，课程由学生自主实施，主要通过“我眼中的____职业——公益人职业访谈、体验实践活动”完成。

“我眼中的______职业”

公益人职业访谈、体验实践报告

初______（ ）班 姓名______ 评分______ 获奖等次______

本实践报告一项职业一张（例如，如果访谈体验了教师、工程师两个职业，就需分两份报告）。具体访谈、体验的内容记录、收获感悟、家长观点等，请另附页形成实践报告。

访谈/体验职业	
访谈/体验对象	
访谈/体验时间	
访谈/体验地点	
访谈/体验形式（可多选）	□独自一人 □爸妈陪同 □和同学组队 □采访交谈 □亲身上岗体验 □其他
访谈内容	可以就下列话题进行访谈，也可根据实际需要进行修改，并记录访谈过程。 1. 您的这个职业主要包括哪些工作任务？您觉得这个职业的意义是什么(如果没有这个职业会怎么样)？ 2. 从事该职业需要哪些知识、能力和精神品质？这些需要从什么时候开始学习、锻炼？主要通过什么方法获得？ 3. 您为什么会选择这份职业？这份职业最吸引您的是什么？最辛苦和困难的是什么？如果有机会重新选择，您会选择什么职业？ 4. 请讲一两个在您的职业生涯中，让您印象最深刻的故事（事情）。 5. 如果我想从事这一职业，您有什么建议吗？
我的感悟	1. 从访谈/亲身上岗体验中，我了解到了______________________ ______________________ 2. 我是否适合这个职业？为什么？（可从自身优势、劣势、职业匹配度来分析）______________________ ______________________ 3. 如果适合这个职业，我可以从哪些方面进行准备？如果不适合这个职业，我下次准备尝试哪些新的职业体验呢？ ……

续表

家长的观点	1. 家长最希望我从事什么职业？为什么？ 2. 家长与我探讨了哪几个问题？ 3. 家长对我这次职业访谈、体验的评价。 ……

学生根据家庭和个体自身发展的特点，充分调动身边的资源，确定自己想要了解的职业类型，联系该职业的从业者，并进一步选择恰当的调查方式和工具进行调查，将调查过程中的收获体会撰写成实践报告上交。

根据每学期1500多份学生职业体验实践报告的统计、分析，我们发现学生和家长没有因为调查内容和“成绩”“中考”没有直接关联而排斥这个“另类”的作业，而是真切地感受到了参与职业体验、思考职业选择的意义。初三学生也认为这次升学前的特殊体验，对他们即将面对的升学选择、高中选科、大学选专业很有帮助。

学生或独自一人，或组成同伴小组，全方位地深入到社会的各个层面开展职业访谈、体验。体验的职业中有医生、教师、公务员、保洁员、外卖小哥，有造价师、电视台的转播工程师、艺术设计师、织锦大师、信息安全测评员、西湖景区女子巡逻队。还有插画师、警犬训练员、软件工程师、新型农民等。

通过采访交谈或亲身体验的方式了解职业后，学生体会很多，也很深刻：

他们认识到了职业的辛苦。在实践活动前，许多同学只是简单地看到某些职业体面、受人尊敬的外在，在真正接触了相关行业的从业者后，学生切身感受到了每一份职业的艰辛付出。他们感受到了做教师的艰难：要批改作业、准备教案，要了解、认真对待每一位个性不同、基础不同的学生；他们看到了医生工作的琐碎、对病人的耐心、细心以及背后家庭成员的支持和包容；他们看到了消防员工作的繁忙与劳累。每一份职业都凝聚着从业者的辛勤汗水，没有哪一份职业是轻松的。

他们认识到了“行业无贵贱”。有部分学生采访了社会底层人员或体力劳动者，感受到了他们在社会不同角落默默艰辛付出的同时，深刻感受到了“行业无贵贱”。公司的每一个部门都非常重要，而每一个职位都有自己的意义，正是因为有了每一份微小职业的存在，整个社会才能顺利运行。无论从事什么职业，只要能够自食其力，对社会有贡献，就没有高低贵贱之分，都值得尊重。

他们意识到学习的重要性。在访谈交流或亲身体验的过程中，学生了解了从事某一职业所必备的知识和技能，如“成为警察要有扎实的公安业务知识以及一定的体能”，对医生“不仅对知识储备和技能操作要求苛刻，对其心理素质要求也很高”，而要成为软件工程师则“需要有足够的思维能力和知识储备支撑，需要有严谨、认真、细心、耐心、坚韧的精神”。

学生在体验过程中深刻感受到，任何职业所需要的知识和能力都需要超强的自学能力，而且要在工作实践和生活中不断积累。这就要求在上学期间不能虚度光阴，要好好掌握基础知识，即使是参加工作后还要边实践边学习，不断提高自己的本领。只有靠自己不断学习，将来才有机会选择自己心仪的职业，顺应时代的变化。

李若蘅同学感言：因为我从小就很喜欢画画，学了8年画画，我一直想当一位设计师。以前我觉得设计师只要会画画就行了，然而我实地看了、问了他们的工作后，才发现要当设计师光会画画是远远不够的，需要自己有创意，还要学会和客户沟通。这个是我以前没有想过也做得不够的。要做设计师，还需好好读书、学会和人打交道呢！

罗逸同学感言：我采访的是一位高级律师，他上班时间非常自由，看上去很风光，开很高档的车，家里装修也很好。但是，我仔细一问才明白，他需要先当助理，当助理工资非常低，一个月就3000多块钱。他们必须先经过这个阶段，慢慢积累很多经验，才能成为一位优秀的律师。

毛泽东主席在《实践论》中强调："你要知道梨子的滋味，你就得变革梨子，亲口吃一吃。你要知道原子的组成同性质，你就得实行物理学和化学的实验，变革原子的情况。"学生结合生活实际，运用所学知识，经过亲手实验得出的结论；通过接触具体的人、体验具体的事，而后根据自己亲身经历获得的体会等，用自己的头脑分析，做出自己的判断，这样的知识和能力、过程和方法、情感态度和价值观绝非课本、课堂所能实现的。

第八章

成于实践体悟

亲情是一种美好的情感，由内而生，有心方暖，这种美好的情感是需要用语言、文字和行动来表达的。但今天的孩子似乎已经不太会有合适的机会表达亲情了。

作家毕淑敏在《孩子为什么会越来越淡漠》一文中这样描述：

现在我们对孩子的关心可以说已达到了最高值了，但是令人伤感的是，当问他们是否感到莫大的幸福时，孩子们却撇着嘴说："不，没觉着谁爱着我们。"毕淑敏女士进一步追问一群孩子："那你们什么时候感到别人是爱你的呢?"

翘翘辫女孩的答案是"帮妈妈买醋回来，妈妈说闺女能帮妈干活了"的时候；光头小男孩的答案是"爸爸下班回来给他倒了一杯水，爸爸说了一句'好儿子'后就流泪了"的时候；另一个女孩的答案则是"给奶奶耳朵上面夹了一朵花，奶奶看见人就说'这是我孙女给我打扮的呢'的时候"。

目前，我国家长对孩子培养的重视可以说已经到了无以复加的程度，甚至陷入了"全民焦虑"，我们的老师也为孩子的健康成长起早摸黑，倾心尽力。然而，许许多多的孩子并不领情，教育的效果与理想的目标相差甚远。究其原因，这在很大程度上，源于家长、老师给了孩子太多的关爱，而孩子却很少有付出爱的机会。

那么，三位孩子的答案是否能矫正我们原先对孩子的一些偏见呢?例如现在的孩子不懂事，总是以自我为中心，不懂得感恩等。实际上，不是孩子情感淡漠，缺乏向善之心，而是我们没有找到合适的途径，缺乏正确的方法，去缩短亲子之间的情感距离。我们只是一味地给予孩子无微不至的爱，而孩子没有感受到爱。

心理学研究认为，在得到爱和付出爱的情感体验上，后者可能更为刻骨铭心。上面讲述的三个孩子，其实都是先付出了爱，然后得到长辈的夸奖，因而成为一种荣誉——精神上得到爱的关怀，这比物质奖励更为可贵。

三位孩子的答案最值得我们深思并改进的是：孩子的关怀意识、关怀能力是在他们的亲身经历和体验中习得的。换言之，孩子没有亲身体验，就无法形成发自内心的关怀意识和能力。因此，我们需要给予关怀，但要让孩子感受到被关怀后，学会关怀自己，关怀身边的父母家人、亲戚邻居，关怀老师、同学，力所能及地关怀虽不认识但需要关心帮助的人，进而学会关怀远方的人，关怀整个人类，并和自然和谐相处。

第一节　参与式的“三有”亲情教学

学校以教学为中心，将亲情教育的主渠道放置于课堂，也渗透在作业、辅导、测试等各个教学环节。

长期以来，学校对教学的研究比较多的集中在认知层面，无论是教师个人备课，还是集体备课，关注的是怎样呈现和巩固知识，怎样提高学生的能力，上课时老师常常按照自己的思路和节奏进行，较少关心学生的感受。下面是我校王东升老师在亲情故事分享时，讲述的一段真实经历及真实感悟。

我今天要跟各位分享的是《蔡悠的故事》。

“王老师，我认为您这节课就是自娱自乐。”当我正为这节课的“变式和拓展”部分露出得意之神色时，蔡悠的这句话简直就是给我泼了一盆冷水，让我当时就愣住了。

“为什么?”我很惊讶地问。蔡悠很淡定地说：“很多孩子没有听懂，不信你问一下。”我看了一下惊讶的孩子们，有十几个带着尴尬表情的孩子郑重地点了一下头。我此时心里矛盾极了，我怎么才能利用这个机会扭转局面呢? 怎样才能让班级的孩子得到自己所必需的数学知识呢?

《蔡悠的故事》接下来的剧情发展是：

我看看蔡悠又看看全班的孩子，“真”跳在了我眼前。真实的才是对的，孩子能接受的才是最好的。一个决定在我脑海中闪现。“蔡悠，你敢当我的数学课监督员吗?”蔡悠说:“可以的。”这时全班响起了掌声。

真的没想到，蔡悠在下课后给我提出不少建议。她说，有时候我会讲得比较快，一个步骤讲完，有些同学还没完全反应过来，就开始讲下一个步骤。我听了以后，特意观察了一下，发现果然，有一次讲完一道题，有些同学还皱着眉头，有些还在那儿发愣。于是我又放慢速度把题目讲了一遍，再次观察同学的表情后，才感觉他们都听懂了。适当的教学等待很重要。蔡悠的建议使我更能把握好教学等待时间。这样的课堂，变得比以往更有效率。

再比如说，我讲一道难题，只期望有一半的同学可以完全理解，但是实际上，真正全部听懂的同学连一半也不到，只有少数。于是我的助理又给我建议:出示一道难题后，先让同学们独立思考，等他们的钻研有了一点苗头以后，先让学生说出自己的想法，大家补充，而不是为了赶课老师给予点拨。这样的话学习的效果会更好。确实，除了解题的步骤，好的方法很重要，学生在思考中存在思路障碍甚至更加重要。

后来在蔡悠的带领下，我班的每日一题搞得轰轰烈烈，效果很好。刚开始我感到压力很大，每天都有一个孩子盯着你，慢慢地我才感受到是每个孩子都在盯着我，使我更加严格要求自己，经验有时候在不同的孩子面前也是可怕的，是要更新的。

现在，我充分感受到孩子们的潜力是无限的，感受到由孩子们自己创造、自己经营的大家庭是最温情有效的。

听完王老师的经历和体会，老师们深受启发，深以为然。“鞋子合不合适，自己的脚最清楚”，就像要买到一双称心如意的鞋子，最好的方法是亲自穿上试一试，符合学生实际认知水平的教学才是有效的，适合学生情感需求的才是最好的！在教学的各个环节注重研究学生，发挥教学中重要的非智力因素——情感的力量，以情促学、以情促智，让学生真正参与到教学的各个环节中，把学生吸引到教育教学的全过程，如此，投入最少、效益最大！

英语中有谚语云："Love me,love my dog."（爱屋及乌）。诸多有关"师生关系与学生学习兴趣"的研究和教学实践证明，情感对学习有较明显的迁移功能，所以，我们坚信"关系是最大的教学生产力"，按照有情—有趣—有效的教学逻辑，把"学生喜欢老师→喜欢老师教的学科→达到应有的成绩"设定为教学的基本路径，把"有情"作为教学的第一要素，推行"有情、有趣、有效"的课堂和作业，开展"三有教学节"等系列研讨活动，形成了以"活教乐学"为特色的"三有亲情教学"。

一、"活教乐学"的"三有"课堂

教师通过各种方式吸引学生参与到课堂的全过程，以自己的"活教"换来学生的"乐学"，是全体老师对课堂教学的根本追求。实现"活教乐学"的基本路径是有情、有趣和有效。这"三有"是人文性、艺术性和科学性的有机结合。人文性体现在"有情感"——教师创设和谐的氛围，学生有时间、有空间参与课堂的活动，课堂成为师生合作，共同演绎的舞台；艺术性体现在"有趣味"——教师善于用有亲和力的眼神、得体的手势，抑扬顿挫的语音语调，激起学生听课的欲望；以灵活多样的课堂组织形式和教学手段，让学生自觉置身于各项课堂活动，在课堂40分钟中不知不觉中获得知识和能力；"科学性"体现在"有实效"——遵循学生的认知规律，遵循各门学科的教学特点，遵循不同课型的教学要求，在遵循课堂基本规律的基础上尊重每位老师的教学个性风格。

“三有”环环相扣，“有情”是“有趣”和“有效”的基础。教师从进入课堂到走出教室，不是为了完成一节课的任务，熬过这四十分钟的时间，而是面带微笑、以充满期待的目光，和班上的每一位同学进行课前交流后，响亮而亲切地宣布“上课，同学们好”，充满激情地把学生带到一种积极的、快乐的、兴奋的情绪状态中，富有热情地创设彼此信任、包容、互助的支持性课堂氛围，用学生喜闻乐见的方式呈现用心设计的教学环节，使课堂上的教师与学生、学生与学生在共同参与教学活动的过程中，相互合作、情感交融，有成效的学习也就自然而然地发生了。

实现“三有”的关键在于创设情境、氛围，让学生“动手又动脚，动眼更动脑”，在不断参与中完成课堂教学目标。

且看语文老师黄铭的一堂“三有”语文课：（“仙女”是学生对黄老师的昵称）

“仙女，仙女，这是什么呀？”当黄老师端着三个泡沫箱子走进教室时，孩子们似乎早就嗅到了味道，纷纷涌到讲台前，七嘴八舌地问着，“仙女仙女，你今天又给我带什么好东西啦？”她笑嘻嘻地卖着关子说：“你们一个个都是鬼灵精，你们猜猜看呀！”孩子们一个个扑闪着好奇的眼睛，那是他们对这堂语文课的期待。

当黄老师将箱子打开，和课代表们一起分着鸭蛋给孩子们时，孩子们高兴地叫道：“是鸭蛋！是鸭蛋！小仙女给我们带鸭蛋啦！而且一人一个哦！”就这样，我们黄老师的这堂《端午的鸭蛋》在孩子的欢叫声中，在孩子们的满怀期待中开始了。

在课堂中，孩子们和我们的黄老师一起照着汪曾祺先生在文中描述的方法分辨好看鸭蛋和蠢的鸭蛋，一起按照汪老的方法选择空头的鸭蛋用勺子敲下去，一起用筷子扎进去，听文中描写的“吡吡”冒油的声音，一起挖一口，吃一吃蛋白是不是和汪老先生说的那样像豆腐一样入口即化。

“你们知道这五颜六色的网是什么吗?”黄老师拿出亲手为孩子们编织的几个彩色的鸭蛋络子，告诉他们，这就是汪曾祺先生在文中写到的他和小伙伴们小时候玩的鸭蛋络子。于是孩子们争先恐后地想要这络子，把手里的鸭蛋放进络子里，挂在胸前，好好玩味。

我们平常的语文课中说到的快乐、童趣，孩子们都没有亲身的体会，因此孩子们感觉到的是文章和老师要求我这么体会，可是汪曾祺笔下端午的鸭蛋跳出课本，当鸭蛋络子从中文汉字变成老师亲手为他们编织的实物时，他们把络子挂在胸前，像个孩童一样显摆时，当孩子们开心地笑着，感受着，羡慕着时，这份文字中的，曾经只属于汪曾祺的孩童的天真与童趣在这堂语文课中真真实实地跳出课本，引起孩子们的共鸣，成为在这堂语文课上46个孩子的童真、童趣与快乐。

下课时，好多孩子围着黄老师，抢着问:“仙女仙女，我的鸭蛋络子好看不?”“仙女仙女，能送我一个络子不?”我们便能确信，这堂语文课的快乐与美好正流淌在孩子们的心里。

我们要求教师“千方百计”地让课堂变得生动有趣，让教学方式变得“灵活通透”，引导学生在民主愉悦的氛围中主动参与、积极思考，乐在“学”中。

不仅是语文，能将物理知识生动演绎并熟知全年级学生名字的“法哥”、实力“吸睛”的全民男神“福哥”……在公益，每位教师都有着自己的“两把刷子”，虽然教学风格各异，但他们总与孩子们共同创建妙趣横生的课堂，或动或静，笑声、掌声总能萦绕耳畔。

课堂是师生心灵相遇的场所，用温暖的姿态进入课堂，课堂就是温暖的。“三有”课堂的最高境界是学生与老师的心理相融。有时即使老师不说一句话，也能取得同样的教学效果。

初三的同学记录了一堂令人难忘的“无声的物理课”：

“铃声响过已经两分钟了，还是不见张老师走进教室，今天有些反常，难道他生病了？终于，张老师来了，大家的目光全都聚焦到张老师，他脸色略显憔悴，但身板仍然挺得很直，他走上讲台：‘同学们，今天我以书写的方式来上课。’声音沙哑，几乎听不清楚，他指指喉咙，摇摇头，然后转身就开始在黑板上写下了‘错题解析’。他要以书写和绘图的方式来解析题目。他不时停下来，回头望望同学们，大家仍然像平时上课一样，顺着张老师的思路说出下一步解题步骤，他或者满意地点点头，给大家一个微笑，或者轻轻摇头，展现一个紧皱的眉头。此时，心灵在沟通，我感觉收获比平时还要多……下课铃声突然响起，他转过身，挥挥手示意同学们下课，可是大家都没有离开座位，而是目送着他走出教室……”

这一堂“无声课”，不经意的举手投足间传递的老师对学生的爱和负责，学生对老师的包容和关心，师生之间心灵上的理解和共情，展现了师生发自内心的对话式关系。

我们倡导活教乐学的“三有课堂”，通过“和谐的氛围，清晰的讲解，足够的操练，适当的展示”，达成“知识与技能、过程与方法、情感态度与价值观”的三维目标。课堂设计中特别注重学生的参与，既有可见可闻的生动活泼——动手、动脚、热烈发言甚至争论，更强调内在的情感互动——动脑、动情、以和谐氛围赢得心理默契。

林聪华老师说，以“活教”促“乐学”，“活教”是因，“乐学”是果。语文课堂讲求语文味，“死教”与“活教”的效果自然是不同的。如在教八上《诗词五首》时，有一个知识点是绕不过去的，那就是古体诗与近体诗的区别。古体诗用韵比较自由，可以一韵到底，也可以换韵。这好懂，学生一听就明白。而近体律诗要求一韵到底，且二四六八句押韵，押平声韵。这也没问题。只是语文底子好些的学生当场提出：《春望》就不是一韵到底的！杜甫所用韵脚分别是“深、心、金、簪”，按普通话来读，的确不同韵。我故意让他们“愤慨”了一会儿，再问他们：“‘远上寒山石径___’最后一个字念什么?”是哦，是读古音的。再追问：“你们知道《春望》中的这四个字在唐代怎么念吗?”当然没人知道，所以我适时而得意地说：“我知道！”不少学生表示怀疑。等我念完以后，他们不得不承认，还真是押韵的。“老师，您怎么知道的?”这时我才揭穿谜底：因为我老家方言就是这样念的。原来方言里保留了许多古音，有些方言可以称得上是汉语言的化石呢。这节课里，学生牢牢记住的不仅仅是诗歌方面的知识。

正如林老师所言，课堂中学生记住的不仅仅只是某方面的知识，因为“三有课堂”中的老师不再居高临下，而是以浓浓的亲情换来学生对自己的信任，是追求质疑后的同频共振，是注重启发现代学习中十分宝贵的批判性思维和思辨能力，是注重培养学生日后学习、工作中为人处世的态度和方法。

“教育即生长”的原理告诉我们，教育就是要使学生的天性和与生俱来的能力得到健康成长，教学就是要满足学生的好奇心、发展他们理性思考的能力，而不是灌输知识。正因为老师们给了学生这样相对宽松的成长氛围，所以学生的天性得到了合理生长，潜能得到了有效开发，情感得到了健康发育。

二、“好玩又实效”的“三有”作业

2015年获得杭州市中考最高分的初三（5）班李家豪同学不仅个子高、分数高，更是一位“暖男”。李家豪的爸爸说：“校园里的和谐氛围让李家豪保持身心舒畅，加上作业量不是特别大，给他留出了自主学习、思考的时间，获得了理想的成绩，真的非常感谢！”

李家豪爸爸说到了“作业量不是特别大”，从一个侧面反映了现在家长和学生对“作业”的关注度。李家豪从省府路小学毕业进入公益中学后，每天的学习生活过得井井有条：学校下午5点多放学，骑自行车回家，初一初二相对轻松，作业做好，9点多就上床睡觉，初三学习任务多一些，一般在10点多睡觉。他说：“不能太晚，不然第二天上课就会没有精神。”他原来有个很大的毛病就是粗心，丢分不少。在学校“要做题，但更要悟题”等作业理念的影响下，“平时作业像考试”“圈圈画画读题法”等学法指导下，他从平时的作业开始，每一次作业就像对待考试一样，题目看两遍，边看边把重要信息圈出来，答完以后再看一遍，提醒自己有没有一些陷阱没有注意到。所以他的每一本作业本拿出来都可以作为学生学习的范本。课余时间，他喜欢打乒乓和踢足球，周末会约上几个同学痛痛快快踢一场足球，做到了张弛有道，效率倍增，学习不累，成绩不错。

作业是学习的重要环节，而现在学生不喜欢学习的一个重要原因就源于作业：一是作业实在太多——整天有做不完的题，好不容易有一两天的假日，一门学科就有五六张试卷，还不如不放假；二是作业太难——有时一道题卡壳了，一个小时很快就过去了；三是作业太没有意思——翻来覆去就是那个样儿。

有人戏言："走进书店，书架上琳琅满目的教辅资料恐怕是任何一个学生一辈子都做不完的。"买回来一看，可谓是"天下习题一般抄"，同一门学科同一个单元的习题大同小异。仔细一分析，更多的题目不符合自己学校、自己学生的实际，导致学生花了大量的时间，埋在"题海"之中，却没有取得应有的操练效果。

基于这些情况，我们先从情感上统一老师们对作业的思想认识，让学生把课上的欢乐延续到课后，不靠多做题换取成绩，不靠磨时间、拼体力考上高一级学校，而是助力他们带着愉悦的心情做有效的作业、有效地做作业，我们对老师提出了"作业两让"——一让自己钻进题海把学生拔出来，二让学生参与作业的形式、内容、数量等设计。师生一起花时间编写适合基于学校、基于学生的校本作业。

在以"减压、增效、提质"为目标的"有情、有趣、有效"的公益教学节里，我们邀请了学生、家长、专家来和老师们一起进行"校本作业四方会谈"共同商讨校本作业该有的"模样"。我们基于体现对学生身心的关注，校本作业重质减量，以针对性、趣味性和拓展性作为作业标准。其内容由各备课组教师自己筛选，突出"重点、难点、易错点"，着重针对错误率高的知识点和习题进行强化训练，再融入学生感兴趣的和当下的热点内容等，练习题尽可能以比较生动的形式呈现。每个学生平均每周在每门功课的校本作业上花费30到40分钟的时间即可完成。然后，对学生明确提出了"做作业三境界"——从"做过了"，走向"做对了"，达到"会做了"。

在编写校本作业的过程中，老师负责梳理本章、本单元、本节教学的重点和难点，学生提供自己疑难点和错题，师生一起讨论与本块知识相关的社会热点、可与生活发生联系的兴趣点，于是，就有了这样既具学科特点又有趣、好玩的校本作业。

语文：写作文，200字就行

多数学生都怕写作文，写着写着就会去数字数，看凑够了没。校本作业里，作文字数200字就行，内容有古诗词情景描绘的、续写的等等。“学生一听只要200字，简单啊，没负担，结果写着写着，往往刹不住车。作业收上来，很少有写不到500字的。”老师们偷笑说。而这样的校本作业的创意设计，正是来自初二的一位同学。

数学：一道题目十七八种解法

一道题，居然能变出好几题，还有十多种解法。一题多解、一题多变、多题同解，这样的变式练习，是数学组校本作业的一大特色。这样“变来变去”的题目很有代表性，一道会做了，往往是一类题型会做了，学习效率大大提高。

英语：文章有趣吸引人读下去

阅读是英语的重中之重。为了让学生对阅读有兴趣，教研组煞费苦心地挑选了很多时效性强、故事生动有趣的文章。学生们都说，文章很有意思，常常看了开头，就迫不及待地想看最后结局。考虑到学生的英语大都基础扎实，所以文章难度通常也具有一定的挑战性。

历史与社会：上课之前来场演讲

历史与社会，注重的是学科素养和综合能力。每个年级会有不同的侧重点，如七年级的校本作业有手绘地图、做旅游攻略等。而到了八年级，上课之前学生轮流做时政演讲，尽管每次才十来分钟，却能引导学生关注社会热点。

科学：小小自行车物理原理多

科学组每周会给学生布置一个实验作业，让学生通过亲自动手，了解实验背后的科学原理。做完实验之后，还要让学生说清楚其中知识的来龙去脉。比如骑自行车，里面涉及摩擦力、杠杆原理等很多知识。

在学生看来，校本作业最大的特色是很好玩，“感觉不像是在做作业，而是在玩”。而在家长眼中，校本作业很生活化，“孩子会来告诉我，夹子怎么夹衣服的，电线插头怎么使用安全，我不懂她就解释给我听”。

这些好玩的作业有的来自学生的生活，有的来自学生共同的制作。如语文项老师说，教辅材料里的内容，十多年来变化不大。但是学校的语文校本作业，就可以涉及一些社会热点问题，以及与学生当下生活相关的内容。比如前段时间感冒的学生多，校本作业中就有一篇涉及感冒的说明文，让学生来做阅读理解，学生结合自己的体验，就能更好地知道如何应对感冒。科学老师潘裕法则展示了一个装满水的塑料瓶，里面有一个小的气球。这是一名初三同学按照他的要求，自己制作的校本作业，用来复习压强、浮力等物理概念。平时，他也给学生布置过用身边的小物件做密度计的作业，孩子们用的东西五花八门：吸管、笔芯、笔盖、眼药水瓶等，在动手制作的过程中，对物理的原理有了更深层次的理解和运用。

省教研室专家评价说："这样的校本作业让学生有无题不学习的感受，能起到四两拨千斤的作用，实践性的作业帮助学生还原学习的本质，让学生的被动学习变为主动学习，在作业中体验生活。"

我们不但重视校本作业的编写，也重视作业的布置、批改，以提高作业的实效性。每次布置作业时，问一问自己"我为什么要布置这些作业，如果我布置的这些作业是让我的儿子女儿或者弟弟妹妹做，我会布置这么多吗？这些题目我做过了吗，估计学生需要多少时间才能做完？我会来得及批改吗"，以尽最大可能让师生从题海中、从作业堆里解放出来。给学生做之前，老师自己先潜入水中"游一趟"。

数学老师余波说："学生每天的作业包括练习卷，我都会亲自做一遍，按照中考的格式要求写，批改完学生的作业后，我把我做的答案贴出来，告诉他们：'1. 这个就是标准。2. 你们中有几位完成得很好，但有些同学没有我做得认真。这样绝对过不了关，宁可少做几题，但一定得做规范。'几次以后，他们就向我的标准逐渐靠近，而且没有了偷懒的理由。坚持下来，学生数学成绩提升很快。"

作业的反馈、评价也是作业不可或缺的环节。普通的作文评价一般是"分数＋评语＋修改建议"，或者在教师点评后再加"学生评语或家长评语"。为提高学生作业的积极性，老师们通过各种学生喜闻乐见的方式对学生进行奖励，如开设公众平台，发布学生优秀作文；课前朗诵自己创作的诗歌；把书写美观、答题准确的优秀作业进行展示，让孩子们感受到自己认真做作业能受到老师关注，赢得同学欣赏。而学生最喜欢的、也是老师们采取最多的方式是"请客"——和学生商量好请客的项目，由学生点餐，教师买单。这也是吸引学生融入作业评价中来的极其有效的"高招"之一。

教育的温度体现在作业的关怀上。我们建立基于“诊研改”一体化的校本作业设计与改进系统，其目的在于规范开发过程，提高作业质量，诊断不同类型校本作业具有的不同功用和目的，研制不同类型校本作业的比例，整改制定每日的作业量，真正发挥校本作业的功用。而今已基本形成了“有做必改”“结果展示”的作业管理系统，让家长也加入作业的监控和学习当中，和孩子们一起实现动态成长。

三、“我考的题我来出”的“三有”试卷

评价是教学的重要环节，有学习就有考试。考什么，怎么考，都是老师说了算。因为命题历来是教师的“专利”，也是管理学生学习的重要“权杖”。考试有对所学知识的掌握程度的检测类测试，也有选拔性测试，测试对学生的学习有激励、鞭策的作用。因此，我们可以根据考试的类型，把一部分命题权交给学生，学什么，考什么，怎么学，怎么考。

2011年休业式时，我给孩子布置了一个特别的寒假作业：每位学生出语文、数学、英语、科学4份试卷。出试卷时，有三个要求：按期末

考试的题型，以本学期的学习内容为范围：突出重点、难点和期末考试暴露出来的薄弱点，不能出偏题、怪题；不能照搬抄袭资料，参考选用同一份资料的题目不能超过10分。开学前发给任课老师作为题库，被选中的题目则作为开学检测卷的真题。开学后带回来让其他同学做，并讲讲部分试题的出题思路。

学生们纷纷像模像样当起了小老师，针对本学期学习过的重点、难点和平时考试当中的易错点进行出题。从那时到现在，任课老师平时也经常给学生布置这样的命题任务，形成了“我考的题目我来出”的教学评价氛围。

出好一份试卷，准备过程要参考、总结不少题目。这样一来，每个知识点在无形中都掌握了。有出过试卷的学生说，每出这么一张试卷至少要前后准备2～3天，然后集中在2～3个小时内整理出来。也不是一件容易的事情。但同学们说，蛮喜欢这种形式的。初三（6）班学生吕越听到这个作业很“嗨皮”：“我还记得曾经有一次考试中就有我出的题目。最有意思的是有一个同学出题时，以班里的‘学霸’为主人公，我们做到这一题时，都相视一笑，顿觉这样的题目好有人情味。”

2014年开始，我们指导学生将出题的重点放在自己的薄弱之处，并且规定学生出的题目会有20%被引入返校测试卷中。下面就是我们公益学子在假期里出的部分题目：

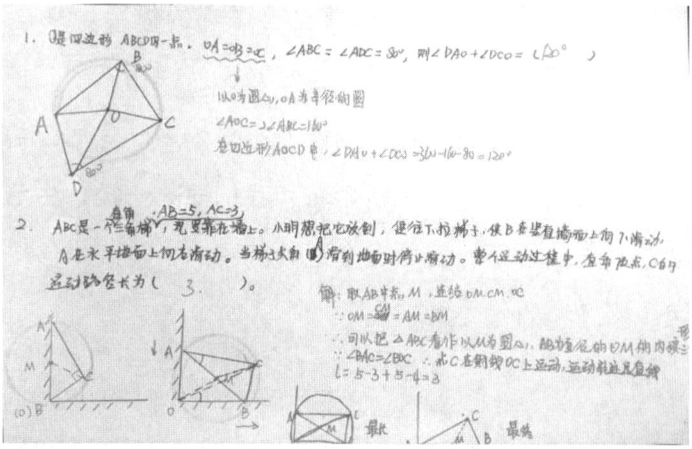

这样的自主命题方式，不仅让孩子们能够体会老师的角色，尝试考虑学习的管理者是怎么把握学习的，还能在试卷中主动融合学生的新意，让学生有针对性地找到自己的不足来出题，实现了学生考题学生出，有效地调动了他们学习的积极性。

何璐君同学出完试卷后感叹道："没有想到为了出好一道3分的语音题，折腾了我三个回合。以前总认为出试卷比做试卷容易。完成了从做试卷到出试卷的穿越，我懂得了出试卷的不易，更理解了'换位'的内涵。"语文老师也从指导何璐君同学出题的过程中，进一步了解到了学生的思维方式，为下次不出偏题、怪题提供了真实的体验。

自主命题的方式，让他们从被动考试转变为主动钻研学习，由学习的接受者转变为学习的主人。

考试题目自主命，作文范文自己出。学生自己专属的作文样本教材，也是师生一起编写。2017年8月31日，有写作特长的同学把他们珍藏的作文贡献出来，变成了《那些学霸们自己"藏"起来的作文》，从此，每年选编一本，每一位同学再也不必到处寻找作文的范文了，这正是以较轻的负担让孩子们学会写作、爱上写作。

孩子们对于写作和挑选范文有着自己深刻的体会。来自初二（7）班的小作者徐子宜同学说，学习写作当然需要从模仿入手，模仿的对象既不能过于简单，也不能超出自己的能力水平太多。这本公益人自己的作文集既是写作好手的佳作，又包含着和我们同处一校，生活在相同环境中的同学对写作的理解，正处在合适的范围内，是一本值得每个公益人都好好读、好好学的作文集。

第二节　体验式的"三全"亲情德育

自古至今，德育一直摆在教育的首要位置。《大学》强调："大学之道，在明明德，在亲民，在止于至善。"康有为指出："其为教也，德育居十之七，智育居十之三，而体育亦皆重要。"德国教育家赫尔巴特认为"教育的最高目的，在于培养具有完美德性的人"。而今，"立德树人"已成为教育的根本任务。

德育在学校工作中的核心地位不言而喻。但是，德育的实效性一直是摆在所有教育工作者面前的一道难题。特别是新科技高度发达、信息化程度如此之高、价值多元冲击明显的今天，德育工作老办法不灵，新办法缺乏。

众所周知，德育工作要入脑、入心，得有亲和力、接地气、有针对性、求实效等，但是实际操作中我们真的能落实到位吗？"目标很高难落实，口号很响不落地，方法老套难走心""讲起来重要忙起来不要"还有运动式的"一阵风"等现象频繁出现。在许多学校甚至有出现德育工作就是管纪律和卫生、德育工作是德育处和班主任的事的错误认知。那么，究竟是哪里出现了问题呢？

其实，归根结底，德育要真正做到初中生的心坎里，不能靠空对空的说教，需要有他们看得见的榜样示范。有情，才会在关键的时候毫不犹豫地采取相应的行动；有情，才会为身边人的一次助人行动所感动并在感动中受教育。记者张莺在《杭州市公益中学：德行，在亲情润泽中生长》中写道：

初三（10）班的张相龙同学怎么也没有想到，自己觉得应该做的一件小事，竟然感动了那么多人。他回忆说："那天我骑车回家，后面有一位同学加速想超车，不小心撞到了街边的护栏。当时他恍恍惚惚站起来想走，可整张脸都被鲜血覆盖了。我赶紧停下，也没有多想，就将他一把扶起，送到了最近的同德医院，并一直照顾他，直到他的妈妈赶到。事后阿姨专门做了一面表扬的锦旗送到学校，潘校长也多次表扬了我，我觉得自己没做什么伟大的事啊。"说完，张相龙羞涩地笑了，他说以后再碰到类似的事情，他一定还会这么做，哪怕是被误解、"背黑锅"。"乐观大气，相亲相爱；踏实勤勉，活教乐学，这是我们'公益'人一直信守的核心价值观。"校长"阿潘"（师生们都爱这么叫他）认为，张相龙只是普普通通的一名公益中学学生，其行为背后，是学校多年来核心价值观引领和潜移默化的结果。在这所以"学做人、学知识"为校训的学校里，"让孩子首先学会做人"一直被放在首要位置。张相龙的故事很快被收录进学校的德育系列校本教材之一《情忆公益》中，厚厚一本书里，记载的都是身边"公益"人关于如何做人、怎么做人的一个个情感小故事，有学生写最喜爱的教师的，有教师写学生的，有家长写教师的，凡此种种，满满的正能量。"通过校本课程的持续开发和引领，最后达到一个累积效应，为打造'公益'特有的德育文化奠定了基础，价值观也像烙印一样打在师生的每日德行中。"分管德育工作的副校长傅建新指着身旁乐呵呵的"阿潘"说道，"看，和我们校长一样，一张张乐观的笑脸几乎成了'公益'人的标签。"

德育是一个系统工程，需要体制和机制作保障，否则德育就有导致只有班主任等少数人在做的、碎片化的、局部性的工作。为此，我们建立了全员、全程、全方位育人的“三全”育人体系，“全员”是指全校所有的教职员工、家长等孩子教育的相关人；“全过程”是指从时间维度上贯穿孩子初中三年学习、生活的每一个环节，“全方位”是从空间维度上体现在学生德智体美劳的方方面面。强调“三全”不仅是方向，是路径，也是要求，是学校德育工作的根本。

著名作家小霍丁·卡特说过：“我们希望有两份永久的遗产能够留给我们的孩子，一个是根，另一个是翅膀。”根是什么？根就是一个家庭的精神和信仰，重要的是培养孩子的独立人格。翅膀是什么？我们要做的是让孩子学会飞翔，而要让孩子学会飞翔，无论是学校还是家庭，该放手的就要放手，放飞孩子，让孩子去实践，让孩子去体验。

“纸上得来终觉浅，绝知此事要躬行。”德育工作知是基础，行是根本。我们组织学生参与各种各样的活动，在活动中经历、体验，体验成功、经历挫折，让他们从活动和生活实践中，体验酸甜苦辣，成为他们成长的“营养素”。这些营养是书本上学不到的，也不是能从老师、家长讲的那些大道理中接受到的，我们的实践说明，真正的爱就是少点给予和说教，多些尝试和体验。德育需要让孩子在行动中获得不同体验，通过体验触摸到他们的情感世界，深入到他们的内心深处，转化为他们日后的实际行动。

一、“亲情德育体系”统领“三全”德育

1995年创办公益中学时，首任校长认为教育是一份公益事业，办学校必须坚守公益之心，因此把学校取名为“公益中学”，并把“学做人，学知识”作为我们公益人的校训。之后，学校确定了“品行正、情商高、身心棒、学业佳”的优秀公益人的育人目标，明确全员、全程、

全方位“三全”育人的整体要求，形成了“三全”育人的机制。通过不断实践、完善，逐步形成了比较完整的亲情德育工作体系。

【体系一】“有情有义”的亲情德育体系

杭州市公益中学“三全”亲情德育体系：

一、构建亲情德育体系。学生参与制定制度、过程评价、结果评定。

二、组建学生亲情管理队伍。

组建校级学生自主管理队伍：学生校长、学生会、道德评判团、卫生监察团、公益志愿团等。

组建班级学生自主管理队伍：值日班长制、人人班干制、班委会议制、学习指导团等。

三、提供各类自主展示舞台：学校科技艺体节、典礼等大型活动策划、主持，参与走进社区、慰问活动、家长会等。

四、推行评优争先自主申报评选制度。学生干部产生制度，各类优

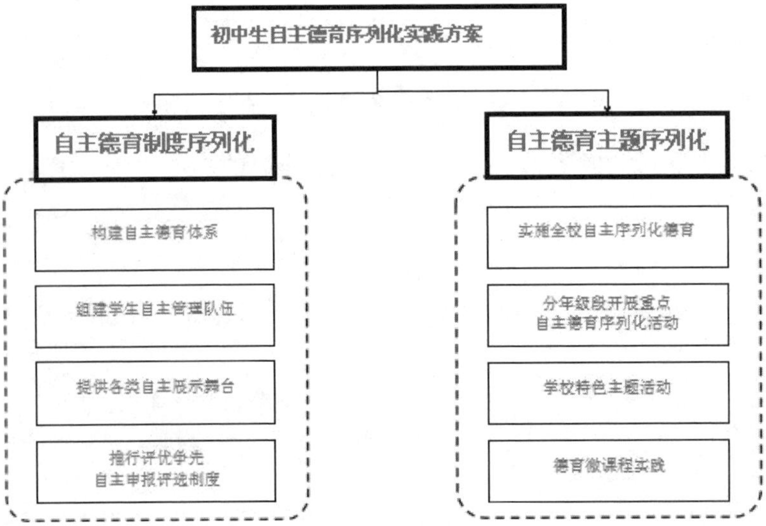

秀学生、先进集体的自主申报、民主评定等。

【体系二】益人益己的“公益积分制”

“学做人”的一个重要内容是“心中要有他人”，要乐于助人，做一个有益于他人的人，一颗热情的“公益心”是前提，一以贯之的“公益行”是根本。但是，初中生学业任务较重，引导学生坚持“做人第一公益行”，需要消除学生和家长做公益会影响学习的顾虑，也需要从人性的角度解决“公益行”的动力问题。为此，我们整体构建了“公益积分制”体系作统领。

学生校长召集多层次学生参加的意见征询会、论证会，学生干部们积极开动脑筋，充分发表意见，提出“公益积分制”的所有内容要基于学生的需求，根据初中生的特点，校内为主，校外为辅。方式要尊重孩子们想法，依托于“志愿汇”这个平台。通过学生几上几下的讨论，并邀请家长、老师、省少工委领导、公益组织的负责人论证修改，形成了如下《实施细则》。

杭州市公益中学“公益积分制”实施细则（摘要）

类别	地点	内容	要求	积分办法
必修	校内活动	公益第一课：校长“公益心、公益行”动员讲座	200字左右听后感悟	积1分
		公益第二课：捐书活动	捐献符合“六类标准”要求的图书	捐书1～5本，积0.5分 捐书6～10本，积1分 捐书11～15本，积1.5分 捐书16～20本，积2分 捐书21～25本，积2.5分 捐书26本及以上，积3分 （杂志类5本算1本图书） 最高3分
		公益第三课：校服变形记	捐献符合“标准”要求的小学校服	捐校服1～2件，积0.5分 捐校服3～5件，积1分 捐校服6件及以上，积2分 最高2分
		公益第四课：12.5国际志愿者日	完成学校统一布置的志愿者任务	优秀积3分 良好积2分 合格积1分 不合格或未参加积0分 优秀、良好、合格的比例为20%、30%、50%

续表

类别	地点	内容	要求	积分办法
		公益第五课：3.5学雷锋日	参加学校统一布置的学雷锋活动	优秀积3分 良好积2分 合格积1分 不合格或未参加积0分 优秀、良好、合格的比例为20%、30%、50%
		公益第六课：校园值周工作（5天）	按学校标准完成值周岗位任务	优秀积5分 良好积3分 合格积2分 未参加或考核不合格者，不加分。 优秀、良好、合格的比例为60%、30%、10%，此项目可以不评合格与不合格
		公益第七课：爱心义卖	参加学校、班级爱心义卖活动	参与义卖活动积1分 组织义卖积1分 捐献义卖物品积1分 贡献大的，另加1～2分 贡献大需要加分的同学需有文字材料说明，比例不超过班级人数的10%
必修	校内活动	公益第八课：参与学校、班级管理、服务工作	按学校、班级要求担任学生干部（包括课代表等），完成管理、服务任务	优秀积3分 良好积2分 合格积1分 不合格或未担任积0分 优秀、良好、合格的比例为50%、30%、20%

续表

类别	地点	内容	要求	积分办法
必修	校内活动	公益第九课：每月家庭劳动实践活动	按学校要求完成	根据上交材料审核 优秀积2分 良好积1分 合格积0.5分 不合格或未参加积0分 优秀、良好、合格的比例为20%、30%、50% 此项目一学年累计不超过6分
		公益第十课：其他学校组织的公益校园活动	按学校要求完成	根据参加活动所花时间、活动效果等 优秀积3分 良好积2分 合格积1分 不合格或未参加积0分 优秀、良好、合格的比例为20%、30%、50%
	校外（社会）活动	公益第十一课：第九世界公益组织等通过“志愿汇”发布的线上公益活动	网上报名、现场参与、完成认证 （每年人均参与2次及以上不同类型的活动）	根据主办方的活动设定获得相应积分

续表

类别	地点	内容	要求	积分办法
选修	校内活动（此项目最高每学年不超过15分）	选修课一：考试期间的值周工作	学校提前两周公示值周时间、岗位、要求，学生自主报名，按要求完成值周任务	根据所花时间、完成质量等 1天积1分
		选修课二：参加道德评判团、卫生监察团、礼仪队等其他校园公益管理、服务岗位	完成岗位任务	根据所花时间、完成质量等 优秀积3分 良好积2分 合格积1分
		选修课三：参加其他类型学校布置的有关公益服务的活动	完成岗位任务	根据所花时间、完成质量等 优秀积3分 良好积2分 合格积1分
	校内外活动（此项目最高每学年不超过15分）	选修课四：日常中的公益活动策划、组织	策划、组织志愿者服务队，参加校外公益活动（需通过学校审核后，开展活动）	根据所花时间、活动效果及影响力等 优秀积3分 良好积2分 合格积1分
		选修课五：看望孤寡老人、辅导有需要的学弟学妹、整理共享单车、给环卫工人送清凉、进社区进行正能量宣传、参加社区公益活动等	不通过志愿汇，自主选择参与校外正规公益组织的活动	根据所花时间、活动效果及影响力等 优秀积3分 良好积2分 合格积1分
		选修课六：其他乐于助人、拾金不昧等好人好事	确保安全，量力而行，见义勇为	根据照片、视频、报道、感谢信等 积1～5分

公益积分制以“实施公益积分制，修炼关爱好品质”为主题，整体设计充分尊重学生意愿，以人性化的方式实施，如内容以校内为主、校外为辅，并可根据每学期学校工作的重点和学生实际情况，加以补充和完善。既有必修，又有选修，评价线下与线上相结合，结果与学生评优评先、品行评价、毕业等挂钩。“公益积分制”把校内日常工作和校外拓展工作有机结合起来，避免了“另起炉灶”新搞一套，“多头导向”或者日常工作与中心工作“两张皮”等问题。

然后，学生干部们又发动同学开展logo设计大赛。我们一边实践，一边完善。经过解读宣传，得到了老师、学生、家长的一致认同，学生、家长、老师齐行动，还得到了社会各界人士的支持。一项“公益积分制”，统筹了学校教育、家庭教育、社会教育等各方面的资源，调动起全校每一位学生的积极性，出现了“校内活动争着做，校外活动开动脑筋做”的喜人局面，校外活动包括医疗服务、交通管理、河道水整治、对自闭症儿童及社区老人关爱等几十种。例如：

初二（11）班有一支由余越等16位同学组成的“Lucky Star势在必行小队”，他们选择了“爱贝康复中心”关爱自闭症儿童的志愿服务项目。他们介绍说：“在对自闭症进行系统的学习并完成相应的测试后，2019年2月3日，我们第一次来到爱贝，通过游戏交流与孩子们建立了初步信任。2019年7月3日，再一次来到爱贝，深入孩子们的生活，按照‘温柔的坚持’的原则，陪他们游戏。从一开始的害羞、胆怯，到渐渐地信任我们，小朋友用小手拽着我们向前冲去。我们欣喜地看到，小朋友们的脸上都露出了灿烂的笑容。教室里不时响起掌声、欢呼声。我们也都享受着陪伴、帮助他人的快乐。在这过程中，我们还体会到自闭症儿童的父母特别不容易，有一位妈妈说：‘我最想听你叫我一声妈妈。在你被诊断出自闭症的那一刻，家庭的天就崩塌了。爸爸为了治好你的病，毅然去外地打拼，只为赚够为你治疗的费用。’”

每一次活动结束，队员们都会有非常多的感想：“我们应该有一颗博大的心，去了解、悦纳、关爱这些孩子，他们和所有人一样，都应该被这个世界温柔以待。”“其实，快乐并不难传播，只是需要一个微笑、一句鼓励。这次志愿服务让我给予别人阳光的同时，也温暖了自己！”“今天当完志愿者后，我非常开心，不仅仅是体现在了拿到积分的快乐，而是做了好事的一种独特愉快。”

“通过活动，我们也思考并动脑筋解决一些问题。如通过多方媒体，传播至网络，使更多的人了解。我请队员中一位在报社工作的妈妈，为我们写通讯报道，让更多的人知晓自闭症，呼吁社会各方各界的人士帮助这些孩子。我们会以小队、班级、学校为单位开展义卖活动，将义卖赚来的钱捐给他们，以解决自闭症儿童进入康复中心要花大量的钱的问题。”副队长吴弘毅、刘思怡还有感而发，创作了歌曲《散落人间的星星》。

在实施“公益积分制”的过程中，作为家长，也在与孩子们的共同参与中，提升了对公益活动的认知，感受到前所未有的触动。家长们感言：“每一次活动，人们总是对穿着志愿者服装的活动小分队投来赞许的注目礼，这对孩子和我们家长都是精神上的洗礼。”“在活动过程中，看到孩子们高度的参与热情和对活动的认真负责的态度，我们不禁为之感动，他们在活动中不知不觉地成长了，潜移默化地被感化了，这是最为欣喜的变化。的确，诚如阿潘校长所言，成绩在一段时间很重要，而关爱之心却能一辈子受益。在活动中所培养的关爱之心，是孩子们一辈子的财富。”

实施“公益积分制”后，老师们最大的感触是，原来要学生做，现在学生主动要做。毛老师说："现在班里的学生经常会来问我要活干了！特别是一放假，他们做公益服务的主动性和积极性都非常高！"黄老师感言："以前同学们往往是被动地领我们班主任的任务，有时候是不太情愿地完成。实行'公益积分制'以后，在一次学校开展整理捐赠图书的活动时，学生报名踊跃；参与整理的过程中，学生也比以前更积极认真；在整理结束后，学生在积分平台上得到了正面的评价与及时的鼓励，非常开心！'公益积分制'让我们省心了不少，它激发了同学们做公益的内在动力。"

"公益积分制"得到了共青团浙江省委的全力支持和充分肯定。2018年9月7号，在我校召开全省"公益积分制"现场会，全国第一个"公益积分制"项目正式启动。浙江省11个地市的试点单位代表前来参加大会，浙江省少工委把我校的《"公益积分制"实施细则》作为全省"益动中学"实施的母版，在全省予以推广。2018年12月，我们在长三角名校长论坛上做了介绍，上海的《少先队研究》进行了专门推广。

"公益积分制"让我们欣喜地看到了两大变化。一是学校的德育始终有"公益积分制"这根红线牵引着，从零碎、零散的公益活动，走向课程化的、系统的、系列的项目。二是学生的公益服务行动有"公益积分制""导航卫星"在指引，有清晰的目标指向、有可操作的具体任务、有自主设计的过程、有客观的评价、有实时的反馈和奖励，从"说"走向了"做"，真正做到了每一个学生都参与其中，并在实践中体验和成长。"公益积分制"实现了学生、老师、家长的共同参与，最宝贵的是让德育真正走出了校门，赢得了许许多多社会资源的支持。

"公益积分制"让"全员参与、全过程体验、全方位落实"真正找到了扎实的落脚点。

二、“亲情不放假活动”落实“三全”德育

“练功练功，一日不练三日空。”亲情德育犹如练功，学校的工作再全面，老师再努力，学生在学校表现再优秀，一旦到了家里形成“空档”，就会一切归零。全员、全程、全方位育人的不可或缺的重要时间就是假期里，重要空间就是在家里。

师生都回到了各自的小家庭后，公益大家庭的亲情始终不放假，家校之间始终有一根亲情的线在牵引着。节假日成为学生亲情体验的重要组成部分，为了让这份亲情体验更有针对性、更具实效性，我们设计了一系列“亲情不放假”的活动。例如：

【活动1】我来当一天爸爸妈妈

现实生活中，爸爸妈妈总埋怨孩子不听话、难交流，儿子女儿总讨厌父母不懂他（她），根本原因在于父母和孩子在家庭中扮演着不同的角色，但总是局限于自己的立场思考问题，由此引发了种种不满、矛盾冲突。

2017年9月29日国庆长假前夕，我真诚地给家长写了一封“请让您的孩子当一天爸爸妈妈”的信，布置了一项父母与孩子角色互换、体验亲情的特别作业。信中，我详细教给了家长可操作的方法：明确角色，执行任务，客观评价，交流感受，指导家长如何真正彻底“放下架子”当一天孩子，让孩子从当一天爸爸或妈妈的过程中，体验父母对于家庭责任的重大和对儿女的愿望，自己也能站在儿子（女儿）的角度，理解他（她）学习的不易和真实感受。

这一天，孩子完全变成了爸爸或妈妈，父母就完全成了儿子或女儿，按照每家每户平时正常的节奏和方式，完整地过完一天。孩子按照

初中生应有的能力和责任，在保证安全的前提下，既要完成买菜、做饭、洗碗、拖地、洗衣、房间整理等各项家务，也需督促“孩子”（父母）按时起床、早读、做作业、锻炼，检查、批改作业等，在承担父母角色需要做的一切工作时，可以模仿平时父母对自己说话的语音语调发号施令，也可以根据自己理解的父母角色以自己的口吻布置任务。父母则按照儿子（女儿）平时在家需要做的所有事情，如背诵英语和古诗词、听默写、上网课、做作业、体育锻炼打卡、和父亲或母亲（孩子）交流等。在干孩子需要干的所有活儿的过程中，父母可以模仿孩子平时说话做事的样子（包括顶撞、吵闹等），也可以按照自己理想中的孩子说话、做事的样子，意在为孩子做出做优秀儿子（女儿）的榜样。

国庆长假结束，家长纷纷写来回信，表示对这项特别作业的高度认同：“儿子说年夜饭也要一起做，平时也要多减轻我们的家务负担，忽然感觉我们的孩子长大了。”

学生也感言：“虽然炒菜和切菜都很辛苦，洋葱还熏得我眼泪直掉。不过心里甜甜的，尤其是被妹妹夸奖是‘世界上最好吃的炒蛋’时……”“今天饭桌上的菜我都包了，成就感爆棚啊！至于色香味嘛，当然是俱全的。爸爸妈妈爷爷奶奶，一人给了我一个赞！”“做一餐菜都这么辛苦，可是妈妈365天都在做呢……想想真的很了不起！妈妈，您辛苦了！”

许云奕同学以《身份交换之后》为题记下了这一天的经历和心情：

接到阿潘布置的“我当一天的爸爸妈妈”的任务时，有点兴奋和喜悦哟！我当大人了。我在想，大人太好当了啊！比如：骂骂人……来正经的了，前一晚计划好的事情，开始了。

早晨，我还在做着美梦，就被一声讨厌的铃声惊醒，揪着两眼下楼烧早饭。因水放得太少，时间烧得太长而糊了；切水果是因手法生疏而把水果切成大小不一，难堪啊！更要命的是把手指切破了，水果成了“血浆水果沙拉”。(嘻嘻！味道未知如何啊!)

大半个下午，在帮助奶奶弹除扎扫把的飞絮，最后成捆，堆放好；弄得一身痒痒的啊，脸上是汗水肆虐地淌，脏手一抹，那花脸……终于完成了，我倒向石板凳上，感叹：奶奶，你太厉害了！这活看着不累的啊，怎么我做就这么辛苦呢？制造一把扫把是这样的不容易！奶奶笑了！

通过这一次活动，我体会到了，劳动是辛苦的！我之前“衣来伸手、饭来张口”是理所应当的观念，经过亲手劳动的体验后彻底改变了。以后可不能挑肥拣瘦和抱怨呢！我在一天天长大，本领也要一起长的哦。这本领首先是动手能力。

我已经和爸爸妈妈约定：以后这样的劳动不再是活动，而是我常规的家庭工作。

许云奕的爸爸也写下了如下感悟：

曾国藩先生曾说:一个家庭的兴败，就看三个方面，一是看子孙睡到几点，二是看子孙有没有干家务，有没有勤劳的习惯，三是看子孙有没有读圣贤的经典。但是现在的孩子真的很少干家务。好在阿潘校长给我们布置了这样特别的作业。

10月2日，我和孩子互换角色后经过的一天里，父子俩感慨好多！

我当了儿子：苦恼的作业、被命令的尊严扫地、被报复的喋喋不休的厌烦！第一次体会到当孩子的不易、父母任意剥夺孩子的尊严。父母需要学习啊！觉得之前做父母做得太轻率！

孩子也体验了一天的“老爸”：6点起床做早餐、打扫庭院、送“儿子”上学、上班、接“儿子”放学回家、晚餐、削水果、养花草、阅读一小时、书法半小时、监督“儿子”学习。孩子被震到了：我的天，我还从没想过老爸一天里要做这么多事情，竟然……孩子第一个感慨就是：爸爸，谢谢您！同时，说了对不起；我发现之前对您言语上有冒犯，尤其我来到杭州公益中学后，您和妈妈付出太多了。

这是角色互换后的无声理解。彼此的理解不是从说教中得来，而是从一次行动中悟到！我们已和孩子约定，这次“互换角色”不只是活动，而是在往后当是生活的一部分。

10月21日，他把记录一天体验活动的照片传给班主任后，写道：

又一天的角色互换体验结束了，按照阿潘信中第四步“交流感受”的要求，我对儿子说，我在高中时学过马克思“劳动创造人本身”，下面是对他这句话的核心诠释：没有经历过劳动的孩子，是不会懂得和珍惜什么是果实的；没有站位到对方角色里，是不会尊重他人和宽容他人的；没有劳动锻炼过的孩子，是不会知道什么叫毅力的。临时“爸爸”认真地听完后回答我：我貌似明白了！

再深广的意思，一旦经历，都将浅显。这才是教育的根本意义！

真正体会到让孩子参与生活、劳动和创造，是孩子教育的必修课!感谢学校能将育人理念落实在行动上，感谢能抵达孩子和家长的心灵深处的活动！

从那以后，每个月底的周末，我们都会给孩子布置一个任务：从买菜、洗菜到切菜、烧菜，完整地为家里人做至少一道菜。孩子们做的菜五花八门，不仅有常规的番茄炒蛋、青菜腐竹、麻辣豆腐，更有可乐鸡翅、油爆虾、西湖醋鱼等技术难度较高的菜。家长们用相机为孩子拍摄下专注的身影，孩子们也将自己的烹饪心得一步一步地详细记录下来，用各种形式分享他们的喜悦。

美国教育家杜威说：“当儿童连续不断地从事任何一种不受压抑的活动时——当他们在忙碌时，他们几乎总是幸福的，高兴的。”孩子们充分发挥主人翁意识，有了成就感；一家人其乐融融地分享孩子的成果，亲情越来越浓。

【活动2】分享大礼包和年三十的必修课

过年了，孩子们开心和期盼的就是有红包、有礼包。每年放寒假那天，我们给每位同学送上两大袋食品，将之命名为“公益分享大礼包”，并随附这样一段话：

亲情，是人世间最纯粹的情感

分享，是公益人最美好的品质

优秀的公益人，因懂得分享而变得更幸福

小小的大礼包，因被你分享而变得更有意义

我们期待你

将大礼包里藏着的温暖

分享给你的家人，分享给邻居和朋友

让分享成为我们自觉的习惯

让分享成为我们亲情人生的快乐源泉！

大礼包中的所有食品都是分管生活的学生副校长带领各班的学生代表反复挑选的。因为我们事先明确地告诉他们，这些东西绝对不是发给他一个人享用的，所以他们在挑选时会考虑什么适合爷爷奶奶、外公外婆吃，什么适合给爸爸妈妈，什么是弟弟妹妹喜欢吃的。

当孩子们把大礼包带到家里，一家人围坐在一起，一边分享着大礼包里食物，一边聊着家常，感受着学校的温情，享受着家的温暖。那一刻，学校和家由孩子联结成了一个整体，那就是相亲相爱的一家人。分享大礼包成了体验亲情的一种形式。下面是孩子和家长的感受：

看着弟弟抓出巧克力，我好失望，这可是我很爱吃的德芙巧克力……他忽然转过身，攥着两块巧克力对我笑："一个给你吃，一个给我吃。妈妈说了，这'分享大礼包里'的东西一定要分享！"

我看着他郑重其事地把其中一块巧克力放在我手心，感受到的是无尽的暖。这就是公益将其命名为"分享大礼包"的原因吧。

—— 留语扬

在我看来，这个礼包上承载了很多。这既是一个"爱心包"，体现了学校对每个学生的关心和爱护，又是一个"家校联系包"，通过大礼包架起学校与家长之间的桥梁；还是一个"能量包"，作为努力了一年的小奖励。相信礼包上附着的寄托比礼包里的食品本身更有意义。

—— 留语扬妈妈

阿潘在亲笔信上强调了分发大礼包的目的是分享，我把大礼包中的巧克力大方地分给了奶奶，并献上了最好的祝福。我和爸爸也共享了美味的干杯脆。这时我更感受到了一个家的温馨。公益大礼包的内涵，在这一刻被发掘了出来。多关心一点身边照顾你的人，这才是使生活更美好的方法。

——薛泽皓

孩子分享食品的过程中很开心。在一路分享中长大的孩子心不会离父母太远，家庭的分享会构成温暖的回忆，串起成长的快乐。懂得分享的孩子在未来成功路上不会孤单，分享会让他不再孤军奋战，会在一个互助的团队中朝着梦想前进。分享，是心与心的交换；分享，是情与情的传递！这就是公益“分享大礼包”的意义！

——薛泽皓爸爸

过年过节，需有“礼”有“节”。让孩子们分享“大礼包”的过程，实际上也是让他们学习传统的“礼仪”的机会，让他们懂得长幼有序，孝敬父母，善待兄弟姐妹。“独乐乐不如众乐乐”，从习惯于一人“独享”到把大礼包与家人、朋友共享的时候，共享的是最美的亲情。

过年，在中国是特别隆重的传统节日。除夕之夜，全家人在一起吃“年夜饭”，意味着一家人团团圆圆，是共享亲情的最佳时光。每年寒假前的休业式上，我都要给全校孩子布置一项特别的作业，并在给家长的信中请家长一起完成：大年三十晚，全家团圆的餐桌上，孩子倒杯饮料，双手端着，走到桌上在座的每一位家人面前，精神饱满地、恭恭敬敬地鞠个躬，眼睛平视对方，以合适的音量、亲切的语调，按照对方的身份角色，具体化地说几句发自内心的感谢和祝福的话。饭后，给幼儿园、小学、现在的老师及其他需要感恩的人打个电话或者发条短信，拜个年，表达感恩和祝福之情。

之所以要这么具体、详细地布置这项作业，是为了避免有的孩子嘴巴里在跟爷爷奶奶说“祝您健康长寿”眼睛却看着别处，只是轻描淡写甚至很不情愿地走过场。为此，我不厌其烦地强调做好这样的小事，是为了让孩子在公益读书的三年里，每年都把这门必修课修好，逐渐成为一辈子的教养，内化为感恩的好品质。

【活动3】亲情打卡一线牵

假期里，师生回到了各自的小家庭，但公益大家庭的亲情始终不放假，班主任、任课老师运用现代信息技术，和学生互传文字、照片，分享假期中的所见所闻、趣事经历、锻炼感悟等，师生之间、家校之间始终有一根亲情的线在牵引着。

老师们最牵挂的可能就是孩子在家的体育锻炼。放假前，体育老师布置了体育锻炼必须完成的任务，视频传送上来后，老师会点评并指导训练的动作规范，反馈训练量的多少。体育老师反而成了假期忙碌一族。暑假里，体育特级教师吕恒莱人在澳洲，却没忘天天出现在打卡群里，远程开展细致的督促和耐心的辅导。

假期的亲情打卡，可以解决家长假期里想管又管不了的无奈，缓解亲子间的冲突，使教育不会断层。例如，在初二升初三的暑假里，鲁老师布置了学习打卡的任务，但有一位王同学迟迟没有打卡。经了解，原来他一到假期就管理不了自己，对电子产品的上瘾让他把作业都抛诸脑后，家长心急如焚却又束手无策，于是鲁老师上门家访。家访时发现王同学和父母的关系非常僵，根本听不进家长的任何意见，在我的调解下，双方达成共识。王同学表示：“现在我理解了父母和老师的苦心，接下来我会改变自己！”这个学期，他在学习上主动了许多，作业能够认真按时完成了。现正向着优秀国际高中的目标努力前进。通过打卡、家访，改变了一位同学，这是老师成就感的最大来源。

假期打卡式的“家书”有情更有爱。2020年春，因疫情迟迟无法开学，班上的40多位老师、学生虽身居40多个家庭，依靠屏幕进行线上教学，但心始终紧紧地依偎在一起。例如，班主任陈老师通过线上上课的打卡情况，每周给全班同学发出一封“家书”：角色转换之间——变的是角色，不变的是爱。这段时间，我陆续收到了同学的来信，信中说：“爸妈扮演起了‘班主任’的角色：给我打印资料，随时解决线上出现的各种小问题，监督我们运动，提醒我们注意用眼卫生——简直比他们上班还要用心。”“都说老师变主播了，我想，一位对直播视频平台不那么了解的老师能摇身一变成为主播，都是源于对工作的负责与对学生的热爱。” 看到这些私信，我很感动。孩子们，在此特殊的抗疫时期，你的父母自愿成为班主任，你的老师主动“转型”主播。我们的角色虽有了变化，可对你们爱从未改变。虽然我们只能在“云端”隔着屏幕相见，但当看到你们一张张学习的照片，我发现你们认真学习的样子一点都没变！

在这样的特殊时期，学校与奋战在一线的医务人员家长心紧紧连在一起，总想尽己所能为他们的子女教育做点什么。而他们在得到家人般的点滴关心后，又写来特殊的家信，让我感动不已。如初一（12）班的张昀昊同学家长的来信：“疫情发生以来，学校对我们医务人员的孩子，照顾特别周到，关爱有加。孩子拿到防疫‘亲情室内动感操’和一个防疫‘亲情运动处方’的视频后，特别喜欢，每天晚上会主动想着去跳动感操，这是让父母非常高兴的。这个操的背景音乐动感、愉悦、时尚，孩子特别欣赏，这是公益中学走进孩子内心的体现。2月10日开始线上教学后，因为我们都在医院工作，不能在孩子身边陪伴或者帮他解决网络等问题，因此有些作业上传或是与孩子的沟通往往不及时。班主任朱老师得知情况后，不但给他特殊处理，而且还组织其他所有的任课老师提前一天给我们发放课件和视频。每次我收到这些课件，就像一股暖流淌过心间，那种感动，是难于言表的。”

三、“公益情，公益行”展现“三全德育”

北宋理学家、教育家张载的“为天地立心，为生民立命，为往圣继绝学，为天下开太平”说出了读书人应有的志向和追求。内尔·诺丁斯说：“一个有关爱能力和关爱情怀的人，需要在关怀自我的同时，关怀亲密的人，关怀远方的人和陌生人。”

25年来，我们一直坚守着“公益”的办学初心和育人定位，在走向“人类命运共同体”的今天，不但引导学生树立“公益人、公益心”的理念，更形式多样落实“公益情、公益行”的行动。

我们用图片、视频告诉学生，人最可贵的是有善良之心。整个世界已经逐渐变成一个“地球村”，在自己衣食无忧，享受着优越的物质条件之时，需时刻想着在“村”的那头，还有一群同龄人需要我们关心。人骨子里都有善良之心，一个小小的善念能帮助别人，许多时候也自然地帮助了自己，善良可以形成良性循环。

我们用大量实例让学生选择献爱心的对象和方式。引导他们从众多需要关心的人群中，选择与我们实际能力相匹配的资助对象和切实可行的献爱心的方法。强调关心不分大小，捐献不论多少，重在尽己所能，拥有一颗乐于付出的心和坚持不懈的行动。

我们策划了许多实实在在的方案，让每位师生家长都有参与献爱心的机会。组织“公益人爱心在行动”系列活动，并适时展示、反馈，让师生家长看得到自己每一次的点滴付出，换来了他人物质生活的改变，感受到爱心捐赠后带来的精神愉悦感。

2017年，我校成立了浙江省第一个以学校命名的爱心基金会——“杭州市公益中学爱心基金会”。“公益情、公益行”已经贯穿在学校全年的教育活动中，“做公益”已经成为每一位公益人自觉意识和自觉行动。例如：

【行动1】帮贵州黄岗小学建起了水池

2015年“爱心义卖”活动结束后，学生们广泛讨论达成了一致意见，帮助他人要从改变他们的基本生活所需开始。我们将爱心义卖所得款项捐赠给公益组织。2015年3月，我们和省电网、第九世界一道，用爱心款帮助黔东南黄岗小学建起了水池，黄岗小学的师生用绘画的方式给水池穿上了漂亮的“外衣”。看到黄岗小学的学生可以每天从水池中接水喝的照片，读着来自贵州的同龄人的感谢信，学生们既欣喜又感动。

我们让活动具有延续性。第二年，为他们添置了保温杯、脸盆、牙刷和杯子。第三年继续为黄岗小学孩子求学条件的改进发力，我们开展捐书建爱心图书馆、同读一本书的活动，把我们自己编写的《嗨，孔夫子——中学生读〈论语〉》送到了他们手里，让他们也能在《论语》的熏陶下，学做人，学知识。为了让更多的孩子都读上好书，我们又把书送到了黔东南其他学校。摆德、己约、平天、白洗等小学都已接收到我的爱心图书。

可喜的是，我们看到我们帮助黄岗小学建水池的星星之火得以燎原。黄岗小学从此得到了当地政府和全国各地的爱心企业资助，重建了校舍。

【行动2】校服变形记

贵州黄平县翁坪乡白洗小学，全校学生只有150多人，是名副其实的“袖珍”小学。因为学校人数少，校服制作量少，成本高，孩子们一直没能穿上校服。了解到这一情况，2018年11月，我们联合第九世界、杭州市下城区益优公益服务中心（杭州专门针对闲置衣物的回收循环再利用的公益机构），发起了为贵州白洗小学捐赠冬衣的活动，一天内就捐了几百件冬衣。2019年3月，这些衣服发到了贵州省黄平县翁坪乡白洗小学和贵州省安顺市关岭县板贵乡麻窝太平小学两所学校学生的手里。孩子们拿到适合他们的衣服，露出了灿烂的笑容，有些孩子直接开始了现场试穿。

2018年11月，我们又与省内的“袖珍”学校对接，成为第一个参与“校服变形记”项目的学校。初一年级同学通过“公益第一课”活动的捐赠，经过置换logo、清洗、消毒等一系列专业操作之后，最终将城市校服变形成功，送到了开化县张湾小学70多名学生的手中。穿上校服的同学们十分开心。

【行动3】爱心送到抗疫情重点医院

2020年春季，一场突如其来的新冠肺炎疫情，使许多医院的抗疫情必需的消毒用品等严重不足，而且采购困难。时值寒假，得知消息后，学生校长们召开线上会议，讨论使用同学们平时爱心义卖筹得爱心基金，广开路子采购医疗物资。他们和副校长胡明洁老师一起，与西溪医院捐赠部取得联系。2月6日下午，根据医院需求采购的高水平消毒的清洁吸附干巾和清洁吸附套装等全部被送到杭州市西溪医院。孩子平时点滴积累的爱心基金，化为公益人为疫情关键时期献的一份爱心，以实际行动支援奋战在一线的医护工作者。初二学生校长盛语湖说："为西溪医院捐赠物资，是一份善心，也是一份社会责任，作为一名医护工作者的孩子，我深深明白各方捐赠对于当前医院的重要性。我们用行动践行了我校的校训，我想这是每一位公益人的骄傲!"

学生们在付出爱心的同时，培养了乐做公益的情感，得到了成长。王铭琪同学说："通过活动，我理解了做公益的意义，找到了做公益的乐趣。今后要少买一次零食，多捐一元钱，多捐一本书。"沈睿洁同学感言："我通过做家务挣取捐款，久而久之，我便养成了周末收拾房间、拖地板的好习惯，从中体验到了劳动的不易和把家变美产生的自豪感。获得了献爱心与爱劳动的两大快乐。"

学生的"公益情，公益行"善良之举，带动了家长的参与。2019年过年时，刘亦奇的妈妈应班主任要求读了《寂静的孩子》一书，立即提出"心动不如行动，我们一起做点有意义的事情。"于是开了家庭会议，一致决定捐资助学。随即，妈妈联系了甘肃省的大学同学帮忙对接，经详细了解推荐的贫困孩子家庭情况后，选择资助了永登县民乐乡八岭村的五个孩子，这5个孩子的其中三个孩子都是母亲因为受不了贫穷而离家出走，还有一个母亲去世，一个母亲患重病常年卧床，都是父亲出门打工，孩子隔代由老人抚养。"当时开家庭会议的时候，儿子就主动说，要把自己的红包钱拿出来，捐给他们作为生活费，我们当然支持他的做法。孩子主动提出要捐资助学，把红包拿出来帮助需要帮助的人。让我们惊喜又感动，这是公益中学‘先学做人，再学知识’的理念和学校不断组织的公益活动对他的积极影响。孩子懂得了最可贵的品质就是善良。”刘亦奇妈妈说。他们一家还打算等到暑假，带上孩子全家一起去甘肃看看。接下去如果还有其他孩子需要资助，也还会继续做下去。

在“公益情、公益行”系列活动的带动下，通过“益动中学·公益积分制”课程，现在“公益情，公益行”的行动，已经拓展到全体师生家长、延伸到校内校外，细化为可操作的具体条目，并有效地发挥评价的榜样示范、激励和鞭策作用。我们的理念和做法得到了省、市少工委的充分肯定，他们认为“益动中学·公益积分制”值得学习，可以复制。

第三节　浸润式的“三一”亲情涵养

有一则广为传播的教育轶事：即将荣休的哈佛大学教授罗尔斯在上完最后一堂课之后，已经走出老远，教室里的掌声还在继续着。同学们用自己的方式向一向正直、严谨、睿智的教授表达他们真诚的敬意。这种“遥远的掌声”，抒发的是教育对人心灵的感动，是一颗颗年轻的心灵对享受教育抚慰的回响。

快乐、幸福是人一生的追求。初中三年，只是孩子生命成长中的一小段。三年时光能给孩子一生的生活品质、事业发展留下的除了知识学习积累外，还有情感的培育。或许从人的快乐和幸福以及每个生命个体对他人、社会的贡献度来说，情感更有价值。

那么作为学校，学生的这份情感可以从何处培养？

这份情感可以从学生第一次来到学校到初三毕业的每一个环节、每一个细节处培养。不是竞争和功利，而是充满人性关怀，顺应初中生身心发展的规律，基于学生（STUDENT BASED），为了学生（FOR STUDENTS），从孩子的心理需求出发，做学生喜欢的事。这份情感来自对学校“乐观大气，相亲相爱，踏实勤勉，活教乐学”核心价值观的认同，来自对老师的认可、对同学的接纳和帮助，对学校各项活动的喜爱，对学校食堂饭菜的青睐等。大到办学理念，小到老师、同学，保安师傅、食堂伯伯、保洁阿姨的一言一行，一颦一笑，每一个教育教学行为给学生带去、留下了什么。

有一次，我应邀去一所高中做“怎样做学生喜欢的好老师”的讲座。中午时分，来了一位不速之客——她是我们的“老家长”。原来她就在这个区工作，她是从微信朋友圈看到了我来此的消息后，特意从单位里请了假赶过来的。一见面就跟我说：“虽然夏唐已经毕业好几年了，但我们全家人都永远是相亲相爱公益人。在平时的聊天中，夏唐心心念念的就是公益，念叨公益的饭菜、公益的活动、公益的上课、公益的老师和同学，读高中和大学时，一放假就约好了一批同学，回去看公益的老师。每次去了回来都会兴奋好几天！”

像夏唐一样，许许多多公益的毕业生，只要他们有空而公益没有放假时，便会回到熟悉的公益校园，去老师那边像家里人一样聊聊，到曾经坐过的教室看看、到操场上走走。每次遇到高中学考、选考，高一高二放假时，满校园的都是毕业生。来了，就请他们在“公益大饭店”（学校食堂）吃个饭，回味一下“公益的味道”。这时，老师们脸上的笑容都特别灿烂，他们说：“这是最有味道的时候，过去那些付出，全都值了！”学生回来主要是与老师们分享自己毕业后的成绩和感想，也有不少毕业生，会在学习上、生活上、事业上碰到一些困惑和困难时，跟老师、校长约个时间，诉说自己内心的迷茫，寻求老师、校长的开导。

我们认为，有这么多的毕业学生一有机会就想回到学校看看，这是对学校最大的褒奖。好学校的标准很多，我们心目中的好学校是一所能让学生留恋的学校，一所毕业后还想时常去看看的学校。因为好的学校、好的教育就是得到了学生的价值认同、赢得了学生的情感寄托。

情感一定是日积月累的、渐进式孕育的。孩子入学之时，与他们握手；孩子有困难时，伸出我们的双手；孩子中考时，一起为他们呐喊助威……共享式的亲情渗透，让孩子有了家的温暖，有了家的眷恋。三年如一日的坚守，亲情得以稳固地建立。

一、三年中的第一次：爱上大家庭

美国心理学家洛钦斯提出的“首因效应”告诉我们，交往双方的第一次印象是最鲜明、最牢固的，决定着日后双方交往的进程。就像两个年轻人的初次约会，如果给对方留下了良好的印象，就会愿意和他（她）进一步交往一样，学校和学生、家长第一次接触时产生的即刻印象，通常会对后续三年的交往发挥举足轻重的作用。

（一）第一次走进——特殊的“六一”仪式

每年“六一”儿童节到来之时，我们举行隆重的发放新生“录取通知书”仪式。一份红彤彤的通知书是给孩子们最好的“六一”儿童节礼物，精心设计的“融入公益大家庭”系列活动让每一位即将步入初中的孩子及家长找到一份归属感。在这火红的季节，我们用心、用情为孩子们点燃对美好初中生活的向往之火。

通过一届届学生和家长对这一仪式的口耳相传，这一天已经成为孩子和家长翘首以盼的日子。那天，孩子们会来得特别早，全家人都会把这件事当作一件大事，许多家庭不仅爸爸妈妈来了，爷爷奶奶、外公外婆也来了。我根据这一年份大部分孩子的属相，穿着有“公鸡”“大嘴猴”等图案的大红T恤，和老师们一起站在校门口，笑意盈盈地迎接他们。给他们家人式的欢迎，让他们第一次进校门时就能感受到“家庭”的温暖。

孩子和家长们同时会领到一只装满“干货”的大信封。打开通知书，有我给孩子们的第一封亲笔信——《你我亲情相约，一起快乐地走向优秀》。信中，我寄语孩子做“有情有义”“有规有矩”“有滋有味”

“有声有色”的公益人，提醒孩子要在家人面前保持微笑，把公益当成自己的家；服从老师和家长的管理，言行举止都要像个中学生，拒绝手机和电脑的诱惑；不要整天刷题死读书，锻炼身体，保持阳光，更用孩子们的语言与他们对话，比如“身体练得棒棒哒。吃点苦，打败爱懒惰、爱放纵的大boss，感觉自己萌萌哒”。

然后，孩子们有序排队走过红地毯，登上小广场中充满着喜庆气氛的舞台，在“哇，我成为相亲相爱公益人了”的背景墙上，开心而郑重地签上全家人的名字，一个个小家庭从此融入了公益这个大家庭。

作为公益大家庭的大家长，我真心诚意地与每一位孩子、家长握手，带着灿烂的笑容与每一户家庭合影，轻轻地跟他们说：“很开心，今天我们就成为一家人了！”太阳炎热，站着与近500位孩子、家长握手、拍全家照，整整半天时间，我脸晒黑了但自始至终保持着笑容，发自内心的、欢喜的笑容，因为孩子们来到了公益，也就成了我们的孩子。

拍完“全家照”，孩子们欢快地来到他们即将就读的教室，庄重地宣誓：“今天，我很高兴地加入了相亲相爱的公益大家庭。在公益的三年，我将乐观大气，充满自信，踏实勤勉，乐学活学，我将有情有义和老师同学相处，有规有矩遵守规章制度，有滋有味享受有节奏的初中生活，有声有色完成各项任务，成为'品行正、情商高、身心棒、学业佳'的优秀公益人！”

心愿卡是孩子们在公益中学留下的第一份文字。每一位同学都十分认真地记录此刻来到公益中学校园的心情；写下心愿：“三年后的我，一定会比现在的我更加优秀！我要先给自己定一个小目标！”有的同学还用画笔，描绘出自己对三年初中生活的憧憬和愿景！

那天，整个校园里一直循环播放着《相亲相爱公益人》这首歌曲，我们用心准备、举行的这样一个活动，孩子、家长一步一步走过，一个一个环节经过，不知不觉中，就找到了“家”的感觉。好多家长在微信朋友圈晒出了照片，写道：今天我们成为相亲相爱的公益人了！为自己有了三年值得依靠的“大家庭”感到荣幸和激动！

薛珺如同学说："我今天起了个大早，和爸爸、妈妈、外婆一起从平湖赶来杭州，领取公益中学的录取通知书。校园环境非常好，每位老师都和蔼可亲，我还和阿潘校长合了影，阿潘校长既慈祥又幽默。这些都让我对初中生活充满了期待！"

何蔚同学家长感言："今天我们一家三口来到公益中学，看到孩子未来三年能够在这么好的学校里学习，真的很开心。阿潘校长和每个家庭合影，很辛苦，很有耐心，他还穿着有卡通熊猫图案的衣服，真的是一位很可爱的校长。作为家长，我们希望孩子在这么好的学习氛围中能够努力学习，收获更多知识，也认识更多朋友，大家一起进步！"

亲情相约，真心相待。第一天，第一次，一项项加入相亲相爱的公益大家庭的体验活动，为我们的三年亲情合作打下了坚实的基础。

(二)第一次加入——特别的一家三口考试

每年6月25日左右，我们都要请新初一的孩子、父母一起来学校上好"进入初中第一课"。

促进家长尽快融入公益大家庭的"第一课"是"因为我们在用心陪伴——阿潘送给新生家长的666"讲座。

我从杨绛和董卿小时候受的不同方式的家庭教育经历谈起，以两种不同的教育方式告诉大家，教育需要有"道"，但未必有固定的"术"，只要是适合自己孩子的，就是最好的。我以一家人的姿态，既敞开心扉讲该严决不松，能柔则不刚等6个初中生育儿观念；又结合自己任班主任十几年、校长20多年、当老爸20多年的体会，与家长们分享小升初暑假的"6大行动计划"和"6点温馨提示"。许多观点引发了家长们的共鸣，被收藏为育儿金句。如：你真的爱孩子吗？扎扎实实做好规矩吧！不在于你说了多少，而在于孩子听进去了几句等。

“公益第一课”上，最有价值的是爸爸、妈妈、孩子分别坐在报告厅和不同教室参加的同一场考试，家长和孩子的考题类似，但很能“考”出家庭的亲情关系等。

“原先我觉得我对孩子的培养很重视，也够用心的。没想到经过这次考试，我才发现自己差距还真的有点大呢！”“听完‘阿潘说家教’第一讲，我感触最深的就是阿潘所说的真正用心的陪伴需要从了解孩子开始。”这是家长们上完“公益第一课”后写下的感言。

究竟是什么样的考题让家长有如此的触动和感慨呢？其实，题目很简单，试题由“我和我的家人”“学校文化知多少”和“《论语》《家训》知多少”三个板块组成。

第一板块给家长的题目是：

（一）家庭成员的生日

人物	年龄	出生年月日（公历）	出生年月日（农历）
我			
我的孩子			
我的爱人			

（二）我和孩子的点点滴滴

1.（爸爸填写）我最喜欢吃的菜是__________，我最喜欢从事的运动是__________，我最喜欢读的一本书（杂志）是__________。

2.（妈妈填写）我最喜欢吃的水果是__________，我最喜欢的颜色是__________，我最喜欢读的一本书（杂志）是__________。

3. 我孩子最大的兴趣特长是__________，最喜欢做的事情是__________________。

4. 我孩子最要好的朋友是（填姓名）__________。

5. 孩子对我的最大的期待是_________________________。

6. 我每天陪伴在孩子身边的时间大约是______小时______分钟。

7. 双休日，我们家经常一起参加的活动是____________________。

8.孩子每周参与做家务的内容和次数大约为____（例如洗衣、做菜、做饭、搞卫生）。

第一板块给孩子的题目是：

（一）家庭成员的生日

人物	年龄	出生年月日（公历）	出生年月日（农历）
我			
我的爸爸			
我的妈妈			

（二）我和爸爸妈妈的点点滴滴

1. 我爸爸最喜欢吃的菜是_______________，他最喜欢从事的运动是______________，他最喜欢读的一本书（杂志）是______________。

2. 我妈妈最喜欢吃的水果是_________________，她最喜欢的颜色是______________，她最喜欢读的一本书（杂志）是______________。

3. 我最主要的兴趣特长是________，我最喜欢做的事情是_______。

4. 我最要好的朋友是（填姓名）________。

5. 我对爸爸妈妈最大的期待是_________________________。

6. 爸爸每天陪伴在我身边的时间大约是______小时______分钟。妈妈每天陪伴在我身边的时间大约是______小时______分钟。

7. 双休日，我们家经常一起参加的活动是________________。

8. 我每周参与做家务的内容和次数大约为__________（例如洗衣、做菜、做饭、搞卫生）。

考试时，爸爸、妈妈、孩子分别坐在不同的教室，阅卷时，我们把与孩子相关的三人答卷放在一块，答案相吻合的便得分。结果发现，家庭成员之间对彼此的一些基本情况了解程度存在着较大差异。这些问题在一定程度上反映了家庭关系、育儿理念，特别是亲子之间的交流。

第二板块“学校文化知多少”的题目一般如下：

1. 公益人始终把“________”放在第一位，合心合力把公益的孩子培养成品行正、________、________、学业佳的优秀公民。

2. 公益人的16字核心价值观是乐观大气、___________、踏实勤勉、________。

3. “八有”公益人指的是_______、_______、有滋有味、有声有色。

4. 公益人的“三不主义”是不挑剔、__________、__________。

5. 公益人追求“让公益的孩子___________”，老师开心教书、孩子__________、家长__________。

6. 乐观大气的公益人懂得尊重他人，处处站在__________。

7. 公益人的五个尊重是尊重自己，切实对自己__________，尊重他人，力求不给他人__________以及尊重知识、尊重社会、尊重自然。

8. 踏实勤勉的公益人遵循“我要做什么，我用__________去做，我做得怎么样，我怎样才能__________”的思维模式开展工作和学习。

9. 公益师生家长共同关注三件事：一是在公益的三年中养成良好的

习惯，培养一辈子受用的__________和良好情商；二是考上理想的高中；三是让公益毕业的孩子__________可挖。

10.“公益人喜爱的10句话”中我最喜爱的一句话是:__________________________________。

上述题目的答案全部来自6月1日领取新生录取通知书时，我们发给学生和家长的第一期《读·思·悟·行》资料和《优秀公益人修炼秘籍》一书。

我们认为，要让学生、家长按照学校大家庭的“家教门风”说话做事，首先得让他们知道并记住学校的理念和文化，在学习、记忆中获得一定的体验，在明白了要做什么、应该怎样做的基础上，才有可能做正确、做出实效。这是我们让所有进入公益的学生、家长都要闭卷回答好这部分的题目的初衷。

家长和孩子同时测试的第三板块就是“《论语》《家训》知多少”，考题选择的都是最基本的知识，目的在于让家长和孩子一同走进公益大家庭的核心课程，同读共成长。

1. 子曰：“学而时习之，不亦说乎？________________，不亦乐乎？________________，不亦君子乎？”

2. 子曰：“不知命，无以为______也；不知礼，无以立也；____________________，无以知人也。”

3. 子曰：“________________，鲜矣仁。”

4. 黎明即起，洒扫庭除，要________________；既昏便息，关锁门户，必亲自检点。

5. 与善人居，如入________________，久而自芳也。

6. 孔子的弟子中，我最喜欢的人是（填名字）__________，理由是______________________________。

7. 我们家的家训是______________________________。

参加完这一场新生家长会之后，最让家长们在朋友圈上“炸锅”的就是这场不同寻常的“一家三口一起考”的考试，它促进了每一个小家庭彼此之间更加用心地陪伴，感受亲情的滋养；促进了家长更好地融入学校，和老师做好“合作伙伴”；还促进了家长和孩子共同学习、一起成长。

一次新生家长会，让家长和学生认同了自己是“公益人”，是公益大家庭的重要一员，认同在未来三年的日子里，风雨同舟，一起用心陪伴孩子成长。

（三）第一次融入——特“亲”的班会和特“壕”的农场

每年的7月10日7点多，每一位新初一的班主任就来到了自己班的教室门口，开启“我的______班我的家”亲情主题班会活动。

学校大家庭由几十个各具风格的班级小家庭组成，从每个班级的三年奋斗目标、班级的核心理念等顶层设计，到班徽、班旗、班歌以及班报、班刊的具体设计；从班级规章制度的制定、班干部队伍的配置，到各项班级活动的有序开展；从纪律、卫生、体育锻炼，到上课、作业等学习活动，班级所有的安排都成为亲情教育是否能够顺利实施并取得成效的基本保障和重要载体。

良好的开头是成功的一半。每一位班主任都把第一次主题班会作为亲情融合、班级建设的源头。他们创设轻松愉快的氛围，让孩子在游戏、“头脑风暴”等活动中消除陌生感，相互认识，了解彼此，唤起孩子们对初中生活的美好向往。为了这场“破冰之旅”，班主任们可以说煞费苦心，下面略选几个例子：

运用孩子们喜欢的游戏推动相互认识。如“大风吹”“筑万里长城”“心有千千结”“齐眉棍”……史深远老师的主题是“水果的秘密”，让孩子们用与“水果”有关的肢体语言寻找志趣相投的小伙伴，相互认识，并与同学们一起分享自己的经历。在自然而亲密的互动过程中获得对新同学的认同感。

运用送“见面礼”的方式一下子拉近距离。如朱玲洁老师先用一首《小幸运》表达自己的心声。然后给每一位学生送上一张自己亲手写的明信片，然后组织孩子们积极地和新朋友交流，最后小组形成展示卡，作为同学间互相送的小礼物。夏婵婵老师则尽量满足孩子们的好奇心，让孩子们抽签拿到老师精心准备的礼物，愉快地度过一个上午的美好时光。

班主任申屠德君老师特意把教室里课桌椅布置成半圆形的排列，和孩子们组成了一个正发出光亮的小太阳。同样的半圆形排列，周志杰老师亲自上阵与孩子们一同跳绳，各式各样的游戏精彩不断，孩子们似乎与这位大哥哥相识已久，在和周老师的一问一答中，他们好像要把心中所有的问题全部问完。从集体交流到分享成果，新生们逐渐感受到了作为中学生的乐趣。

而班主任向学生的“自我推销”也是下足了功夫。如科学老师车雪飞用“像钾钙钠一样活泼，像氧炔焰一样热情，却又不失液氮的冷静”介绍自己。英语老师余敏敏说：“大多数时候我是angel，严肃的时候我是devil。从成长经历看，我可是跨区域的‘非典型混血’呢！” 数学老师秦雪飞一张口就来：“我就是飞哥，我的名字连起来就是‘秦朝大雪满天飞’。”楼玲玲老师则让孩子们饶有兴致地猜自己教的学科。走朴实风格的，吸引孩子的路线，威力也丝毫不逊色，如毛红斌老师的："我是毛老师，为了这次相遇，我努力把自己打扮得年轻帅气一些，因为这次班会对我来说真的很重要。"

主题班会上，处处可以看到班主任老师们精心制作的PPT、卡纸和小礼品，时时能够听到孩子们的欢声笑语和热烈掌声，小伙伴们以别开生面，但都十分接地气的方式加入相亲相爱公益大家庭！

行动往往比语言更有说服力。在学生还没有切身的感性经历时，第一次亲情主题班会上就对他们讲解一大堆学校的文化、理念，就会因太过抽象而难以入脑，更难入心。我们在简明地告诉他们学校的一大特质是"公益人、公益心，公益情、公益行"后，就开始"公益爱心第一课"活动，用行动让学生来体验。各具特色的"认识你我"活动后，第一次亲情主题班会就进入了"校服变形记"等"公益第一课"活动。在班主任的带领下，孩子们都拎着满满的爱心来到学校统一的捐赠点，开开心心地把小学的书籍、校服捐出来，将自己的关爱之情寄托在一摞摞书本之中，给贵州等地的同龄人建立图书室、与他们一起分享读书的乐趣；请社会公益组织把校服翻新后送到贫困地区的孩子手中，带去同龄人的温暖。传递爱心情义满，学生在捐赠活动体验中，逐渐领会"公益人、公益心，公益情、公益行"的内涵。

让学生爱上学校，爱上"大家庭"，需要让他实实在在地感受到在未来的三年中，眼前这片看得见、摸得着的土地充满魅力，让孩子每天早上一睁开眼就有一种想来学校的愿望。"爱上大家庭"最有趣味的是，第一次亲情主题班会上，每个班还分到了一块地！这是《钱江晚报》记者沈蒙和的报道：

壕！新生报到，普通学校先分班，杭州这所初中直接分地

这几天是杭城不少学校的新生报到日，鹿姐姐听说件稀奇事：普通学校忙着分班，杭州公益中学却忙着分地——初一各班都分到了一块自己的承包地，今后全班可以分工合作，种植农作物。

这些承包地分布在校园的角角落落，是学校从去年底开始利用富余空间一点点整理出来的，还起了个很萌的名字，叫“Panda农场”。

提出这个创意的，是校长潘志平。他想让公益的孩子人人愿劳动、会劳动、爱劳动，既能付出辛勤的劳动，又能享受丰收的喜悦。

昨天该校初一新生报到，分到承包地后的头一件事，就是参加农场劳动实践。他们一边在地里拔除杂草，一边在各种农作物间穿梭寻宝。快来看看他们都找到了什么好东西：

毛豆、茄子、辣椒、番茄……真的是好多宝藏，目测可以做一大桌菜了，而且还全是绿色食品！

阿潘校长介绍说，这些蔬菜是学校上学期请专业人员来试种的，确定“Panda农场”能正常运作后，再分给各班。半年下来，已经有20多种蔬菜在农场轮番亮相，长势喜人。教学楼前，食堂边上，寝室楼下都能见着它们的身影，高年级的同学甚至老师们都垂涎很久了。之前采摘过一些，拿给学校食堂加菜，结果大家都说好吃。

所以，捧着“宝藏”从承包地里出来的初一新生们，不仅是师兄师姐们艳羡的对象，连他们自己都超开心，报到首日就收到这样一份礼物。丰收的滋味实在太棒啦，鹿姐姐眼看着爱漂亮的女生都顾不上雪白的新裙子，一头扎进地里寻宝去了。

而收到这份“壕”礼物的孩子们呢？他们这样来描述自己的寻宝故事和感悟：

从小到大，好像也未真实体验过自己亲自下田种草，做像农民伯伯一样的事，大多也就下田玩耍罢了，这次，在暑假到了公益中学，才真实体验了一番。

想让蔬菜长好，可得先除草吧。我踏进土里，让一双白净的鞋陷进泥里。下过雨，地湿漉漉的。大家开始拔杂草，杂草是一根根没了，田也干净一些，但是我们的衣服惨不忍睹了。大家全都认真照顾班级的田，在拔草的同时，更是收获了不少蔬菜：番茄、茄子、毛豆……

或许未进过田，我觉得十分新鲜，便也加入其中，我们一起打扫，摘豆，也才体会到：粮食真的来之不易。

以后，咱们初一（6）班有自己的田了，现在起向农民伯伯学习，长大为社会做贡献！

——初一（6）班　陆莹

当老师把我带下来，望着被雨冲刷过后泥泞的菜地，我不知从何下手。于是老师下了第一个任务：拔草。我们一窝蜂拥了上去，穿梭在菜地里，见草就拔。我四处张望，寻寻觅觅，发现了深处的一丛小草，在风的鼓动下，我分不清它是不是在向我招手，也管不了那么多了，撸撸袖子就开拔。很轻松的，这草附近的土就裂开了，再轻轻一拉，一甩头，就出来了。不知是不是因为它不想跟我走，我从小径上走下，一不留神摔了一跤，低头一看，呀！泥怎么都沾满了呢，还夹了根草，我笑着，一蹦一蹦地就下来了，忽然想到：以后也经常要除草了呢，毕竟，我也要有菜地了！

——初一（9）班　李安康

雨后的泥土是黏软的，学校的砖地上积了一层褐色的泥汤，老师带领我们到一片湿淋淋的菜地前，我暗暗揪了一把我的裙子——一条崭新雪白的裙子啊！顾不上这么多了，还是先摘茄子吧。矮矮的茄子上正开着浅紫色的小花，那惹人怜爱的一抹羞涩的紫藏在宽大的茄子叶中间，显得楚楚可怜。呵！我可算找到了一个！它的样子像极了一弯新月，细细长长的，尾尖微微泛白，像个营养不良的小婴儿，它的卖相自然是比不上市面上那些肥硕的大茄子，但这可是播种者的汗水结成的呀！我依然喜欢它——我亲手采下的小茄子。

——初一（10）班　张梓和

采摘结束，鹿姐姐在阿潘校长的办公室发现两份资料——《公益中学四季蔬菜种植参考时间表》和《公益中学劳动实践实施办法》，才晓得这所初中接下来还有一系列计划。

首先，今后“Panda农场”的作物不局限于目前的二十多种，各班可根据种植时间表，按照农作物的生长规律，选择自己喜欢的种植，四季轮替。一年下来，可选的农作物不下100种！学生在农场里不仅能体验到劳动的乐趣，而且能掌握二十四节气和植物生长的关系，还多了个看得见、摸得着，甚至尝得到的生物课堂。羡慕不?

其次，为提升劳动乐趣，增加丰收的成就感，承包地的收获均归各班所有。学生们可以在班里分享，也可以对外出售，用劳动所得做公益。

分到一块地，参加了一次简单的劳动，学生体验了劳动，孩子们就有了别样的感受！他们期待着这些活动的深入开展，不经意间，学校的吸引力增强了。

这一系列精心设计的进入初中的“第一次”活动，让学生、家长从走进学校，从面上看到了校园的设施设备、认识了校长和相关的老师，到对学校的理念、文化，对教育教学的策略等有了进一步的了解；再到对学校的具体行动，对教育教学的方法有了一定的体验。渐渐地，学生、家长就产生了归属感，“爱上公益大家庭”，为后续三年相亲相爱地实现“学并快乐着”的目标做好了情感上的铺垫。

二、三年如一日：体验中成长

从初一到初三，孩子们身心在快速发展，思想在“汹涌波涛”中渐趋成熟，我们既根据孩子三年的身心发展和学业特点确定重点，如初一抓过渡、初二防分化、初三重拼搏，又以“品行正、情商高、身心棒、学业佳”的育人目标作为主线，一以贯之地坚守“做人第一”的理念，引导学生站在他人角度说话做事；坚守“学生主体”的理念，提供各种可能的机会让学生在体验中成长；坚守“公益一家人”的理念，师生家长一起参与、共同完成有助于学生成长的教育活动。

（一）我学会了站在他人角度说话做事

人的一生是不断与他人交往的过程，教育要为孩子的一生快乐、幸福打下坚实基础，一项重要的任务是培养学生人际交往的能力。美国著名人际关系学大师戴尔·卡耐基说：“我喜欢吃香蕉，喜欢吃草莓。但我钓鱼的时候不会把香蕉和草莓放在鱼钩上，因为鱼喜欢吃蚯蚓。”正如孔夫子所说的“己所不欲，勿施于人”，人际交往的一项重要原则是懂得换位思考。

但是，现实生活中，老师、家长习惯于“我是这么想的，你就按照我告诉你的这样去做”，较少考虑孩子在怎么想，孩子想要什么；而孩子总觉得“我有我的想法，凭什么都要听你的”，较少为父母、老师、同学等他人着想，自己的愿望得不到满足就大发雷霆。

为此，2011年开始，我们把“提高情商，从站在他人的角度说话做事开始”作为学校重点工作，通过讲清原理、做实小事、分享故事、体验成果等系列活动，引导师生家长牢固树立“对方立场”，设身处地考虑对方的利益，学会根据对方的情绪和需求说话做事，从尊重他人出发，做一个受人尊重的人。

通过“学校心理健康活动月”活动，讲清原理。

我们从心理学角度让师生明白，“站在他人角度说话做事”最重要的就是需要“共情”。共情就是“关怀一个人。必须能够了解他及他的世界，就好像我就是他”。在日常生活中，共情是我们每个人与他人、与自身建立良好连接的基石，因为自己所体验到的东西，别人能够完全感同身受地反馈给你，你就会感到非常亲近、安全、舒适。

然后我们通过角色扮演，以典型、生动的例子，让他们懂得不同的处理方式会带来完全不一样的效果。例如当一些不愉快的事发生时，尽量用共情的方式说：“老师可以想象你现在遇到的这个事情，也可以想象你在经历这事时的难受。你是不是遇到……你是不是觉得……你需要我做些什么?”

我们让老师、家长学习共情的具体技巧，例如倾听、肯定对方当前的状态，学会用共情式的话语与孩子交流，如“我能感觉到你的痛苦、我支持你的立场、难怪你会不高兴”等。

开展角色换位体验活动，培育感情

改变一个人的言谈举止很难，要站在他人角度说话做事，需要有感情基础做支撑，有效的方法就是尝试着把自己变成对方。

初二（4）班李皓同学在《当了一天班主任》一文中写道：早上，我在同学们到来前就到了教室。督促同学早到早学、大声朗读，防止不自觉的同学抄作业。而后认真看了每一本《家校联系本》，找没交作业的同学了解情况。上午两节课，讲评试卷。课前我一遍遍地备课，生怕上课时同学提出问题时我解答不了，上课需要时时注意同学们有没有认真听，Z同学提出的问题我需要课后再去查资料。上完4班的课，连忙冲到3班教室，当然也出现了不少“状况”。好不容易上完课，在办公室坐下来喝口水。音乐老师进来说，你们班这节课有几位男同学故意发出怪腔怪调，影响了上课。作为班主任，当然得批评教育，但随便批评一下也是起不到什么效果的，就像我一样，有时老师越批评我内心越反感，所以我想好了怎么样跟他们谈，中午时才把他们找来。下午上课时，我偷偷地走到后门，看看某同学有没有讲话啊，某同学有没有乱来……

晚上，我坐在晚自修的讲台上，早已累得筋疲力尽。想想班主任一天下来有那么多的事情要处理，我终于明白，能每天看到她那张热情的笑脸，是多么的珍贵！明天开始，我一定要做好自己的每一件事，并劝身边的同学也要配合老师，尽量少让班主任操心，因为她的女儿还在读小学也需要她管，真的不容易！

我们相继开展了“我来当一天校长（班主任、老师、学生、爸爸妈妈、儿子女儿）”活动，在相对真实的情景下，承担各种角色，体验不同角色的酸甜苦辣。很多同学在角色互换体验后，从内心发出了“明天起，我必须改变自己”的强烈愿望。

调整说话做事的方式方法，落实行动

站在他人角度说话做事，关键在行动。我们老师、家长做好示范，学生干部做好榜样，时时处处强调，每一位公益人从语音语调、举手投足的点滴小事做起，做站在他人角度说话做事的积极践行者。师生家长学会了“共情”的思维方式，改变了说话做事的方法。例如：

郑天琪同学在《学习小组中的我们》中写道：

我们班设立了四个学习小组，开展学习竞赛。当组员的成绩出现波动，影响了全组的得分时，原先大家难免会对他有些埋怨，甚至讨厌。这个学期，校长和老师要我们多多“站在他人角度说话做事”，我们组长带头帮助她。有一次，她来向组长请教一道数学题，另一组的一位同学见状说：“哎呀，你连这么简单的题都不会呀！”组长连忙对她说：“谁没有不会的题？别理他，我们一起把题目弄懂！”现在我们组内的每个人不但不会责备她，还会想各种办法帮助她解决不懂的问题，这大大激发了她的上进心。老师几次表扬我们组的互帮互助好风气，小组竞赛也连胜了好几次。我们发现了“站在他人角度说话做事”的真谛，实际上被扣分同学的内心比我们还难受，如果一味地指责，反而会伤害他，会疏远我们之间的关系，而将心比心，热情地帮助他，他进步了，实际上大家都赢了！”

秦雪飞老师在《站在学生角度发现问题》中反思了这么一件事：

小L同学有点沉默寡言，但学习一直比较努力，成绩也一直处在中等水平。但是有一周他竟然连续几天不写任何作业，上课也老走神。我把他叫到办公室，劈头盖脸地怒斥了一顿，责罚他回家前把作业补好，并打扫教室卫生。第二天，我第一时间翻开他的作业本一看，又没做！我顿时火冒三丈把他叫来，释放完自己的怒火后，问他有什么需要解释的，没有的话，我请家长来。小L顿时泪如雨下，说“老师，不要找他们，我恨他们”。

事后我才了解到，那几天他父母在闹离婚。在又一次找小L来聊天时，他说：“老师，一直以来同学们都很喜欢你，没想到你也是这么不善解人意。”是啊，我一直认为自己是个理解学生的老师，没想到我真的还是太自我。“站在学生的角度说话做事”，让我进一步认识了自己，让我明白了如果当时我站在小L同学的角度去寻找问题，我完全可以用他乐意接受的方式解决作业的问题，而且能帮助他从家庭困境中解放出来。现在，我做到了凡事把自己放在学生的位置想一想，班里的同学从内心服我，班里的工作也越来越顺了。

可喜的是，“站在他人角度说话做事”活动得到了家长的广泛认同，他们也把这样的理念付诸对孩子、对家人、对他人的态度和行动上。

王漪宁爸爸在《学习、体贴、理解》一文中，写到了在单位里为领导写稿需要站在局长的角度考虑问题，所以需要不断学习；在家里过三个人的生日，体现的是心中对彼此的体贴；而在辅导女儿的学习上，以前为错题要不要抄写在纠错本上，各执己见，总以自己的学习经验要求女儿纠错，有时甚至闹到父女“反目”的地步。现在站在女儿角度理解了女儿的做法，很多问题也就迎刃而解了。

王君霞妈妈在《站在女儿的角度上》写道：

“赶紧写作业去！”以前我每当看到女儿坐在电脑前时，脱口而出的就是这句命令的话，而她总是很逆反地说一句："我是在写作业啊！"于是两个人就相互生气。其实，不是女儿学习不努力，而是我总希望她有更多的时间去学习，从而忽略了女儿的感受。现在，我学会了多站在女儿的角度想一想，她的学习压力确实挺大的，或许是她作业做累了放松一下，或许是需要查些资料什么的。所以现在每当我看到她坐在电脑前，不再像以前那样去说她了。而是从关心她的口吻问一句"作业做得怎么样了"。她会很自然平和地回答："妈妈，我休息一下，作业只剩下一点点了。"站在女儿的角度说话，让我们的关系更融洽，她的自觉性和学习效率也更高了。

而今，"站在他人角度说话做事"已成为公益人共同的价值取向，逐渐内化为师生家长的评价，外显于师生家长的自觉行动。

张佳瑶同学去书店买书，在拿着《俗世奇人》一书去收银台付款时，听到有位小孩哭着找这本书，因为这是老师布置他们去买的书，但书店营业员告诉他们最后一本刚刚被我选走了。她回头看见满脸泪花的女孩、一脸忧愁的家长，脑子里闪过了学校开展这项活动时听到的那些道理，立马把自己当成了那个女孩，想象她因为买不到书、完不成读后感时的尴尬。于是，果断地走过去把书交到了那位女孩的手中。

现在老师们欣慰地发现，班级中孩子们愿意主动把自己精心挑选的资料推荐给需要的同学；家长们细心地发现原来一提先写作业再安排打球时，赌气关上房门的小孩也会站在老爸的角度，平心静气地与家长商量自己的时间安排。

公益人的确将"站在他人角度说话做事"落实到了方方面面：接电话时，会先问一句"现在方便接电话吗"；上洗手间时，能尽量不在地上留下脚印；开车时，孩子会让爸爸减慢速度，避免行人被溅起的水花弄湿；爸爸妈妈为去哪家过年争论时，孩子会用“多从对方角度考虑”做提示语调停两难问题……

经过经年累月的实践与探索，公益人在工作、学习、生活的各个角落践行“站在他人角度说话做事”的理念，小组学习、体育训练、值周班、开车停车、看电视接电话、上课出试卷等各个场景中都能够看到公益人“站在他人角度说话做事”的身影。为此，我们开展了主题为“站在他人角度说话做事”的征文比赛，全校的师生、家长一起参与，分享所做、所悟及所思。学校编写成了《站在他人角度说话做事的公益人》亲情教材，分享师生家长的真实故事，内化提升，形成良性循环。

（二）“生活劳动实践”让孩子一下子长大了

陶行知先生说：“我们此地的教育，是生活教育，是供给人生需要的教育，不是作假的教育，人生需要什么，我们就教什么。”劳动创造生活，生活教育离不开劳动教育。但是，现今的初中生劳动机会少、劳动意识缺乏，学生中比较明显地存在着不爱劳动、不会劳动、不珍惜劳动成果的现象。显然，劳动教育的缺位不符合培养德智体美劳全面发展人才的需要，也不利于孩子提升个人的生活品质。下面这件事对我有很大的触动。

2012年9月，我去英国纽卡斯尔大学参加校长培训。恰巧同行一位校长的亲戚也在纽卡斯尔大学读研。在见面聊天时，我问起他到这边求学的体会，他说：“其他一切都好，就是吃饭成问题。西餐吃了两个月后，就再也不想吃了。外面有中餐馆，但不可能天天上街吃饭。于是就在租住的房子里自己烧。可是自己会做的一个是番茄炒蛋，另一个就是煮大白菜，而今一听到这两个菜名就没有了胃口。”当我把随身带去的榨菜、笋干等给他时，他那开心的样子，让我多了几分心酸。

鉴于此，我校的劳动教育，从“每月一件生活实践劳动”做起。

1. 每月“当家”——我爱劳动乐成长

我们分别与家长、学生、老师等多方代表座谈交流、征求意见，确定了每月一次的生活实践劳动项目，如在家里的劳动项目有9月的扫地、拖地，10月的买菜、洗菜、烧菜，11月的洗碗、整理冰箱和食堂橱柜，12月的叠被褥、套被套、换床单，以及做水果拼盘，洗衣服、折叠衣服，整理书桌、整理房间，女生做针线、男生维修小物品，上银行存取钱、合理使用压岁钱……我们将这些生活实践项目作为必修课，编排在《做一名优秀的公益人》的课程里，贯穿初中三年每一个月生活的始终。

劳动教育的一大阻力来自家长。许多家长认为“只要肯读书，啥都不用孩子干”“孩子真的很忙，周末补习班都排满了，实在是没有时间啊”“做菜用油太危险了，能不能只是洗菜啊”“我们家没有人会做饭，都是出去吃的。对孩子来说要求是不是太高了”……

为了争取家长的理解、支持，我与家长开展了《放手让孩子们干些学习以外的事》的讨论，提出了四点建议：思想上再想通一点，做些学习以外的事反而会让孩子的思维更活跃，更有生活情趣，学习效率也自然会提高；内容上合理设计，我们安排的生活实践内容都是经过仔细探讨的，适合初中孩子学习实践；方法上耐心指导，如果家长能面对面、一对一的指导，那将效果翻倍；评价上有利于督促和激励，家长需要细心地告诉孩子这段时间我们要做什么、具体如何做，看到孩子的进步，有方法地提供鼓励。由此打消他们“劳动会影响学习”的顾虑。

真是“不做不知道，一做孩子、家长都笑了”。从每月一张的《公益中学学生生活反馈表》中，我们读到的是家长放手让孩子做，孩子放下书本动手做了以后，与以前完全不一样的经历和体会。

初一刘子诺：今天，我是家里的“小清洁工”。没想到拖地板时，这边拖好了走过去拖那边时，这边又被踩脏了，还有些地方很难拖得到位，真让我着急！在妈妈的指导下才知道，原来拖地需要从里往外一步步不回头地拖，有些角落里拖把应该转个角度才能触及，有的还需要爬进去用抹布擦。真没想到，拖个地没有比做几道数学题轻松啊！以前居然没想到妈妈的辛苦，自己只是理所当然地在享受……

刘子诺妈妈：扫地、拖地看起来是小事，只有让孩子去实践过，她才会明白，这些再普通不过的家务事也真有其“玄机”。人生不只有做题目，居家过日子离不开这些小事，而干好每一件事都需要想办法、动脑子和懂技术。

初二王睿潇：在这个月的生活实践活动中，我除了原来做的整理房间、洗晒衣服外，重点学习了洗碗。一开始，我洗过的碗表面看上去是干净了，但手一摸感觉油腻腻的。经过多次实践我洗过的碗也成了“免检产品”了，诀窍是洗碗时得把洗碗布贴实碗壁用点力擦洗。这件事也让我懂得了做事不能浮躁，浮在表面轻轻地“擦”和静下心来用点力“擦”，效果完全不一样！

王睿潇妈妈：儿子原来什么事都需要我们给他安排好，现在吃完饭后，他会主动要求洗碗，碗洗净后还会将厨房里的台面都擦干净，做得非常到位！见到他能这样认真地做好一件件的事，我心里真是高兴。

初三张箫飏：这个月的整理书桌、保持整洁实践活动，看起来很简单、很枯燥，但真的做起来，我发现这是一门学问，如得想好语、数、外、科、社的资料放哪里，怎么放容易找；最难的就是每天都得保持好。但这样一整理，不但走进书房心情舒畅，而且做起作业来效率提高了很多！

张箫飏爸爸：开始干这些活的时候，觉得学习这么紧张，干这些事没有太大的意思，真正干了以后，儿子感到这些活也是很累人的，我们也感到他更理解父母的辛劳了。

初二周紫萱同学：洗碗时看到别人吃剩的小残渣，对我这样有点洁癖的人来说，简直难以忍受，但今天我克服了，拿着洁白的抹布，把全家人的碗筷都擦得干干净净的，很有成就感，心情倍儿爽。

初三金耀东爸爸：周末每天花半小时做家务，让孩子感受到了家务是家里人共同的事。现在他能自觉地把生活上的规范和学习上的规范结合起来。儿子有了这些生活自理能力，将来无论到哪里都不用再为他担心了。

最可观的是，初一到初三的所有孩子、所有家庭，都加入了“做菜”的生活实践。从学生上交的“反馈表”、照片和小视频中，我们欣喜地看到，菜场里，孩子们学着如何挑选新鲜蔬菜，如何和菜农讨价还价；厨房中，孩子们切菜、下油、翻炒、装盘，有时飞溅起的油让孩子感到惊慌，爸爸妈妈的耐心指导让他们定下心来；饭桌上，孩子们把亲手做的菜夹到家人碗里，欢声笑语，其乐融融。好多孩子甚至烧了满满一桌菜，家长不仅把孩子烹制的菜肴一扫而光，有的还隆重地给孩子颁发了“家庭最佳大厨”的荣誉证书。

有家长在反馈表的“家长评价”栏里写下了这样的评语：

“尽管过程不顺，状况频发，但是他的处女作真的卖相和口感都不错，我和他爸爸吃得很开心……”

“孩子今天的表现让我吃惊，原来她的动手能力比我想象的要强得多……”

“儿子说今后每周都要学烧一个菜，平时还会尽量减轻我们的家务负担。生活劳动实践让我们的孩子长大了……”

80%以上的孩子在反馈表的“个人感悟”中都提到，终于感受到了爸爸妈妈平日里的辛苦，希望能承担更多的家务劳动和家庭责任，缓解他们的压力，感恩他们的关爱，减少他们的担忧。孩子们开始“当家”后，他们身上发生了许多可喜的变化，家长们由开始的不理解到最后的接受和赞同，实践证明，孩子不是不会做其他事，也不是没有时间或者不愿意做，问题的关键还在于老师、家长对劳动这件事的认识和引导的方法。一些家长望子成龙心切，不忍孩子劳累，要求孩子“只要学习好就行，其他事情都不用操心”，在生活上给予过度照顾，忽略了对孩子基本生活能力的培养，也容易让孩子过分地以自我为中心，影响与他人的沟通、交流。而且学习成绩也往往没能如愿。因为他们没有明白，其

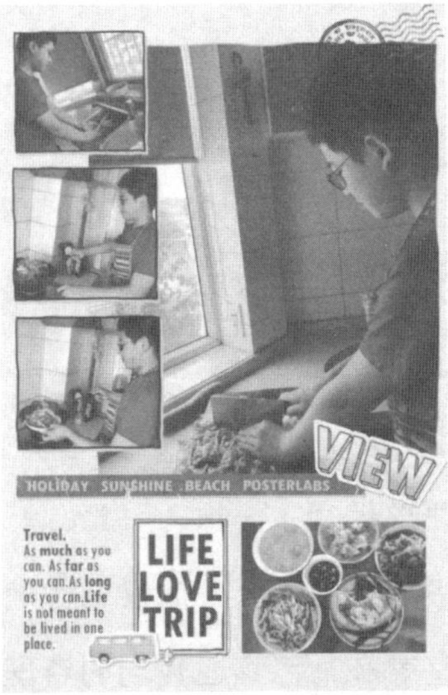

实学习本身也是劳动的一种。体力劳动和脑力劳动在很大程度上是相通的，同样需要尝试、需要用心、需要不懂多问、需要吃苦的精神等。

劳动中体验是最真实的。从此，“每月一项生活实践劳动”成了每位公益学子的三年“必修课”。经过六年的探索，我们把劳动纳入学校和家庭的教育体系中来。把校内劳动、家庭劳动、志愿劳动、特色实践活动等融合在一起。形成了公益4＋5的劳动教育模式。

学校由此推出相应的劳动实践实施办法，做到“处处可劳动，人人会劳动”。例如校内劳动就包括日常劳动和劳动课程两部分。日常劳动，例如自己座位周边的垃圾自己清理、食堂就餐后清洁餐桌和送还餐具等；劳动课程，包括金工、木工、烘焙、校园Panda农场劳动、科技创新劳动等。校外劳动有公益服务劳动和学农劳动。

2. 学农基地，我知生活皆学问

每年10月，我们让初二学生走出生活的舒适圈，离开父母，离开大城市，坐车两个半小时，来到偏僻的农村——富阳洞桥学农基地，开展为期一周的学农劳动，让孩子们浸润式地体验“劳动创造生活”的滋味。

在学农基地，孩子们学会了什么叫真正的生活自理。按照学农基地“自学、自理、自护、自强和自律”的“五自”要求和不浪费资源、不破坏环境、不给别人添麻烦、一切恢复原样的“三不一恢复”标准，学生需自己从套被套、铺床单开始，严格有序地过“正规军”的生活。孩子们惊呼，原来不可想象的“不可能”一件件变成了现实！

初二（8）班周雨欣说：“教官对叠被子要求甚高，一抹、一量、一掐、一盖，被子就成了一块方方正正的‘豆腐块’，令众人惊叹。在他一丝不苟的指导下，我们也能把被子叠得整整齐齐，包裹在我们的整理下也变得异常乖巧！”初二（11）班的林怡希这样描述用餐时的情景：“随着一声声命令，我们迅速地做出动作和反应。若没有做到整齐划一，则必须重新做。当我们开始吃饭时，全场安静极了，仿佛一根针掉在地上都可以听见。”

在学农基地，孩子们懂得了什么叫劳动创造生活。孩子们深入到一户户的农家，跟随着农民伯伯，和土地来一个亲密大接触。去地里摘取小青菜、挖出大番薯、嘿呦嘿呦拔萝卜！农民伯伯手把手教他们割稻子！看夕阳西下时，挑着担，或推着独轮车，满载而归。

坐在农家灶前，开始有模有样地生火做饭，自己洗菜、切菜、亲自掌勺把自己采摘来的新鲜蔬菜烹制成桌上美味。有的还在居家大妈的指导下制作农家小吃如手捏南瓜饼、摊煎饼等。有同学开心地写道：“我们把糯米粉、番薯粉、糖，加一瓢水搅和搅和变成了面团。小小的磨具限制不了队员们天马行空的想象力，色子、字母、花儿还有刻了‘月考好成绩’的祈福大饼！”（初二1班胡楷澜）

有感觉连烧火都不是那么好干的活儿的：“一开始觉得烧农家柴灶台特别有意思。可是烧着烧着，火突然变小了。奶奶告诉我要把竹子堆到锅的两旁。奶奶又用扇子将火扇得更旺了。望着锅中熊熊燃烧的炉火，我体会到了什么叫处处有学问。”（初二5班傅襄）

还有的很享受劳动的过程：“‘嗞啦，嗞啦——’一把青翠的白菜轻盈地滑进沉重的锅里。随着锅铲的上下翻飞，与铁锅碰撞，碰撞，发出叮当、叮当的声音。真好听啊！我在心里由衷地赞叹着。手里的锅铲不停地翻动着。”（初二7班蒋锦豪）

更多的是享受自己劳动成果的：“这种吃自己做的饭的感觉是从来

没有过的，这些菜有些咸，有些淡，但这就是我们一组的人一起做的饭！它让我们懂得协作，懂得感恩……满足感、欣喜感涌上心头。”（初二7班孙溢呈）

在学农基地，孩子们学到了农业生产知识和技能。在农户家，同学们主动跟农民伯伯了解、学习农业生产，有的拿起了锄头下地松土、锄地、除草、浇地，有的在庭院里翻晒粮食、喂养家禽、劈柴、掰玉米粒......大家学得不亦乐乎，做得有模有样，收获满满。

“首先要把土给修平，这样挖坑比较容易。然后用锄头挖坑，不要挖太小，也不要挖太浅。”我们认真地听着，早已跃跃欲试。我也早已戴好手套，试着做动作。再往下挖，那些可爱的番薯宝宝渐渐露出了他们圆圆的小脑袋。我越挖越起劲，把一串儿都拔地而起。这形状可丰富了：大的，小的，椭圆的，长条的……（初二8班吴杭博）

在学农基地，孩子们品尝了艰苦，也享受到了田园之乐。“第一天下午，我们进行了5千米的拉练。在拉练的途中，握紧手中的旗帜，像长征战士一样走过每一寸土地。我们在沿途认识了很多植物，比如板栗树、柿子树、山茶花、喇叭花……亲身贴近这些植物进行观察。在穿山越岭中感叹大自然的奇妙。走上了山坡，我们还接到了一项农活——找栗子。小石子间一片片棕黄色的壳吸引着全班同学。大家争先恐后，侦探般地不放过每一处角落，仔仔细细寻找心中的‘珍宝’。”（初二1班陈子昕）

“刚走进村里，小鸡的欢叫，公鸡的鸣啼，鸭子乱叫的嘈杂，涌入人耳。手上接过一点饲料，刚向小鸡走去，一只气势汹汹的母鸡便赶了过来，喔喔乱叫着。我们便害怕地退却了几步，在农民伯伯的鼓励下，我们鼓起勇气再次喂食，终于看见大鸡小鸡们一起快乐地啄食了。”（初

二9班李峥）

学农劳动的闭营式上，初二（10）班的张遥同学分享了她的感悟：学农让她学到了“农”的知识，在农户家里感受了自然的乡村生活，在农田里真真切切地亲吻了大自然。出门在外也让自己学会了怎样分工合作与齐心协力。学农是一次全新的体验，是一次艰辛的磨炼，更是一个提高品质的机会，师生同吃同住，一起营地巡游，一起体验农事，一起载歌载舞，真正体现了我们公益人相亲相爱一家亲的精神风貌。我们团结互助，在团队实践中锻炼个人独立生活能力，学会人际交往，克服困难，自我成长。

在学校一项“初中三年中，你印象最深刻的三件事”活动中，学农劳动得票高居榜首！家长从开始的“很不放心，经常会有家长偷偷摸摸跟着去，到后来希望能一年进行一次”。

得票高的还有磨出血泡、磨出老茧的学工劳动。书本之外的金工、木工动手劳动，好不容易制作的一件件“小东东”让他们津津乐道；开动脑筋、开拓创新的科技劳动。小小工程师，科技大梦想，让他们颠覆了传统意义上的劳动概念。

2017年3月起，我们与浙江大学工程师学院、浙江省机器人协会合作，将3D打印机、工业机器人、无人机等科技产品引入学校，请专家做生动有趣的科普讲座，从食品到高端医学，有声有色地讲述3D打印的奥秘，并让学生动手操作，孩子们看得入迷，做得兴奋不已。

“神马？这是传说中的3D招财猫！作为一名科普迷，我对于号称能制作一切的3D打印技术充满了好奇，但从未一睹真容。直到今天，我才亲眼见证了3D打印作品的诞生！被加热熔化的塑料通过细小端口出现在未完成的作品上，一圈一点积累成山。周围的一圈同学很快就被圈

粉了。机器精工细活地做着，而我们目不转睛地盯着，一只可爱的招财猫就慢慢出现在我们眼前！”（初一5班苏荇）

为了促进劳动实践活动的常态化开展，我们把校内劳动、家庭劳动、志愿劳动和公益特色劳动，全部纳入“公益积分制”项目，还会有专门的考核，线下与线上相结合，并与学生评优评先、品行评价、毕业等挂钩。每学期会统计一次劳动积分，积分高的学生将被评为“劳动积分良好级”“劳动积分优秀级”，评优评选可以优先考虑。我们根据初中学生思想、心理、学业的实际，在劳动实践中激发学生参与劳动的热情，提高学生劳动的能力，培养学生崇尚劳动的情感，成了全省劳动实践试点学校，并为全省提供了初中生劳动实践方案的母版。

（三）我们在“活力公益”活动中一起成长

学校的活力来自活动，活动的活力取决于参加活动的人。我们的原则是大家一起来参与，力求做到“人人有机会，个个有体验”。活动从策划到实施再到总结，尽最大可能让全体学生、老师、家长都参与其中。开学典礼、期中总结会、休业式等一学期的三大校会都邀请家委会出席，通过他们把学校的活动情况传递到每个家长，军训、学农、运动会、爱心义卖、品菜会更是离不开家长的身影。如今全校上下达成了共识：活动是我们大家的事，公益的事就是我的事。且看这样一个生动的事例：

2018年6月中考前一周，学校接到上级通知：因全区试场数有变化，今年公益中学的中考安排在十三中考点。这可是一个非常大的变动！因为历年来学校的中考都安排在保俶塔实验学校，中考对于每个家庭来说都是一件大事，家长早在上个学期开始就已经在保俶塔学校旁边订好宾馆，这变化让家长们一下子手足无措，纷纷来校求援，十三中附近的宾馆资源有限，我们也束手无策。这时，我的电话铃声响了，原来是初三（7）班李浩源同学的爸爸，他告诉我，浩源的妈妈在与十三中相邻的财税会计学校工作，她昨天在家长群里看到家长们都在非常着急寻找中考休息场所，就去与领导商量，租借了10间教室，作为每班考生的休息场地，想来校和我沟通一下场地具体安排的相关事宜。真的太出乎我的意料了！当我把这消息告诉初三年级组的老师，通知到每位考生的家长时，他们的第一反应是喜出望外！大家都说公益大家庭真的好温暖！

患难之时见真情。李浩源家长是“亲情公益人”的一个缩影，他们把公益的孩子都当成自己的孩子！

有了一群具有这样大格局的、用心的“家里人”，孩子们三年的初中生活就变得张弛有度、有滋有味、充满活力了。

我们根据喜爱活动和求新的人性特点，顺应现代初中生的心理需求，尽可能多地组织开展活动，“生活不只是眼前紧张的学习，还有每月一项充满活力的活动”；活动力求八个字——“顺应心理，求新求活”，避免“年年一个腔，每项活动一个调”。例如拍毕业照时，其中一定有一张“活泼照”，校长不再正襟危坐在中间，所有的老师、学生自由做一个手势、表情包表达内心的愿望，留下三年的美好，彰显达观的心态。这不一样的集体照，有朝气、有活力！

“顺应心理”就是每年听取孩子们的意见基础上，开发一两项新活动，让孩子始终充满期待，激发兴趣点，以活动的吸引力增强活力，提高实效。“求新求活”，就是常规性的规定活动，每年增加一点学生感兴趣的“新玩法”，避免初一时和小学六年的一样，到了初二、初三还和初一时的一样。日常的教育活动做出新意不容易，但它能让孩子体验到生活的多姿多彩，享受“学并快乐着”的美好的初中三年。

案例1

有故事还有俯卧撑的开学典礼

开学典礼一般都有校长讲话。讲什么？怎么讲？孩子们都爱听故事，我每次都会讲两三个故事，把在新学期中对孩子们的新要求等蕴含在故事之中。有“做快乐的猪还是痛苦的苏格拉底”、曾国藩从笨小孩到晚清第一名臣等古今中外有趣有意义的故事，更有孩子们身边的人的故事。2018年的开学典礼上，我还即兴在台上做起了俯卧撑。下面是2018年9月6日浙江日报《温暖者》人文访谈的介绍。

《开学第一课：这个校长做了30个俯卧撑》：

“1、2、3、4……30!”音浪一波高过一波，杭州公益中学报告厅不时传来阵阵笑声和掌声。究竟发生了什么?

原来是阿潘校长正在做俯卧撑呢！

阿潘校长和同学们约定："今天我做30个，期中我要做35个，期末我要做40个！我们都要一天一天比过去更优秀！"真是有趣的《开学第一课》。

开学典礼上，阿潘校长首先带着学生学习了noble和nobility两个英语单词，接着围绕海明威的《真正的高贵》：解读了什么是高贵，高贵不等于富贵，真正的高贵在于人的精神和灵魂，高贵体现在发自内心的涵养，体现在举手投足，有规有矩；高贵体现在为别人着想的善良，体现在待人接物，有情有义。高贵还体现在优于过去的自己，乐观大气争一流，有声有色有作为，高贵的人"对己严格要求而不苛求，对人尊重宽容而不迁就"。真正的高贵，应该是优于过去的自己。对于怎么样做"优于过去的自己"，阿潘校长用一种特别的形式——做俯卧撑，来形象地直观地进行诠释："这一次我做了30个，期中我要做35个，期末我要做40个！"

有时候语言常常是贫乏的，亲身示范而产生的影响往往更直抵人心。

案例2

踏着红地毯分享学法"干货"的期中总结会

期中总结表彰会是学生前进道路上的"加油站"。我们对关爱集体贡献大、言行规范特别优、思想进步特别快的同学予以通报表彰。通过半个学期的努力，获得了优秀的成绩或取得了较大进步的学生，都有机会踏上红地毯、走过凯旋门，登上主席台，领奖状和奖品。我则与他们逐个握手、合影，并把他们领奖的合影展示在学校最醒目的橱窗里。走红地毯已成为学生特别珍惜的至高荣誉。

我们把期中表彰会的舞台交给学生，大部分的时间都是不同类型的学生的“干货”分享。虽然每个人各有适合自己的方法，但同龄人的具体措施成了他们竖起耳朵接收、借鉴的宝典，同伴的真实奋斗历程和体会，更能激发他们“他能，我也行”的斗志。例如，初三学长梁逸飞，开学以来成绩突飞猛进，他用风趣幽默的语言带来了他的“武功秘籍”：“说实话，今天我的内心比以往任何一次上台都激动，因为这次是作为优秀学生代表来到这里（以前都是活动的节目主持人）。这是我一直的梦想。就在两个月前的开学测试中，我接近年级200名，我妈看了那数字后严重受刺激，现在每逢考试就对着我默念三遍：拜托拜托，别考砸了，老妈不喜欢大数字！好吧，其实我比她还要不喜欢。

“于是，我对自己说：‘来吧，小子，你得为自己的目标做出些改变了！’我从最基本的开始做起：1.上课全身心投入，紧跟老师的思路；2.认真完成课后作业，还要确保做的每一道题都完全搞懂、弄明白；3.重点突破纠错，题目做错的地方，往往就是我们知识点不掌握或者不熟练的地方，我把他们单独整理出来，认真分析一遍，问自己三个问题：错在哪里？为什么错？怎么避免再错？解决这三个问题后，我才把这一个章节放下。

“大家可能要笑了，这哪是你梁逸飞总结出来的经验，这不就是老师每天念念叨叨的那点东西吗？ 对!这就是老师给我们的“武功秘籍”！只要我们真真正正做到了，我们的功夫就能突飞猛进！我就是例子，就是那个幸运儿！我按这三点认真学习了一个月，年级排名就从200升到了100，再一个月，就飞到了现在的年级第7名，进步这么大，连我自己都不敢相信。下次考试，我不确定我还能不能待在这个美好的小数字里，但我知道我会紧紧抓住这些朴实的一招一式。”

案例3

有规矩更有情义的初一军训

军训，是三年有规有矩的开始。我们推行的是“规范＋情感”的管理模式，我们在对学生严格要求抓规范，训练时一丝不苟做到位的同时，注重教官、老师、家长、食堂师傅齐参与，在训练之余，对学生关爱有加，与学生打成一片，和学生一道克服日晒雨淋，完成训练任务、达到训练目标，枯燥的队列训练、跑操等都变得有人情味了。

拍军训合影时，校长、班主任和学生一起或坐或趴或躺在地上，真正让学生体验到老师和他们不是猫鼠关系，而有鱼水之情；同学之间不是竞争对手，而是同甘共苦的亲密战友。这份情义从2019年同学在军训时写的随笔中可见一斑：

我们的班主任葛老师和副班主任每天不辞辛劳地在大太阳下陪我们一起训练，用手机记录下点点滴滴，发到班级群，让牵挂着自己孩子的家长放下悬着的心；我们的教官严格苛刻，不允许我们出现分毫差错，但大家从不埋怨，因为我们知道教官是最辛苦的。我还发现教官总在训练时偷偷地含着金嗓子喉片；我们的阿潘校长和年级组长每天总是不时来操场和食堂，给疲倦的同学们送上亲切的问候和贴心的关怀。

——罗亿宸

一个怯怯的声音在我耳畔响起“那个……请问你可以给我倒点水吗”。我转过头去，说话的是站在我旁边的一个女生。“当然！”我欣然道。要知道我的水杯可是个名副其实的“巨无霸”，全部灌满可以装1.5升的水。在艳阳下军训，口干舌燥是难免的，但同学们的水杯都太小，咕噜咕噜就没了，新灌的水又太烫，我的水杯自然成了几个女生的供给源……友情就是这样简单而随意。

——郭禹杭

案例4

乐心态、细安排，“全家”一起把试考

中考体育考试开始了，校长、副校长、全校体育组的老师、每一位初三老师都到考试场地外，陪孩子们热身，与他们合手击掌，一直等到每一位学生走出运动场。

女生800米、男生1000米跑步时，原先老师安排的一组十个人，如果临时要求调换一两个，那是无论如何“拆不散”他们的，因为他们要的不是一个人拿满分，而是全组一起拿十个10分！所有担任裁判工作的外校老师异口同声地说：“有如此团结互助的学生、有这样敬业负责的老师，想不出成绩也很难。”

中考是三年中关注度最高的一件大事，考的是知识、能力，也是状态、心态。我们坚持一手抓紧中考复习，一手抓中考心理辅导，让孩子们的初中三年在温暖的中考系列活动中完美收官。在考前心理辅导上，既开设围绕中考的系列讲座，也开展为初三学长送“七色花”活动。每个人都可以贡献自己的一份心力，让中考的应考生感受到，公益的每一个人都是自己中考冲刺征途中的关心者，为了让孩子们身心得到彻底的放松，我们还在5月二模考试结束（中考前一个月），请来学生特别喜爱的浙江电视台《奔跑吧，兄弟》栏目组，跑指压板、撕名牌，全身湿透，直叫一个字“爽！”等到教室里听到老师进来布置作业说的是“No homework”（没作业）时，学生真的感到特别舒适。

正式中考来到前，我们做到“粗中有细”。“粗”就是不过分强调中考的重要性，不设“中考倒计时牌”，不拉中考相关的横幅，引导学生在平静、安稳的氛围中，虽然时时处处能感受到冲刺的拼劲儿，但一定不会有“只要不学死，就往死里学”的味道，真正体会“平时作业像考试，考试就像平时做作业”，把中考当作完成初中最后一次各科的作业。

“细”就是对临考前把需要做的每一个细节都扎扎实实做到位，让家长、学生真切地感受到“我完全明白中考是怎么回事了，我这样做就完全可以了”。心里踏实，行动就不慌。如考前一周我们就进行让学生随着音乐、口令，做两到三次中考每一个环节的仿真模拟；考前一个月、十五天我会各写一封信，告诉家长需要做哪些事，需要注意点什么，并把自己当年是怎样陪着女儿完成高考两天的具体做法都告诉他们；考前两天，我会把中考当天的时间、地点、每一个流程细节、怎样避免往年考试中存在的问题以及出现意外情况的联系人等，十分详尽地在“中考必读”中写出来，考生、家长照做即可；考前一天，给每一位考生发一只“公益中学中考专用袋”，所有考场中可带物品放入这个专用袋中就能万无一失。

考生在考前的每一个活动、每一个细节上都真真切切地感受到了这个大家庭对他们的关注，感受到了公益人的亲情和温暖。

“年年岁岁有中考，岁岁年年亲情浓。”正式考试的日子到来了，我们精心设计每一个环节，让学生真实地体验到“我不是一个人参加中考，整个公益大家庭都始终和我在一起”。

镜头一：“全家总动员”的满格祝福

家长们带着孩子从各处赶来，把快乐的能量传递给孩子们。旗袍妈妈们送来“旗开得胜”的好兆头。不少已经毕业多年的学生的家长已成了每年送考的“铁军”。同一届的保送生早早到了送考现场，初一、初二的学弟学妹们成群而来，更有往年的优秀毕业生们自发赶到。他们举着亲手制作的祝福旗帜、写着“有信心，无难‘试’”等KT板，脸上带着友善的笑容，每当有考生走过来，就送上加油的话语和考试成功的祝愿。叶于诚同学来了，从初一到高三毕业，他每年都出现在送考祝福队伍里，有一年他发动全班每一位同学，在一面助考旗上按上有力的手印，拼成了“必胜”字样……像叶于诚一样的，还有现在读高二的姜竣元等一批后来者。

考生当然是主角。他们在挂在考场外学校精心制作的中考签名横幅上，豪迈地签上自己的姓名，带着满满的斗志踏上通向考场的红地毯。

镜头二：我和老师们的洪荒之力

每年中考的这两天，我一定早早来到校门口，满面笑容，精神抖擞地和每一位孩子击掌。上午、下午的各一场考试，至少要击掌600多次，手心由红到肿胖，会有些痛，但内心是热乎乎的，因为这击掌可以减轻他们的考前紧张和焦虑，也能让他们带着我的祝福和力量，信心满满地发挥自己的最佳水平。有位男孩在语文考试结束时，走过来对我说：“阿潘，我开始答题时，手还是火辣辣的，心情特别顺畅，做起题目来也仿佛更加得心应手了，感觉考得很不错！”

初三的老师们沿线站作一排，每每看到公益的孩子走来，眼中的光彩便情不自禁地流露出来。和孩子们拥抱、握手或是上演“摸头杀”，然后亲手为孩子系上幸运的红丝带，暖暖的情意就这样系进孩子们的心中。孩子们见到自己班主任、任课老师，总是感到特别的亲切，老师们有力的握手、坚定的目光，以及根据每位学生平时的作业、考试特点有针对性的个别温馨提示，驱散了学生可能有的那一点点的担心和焦虑，“这样，你就一定没问题的”带给学生的是满满的自信！

镜头三：高“钟”（中）夺葵（“魁”）的凯旋门

适度的兴奋是夺得中考胜利的法宝。在通向考场的红地毯途中，我们用向日葵等鲜花精心布置了一扇“凯旋门”。学生经过凯旋门时，抬头看着凯旋门上的铜钟，拉起铃铛，把自己考上心仪的高中的希冀都寄托在清脆响亮的铃铛声中；紧紧地抓住老师递过来的向日葵——这向日葵是师生自己栽培的，刚刚从学校向日葵园里采摘过来，象征着能够收获自己九年勤学的成果！

当然，考前也需要适当的平静，我们的送考活动，做到“低调的奢华”——有氛围但绝不夸张。特别是对喜欢安静的考生，我们充分尊重他们自己的意见，他们可以选择不参加上述的送考活动，老师只是悄悄地告诉他（她），有任何需要老师做的，随时跟某某老师说，老师一定会竭尽全力帮他（她）解决。

每年的中考考生都不是一个人在奋斗，而是相亲相爱公益大家庭全家人的共同拼搏。看到送考的场面，许多家长感动得热泪盈眶，有位家长拍下我和一位胖胖的男孩在考英语前拥抱的场景，在照片下加了一句“有了阿潘的拥抱，蒙的全都对”。

2018届初三（1）班夏靖宜同学在回忆文章中写道：“那两天，每一场考试，都有熟悉的同学、家长为我们加油——我走出休息处进考场的一个拐角，一位已经保送了的同班同学对我说：‘夏靖宜，加油！’我坚定地回答：‘会的！’那一刻，我感觉到自己是多么被重视，被人‘点名加油’，就等于有了一份明确的信念加持。的确，每当考场上遇到有卡着的题时，我总会想想那极短的对话，告诉自己，三年积淀已在，总能解决的。”

三、三年到一生：亲情不毕业

三年公益人，一生公益情。在公益，有“我们永远是相亲相爱的公益人”的承诺，有久久不愿离去的深情厚谊；离开了学校，有对三年来一个又一个亲情故事的美好回忆；毕业几年后，有对老师、对同学、对家长的无尽思念。公益，成了大家永远的家。

三年公益人，一生公益情。学生毕业了，老师对孩子们发自内心的关爱永远不因他们的离开而断开。老师们不但关心孩子飞得高不高，更关心他们飞得远不远。孩子到了一个又一个新的环境，遇到了一批又一批新的老师，后来又遇到了生活伴侣、工作伙伴，人离开了公益，但心里一直装着“公益人”这个名字。

三年公益人，一生公益情。虽然自己的孩子从公益毕业了，但每当家长们提起公益，就会说“我们是公益的”，路上碰到老师总会像自己家里人一样，亲热地说“我们永远是相亲相爱的公益人”。

（一）“我真的舍不得离开公益”

世上有一种特别的爱，以分离为目的——儿女大了，父母默默地把对他（她）的爱埋在心底，放手让他们走出家门，到一个更加广阔的天地里，自主争取属于自己的未来。同样，骊歌响起之时，虽有万般的不舍，老师们还是含着泪，真情地目送他们踏上新的征途。

学生两天紧张而温暖的中考结束了，长长地舒了一口气后，很多学生来到操场、小院、亭前、菜地……找一个自己喜欢的校园小景，三五成群，摆出最能展示自己风格的姿势，充分地表达自己想法，脑海中浮现出一幕幕小伙伴们的经典片段，拍下三年来结下的深情厚谊，拍出日后一生中可以随时翻出来看看的“美照”。看到老师，会约过来一起合个“开心影”；碰到熟悉的老师，便肆无忌惮地恶搞一番。几乎每年，我都会被十几个男同学抬起来，往空中抛几下，他们喜欢留下几张这样的照片作纪念，据说可以放在他们的QQ空间，比那些正儿八经的照片要好玩得多，这也成了他们一届一届学生“代代相传”的必需项目，否则就会觉得今年这届缺点什么。

学校食堂给学生准备了简单但非常隆重的“毕业宴”。简单就是比平时稍微丰富一点的菜肴，外加每人一瓶饮料、一些水果；隆重就是我和老师们要很郑重地走到每位同学的身边，与他们碰杯，轻轻地说一句“开心，毕业了”。更多的是“一切尽在不言中，此时无声胜有声”。

同学之间，边吃边聊，举杯感谢相互的扶持和鼓励。

毕业聚餐后，穿着浅绿色校服的毕业生们，穿着红红火火饱含祝福的送考服的老师们和家长代表，一同坐在熟悉的大厅里，等待着充满着公益味道的毕业典礼——“我们永远是相亲相爱的公益人”，每年的题目相同，年年会有新意，让毕业典礼有欢乐；年年有保留的环节，始终不变的是全场都特别重情义。

毕业是快乐的，需要在真实的回忆中体验。我们回顾三年发生在师生之间、生生之间、家校之间那些真实、有趣的故事，快乐地看曾经的自己。

毕业也是庄重的，需要在隆重的仪式中体验。我们保留几个永远不变的环节，其中一个环节是我的“最后一课”。有位家长刚开始听我上“最后一课”时在微信朋友圈里说：“阿潘开讲了，没想到他今天中考完了，还会如此认真地准备这样一堂课，但这也是意料之中，他这么情感丰富有大爱的人，在学生离校的时候不可能不叮嘱几句。”是的，这样的时刻，我不能粗浅地说一些毕业典礼上通用的话语，我代表的是公益全体老师对每一位孩子的爱，一个人一生能经历几次有如此仪式感的场合，如此厚重的一份情，我不敢有任何的敷衍。

因此，每年我都会根据当年的形势和学生的特点，给学生讲故事，讲走出公益校门后需要有的态度和方法，讲自己的肺腑之言。如2017年，结合当年浙江高考作文题读好“有字之书、无字之书、心灵之书”，和中考作文题“本来我可以选择放弃……”我讲《带上“三宝”，滋润自己，温暖他人》（亲情、快乐、踏实是我们公益人拥有的“三大宝”），告诉他们用“亲情”有情有义相处；用“快乐”有滋有味生活，用“实干”有声有色学习和工作！2018年6月17日，我从当天凌晨的世界杯足球赛说起，用葡萄牙和西班牙的比赛中，力挽狂澜的C罗球场上的经典镜头作为PPT，讲C罗拥有的品质，讲怎样“做一个有美丽故事的人”，告诉学生用“激情、热情、真情”书写属于自己的美丽故事；2019年，我用自己作为一个山里娃，学英语、学普通话的经历，以及上届毕业生刘昊在中考失利后快速逆袭的故事，讲《带着“三有”，赢得自己快乐幸福的人生》，勉励学生要有志气，脑中装着自己追求的目标；有雅量，胸中藏着容人容己的气度；有情怀，心里怀着知人识己的丰富情感。

“岁岁年年人不同”，每年我面对的学生不同，但有几句话“年年岁岁话相似”，每一年我会叮嘱每一届学生：“今天是父亲节，回到家一定跟爸爸说一声‘父亲节快乐’；公益是你永远的家，这里有你值得信赖、依靠的老师、同学。开心的时候可以来分享，困惑的时候能够来求助。”宣布最后一课下课的时候，全体师生家长都会齐刷刷起立，右手握拳，发自肺腑地喊出公益人最豪迈的声音："棒棒棒，我最棒；行行行，我能行！"

年级主任、班主任、任课老师相继登台，说叮咛，道祝福，徐威老师的一句"你们是我的初恋哦"，一首《你是我的眼》，一个优美的舞姿、一个热情的飞吻……说的最多的就是："孩子们，公益是你们永远的家，一定一定常回来！"许多老师说着说着，就热泪盈眶了。

在公益，不变的有家长代表的真心感恩、美好祝福；不变的有学生代表对老师的真情告白、珍惜之情。不变的还有全体初三老师饱满深情演唱《朋友别哭》《祝你一路平安》，从老师登台时的阵阵掌声、喝彩声，到听着听着，渐渐地安静下来，随着老师哽咽着唱完最后一句，全场可以听到的除了歌声，还有一片片的抽泣声，看到的是许多泪流满面的脸。

热烈而动情的学校毕业典礼拉下了帷幕。然而，富有"人情味"的真情故事还在初三教室里延续……应该说，在情感的充分表达、真情的无痕流露上，分班级的毕业典礼更为精彩，因为它更触及每一位同学、老师、家长的内心。三年的朝夕相处，留下了太多动人的点点滴滴。

到深夜11:30左右，我去各个班巡视，满目都是动人的场景、满耳是动情的声音，哪怕是平日里"有泪不轻弹"的几位年轻男老师，初三（4）班的秦雪飞老师的班上有几位个子高一米七八十多的男孩，抱在一起，鼻涕眼泪交织在一起，更有一群同学抱着秦老师，诉说着什么，同学们的眼睛都是红红的，东北汉子秦老师的也闪烁着泪花，家长也站在一旁不住地流泪……

保安师傅看时间不早了，上来催促他们尽快结束。我走上前，请他千万不要去打扰他们！我答应他，我会一个个叮嘱他们确保安全，但今晚一定让他们尽兴尽情。人生中，能有几次会如此动容，三年来1000多个日日夜夜，每位同学、老师、家长从相识、相知，到彼此像一家人一样真心关爱，内心蕴藏着的那份对彼此的真情，在即将离别的最后一个晚上，全都通过泪水迸发而出！今晚的这一幕幕情景，将催生他们的真情实感，在他们的内心深处埋下最深厚的师生情、同学情、家校情！

这是属于他们的“私密情感时间”，我不忍心去打扰。于是，每一次到了这一刻，我就静静地坐在教学楼下，静静地阅读各位家长给我写的初中阶段最后一封信。有学生、家长结束了“班级亲情毕业典礼”，我起身，与家长道别，感谢家长三年来的理解和配合，与同学说几句“悄悄话”，祝福他们在未来的日子里越来越棒！有四位孩子眼睛哭得红红的，紧紧地握着我的手，久久不肯松开，一遍又一遍地对我说：“阿潘，我真的太喜欢公益了！”“这里的老师、同学真的太好了！”“阿潘，我真的舍不得离开公益。”听着她们发自内心的话语，我忍不住又一次流下了感动而幸福的泪水。这一个晚上，我与许多老师、同学、家长一样，随着一个又一个动人场景的呈现，泪水一次又一次夺眶而出。

在这个晚上，我们把从相识、相知到三年来真情相处的点点滴滴，凝聚在一张张珍贵的照片、一段段的深情的VCR中，凝聚在快乐的舞蹈、歌声、欢呼声中，凝聚在一句句真心的感恩声、珍重声中……毕业典礼，让我们这样一群虽然没有血缘关系，但是关系密切、感情深厚的“亲情公益人”的情充分地抒发、心更紧地连在了一起。

2019年6月19日，《都市快报》记者张宇璐写了如下一篇文章，很快被各大媒体转载。

半夜，杭州这位名校长坐在路灯下，他在干什么，又在等着谁？

6月17日凌晨2:04，大多数人已经入梦。而杭州市公益中学校长潘志平还在整理早一天晚上毕业典礼的照片，并有感而发地在朋友圈写下一段话："别离时刻，浓浓的亲情融化在欢笑和泪水中。等候最晚惜别的师生家长时，读着一封封家长的来信，眼睛不禁湿润。"

在随文字附上的九张毕业典礼照片中，有一张照片很特别：潘志平坐在路灯下，低头翻着一摞家长的来信，让人不禁心口一暖。

昨天下午两点，我在公益中学的校长办公室见到潘校长。

"阿潘"，这是他最习惯被别人称呼的一个名字，哪怕是学生在学校迎面碰到他，也会毫不畏惧地抬手喊一句："阿潘好！"而阿潘也总是会没架子地笑着回应。

说起那天的照片，阿潘不好意思地笑笑："那是上周日晚上，毕业典礼结束后我坐在初三教学楼下等着学生一个个出来，顺便看看家长给我的回信。一个老师经过看到这一幕，就用手机拍了下来。"

为什么要坐在楼下等着学生出来？阿潘说，这是他的一个习惯。

当晚6:00，公益中学的初三毕业典礼开始，阿潘和全体毕业生一起回忆了三年的时光，也送上了真诚的祝福。8:30毕业典礼结束后，各个班级都回到自己的教室，而阿潘则会在这个时间到每一个教室"报到"，为同学颁发毕业证书，合影。之后，他又默默地走到楼下，等着一个个班的同学出来，再看他们一眼，也和来接孩子的家长道个别。

阿潘还记得，那天他在楼下一直坐到第二天凌晨00:10，最后一位学生才从教室里走出，熄灭最后一盏灯。

一张小小的照片，一件微不足道的日常小事，却引来如此多的关注，说明学校无大事，只要情感在，小事也动人。

十多年来，全校师生家长把亲情作为最有效的教育资源，把关系作为最大的教育生产力，相亲相爱一家人共建共享和谐温馨大家庭，合心合力合拍致力于“做有亲情的好教育，办学生喜欢的好学校”，像张宇璐写的上文中的小故事，在校园里俯拾皆是，师生家长的言谈举止时时感动着他人，又处处被他人感动着。

（二）“公益，一个可以称之为家的地方”

这个标题是张一涵同学写的一篇文章的题目。在一涵的记忆中，“三年前的现在，在弥漫的桂香中，遇到了他们，遇到了‘飞哥’，遇到了我愿意一生一世记住的人们。记得毕业典礼的那天晚上，所有班级的同学老师都相拥而哭，看着各自红肿的眼睛又互相‘嘲笑’。最最可爱的班主任‘飞哥’，其实很孩子气，但对我们的关心是无以言表的！一提到公益，一提到初中，除了可敬可亲的老师，还有那帮可爱的同学。快中考的时候，我们在寝室里互相倾诉，诉说内心最深的情感。分离的那天，我们互相许下了诺言：我们是6班，永远的6班！因为在公益的美好，永远不会忘记。公益，温暖而亲切，一个可以被称为家的地方。”

家是什么？这个问题可以有许许多多的答案，但是最核心的是，她是一个有亲人的地方。正如张一涵同学把公益称之为“家”，正是因为有“可敬可爱的老师，还有可爱的同学”。

亲人间最珍贵的是什么？“夫妻不讲理，讲理气死你；夫妻要讲情，讲情互相疼。”亲人之间，情是核心要素。情于教育，犹如池子里的水。有情才有爱，有爱才会有这样的老师、同学和家长。

相亲相爱公益人，共建共享和谐温馨公益大家庭。大家庭里，有这样的一个由“亲人”组成的优秀教师团队。

亲人中，有首届“感动杭城十佳教师”的“小草妈妈”吴筠林。2005年，她接手公益中学“公益班”班主任。班里三十多个来自建德农村和偏远山区的贫困学生瘦小、内向、胆怯，初来学校时，不敢正眼看老师，不敢唱歌跳舞，不敢大声讲话，更不敢举手提问。和城里的同龄人比，他们就像一棵棵小草，吴筠林就成了“小草妈妈”。她坚持每年四次护送学生回家，无微不至地关心他们的学习，更关心他们的生活、心理和情感成长。三年后，全班学生不仅中考发挥出色，更重要的是他们不再是刚进校时怯生生的“小草”了，吴老师使他们变成了阳光自信的青春少年。当年“公益班”那届学生已大学毕业参加工作，活跃在各个岗位上。“我们有个微信群，大家经常在里面聊，有的学生一直坚持做公益事业，特别棒！”吴老师说：“在杭州的学生，有空就会来我这坐坐，聊聊工作和生活，常常一聊就是好几个小时。”

亲人中，也有连续12年每天在路口守护学生的副校长傅建新老师。每位公益人都亲切地叫他“傅大哥”。从2008年9月起，每天早上7:00点到7:20，在学校路口你总能看见他眼观六路，耳听八方，引导着我们的孩子、家长按规行走，指挥着车辆减速、有序通行。无论是刮风或下雨，傅校长都坚持在这个路口，为了师生的安全，日复一日地做着这样一件简单却不平凡的小事。他说：“看到一个个学生背着书包来上学，我像看着自己的女儿上学一样。站在这里，我踏实。”这样的一份坚持与执着，折射出的是一份对自家人的用心呵护。

亲人中，更有连续6年送考的“热心家长”浦奶奶。70岁的她，笑意盈盈，神采奕奕。不管酷暑还是寒冬，她都会站在校门口镇定自若指挥交通，很像一个酷酷的“交警”；每逢学校有重大活动，她便背着相机热情洋溢地参与其中，忙前忙后；每个教师节，她都会贴心地给老师们送上一袋润喉的八仙果，一年一年从未忘记；连续六年的中考，她都身着送考服出现在考场门口，热情地为公益学子鼓气加油！

亲人中，还有“记名字达人”潘裕法老师，他只教两个班的科学，却能叫出自己所带年级400多位学生的名字。如果没有对孩子的真正的热爱和真心，是很难有这样的“记忆力”的。

有亲人，也必定有家事。公益是个和谐温馨的大家庭，有了老师、同学、家长相亲相爱，不经意间，每年、每月、每周、每天，都拥有无数亲人间的故事。没有更好的语言比具体的人和事更动人，更能表达公益那份家的气息、家的温暖了。几百万的文字都无法记下所有的故事，在此仅举几例。

故事1

特殊的生日

九月底的全员运动会，是五班孩子们初中生涯的最后一次运动会。孩子们都摩拳擦掌跃跃欲试想要拿个好成绩。在赛场上都拧成了一股绳，全体都是运动员，同时也全体都是啦啦队员，大家互帮互助，相互打气，获胜了一起欢呼，受挫了及时安慰，一切都进行得顺畅有序又不乏激情，尤其是当广播里响起悦耳的播报：团体项目，初三跳远，第一名初三（5）班……初三跳绳，第一名初三（5）班……同学们和我拥抱在了一起！

分点心的时刻到了，可亲的家委会给孩子们送来了肯德基鸡块和冰淇淋，我在看台上忙碌安排，看到孩子们因为兴奋而发亮的脸庞，我的心里也溢满了欢乐。

可是这欢乐没有持续太久，一个电话让这一切戛然而止，小张在跳远的时候摔倒受伤了。我没有惊动任何人，把看台交给了家委会成员浦奶奶，匆匆忙忙赶到跳远场地。小张已经被坐扶在一边，捂着腿部，脸上表情痛苦，校医介绍说他可能肌腱拉伤了，我心中稍定，寻思自己走不开，肌腱拉伤也应该不算太严重，打电话给小张妈妈请她来接孩子去医院检查一下，看看到底是否要紧。小张妈妈匆匆赶来把小张带走了。

我依旧陪护着班级在操场上拼搏，但我心里牵挂着小张的伤势，变得更加小心翼翼，指挥孩子充分热身，叮咛孩子注意安全，家委会成员和一些志愿者家长也都忙前忙后为孩子们做好各种后勤保障工作。

傍晚时分，运动会落幕了，班级荣获团体总分第二，小张的一跳成绩保持在第三，勇夺铜牌，我拿着同学为他代领的奖牌，看着班级同学雀跃着合影，心里很不是滋味。孩子们似乎看穿了我的心思，主动说：“老师，等小张回来了我们再一起拍集体照吧，合影中不能少了他！”看着孩子们纯真的脸庞，我由衷地笑了。

回到班级，我接到了小张妈妈的电话，小张撕裂性骨折，我有点懵，怎么可能！现在骨折，体育中考怎么办？我心里的心疼和内疚无以复加，眼泪都快要急出来了。反而小张妈妈在电话里安慰我：“徐老师，没关系的，是他自己没有做好跳前热身，有失有得，以后他会更小心。”

家委会的奶奶和爸爸妈妈们看我脸色不对，立马围过来询问出了什么事，我把情况向他们说明了一下，然后很自责，都怪我没有关照好小张。奶奶和爸爸妈妈们沉默了一会说："徐老师，你不能这样想，你对孩子的照顾和呵护我们都看到了，你一刻也没有歇下来过。这是意外伤害，谁都不要胡乱去揽责任了，安抚好孩子最要紧。"我一听，也立刻稳定好心神，和大家合计了一下应该怎么办，大家达成了一致看法：先安抚孩子情绪要紧。

我记起那天恰好是小张的生日，家委会会长唐爸立刻拍板：买蛋糕，带奖牌，和年级组长于老师请示后，直奔张家。

在小张家里，我们为小张点起了生日蜡烛，唱起了生日歌，我为小张切开生日蛋糕，浦奶奶为小张戴上了奖牌，小张忘记了疼痛，脸上终于绽开了开心的笑容。家委会成员杨妈因为小杨也发生过同样的意外，作为过来人对小张和小张的爸爸妈妈悉心叮咛应该注意的事项，最后，在一团和乐的氛围中我们结束了这次拜访。小张爸爸送我们出小区的时候反过来安慰我说没有关系，小张经历过这件事情，以后必然会吸取教训，做事情不会再这么毛躁冒失……

每个孩子都是一个家庭的小小缩影，我很庆幸我拥有那么多的好孩子，更庆幸这些孩子都有这么好的家庭。

——徐敏老师

故事2

晚餐亲情

生活中，总有那么一些事，一些人，看起来很普通，很渺小，但给人以浓浓的回忆、深深的“亲情”。

那是一个周日下午，我带儿子去公益中学操场上进行体育锻炼，从跑步到实心球，又从实心球练到跳绳，练到5点多钟，孩子已是大汗淋漓，衣服全湿，因为晚上还要上英才班，我赶紧催儿子去吃饭，准备上课。

走出室内跳绳场地，没想到外面是秋雨绵绵，雨水打在人的脸上颇有些凉意，我们又未带伞，步行到文二西路上的小吃店有近千米的距离，担心孩子感冒，我便对儿子说：“要么我们开车吧，绕一圈过去吃饭。”孩子迷茫地看看我说：“绕一圈再吃饭肯定是来不及了，因为今天是周日又下雨，肯定堵，又没地方停车，要么不吃饭，爸爸您先回去吧！”

我说：“那怎么行，我去买点吃的送给你。”他摇摇头说：“算了吧。”

停顿了约10秒钟，他突然露出希望的表情，眼光中充满肯定又兴奋地对我说：“爸爸，要么我们今天冒一次险，到我们食堂去吃一顿！”

我惊讶地问：“食堂有晚饭？”他说：“有啊，但只是给住校生吃的，我们去不一定给吃啊！”

我说：“我们去试试看，如果要钱，爸爸就给，如果不给吃，爸爸外面买好再送给你。”

他说：“好的，我们去试一试！”

就这样，我们父子俩带着惶恐不安，带着小偷似的，又带着肯定的心情向食堂飞奔，因为我们是公益人，我们奔向我们的食堂，但同时又因为我们是公益人，我们有我们的纪律制度和行为规范。

进入食堂大门，暖暖的灯光洒在我们潮湿的身上，顿感无比的温暖，好像找到了归宿。吃饭在二楼，沿着楼梯走上去，就闻到诱人的饭香。

吃饭的同学并不多，但供饭窗口热气腾腾，儿子小心翼翼地走近窗口，生怕被指为“窃”！到窗口时，偷偷地瞄了食堂阿姨一眼，但恐被识破，不敢开口。反倒是阿姨开口了："同学，怎么这么晚啊，要吃什么？"

儿子似乎一下子惊醒过来了："要钱吗？"阿姨很惊讶地对他说："不要钱的，你肯定是公益的同学，否则怎么来这里吃饭，你随便吃，不要钱，不要钱！"

兴奋之情跃然脸上。儿子马上说："真的吗？那多来点，多来点，我快饿死了，来两只鸡腿，再来点那个，再来点那个！"

他端着一盘子的饭菜，准备往桌子边走，忽然想起了什么，说："爸爸，你能不能也在这里吃！"

好随性的孩子，你已经沾光了，爸爸怎么能沾你的光，我说："爸爸不饿，回家吃。"

"这位爸爸，如果你想在这里和孩子一起吃，也可以的，今天菜多，来一份。"那位阿姨突然说。

我真有点不好意思，孩子违规来蹭饭，我再来跟着蹭，算什么话，我赶紧说："不了，不了，我回家吃。"其实，我的胃早已大量分泌胃酸了！

坐在儿子对面，我看着儿子边狼吞虎咽地消灭饭菜，边说鸡腿好吃，中间还赏我一口鸡腿，真是幸福！

儿子吃完送餐盘去，我走近窗口，由衷地向那位阿姨说了声："谢谢您！"

其实，我要表达谢意的不仅仅是那位食堂阿姨，还有阿潘校长、各位公益的老师和相亲相爱的公益一家人！

——初三（1）班　匡浩宇家长

故事3

于无声处

12月初，周三，早上醒来突然讲不出话来，连最普通的“啊”声都出不来。那一刻，大脑高度紧张，全身发抖，哆哆嗦嗦刷牙洗脸，来到了学校。

写张纸条告诉班委，我不能讲话，让他们有事找方老师。班长叶可告诉我，给她五分钟，她要召集班委开个会。我同意了，早读课给她五分钟。五分钟后，班委们陆陆续续回来了，坐到座位上若无其事地早读。

早读课后，方文、张佳宜来找我，让我把课件给她们看。我点开上课要的课件，她们两个人很认真地对着课件研讨着，时不时地和我进行交流。第一个课间、第二个课间、课间操后……第三节课是语文课，她俩告诉我，课她们来上，我负责板书和重点补充。我很惊讶，但又特别感动。那堂课，学生听得特别认真；那堂课，我写了满满四块小黑板的内容；那堂课，学生们的互动积极性特别高……如果要评最满意的课，我认为那天的课当仁不让。

中午，吃完饭回到教室，平时本来就很安静的教室，这一刻更显安静。打扫的、问作业的、发作业的——各个环节都有序地进行。可我总觉得有哪块不对劲。原来除了常规的打扫教室外，不是值日生的洪强尧主动把卫生柜里里外外、上上下下都弄得干干净净、整整齐齐。

整一天，我发现我除了上课写了点板书，其余时间就是一个多余的人，课间有时候站在教室里都觉得有些碍着孩子们的手脚了。

第二天，嗓子能发出弱小的声音了，也可以和学生们以“悄悄话”

的声音进行交流。早晨进教室，发现讲台上放着两盒“金嗓子”药，我举起来示意孩子们。张驰站起来告诉我：“你别说话，三个小时含一片。”邵奕琛马上接话说：“那朱老师就不能睡觉了，睡过头了，就含不了了。”全班哄堂大笑。在这片笑声中，我悄悄流泪了。于无声处，我见证了学生的成长。

虽然，连续三天的咽炎引发了“失声”，但我收获了来自学生们、来自同事们的爱。

于无声处，我的课堂依然精彩纷呈；于无声处，我的班级管理依然井然有序；于无声处，我收获了身边人满满的爱和关心；于无声处，我感觉到的全是公益正能量。

——朱丽芳老师

故事4

暖男老师

从我的读书生涯开始，遇见过各种不同的老师，像是遇见过许多不同的风景，但是遇见你是最温暖的际遇，像是热牛奶里加了糖，细品来都是幸福的味道。我仿佛经过一大片向日葵，目光所及都是温暖的颜色，当时光渐渐渲染回忆的诗笺，翻开来仿佛是夏天的风轻轻吹过，我和你的遇见也是从夏天开始的。

记得新学期刚开始那天，我早早来到学校打扫班级卫生，你也加入我们的队伍，一起认真打扫，你的衣服带着灰早都汗津津地湿透了。这时我的好朋友忽然说：“哎，今天是你生日。”你笑意盈盈地转过身来说：“真的吗，老师要送你一件礼物。”于是到办公室找了一本封面是梵高星空的笔记本，那是一幅把深蓝色的夜空画成了海的旋涡的名画，仿佛让人沉浸在夜的遐想里，我后来的旅程就是这样被你指引着，我和你的一个个小故事像是缀在夜空深蓝色幕布上的星星，在记忆里闪烁着温暖的光辉。

印象最深的是你的慷慨。在紧张的学习中能让我们放松的时间不多，你就抓住春游或是秋游在有限的时间里最大限度地给予我们更多的幸福感。同学们如果看上哪个可爱的小玩意，你几乎都不会拒绝掏出手机刷支付宝，一一满足他们的愿望。一路上时不时地拍下我们童真童趣快乐的瞬间，把每一个片段都收藏起来，每一张都是我们大笑的样子，好像青春在你的手上无限放大，等我们回眸去看，一路繁花成海、百鸟欢歌。

在排练节目的时候，如果有同学还没来得及吃饭，你会先请同学们一起吃了饭再排练，食物是最能带给我们幸福感的一件事，这让我们经常一吃饭就忆起和你在一起的林林总总。还有在每次值周完成后，会请同学们点自己喜欢吃的点心，照单全收，看着我们尽情地吃，你的表情浮现出有一种正在宠溺我们的幸福感。

你身为一个男士居然会那么细心，在整理床铺的时候，帮我们细心地把角角落落铺平整。待到夜深人静的时候，还不忘再检查一遍，看我们在这个初冬的寒夜有没有盖好被子。我们在学农的路上，忽然下起了大雨，你把自己唯一的雨伞让给了我们。在女生表演的时候，如同魔法师变魔术一般，为女生们准备好了表演服装，当女生们穿上欧式的节日盛装，再围着充满节日气氛的篝火翩翩起舞的时候，那忽明忽暗火苗的光芒在你的眼睛里闪烁，我们被你带来的温暖所包围。当你的学生是多么幸福的一件事，感谢和你遇见。

这样的遇见是美好的，“我们就这样沉浸在你温暖的目光里……”

“如同坐在夏天的花架下……”这是一种温暖，也是一种安心。

初二（5）班　曾思远同学

故事5

小家波折

2016年10月，我们家幸福、平静的生活突然被打乱了：平川的爸爸查出脑膜瘤，需要立即住院手术。

董爸是我们家的顶梁柱，我不会开车，平时接送儿子都是他的事。同时因为他自己是数学教授，平时儿子回家，检查数学和科学作业也都是他的事。平川曾在作文里这样写：爸爸在手，世界我有。他是儿子的依靠，也是我的依靠，可是病魔找上了他。平川刚进入初三，我自己又恰好在评正高，我们的小家庭遭遇到了前所未有的困难。

董爸一住院，我就给平川的班主任朱丽芳老师打了电话，朱老师虽然比我小几岁，但遇事十分冷静、淡定，总能给出理性、有效的建议。朱老师安慰了我，并且立即理出了思路，她说：“董妈，你不要着急，你管好董爸那边就好了，平川交给我，有两个办法：第一，让他申请住校；第二，他跟我回家，我上班把他带来，下班把他带回去。”我感到肩上的担子被分走了一半，像吃了定心丸一样安定下来。我跟儿子商量了一下，他没有拒绝，但言语间还是希望住在自己家里。

这时候，洪强尧爸爸妈妈主动提供了帮助，说他们可以每天接送平川。他们家住在文二路，学校在文二西路，而我们家住在天目山路，他们要来接平川，就要绕一点路了，这也就意味着他们家的两个孩子要比平常起得更早了。在学业这么紧张的时候，每个孩子的睡眠时间都是很宝贵的，可是他们却愿意牺牲自家孩子的睡眠，来帮助我们，这大概就是佛家所说的“舍得”和“布施”了。每天平川坐洪爸、洪妈的车回家，都十分开心，三个孩子在车里有说有笑，洪妈还常给他们预备水果和点心，平川说坐他们家的车就像开party一样。

手术前夕，朱老师、年级主任于芳老师、年级家委会正副会长都赶去医院看望了董爸，鼓励他战胜疾病，他们都跟亲人一样。

我每天陪伴在医院，偶尔回家也已十分疲惫，我担心自己无法及时了解孩子的学习情况和心理变化，会影响他的情绪和学业。我给各科老师留了言，希望他们给予关注，每一位老师都及时回复了我，鼓励我，并且为董爸祝福。三（1）班的家长们也纷纷打来电话，发来信息，询问董爸的病情，洪强尧爸爸妈妈、张佳宜妈妈、方文妈妈、瞿予非妈妈、叶于城妈妈曾先后多次去看望董爸。

董爸手术后，朱老师告诉我，老师们想去医院看望董爸，我知道初三老师的工作量有多大，便婉拒了。可是朱老师、俞琳老师、方斌老师还是来了，他们抽出中午吃饭的时间，赶了近一小时的路来医院看望董爸。在病房里，三位老师有说有笑，说平川在学校里表现非常好，让董爸尽管放心。我拍下了这张照片，照片里三位老师都那么积极、阳光、美丽，他们站在病床两侧，好像给董爸插上了天使的翅膀。

假如没有公益这个大家庭，很难想象董爸住院的那段时间会是怎么样的一种状态。幸运的是，我们有“相亲相爱公益一家人”的关心、帮助和鼓励，董爸恢复了健康，平川的学习成绩也没有受到影响，我也如愿评上了教授。我们的小家庭像一艘小船，在2016年的大海里遇到了风浪，而正是在这样的风浪里，我们最真切地感受到了“公益一家人”的力量。当我把这段真实的故事告诉周围的朋友时，他们都觉得太难以置信了。一位朋友开玩笑说："只是一个孩子进了一所学校，就得到了这么多的爱，这是多大的福利啊！"

董平川如是说：

一直以来，我在父母的呵护中成长，家人的爱如同温暖的阳光时时照耀着我，从来没有想过缺少这种爱护的日子会是如何。然而，突然有一天，这温暖的太阳罢工了。

我爸爸住院了，要动大手术。妈妈天天往医院跑，很少有时间照顾我。

这对我而言无疑是晴天霹雳。波斯诗人鲁米曾说："伤口是阳光进来的地方。"果然，在我失去家里最温暖的阳光时，另一束光照进了我的心中，那就是"公益大家庭"带给我的温暖。

我爸爸住院后不久，我同学洪强尧的爸爸主动提出，以后由他负责接送我上学、放学，甚至提议让我暂时住到他家里去。我万万没有想到会有人这么无私地给我提供帮助，我感觉自己像漂浮在大海里的"少年派"突然爬上了救生船。

从此以后，我每天乘坐洪爸、洪妈的车上学。他们家离学校比较近，为了来接我，他们要绕远路。人们说："如果一个人心里怀着对你的爱，再远的路都会变成顺路。"我想正是因为他们心里怀着爱，才不惜绕远路来接我吧。

在车上，他们从不把我当外人，每天询问我的学习情况，还给我们准备各种各样的水果，偶尔还会买肯德基给我们吃。吃着这些可口的食物，在冬天的夜里也能感到一丝温暖。以前回家后我总是要狼吞虎咽一番，现在我在车里就已吃撑，回家便毫无食欲了。

更令我感动的是，我爸爸出院后，为了让他得到更多休息，洪爸寒假里还继续接送我上辅导班。每天一大早洪爸就等在我家楼下了，每次一下课我就能远远地看见那辆黑色汽车停在路边。有一次老师拖堂拖了二十分钟，洪爸仍然耐心地等候着我，我上车后依然给我温暖的笑脸和问候。因为小洪和洪妹也要上许多课外班，洪爸不得不每天四处奔波，送完这个再送另一个，一天就得把杭州的西北角跑个遍，有时候甚至连饭也顾不上吃了。

在这辆小小的车里，我找到了第二个家。洪爸、洪妈给予我的帮助和温暖，将永远铭记在我心中。

在孩子身心发展最快的三年，一个相亲相爱公益大家庭中，一群这样的亲人，每天都在演绎着这样的故事，这些故事直击师生家长的内心。而学生一旦自己经历，或者真真切切地看到自己身边的人、听到发生在自己身边的事，便有了真实的情感体验，这份情感体验不知不觉渗透到他们的精神血脉中，温暖着他们的一生。

（三）“我们从未忘记，我们永远也不会忘记”

歌曲《酒干倘卖无》这样唱道：“多么熟悉的声音，陪我多少年风和雨，从来不需要想起，永远也不会忘记……什么时候你再回到我身旁，让我再和你一起唱！”已升入高中的陈榕同学在给老师的来信中说：“离开了公益就有一种离开了家的感觉，真的特别想经常回校看看亲爱的公益人。”

老师心有不舍地目送孩子们远去，心却永远挂念着他们。比起看重他们飞得高不高，我们更关心他们飞得好不好，时常联系、问候并祝福他们。

毕业三年以后，在即将迈进高考考场的时候，我会给他们发一封鼓励信，如："亲爱的2015届同学：三年前的6月，你们顺利走过了中考季；今天，你即将步入高考考场，接受新的检阅。阿潘携全体公益人在文二西路698号，真心诚意地祝你像平时做作业一样，静心答好每一题，用心拿到属于自己的每一分。进入考场前，不忘发自内心地对自己说'棒棒棒，我最棒！行行行，我能行'哦！相亲相爱的公益人期待着你的好消息！"

刘羽涵妈妈见短信后，留下了感言："有一种牵挂，叫公益中学对公益学子永远的牵挂；有一种祝福，叫阿潘家人般的祝福；有一碗羹，叫阿潘精心熬制的心灵羹。"一个短信，表达的依然是公益大家庭一份"家人"的关怀。

高考结束了，一批批的学生如约回到了学校。叙旧之余，老师们关心的是步入高校前，他们需要注意些什么。于是，老师原班人马，会给他们再上一课。如：2018年7月6日上午9:00，2015届5班的学生，回到了公益中学。在踏实勤勉楼教室，吴老师的数学课、王老师的心灵鸡汤、潘老师的表情包、班主任CQ（陈琦的外号）的心理课应邀登场。

CQ陈老师开讲的是一堂人生技能课。在陈老师设计的多个心理活动中，大家一起讨论比较敏感的大学生开房现象，以及怎样避免艾滋病的传播，远离毒品等。陈老师没有简单地告诉他们应该怎么做、不应该怎么做，而是传递一份理念：你们长大了，要学会自己做决定。这样的理念传递的是一份关心：老师希望你们能安全、健康、负责任。每一个环节每一次发言，大家时而微笑，时而大笑，时而鼓掌。没有哭喊，没有拥抱，也没有那种特别的感动。但是整个班、整堂课，都弥漫着一种亲人间相互关爱的味道。这种很真实的味道，经过沉淀，好像一家人在一起，没有那么多的波澜起伏，大家却都觉得很舒服。

那一天，很多家长也陪着孩子回到了大家庭。热心的于潼同学的爸爸临时当起了直播。看完视频，许天宇、赵崇远等同学的家长深有感触地说："孩子即将真正开始独立生活，真正面向社会的各种实际问题。防毒品、防艾滋病等几件事，是我们担心，但又很难开口与孩子讲的，即使想讲也难讲清楚的问题，陈老师用专家的方式，帮我们跟孩子说到位了。每一次孩子回校，得到的是老师连绵不断的真情关爱。做公益的家长真的幸福，公益的三年，真的是管了孩子的一生！"

我们与高中老师保持着比较密切的联系，关心公益的毕业生在他们学校的表现，关注他们毕业后的成长。高中学校也常常把公益中学学生的喜讯发送过来。例如：在2018年杭二中评出的第十七届"十佳学生标兵"中，我校的毕业生王都、董桑柔、吕蓝占了三席。这项评比要求非常高，获奖率不到千分之六。在"高手如云"的二中，要想获此殊荣难度可想而知。王都是公益2016届学生校长，曾担任公益大舞台、开学典礼主持人；董桑柔在公益时担任班长，是校女篮队的主力，策划过公益大舞台表演，毕业的时候和同学搞过微电影，做过为生病老师众筹的明信片；吕蓝虽没有那么活跃，但也是全面发展的阳光公益学子。我们及时与师生家长分享她们的喜讯，她们也非常乐意地接受母校的邀请，毫无保留地向学弟学妹们介绍她们做人、做事、做学问的具体方法。学弟学妹们佩服她们，以她们为荣，把她们作为榜样，同时也深深地感受到学姐们对公益发自心底的情感。

又如，我校2016届的缪嘉辰同学升入人民职高后，高三时设计的产品包装被一家核桃生产公司看中，公司花费10万元向他买下了设计版权，并开始批量生产。听到这一消息时，我们兴奋不已，专门在学校公众号上做了一期缪嘉辰的专题报道，为学弟学妹们树立"普通学生"的优秀榜样。缪嘉辰说："我在公益上学时养成了很好的生活学习习惯，这对我在后面的高中生活很有帮助，住校让我变得独立、自律，晚自习让我能静下来好好学些我感兴趣的东西，虽然当时我的成绩不是很好，但老师们都相信我、鼓励我，所以我对公益的感情很深。"他与学弟学妹们分享了自己的体会："认真仔细去做每一件事可能会很累，但一定不会让你后悔。可以不去做那些你真的不感兴趣的事，但感兴趣的事情一定要坚持做下去。"

像上面四位同学一样，一届又一届的学生，人离开了公益，心却永远留在这里。许许多多的学生，"见缝插针"地相约来看看熟悉的校园、亲爱的老师。回来时，他们还会分享他们的经历、体会，非常受学弟学妹欢迎。学弟学妹们说："这样的分享是最实在的，因为他们在我们身边共同学习、生活、运动过，本身就是我们的偶像。这也是公益情的传承。"例如，2011届全市中考的第二名方睿同学所做的《没有经历过中考的人生是不完美的》演讲，向学弟学妹说了从放弃保送，到考上北大的心路历程。

又如我校2015届毕业的金可涵同学，荣获"首届学军领军人物"，2018年获得浙江省高考第五名的好成绩。她在和学弟学妹们的分享中说："小升初时，公益以其优秀的学习环境和条件吸引了我和我的家长。来到公益之后，才发现公益最吸引我的是它的温度与人文情怀。阿潘校长那慈爱的笑容至今还经常浮现在我眼前，他每个月都会亲笔书写一封信。那遒劲的字体和深刻的言语，都被我们每一位公益人珍藏心底。他特别强调纠错的重要性，而这一习惯至今仍被我保留。他让我看到了原来校长也可以成为雪地里顽皮的'孩子'和同学们打雪仗，可以化身舞台上衣着翩翩的'女子'演杨贵妃，还可以亲自下厨为我们烧'阿潘羹'……

“公益提倡‘活教乐学’。记得当时我的物理老师——‘法哥’，他幽默的语言让物理课不再那么‘玄乎’，而是成了同学们最热爱的一门课。他从不会布置大量的习题，而是注重纠错整理。老师们都时常教我们怎样做纠错。所以我到高中时坚持宁愿少做一张新卷子，也要花一节晚自修纠错整理、复习归纳。‘五三’资料上的题目虽然只做了寥寥几道，但是确保已经消化。不盲目做题，不迷信教辅，而是用脑子去甄别、选题，用适合自己的方法归纳。语文学习也不要太功利。不要总想着怎么套在作文上，而是将其内化为自己的修养，用心体悟，这让我成为一个不是只会死读书的人。到了高中，我是学军校辩论社的副社长，组织了社团的活动与赛事。我努力从生活中发现灵感，在实践中积极创新，我的骑行用自行车手机支架和便携式晾衣架获得了两项国家级专利。公益‘先学做人，后学知识’的宗旨让我明白了学做人比学知识更重要，到高中我担任了班里的学习委员、团支书，没有因学习紧张而放松班级管理工作，我还参加了各类志愿者活动，迎接外宾、元宵节给孤寡老人送汤圆等。学知识和学做人是不矛盾的。如果光是学习好，可能我就不会被评为‘学军领军人物’。

“令我印象最深刻的事是：初一初二时，我的成绩并不是特别好，但在老师的不断鼓励下，我一直坚持扎扎实实地学。初三第一学期的期末考，我的成绩仍然非常不理想。让我惊讶的是，在这样的情况下，班主任邹老师却选了我作为学生代表，在初三第二学期的开学典礼上发言。于是寒假里的我暗暗下定决心，一定要扭转劣势。就是在那一次的开学考，我一下子考了年级第一。从此势如破竹，一模同样考得出色，最终上了学军中学，如今想来，如果没有那次扭转人生的插曲，或许我无法取得今天的成绩。所以，我特别感恩公益这个相亲相爱的大家庭。”

字里行间，说出的都是她浓浓的公益情。让金可涵印象深刻是老师做的点点滴滴，令老师感动、开心的是学生在学校的亲情文化带领下，在得到老师关怀的过程中，感受到了老师的关怀，从中学会了关怀，进而把对他人的关怀付诸实际行动。例如，吴筠林老师在《楼张炜送来了特殊礼物》一文中写道：

作为一位普通老师，你能感受到的最幸福的事是什么?你是否还记得，那个教师节，一位学生捧着礼物羞涩地站在办公室门口，想给你一个惊喜?即使他已毕业多年，每当看到礼物，你的心头还是会感到一阵温暖和感动。

2011年9月10日，这是我一生中难忘而值得骄傲的日子。刚刚毕业的初三(7)班楼张炜回校看我，来到我的办公室后，他递给我一个蓝色的文件夹，神秘地说："吴老师，作为您辛苦教导我们三年数学的回报，我精心准备了这份礼物，希望您喜欢，祝您教师节快乐!"

通常，学生送给老师的是一些贺卡之类的，而当我打开文件夹时，惊喜之情溢于言表!我眼前的这本名为《2012中考数学基础冲刺训练》的集子，是楼张炜同学利用半个暑假时间，将初三这一年来他做过的数学复习资料进行了仔细整理，搜索出所有的好题并装订成册，剪贴编成的。这其中不仅包括了《新浙江中考》《中考模拟测试卷》等多种好题集汇，更有学生亲笔摘抄的易错佳题。虽然只有不厚的30页纸，但我拿在手中却是沉甸甸的，心中是满满又温热的感动。

作为一位老师，最大的成就感在于学生对自己辛勤耕耘的肯定，一张薄薄的卡片都能让一天的辛劳瞬间化解，而这一份特殊的礼物更是我教学生涯中最为珍贵的财富。我总觉得老师对学生的爱是一种责任，而学生对老师的爱是一种真情。这种真情使老师的灵魂得到净化和升华，使老师对学生的爱更加纯洁无私和久远。

我一定珍惜这份特殊的礼物!并将发挥它的特殊功能，让我以后的学生也能享受到楼张炜同学的真心、用心，让这本非同一般的有含金量的《冲刺训练》，助他的学弟学妹们成功冲刺中考!

又如，2020年新冠肺炎疫情发生后，许多防疫物资不易采购。学校的困难牵动着毕业生的心。我校2007届毕业生王泽涛在第一时间想到要为母校出一份自己的力，和母校共渡难关。王泽涛一方面主动联系学校，另一方面在原来的同学群进行了号召，很快就有其他六位同学响应了他的号召，大家通过各种渠道为母校捐助了宝贵的疫情防控物资。他说，虽已离开公益13载，却始终都没有忘记“学做人，学知识”的校训。公益人行公益事，就算是一个即将步入而立之年的人对母校的一点回报吧。唯一的希望就是母校能够顺顺利利!

这样的亲情反哺，令人格外暖心。

三年公益人，一生公益情。学校的出发点和归宿是学生，最能检验学校教育成效的是学生。“天地之间有杆秤，那秤砣是那老百姓。”学校的质量、品牌在学生、家长和社会各界的口碑中。学生、家长、老师以及高中老师等是我们施行亲情教育成效最有说服力的评判者。

正如费珺霞同学在她的《爱，是我最大的收获》一文中写道:

如果有人问我，你在公益中学学了三年，收获最大的是什么。我坚定地告诉他，是“爱”。公益中学就像是一个温暖、和睦、互帮互助的大家庭。大家融洽相处，充满了浓浓的友情、师生情以及亲情。在这个大家庭里，我懂得了“爱”，我学会了爱自己，爱同学，爱老师，爱自己的爸爸妈妈。

让我理解这些的是教我四门学科的四位老师。

让我感触深刻的是王老师，她指导我们的时候，总会站在我们的角度，帮我们思考，然后再告诉我们正确的处理方法。王老师更像一个指路的人，引导我们走向正确的道路。有人说老师是蜡烛，照亮了别人，燃烧自己；有人说老师是园丁，培育了花朵，劳累自己；还有人说老师是春雨，浇灌了小苗，奉献了自己。

然而，我的语文王老师却把自己比喻成了拐杖，她说她愿我们拄着她走向成功。她也说过，老师也没什么，当我们长大了，不用拐杖时，就可以把她扔了。听得出，这只是一句玩笑，但在玩笑的背后，可以看出，王老师的谦虚，她总是觉得自己做了这些没什么，“扔”了也没什么，我们这么喜欢她，哪里舍得“扔”呀!王老师讲的每一句话几乎都是哲理，都蕴含着深刻的道理。让我们学做人，再学知识。

再是英语老师Mabel。一次，由于考前完全没有复习，我模拟只考了86分。这可是我的历史最低了。我很伤心，甚至怀疑自己的能力了，又不敢面对老师，因为最起码是自己没复习，是自己的错。所以，那几天，看见Mabel，我便会下意识地闪躲。但是不论怎么躲，我终究还是被Mabel叫了出去。当我正低着头准备受罚时，她却露出了一个即使在严冬也可以融化冰雪的微笑。我战战兢兢地看着她不敢说话。她说:“你这次，是失利了，但你可以在大考考得更好的。”短短的两句话，给了我莫大关怀、鼓励和肯定，让我对自己的怀疑化为乌有，心中也顿时充满了感动和感激。然后，她又微笑着看着我，那微笑的力量，瞬间可以穿透我的内心。我的眼睛模糊了。但是，我不可以哭，不可以浪费任何能量。我要把所有的感动，都转化为迎考复习的动力!然而，苍天总是戏弄人的，也或许是我基础本来就不扎实，大考中我仍然没有考出理想的成绩，得了97分。我觉得对不起Mabel，她对我的关心是白费的；对我的鼓励，也是没有用的，何必要在我身上浪费时间呢?我虽然自暴自弃，内心的自责还是促使我去找到了Mabel，我哭着对她说了声“对不起”。然而，她仍然没有怪我，只是帮我分析，找出了我的不足，然后用向日葵般的微笑，给予我鼓励。那微笑像缕阳光，照入了我冰冷的内心。我再一次被她感动了。

然后是我们最费心的“车车”了。她为了我们这个班，从一个稚气未脱的少女，转变为会控制情绪、会管理学生的成熟女性。我们学习氛围有一点松懈，她都会很担心；我们学习成绩有一点下降，她都会很着急；我们有一点不足，她都会想尽办法解决。她，因为我们而烦恼；她，因为我们而难过；她，因为我们而开心。我犯错时，她一次一次找我细心谈话，一点一点耐心教导我。她不仅从各方面为我着想，还站在我的角度思考，让我可以接受她的想法和建议。她全心全意为了我们，从没想过自己。其实你可以更开心、更轻松。但是你不要，你只希望9班好。9班好你就放心了。你不仅时常激励我们要好好学习，还告诉我们父母是最辛苦的，让我们理解父母，体会父母的心情。是你，让我们懂得了去爱我们的爸爸妈妈。

最沉着稳重、勤奋踏实，又不失可爱的就是大俞老师了。在课堂上，她可以和我们一起笑得满脸通红，合不拢嘴；在考试后，她可以拿出超多我们爱吃的好吃的来鼓励我们，“诱惑”我们，让我们有动力考得更好；在放学后，她可以独自留下来批考卷，为了让同学们早点听讲评，更有印象，更有效果。她有时还会组织些集体竞答活动，让我们同学能互帮互助，让我们更团结，也学会了关爱同学。记得上一次，我的脚扭了，大俞老师马上回家拿来冷敷的冰和药膏，后来还一直关心我，问我怎么样，好些没。还有一次，她身体不舒服，竟然上课时从讲台摔了下来，后来却还一直撑着上课。她为了最爱的9班和10班，坚持带完我们再退休。我们都明白，你非常爱我们。

总之，老师，在我们成长和学习的道路上功不可没。

“明师之恩，诚为过于天地，重于父母多矣。”正是老师的爱促使我发自内心地努力学习，不能让老师失望，以优异学习成绩来回报老师，即使成绩不能特别优异，也会刻苦学习，让老师明白我是努力的。我要让老师放心，不让老师为我而烦恼、担心。我还要尽力为老师分担烦恼。我想，正是这样一种老师爱学生、学生爱学习的良好氛围，才使公益中学取得了这么优异的成绩。

仅仅我身边这四位可爱的老师就教会了我们这么多。公益中学还有许许多多出色的老师呢，所以公益中学到处都充满了爱!有了爱，我们才能明白付出才有收获；有了爱，我们才能理解做人的重要；有了爱，我们才能感受到爱，才会懂得去爱别人。我们公益中学真的是相亲相爱的一家人!

许翊君同学说：“阿潘校长，从没给您以这样的形式写过信，所以这封信写得格外长。您可能不记得我，但我一直在努力让您记住我，从北京转学过来的那一天，就一直在努力——终于不负努力，我考上了学军中学……阿潘，很想念您那朴素亲切的讲坛，您使公益成为温暖的大家庭，您从来不端架子，每一点每一滴，我的记忆里，都有您的影子。一直一直很佩服您的书法——行云流水，有着一校之长的大气，您过年前送的墨宝我还留着呢！阿潘，您在我眼中就如这张明信片一样，可爱亲切。”

毕业生陈榕因为不能和大家一起回我们公益，特意嘱咐同学一定要给我带来一张明信片：阿潘，见明信片如晤。离开了公益真的有一种离开了家的感觉，思念公益的一切，在公益感受到的温暖是在别处感受不到的。这次没能回来很遗憾，不过既然选择了离家打拼，便只能在公益亲情式教育的延续下风雨兼程。

黄晓冬老师说：

2018年6月18日凌晨1点45分，初三（5）班教室，灯光依然通明，人员仍未散尽。三年初中生涯到此已经告一段落，而孩子们迟迟不愿意离开。黑板上那段学生的请假信清晰而醒目："亲爱的公益，初三（5）班全体同学因毕业请假，返校时间无期，望批准。初三（5）班全体同学。"思量片刻，我就在班主任意见一栏后面郑重其事地写下"决不同意"四个红色大字。时间仿佛定格，空气仿佛凝结，第一个完整的三年终于还是结束了。

2015年7月10日，45个活泼可爱、灵气稚气的孩子因为缘分，第一次会集在公益的校园，由此开启了三年的求学问道之旅。崭新纯净的校服，澄朗气清的季节，交织映衬着5班青春亮丽的队伍熠熠生辉。这以后，回忆就有了更多的色彩：我们一同顶着烈日接受军训，用步伐彰显团结的气势；我们一同协作打造多元民族风情的班级入场式，用舞步凸显青春的活力；我们一同在长乐林场劳动与锻炼，亲近大自然的同时将欢声笑语也带到山林深处；我们一同携手拼搏经历大大小小的月考统考，收获进步的同时更加珍视同袍并肩的情谊；我们一同昂首挺胸喊出中考最强音，鼓舞自身的同时互相扶持，展示5班人的阳光与大气。

5班对我来说，太独一无二了，第一次作为班主任带满三年的班级，莫大的缘分与荣幸。150710，手机开机密码；180618，电脑开机密码，一为相识之初，一为别离之始，不知不觉5班成了生活中不可或缺的一部分。我可能已经习惯了和孩子们朝夕相伴，习惯了每天7:00前要尽力赶到教室，习惯了挑灯备课设计孩子们感兴趣的历史课堂，习惯了总要担心和解决班级这样那样的问题，习惯了总要关注孩子们阴晴不定的心态变化，习惯了拍打抚摸孩子们的小脑袋和大家聊聊天，习惯了翻来覆去不厌其烦地和大家碎碎念，习惯了逢人聊天话题也是学生、学生，教学、教学……

三年岁月，虽然总有感觉艰辛的时候，但是随着毕业的临近，感动、振奋的画面一幕幕地浮现在眼前。我从来没有试过，有那么多青春活泼的小朋友精心给我过生日，暗中“众筹”为我准备蛋糕，送我一个大大的惊喜，晚自修不管多晚都要等我回来，为我过此生最难忘的生日；我从来没有试过，元旦前夕大家会瞒着我“偷偷”写了五十多篇亲笔留言信，汇成一本纪念册作为赠送给我的新年礼物，感谢我的付出与陪伴，感谢一同拥有的美好的三年，写满了理解、关心、肯定与祝福。我想这本留言册我会珍藏一生，它让我见证了孩子们的成长与懂事；我从来没有试过，一个人大晚上翻看孩子们的心里话看到热泪纵横不能自已，以至于精心挑选了励志类的明信片，多日熬夜一一回信送去祝福；我从来没有试过，“外表高冷内心无限温暖、低调内敛上课时却会发光、明明没有结婚却拥有50多个孩子”的“30岁的亲爹”有朝一日居然可以用来形容自己；我从来没有试过，有那么多懂事体贴的孩子，会急我之所急，想我之所想，会关心我的喜我的忧，会想用最后在公益的有限时间，为我做一点有意义的事情；我从来没有试过，面向全班做毕业致辞之时，全班同学居然都落泪了，我们一一拥抱告别，告别友情岁月。

毕业临近，我曾设想过很多次，我们会怎样告别？我会不会因为不舍而流泪？我也曾费力思量，毕业晚会的活动该如何设计，才能兼顾意义和趣味？还专门问了富有经验的老班主任，最后只得到了两个字的答案，那就是走心，对，走心就好。我利用送考的时间，写下了我的班级毕业致辞，并且设想着如何和孩子们一一告别。没有想到的是，那么多的孩子都流下了眼泪，乖巧的调皮的坚强的脆弱的，更有不少孩子专门为过去的事向我道歉，我收获了太多的感动，愿孩子们一路顺风，一生幸福！

孩子们总说我付出了很多，操碎了心，但是其实他们也改变了我，他们的坦诚与阳光也让我的心态变得年轻，他们的肯定和理解更让我的付出变得值得。孩子给我的留言中有这样一句："我们都像星星，试图点亮黑暗，我们寻找发光发亮的自己，却在不经意间成为别人梦里的星星。"这份独一无二、三年无悔的回忆，我将珍藏一生受用一生，我会始终坚守对于教育的信心与敬意，争取做好一颗点亮自己、点亮他人的星星。

董桑柔同学的妈妈说：

小董2015年毕业去了杭二中。每个学期末一考完，她和其他各班的公益娃们一样总是早早约好回到母校，看看老师，会会同学，去操场上走走，让阿潘请一顿久违的食堂饭，然后家长群里也热开了锅。

公益于孩子和家长们仿佛是一个温暖的家，有着许多快乐的回忆。忘不了乐呵呵、真心喜欢孩子、热爱教育、喜欢和孩子们打雪仗的阿潘校长，他每月给家长们写一封亲笔信，那些信中的人生道理和建议，不仅滋养了孩子们，也让家长们受益匪浅。忘不了敬业有爱的老师们，在每年底的公益大舞台上各种奇葩搞笑，在课堂上的幽默教学和被孩子们学得惟妙惟肖的口头禅。忘不了每次寒假放假前都会收到的公益大礼包和校长亲手书写的"福"字，温暖每个春节和家庭。记忆中的公益是那么快乐，正是由于学校"先做心情，后做事情，老师开心教书，孩子快乐学习”的理念，所以师生家长亲如一家，共同助力孩子们的成长。

小董在初一刚入校时，性格内敛，不太爱笑，给人印象不太友好。初一下有一次我和孩子碰到阿潘校长，他说“这个孩子每天入校时笑眯眯的，特别好”。当时我很诧异，觉得不太可能。陆陆续续的，碰到阿潘校长，他总是有意无意地当着孩子面称赞她的笑容。当小董策划制作毕业明信片义卖活动时，阿潘校长给的签名版留言是“桑柔最美，美在眯眯笑”。如今，孩子依然还是安静内敛，但不管遇到生人还是熟人总是笑盈盈的，而且习惯于站在他人角度待人接物。我坚定地认为，是阿潘校长的这些“称赞”和公益快乐的氛围影响了她，让她发自内心地快乐，微笑自然成为习惯。

在我看来，这些人际交往的基本素养和感知快乐的能力比学业更重要，在最关键的成长期在公益这个充满亲情的大家庭里度过，是非常幸运的。

刘偲涵同学的爸爸说：

离开母校的每一天，其实都在想念，有一个像家的地方，叫公益！

在杭高的三年，在往返家校的路上，我会时不时的、下意识的特意从母校绕行一圈，环顾熟悉的校园，心里念叨着我们的班主任CQ、晓燕姐（王老师）、法哥（潘老师），当然还有我们的阿潘校长……失意时，怀念她的温暖和陪伴；得意时，又迫不及待地想赶回来第一时间告诉西溪湿地边上的你们。这是藏在心底最温柔的地方！

王雨奇的爸爸说：

我接触、了解公益中学的文化是从女儿刚初中入学时收到的阿潘校长写给学生与家长的两封信开始的。在给家长的来信中，阿潘校长介绍了公益中学倡导的“相亲相爱公益人”的亲情文化以及“做人第一、活教乐学”的育人理念，阐述了学校重视家校沟通、鼓励家校合作，共同为孩子的教育与成长创造一个有温度的、积极向上的环境。因为高度认可阿潘校长这样的办学理念，也让我们家长有更强意愿、动力与空间参与到公益中学孩子们的日常教学、生活的管理过程中来。

我非常有幸，被年级家长们推选为家委会会长，代表家长向学校传递声音，同时组织家长为孩子们、为学校做一些赋能的事情。三年公益生活，无论家长、老师、学生都爱说“公益是一家人”。因为“公益是一家人”，所以我们相互尊重。作为家长，我们对学校教育充分信任。把孩子托付给公益中学，就相信有开心、豁达、睿智的“孩子王”阿潘校长加上一大批兢兢业业、经验丰富的优秀老师，一定能让公益的孩子们更乐观、快乐、自信，也一定能出成绩。学校也非常尊重家委会，对家长们的一些担忧或困难都给予了积极的回应。例如家长们关心学校食堂的伙食问题、学生餐营养问题。学校在开学初就让家委会选择家长代表实地参观、体验学校食堂，并对某段时间食堂的主菜单进行推选；对于家长们遇到的一些实际困难，校方总是与家委会一起商量，找到切实可行的解决办法。例如，因学生放学时间与家长下班时间错位，曾让许多家长为接孩子头痛不已。在家委会与学校商量后，学校为这些有接送困难的学生提供了晚餐，并可以在学校晚自习到八点半，这一决定大大增加了校方工作，却方便了家长。因为“公益是一家人”，所以我们相互帮助。

公益中学校门前有一个“护生岗”，主要作用是上学及放学时，学校派老师维护秩序，确保学生人身安全。家委会注意到，老师除了承担白天的繁重的教学任务外，必须轮流七点前到校，晚上九点离校，承担“护生岗”工作。为了减轻老师课业外负担，家委会主动发动家长们做志愿者，轮流早、晚值班承担部分“护生岗”工作。在公益，有一道亮丽的景色就是孩子们在进出校门的时候，能看到他们的爸妈与老师在门口守护着，他们心里一定多一份安全感。在老师遇到困难时，公益的家长们也会充分发挥大家庭的温暖，伸出援助之手。

女儿初三时，一位女老师得重病，公益的家长们通过各种途径献爱心，有家长去帮助联系医院、医生的；有家长给这位老师写信鼓励她与病魔抗争的；为了帮助她支付高额的医疗费用，家委会在家长群中发起了捐助活动。这是亲人之间的相互帮助。

在这三年期间，孩子们成为朋友，家长们也成为朋友，以至于在孩子毕业后，家长们也经常互动，在力所能及的范围内，在工作、生活上给予相互帮助。因为“公益是一家人”，所以我们以公益为荣。女儿离开公益已经四年了，现在已经上大学了，每次学校放假她都要去公益看老师。作为曾经的家长，我们以公益为傲，有关公益中学的信息我们也特别关注。每次去城西，经过公益中学或者看到穿着公益校服的孩子，我都有一种由衷的亲近感，把自己当作公益一员。

杭二中班主任　王天添老师说：

我们都喜欢叫她董小姐，因为她是一个漂亮优秀又有故事的女同学。明明可以靠颜值，却偏偏要低调的依靠实力。在高中（4）班的三年里，前两年，你会发现每一次活动，从班里的日常班会到学校的文艺汇演，都有她忙碌的身影，却从未在班干部名单或者宣传片的末尾感谢名单里看到她的名字。直到第三年，刚生完孩子的我感到班级管理力不从心，需要一个能力强、有责任心同时又在学习上应对自如的学生来做我的班长。这时候，一向低调的她站了出来。她就职演讲的话我现在已经不记得了，但是那个瞬间，我真的仿佛看到了一束温暖的阳光里一位漂亮的女侠来到我身边，焦头烂额的我立刻就觉得希望满满。对！她就是这样一位低调又非常靠谱的女同学。

后来她考上了北大，在那个更大的舞台上，她还是适应得那么好，她还是那么爱帮助人。在她的朋友圈里，我很多时候看到的都是关于保护弱势群体的转载，她选择为那些冬天没有温暖衣服穿的流浪汉发声，为小孩子心理健康问题发声。这样一位心怀大爱，具有家国情怀的女同学，作为曾经的老师，我还能做的除了深感荣幸遇见之外，就是望着她的背影并坚信她会越来越好。

“董小姐”毕业后，我又迎来了新的一届学生。经过自愿报名竞选后，现在我班级里的核心班委竟全部是公益中学的毕业生，班长、团支部书记、学习委员，当我与同事谈起这事时，他们也都说，公益中学来的学生不仅仅学习有后劲，更有味道的是他们的情商都很高。还有一位老师告诉我，有一天中午到一楼来搬桶装水的十位同学中，有七八位是公益来的学生。有情有义有责任，这也许就是公益学子的“特质”吧！

梁漱溟先生曾说：现代化的中国“是一棵新树，但他是从原来的老树根上生长出来的，仍和老树为同根，不是另外一棵树”。人也一样，走到哪里，都是爹妈的孩子，都流淌着亲情的血液。学生无论走到哪里，有了“亲情”这根红线的牵引，学生毕业后的“风筝”就会在璀璨的天空中越飞越高，越飞越好。

家是最小国，国是千万家。社会由一个个家庭组成，家庭由一个个个体凝聚构成，学校亲情教育源自家庭，却比家庭亲情更具广泛意义。学生、家长在体验着别样的亲情时，从内心生发出亲老师、亲学校的情感。

我们深切感受到，学校亲情教育让学生在初中三年的学习生活中，细心品味得到的关怀、用心学会关怀他人，在“关怀”中培育亲情；学校亲情教育让学生、老师、家长和社会都能体验到亲情带来的温暖和幸福，进而形成亲情的良性循环。学校因为有了亲情而多了一份温度，多了一份教育对学生产生的持久力量。

最后，我们还是来把本书一开头予非妈妈给我的那封信读完：

作为初中新生的家长，我们希望孩子初中三年能够过得开心，又希望孩子能够成绩优秀。但我们根本不懂怎样陪伴孩子度过这三年？怎样和学校一起配合促进孩子健康成长？要不要住校？要不要让女儿担任班干部？遇到传说中的“青春期”“中二病”怎么办？

我们一度纠结是否让孩子住校，但您那场《让我们一起用心陪伴》的讲座好像一场及时雨解开了我们的谜团。与一般家庭教育讲座不一样的是，您没有站在校长的立场讲道理，而是以一家人兄长般的口吻娓娓道来，讲述自己作为一个父亲，是如何做好女儿的“专职驾驶员的”，每天早上7点10分前送女儿到学校、晚上9点10分前在学校门口等女儿；如何在珍贵的接送时间内，与女儿分享各自一天里遇到的开心事，更耐心地倾听女儿的各种吐槽，让她保持内心的通畅……您作为公益大家长的一席话让我们醍醐灌顶，找到了“父母最重要的责任到底是什么”这个问题的答案，那就是默默地“陪伴”，让孩子在父母陪伴中成长，让我们明白了“亲情”是父母送给孩子最珍贵的“大礼包”！

听完讲座后，我们毫不犹豫地决定，再忙也要坚持接送孩子。于是，每天早晚接送孩子成了全家人最幸福的时光，特别是晚自修下课后，在校门口看到她欢呼雀跃向我们跑来的样子，更是让我们喜笑颜开。同时，也让我们在回家路上，从她的表情和言谈中，第一时间发现她的喜怒哀乐。记得她进中学后的第一次测试成绩揭晓，数学考得非常糟糕！一下子把她学习数学的热情打入了冰点！此后的一个星期，她郁郁寡欢，感到压力山大，本来就爱哭的她眼泪也飞了很多。我们夫妇俩对她没有丝毫责怪，而是每天上下学路上，和她聊当天数学课听课和作业的情况，从不同的角度宽慰她（虽然内心也有点着急），数学老师、班主任甚至班里的学霸也一起帮她分析，找症结。结果，到了期中考试——竟考了满分！一下子让她找回了数学学习的自信心！她自己哭着笑了！

我们也一度纠结过是否让女儿当班干部。进入初中后学习任务比小学重，很多家长都不愿让孩子当班干部。当予非跟我们探讨是否去竞选担当学生干部，我们也曾陷入两难选择，但后来我们选择了做她的坚强后盾，希望她能积极去承担班级或学校的事务。于是，她竞选担当了三年副班长，经常要代表班级写稿子写总结、策划班级文艺演出。后来她还竞选当上了学生校长，参与学校校服方案、20周年校庆嘉年华活动等调研报告，主持学校晨会、学农、各类比赛等活动，在您的积极引导下，她坚持每周在家承担些许力所能及的家务（洗碗、整理房间、超市购物等）。我们的实践证明，让孩子当学生干部、干家务活与学习不仅不矛盾，反而有助于学习。更让我们开心的是，在三年历练中，予非变得越来越勇于担责，越来越能干，越来越感恩，越来越关心他人！

要说改变最大的，莫过于与孩子的沟通方式。三年中，我们感到初中阶段的孩子确实是很难“对付”的，重不得、轻不得，急不得，也慢不得。当青春期遭遇更年期，我们深深地感受到了有一种力量叫“学校”。学校的力量有来自您的讲座和给我们的亲笔信，有来自班主任、任课老师的善意提醒。学校适时、科学的指导，最重要的是让我们学会了“改变心态”，最有效的是让我们尝试用多种方法与女儿沟通。予非爸爸脾气比较急躁，比较容易不耐烦，甚至发火，结果弄得大家都很不开心。因为学校的科学指导让我们主动改变了心态，轻松地赶走了焦虑。

记忆最深刻的是您的“阿潘说家教”——系列讲座，关于孩子青春期成长的那个报告。“许多家长总跟我诉说孩子大了不听话了。其实，孩子不听话的背后，大多数情况反映出的是家长不会说话。”让我们茅塞顿开。您举的案例包含多种形式的“对抗”，如老师与同学，男生与女生、父母与孩子，学校与家庭，深入浅出，大处着眼，小处着手，就如同 “百科导航”，既提出问题，更有实在建议。我们细思量中悟出一个道理，要想适应，父母就要首先去适应，要想改变，父母首先必须去改变，这甚至于也影响了我们平时的工作方式和心态。孩子青春期的心理、行为特征，语言的对抗性、叛逆性，学习的起伏，兴趣的转移，习惯的变化，这些如数学公式般精细的推演描述，一下就把家长带到了理性的层面进行换位式反思。因为改变，我们与孩子多了交流和互动；因为改变，我们多了体谅和宽容；因为改变，我们修正了高高在上的目标；因为改变，孩子变得更有信心了；因为改变，我们的生活色彩丰富起来了。我们的孩子曾经欣喜地跟我说：“我发现最近爸爸变了很多。”我开玩笑地问：“是变好了还是变坏了呢”。孩子骄傲地说：“当然是变成心目中更好的爸爸啦！”

让我特别是予非爸爸改变最大的，是您给我们写的一封又一封的亲笔信。读了您的信后，脾气比较急躁的他学会用书信的形式，温柔地与女儿交流了。前不久一天出差在外，他还半夜里起来给予非写信呢。书面交流减少了许多的冲突，他也明显感觉到女儿越来越听话了！

三年中，我们深深地感受到公益中学是由学生—老师—学校—家长共同构成的“家”，在这个家里，学生、老师和家长一起互相陪伴着。如今女儿升入高中后，虽学业紧张，但有关公益中学的一点点消息，都会给她带来一些小兴奋。一有空，她就会约上闺蜜盘算好时间回母校去看看老师们，去看看那些陌生的学弟学妹们。一张贺卡，一束鲜花，一盆小绿萝，都是他们常回去看看的伴手礼。

女儿在公益的三年，我们享受了老师、学生、家长亲如一家的公益文化。饱含浓浓亲情味的饮食、课程和活动，让女儿不但学到了知识，更学会了怎样站在他人角度说话做事，学会了关心人、体贴人。从凝聚着校长心血的亲笔信中，我们明白了，当处于青春期的孩子闹脾气时，家长要懂得让步，可以用写个“小条子”等多种形式沟通；从女儿为《嗨，孔夫子——中学生读〈论语〉》写评析，为“爱心义卖”筹善款时自豪的表情中，从升入高中后念念不忘的“阿潘羹”“学生校长”“公益大舞台”，以及经常想回公益中学看望老师的言谈中，我们发现她是从骨子里喜欢公益中学，已把公益当成了自己的家！无论孩子将来走到哪里，我们永远是相亲相爱的公益人！

学校成功的标志是什么？有人说，那就是它真正成了孩子永远留恋的地方。毕业以后，孩子都有到学校看看的冲动，这个学校就是成功的学校！多少年后，如果学生还会想再回到这里重温昨天的记忆，昨天的生活，这才是学校成功的最终标志。如果以这个标准来衡量，亲情教育所带来的“眷恋”和“留恋”效应无疑是具有强大说服力的。

后　记

本书正式动笔四年半来，我常常在凌晨4点左右起床，简单洗漱后，立马坐在书桌前，开始敲打键盘。2017年写成第一稿后，又做了较大的补充完善，如今终于付梓，内心有说不出的愉悦！

有两个原因促成我最终下定决心做大幅度修改完成本书。一是2019年10月起，我有幸参加了教育部中学校长培训中心举办的长三角首期“教育家型校长班”的研修学习。“提炼个人办学思想”的研修要求，让我以更高的站位思考“为谁培养人，培养什么样的人，怎样培养人”等教育核心问题，也让我以更高的站位来思考本书需要体现的关键内容，如“亲情教育”思想的理论基础、形成轨迹、理性思考等，不但要说清楚“做了什么”的具体措施，更需讲明白“这样做”的原因。二是2020年恰逢公益中学建校25周年。公益中学历经艰苦创业期、快速发展期、品牌打造期，一代代的“公益人”为公益中学知名度、美誉度的不断提升，用心、用情地贡献了智慧和汗水。为此，我想以此书作为鞭策自己实现“办一所学生喜欢的好学校”初心的一个新起点，也以此作为公益中学“亲情教育”品牌建设的新起点。

在撰写本书的过程中，我参阅了许多文献，引用了情感教育的相关资料、媒体报道以及师生家长的书信、发言稿、教育教学的案例等。我和出版社工作人员与相关作品的作者进行了广泛联系，得到了他们的授权。但是，由于时间紧、找不到联系方式等原因，仍有部分作者未能联系上，烦请这部分作者与我们联系，以便妥善处理选文和稿酬支付等问题。谨此向各位文献的原作者、提供资料的各位朋友表示深深的敬意和感谢！

在写作、修改的过程中，我请教了华东师范大学的王俭、胡东芳、刘竑波教授，杭州师范大学的项红专、王凯、赵志毅教授，上海市特级教师张人利、徐韵安先生，浙江大学的刘徽教授、金琦钦博士，得到了他们的悉心指导；杨志刚先生、本校许多师生家长提供了大量素材，帮助整理了很多资料。谨此发自内心地感谢所有为本书的顺利出版提供帮助的人！发自内心地感谢陪伴我一起成长的师生家长和家人！

需要说明的是，虽然我已尽了最大努力，但由于水平所限，书中仍难免存在不足和错误，恳请读者不吝批评和指正。

潘志平

2020年7月28日

图书在版编目（CIP）数据

亲情教育 / 潘志平著. -- 杭州 : 浙江教育出版社, 2020.8（2020.12重印）
ISBN 978-7-5536-6780-5

Ⅰ. ①亲… Ⅱ. ①潘… Ⅲ. ①爱的教育 Ⅳ. ①G40-02

中国版本图书馆CIP数据核字(2017)第318894号

责任编辑 孙露露　　责任校对 董安涛
美术编辑 韩 波　　责任印务 陆 江

亲情教育
QINQINGJIAOYU
潘志平 著

出版发行 浙江教育出版社
（杭州市天目山路40号 电话:0571-85170300-80928）
图文制作 杭州兴邦电子印务有限公司
印 刷 浙江新华数码印务有限公司
开 本 710mm×1000mm 1/16
印 张 31.25
插 页 4
字 数 495 000
版 次 2020年8月第1版
印 次 2020年12月第2次印刷
标准书号 ISBN 978-7-5536-6780-5
定 价 75.00元

如发现印、装质量问题，请与本社市场营销部联系调换。
电话:0571-88909719